Les impôts sur les salaires 2025 (version abrégée)

DÉCOMPOSITION DE L'IMPÔT SUR LE REVENU DES PERSONNES PHYSIQUES ET RÔLE DES ALLÉGEMENTS FISCAUX

OCDE

DES POLITIQUES MEILLEURES
POUR UNE VIE MEILLEURE

Cet ouvrage est publié sous la responsabilité du Secrétaire général de l'OCDE. Les opinions et les arguments exprimés ici ne reflètent pas nécessairement les vues officielles des pays Membres de l'OCDE.

Ce document, ainsi que les données et cartes qu'il peut comprendre, sont sans préjudice du statut de tout territoire, de la souveraineté s'exerçant sur ce dernier, du tracé des frontières et limites internationales, et du nom de tout territoire, ville ou région.

Les données statistiques concernant Israël sont fournies par et sous la responsabilité des autorités israéliennes compétentes. L'utilisation de ces données par l'OCDE est sans préjudice du statut des hauteurs du Golan, de Jérusalem-Est et des colonies de peuplement israéliennes en Cisjordanie aux termes du droit international.

Merci de citer cet ouvrage comme suit :
OCDE (2025), *Les impôts sur les salaires 2025 (version abrégée) : Décomposition de l'impôt sur le revenu des personnes physiques et rôle des allégements fiscaux*, Éditions OCDE, Paris, https://doi.org/10.1787/e1665579-fr.

ISBN 978-92-64-40224-9 (imprimé)
ISBN 978-92-64-90308-1 (PDF)
ISBN 978-92-64-44074-6 (HTML)

Les impôts sur les salaires
ISSN 1995-3852 (imprimé)
ISSN 2072-5132 (en ligne)

Crédits photo : Couverture © LeoPatrizi/Getty images.

Les corrigenda des publications de l'OCDE sont disponibles sur : https://www.oecd.org/fr/publications/support/corrigenda.html.

Avant-propos

Les impôts sur les salaires[1] est une publication annuelle qui fournit des informations détaillées sur les impôts versés sur les salaires dans les 38 pays membres de l'OCDE. Les informations présentées couvrent l'impôt sur le revenu des personnes physiques et les cotisations de sécurité sociale payés par les salariés, les cotisations de sécurité sociale et les taxes sur les salaires payées par les employeurs ainsi que les prestations en espèces reçues par les familles. Ce rapport a pour objet de décrire comment sont calculés les impôts sur le revenu des personnes physiques, les cotisations de sécurité sociale et les taxes sur les salaires, et d'examiner les effets de ces prélèvements et de ces prestations familiales sur les revenus des ménages et les coûts de main-d'œuvre. Les résultats permettent également d'établir des comparaisons entre pays sur la situation globale de différentes catégories de ménage au regard de l'impôt et des transferts sociaux.

Le rapport contient des informations sur le montant des impôts, des cotisations de sécurité sociale, des taxes sur les salaires et des prestations en espèces pour huit catégories de ménage qui diffèrent par leur niveau de revenu et leur composition. Il indique également les taux d'imposition moyens et marginaux correspondants. Les taux moyens d'imposition représentent la part des salaires bruts ou des coûts totaux de main-d'œuvre[2] qui est prélevée sous forme d'impôts sur le revenu des personnes physiques (avant et après prestations espèces), de cotisations de sécurité sociale et de taxes sur les salaires. Les taux marginaux indiquent la part d'une augmentation des salaires bruts ou des coûts totaux de main-d'œuvre qui est absorbée par ces impôts.

Cette édition du rapport contient des données relatives à la situation des salariés au regard de l'impôt et des prestations sociales pour 2024 et les compare aux données correspondantes pour l'année 2023. Les résultats pour la France au titre de 2024 devraient être interprétés avec prudence compte tenu du fait que l'indexation du barème et des paramètres de l'impôt sur le revenu sur l'inflation (de 1.8 %) n'a pas pu être prise en compte dans les modèles des *Impôts sur les salaires* du présent rapport. Cette omission, qui est due à l'adoption tardive du projet de loi de finances pour 2025, a pour conséquence que les taux d'imposition estimés en 2024 sont supérieurs à ceux effectivement en vigueur

Le document est structuré de la façon suivante :

- La partie I (Comparaisons et évolution de la charge fiscale) comprend six chapitres :
  - Le Chapitre 1 contient une synthèse des principaux résultats pour 2024.
  - Le Chapitre 2 est une étude spéciale portant sur la décomposition des impôts sur le revenu des personnes physiques.
  - Le chapitre 3 examine les principaux résultats pour 2024, résumés dans des tableaux et graphiques comparatifs.
  - Le chapitre 4 présente une explication graphique de la charge fiscale estimée pesant sur les revenus du travail en 2024 pour les salaires bruts compris entre 50 % et 250 % du salaire moyen.
  - Le chapitre 5 contient des tableaux comparatifs des principaux résultats pour 2023.

  - Le chapitre 6 montre l'évolution dans le temps de la charge fiscale au cours de la période 2000-2024.
- La partie II contient des tableaux par pays indiquant les niveaux de salaires considérés et les charges fiscales correspondantes pour huit catégories de ménage, ainsi qu'une description du système d'imposition/de prestations de chaque pays.
- L'annexe décrit les méthodes et les limites de l'étude.

Cette étude a été rédigée par le Centre de politique et d'administration fiscales (CTPA) de l'OCDE sous l'égide du Groupe de travail sur l'analyse des politiques et les statistiques fiscales (GT no 2) du Comité des affaires fiscales. Les travaux ont été dirigés par Edoardo Magalini et Leonie Cedano sous la supervision de la Directrice, Manal Corwin ; le Chef de la Division des politiques fiscales et statistiques, Kurt Van Dender ; et le Chef de l'Unité des données fiscales et des analyses statistiques, Alexander Pick. L'étude spéciale a été rédigée par Alexander Pick et Edoardo Magalini. Les auteurs souhaitent remercier Michael Sharratt pour la gestion et la diffusion des données et Rebekka Hviid Kanstrup pour la mise en page de la publication. Ils sont reconnaissants à Bert Brys, Karena Garnier, Hazel Healy, Sarah Perret, Michaël Sicsic et Carrie Tyler, leurs collègues du CTPA, pour leur soutien et leurs précieux commentaires. Ils tiennent aussi à remercier les délégués du GT n° 2 pour leurs contributions. L'élaboration des modèles utilisés dans la publication *Les impôts sur les salaires* a été financée par l'Union européenne. Les vues exprimées ne sauraient refléter l'opinion officielle de l'Union européenne.

Les informations détaillées par pays sont disponibles en anglais seulement:
https://doi.org/10.1787/b3a95829-en.

Table des matières

GRAPHIQUES

TABLEAUX

Résumé

Le salaire après impôt des travailleurs a augmenté dans une majorité de pays de l'OCDE en 2024 sous l'effet de la hausse des salaires réels avant impôt dans un contexte où les taux effectifs d'imposition n'ont pas varié dans l'ensemble. Cette évolution a fait suite à deux années pendant lesquelles l'inflation élevée et le fardeau budgétaire avaient grevé la rémunération disponible des salariés dans un grand nombre de pays de l'OCDE, au détriment du redressement des revenus après impôt après la crise du COVID-19. Les familles monoparentales avec enfants sont restées un axe majeur de la politique menée en 2024 en matière d'imposition des revenus du travail : comme en 2023, elles représentent la seule catégorie de ménage pour laquelle le coin fiscal[3] a baissé dans la zone OCDE et la seule pour laquelle il est resté sensiblement inférieur à son niveau d'avant la pandémie.

Le coin fiscal moyen dans la zone OCDE a augmenté pour sept des huit catégories de ménage examinées dans *Les impôts sur les salaires*, mais pour six d'entre elles, la hausse n'a pas été supérieure à 0.05 point de pourcentage (point). Pour un célibataire disposant d'un salaire moyen, le coin fiscal moyen dans la zone OCDE a progressé de 0.05 point par rapport au niveau de 2023 pour passer à 34.9 % ; c'est la troisième année consécutive de hausse du coin fiscal moyen pour cette catégorie de ménage, après deux années de baisse pendant la pandémie de COVID-19 en 2020 et 2021.

Le coin fiscal pour un célibataire percevant le salaire moyen a augmenté dans 20 des 38 pays de l'OCDE entre 2023 et 2024, a reculé dans 15 pays et n'a pas varié dans trois pays. La hausse du coin fiscal a excédé un point de pourcentage en Italie (1.61 point), où le coin fiscal moyen a franchi le seuil d'application du taux réduit de cotisations de sécurité sociale en 2024, et en Slovénie (1.44 point), où cette augmentation est due à l'instauration d'une cotisation obligatoire forfaitaire salariale au titre de l'assurance maladie. La baisse du coin fiscal pour un célibataire percevant le salaire moyen observée en 2024 a excédé un point en Finlande (-1.57 point), au Royaume-Uni (-1.74 point) et au Portugal (-1.75 point). Les baisses observées en Finlande et au Royaume-Uni s'expliquent par une réduction des cotisations de sécurité sociale tandis qu'au Portugal, la principale cause a été une révision du barème d'imposition prévoyant un abaissement des taux appliqués aux six premières tranches d'imposition.

Le coin fiscal moyen dans la zone OCDE pour un couple disposant d'un seul salaire correspondant au salaire moyen avec deux enfants a augmenté de 0.16 point pour atteindre 25.8 % en 2024, soit la plus forte hausse toutes catégories de ménage confondues, mais il a reculé dans 20 des 38 pays. La différence entre le coin fiscal moyen dans la zone OCDE pour cette catégorie de ménage et pour un célibataire percevant le salaire moyen a diminué de 0.11 point pour s'établir à 9.2 points en 2024, ce qui dénote un léger effritement de l'avantage fiscal dont bénéficient les ménages avec enfants. Dans la zone OCDE, le coin fiscal moyen pour un couple avec deux enfants disposant de deux salaires (l'un égal à 100 % et l'autre à 67 % du salaire moyen) a progressé de 0.01 point en 2024, pour atteindre 29.5 %. Pour cette catégorie de ménage, le coin fiscal a été en repli dans 20 pays.

La famille monoparentale avec deux enfants à charge percevant 67 % du salaire moyen a été la seule catégorie de ménage pour laquelle le coin fiscal moyen a diminué en 2024. C'était aussi la seule catégorie de ménage pour laquelle le coin fiscal moyen dans la zone OCDE avait reculé en 2023, année pendant laquelle il avait perdu 0.36 point. En moyenne, le coin fiscal pour les familles monoparentales a baissé de

0.38 point pour s'établir à 15.8 % en 2024 et diminué dans 24 pays. Des baisses particulièrement marquées du coin fiscal pour cette catégorie de ménage ont été observées en Pologne (-7.2 points) et au Portugal (-4.1 points), partiellement dues dans les deux cas à un relèvement du montant des prestations en espèces versées aux familles avec enfants.

La publication contient une étude spéciale consacrée à la décomposition des impôts sur le revenu des personnes physiques, axée en particulier sur les crédits et les abattements fiscaux. Alors que la plupart des études consacrées à l'impact de l'impôt sur le revenu des personnes physiques sur la progressivité et sur les revenus après impôts portent surtout sur les taux marginaux d'imposition, l'Étude spéciale utilise les modèles des *Impôts sur les salaires* pour 2024 pour montrer comment, dans les pays de l'OCDE, les crédits d'impôt et les abattements fiscaux interagissent avec le barème d'imposition et influent sur les taux moyens d'imposition de différents types de ménage et sur la progressivité de l'imposition des revenus du travail. Elle démontre que ces instruments ont des effets non négligeables sur le revenu net final après impôts des ménages dans les pays de l'OCDE et constituent l'un des leviers par lesquels ceux-ci réduisent le montant des impôts dus par différents types de ménage, en particulier les familles avec enfants. C'est particulier le cas dans les pays dans lesquels il n'existe pas d'autres types de prestations en espèces, comme la Nouvelle-Zélande ; dans les pays où le nombre de tranches d'imposition est relativement faible, comme la République slovaque ; et dans les pays où la charge fiscale effective qui pèse sur les ménages sans enfant est relativement élevée, comme la Belgique. L'Étude spéciale montre également que les crédits d'impôt et les abattements fiscaux cumulés accroissent la progressivité de l'imposition des revenus du travail dans une proportion variant de 28 % à 44 % selon la catégorie de ménage, les crédits d'impôt contribuant généralement davantage à la progressivité des systèmes d'imposition des personnes physiques que les abattements, en particulier lorsque la détermination du montant de l'allègement n'est pas soumise à conditions de ressources.

Principaux résultats

Le coin fiscal moyen pour les travailleurs célibataires percevant le salaire moyen a progressé dans une majorité de pays en 2024

- Le coin fiscal des travailleurs célibataires sans enfant rémunérés au salaire national moyen s'établissait en moyenne à 34.9 % des coûts de main-d'œuvre en 2024 dans la zone OCDE.
- Entre 2023 et 2024, le coin fiscal pour cette catégorie de ménage a augmenté dans 20 pays, a diminué dans 15 et n'a pas varié dans trois.
- En 2024, c'est en Belgique que le coin fiscal était le plus élevé (52.6 %) pour cette catégorie de ménage, puis en Allemagne (47.9 %), en France[4] (47.2 %), en Italie (47.1 %) et en Autriche (47.0 %).
- La même année, le taux d'imposition moyen pour cette catégorie de ménage s'est établi à 25.0 % du salaire brut. C'est en Belgique qu'il était le plus élevé (39.7 %) et le Danemark, l'Allemagne, la Lituanie et la Slovénie sont les seuls autres pays où il ait dépassé 35 %.

Le coin fiscal pour la plupart des catégories de ménages avec enfants a chuté dans une majorité de pays en 2024

- Le coin fiscal a chuté dans une majorité de pays de l'OCDE pour trois des quatre catégories de ménages avec enfants prises en compte dans *Les impôts sur les salaires*.
- Pour une famille monoparentale percevant 67 % du salaire moyen a baissé dans 24 pays et perdu 0.38 point en moyenne dans la zone OCDE pour s'établir à 15.8 %. C'est la seule catégorie de ménage figurant dans les Impôts sur les salaires pour laquelle le coin fiscal a reculé.

- Le coin fiscal pour un couple disposant d'un seul salaire correspondant au salaire moyen a reculé dans 20 pays et s'est établi à 25.7 % en moyenne dans les pays de l'OCDE. Le coin fiscal pour un couple disposant de deux salaires (dont l'un percevant 100 %, et l'autre 67 % du salaire moyen) a également fléchi dans 20 pays et est ressorti en moyenne à 29.5 % en 2024.
- Le coin fiscal pour un couple marié percevant tous les deux le salaire moyen et ayant deux enfants a augmenté dans 20 pays et la moyenne OCDE a atteint 31.8%.
- Le coin fiscal pour les couples mariés disposant d'un seul salaire avec enfants était inférieur à celui d'un travailleur célibataire dans la quasi-totalité des pays de l'OCDE. L'écart représentait plus de 15 % des coûts de main-d'œuvre en Belgique, au Luxembourg, en Pologne et en République slovaque.

Les salaires moyens et les revenus après impôt se sont redressés en termes réels dans la zone OCDE

- Le salaire moyen a augmenté en 2024 par rapport à l'année précédente dans 37 pays de l'OCDE en termes nominaux, et dans 34 pays en termes réels. En 2022 et 2023, les salaires réels ont baissé dans la majorité des pays de l'OCDE.
- Le revenu après impôt d'un célibataire rémunéré au salaire moyen a progressé dans 28 pays entre 2023 et 2024 en termes réels, après avoir décliné dans 21 pays en 2023 et dans 33 pays en 2022.

Décomposition des impôts sur le revenu des personnes physiques (Étude spéciale)

- L'Étude spéciale a pour objet d'examiner l'impact des crédits d'impôt et des abattements fiscaux sur les taux d'imposition du revenu des personnes physiques pour trois types de ménage : un travailleur célibataire rémunéré au salaire moyen, un parent isolé ayant deux enfants et gagnant 67 % du salaire moyen et un couple marié ayant deux enfants et disposant d'un seul salaire dont l'apporteur perçoit 100 % du salaire moyen.
- Les crédits d'impôt ont réduit le montant des impôts dus par un célibataire rémunéré au salaire moyen de 1.9 % en moyenne dans la zone OCDE en 2024. La réduction équivalente était de 4.7 % pour un couple marié disposant d'un seul salaire, et de 7.3 % pour un parent isolé.
- Les abattements fiscaux ont représenté 15.9 % du revenu imposable pour un célibataire rémunéré au salaire moyen, de 21.7 % pour un couple marié disposant d'un seul salaire, et de 27.7 % pour un parent isolé.
- Pour un célibataire percevant le salaire moyen, ils ont représenté 5.4 % du revenu net après impôt en moyenne dans les pays de l'OCDE en 2024, et les crédits d'impôt 2.6 %. Pour un parent isolé, le montant des crédits d'impôt a atteint 7.3 %, et les abattements fiscaux 5.7 % du revenu net ; pour un couple marié disposant d'un seul salaire, ces chiffres ont été respectivement de 5.4 % et 5.5 %.
- Le fait d'exclure les crédits d'impôt et les abattements fiscaux amoindrit la progressivité structurelle de l'impôt sur le revenu des personnes physiques dans presque tous les pays de l'OCDE pour toutes les catégories de ménage ; l'exclusion des crédits d'impôt a un impact plus fort sur la progressivité que l'exclusion des abattements.

Notes

[1] Les éditions antérieures de ce rapport étaient publiées sous les titres *La situation des salariés au regard de l'impôt et des transferts sociaux* (éditions 1996 à 1998) et *La situation des ouvriers au regard de l'impôt et des transferts sociaux* (éditions antérieures à 1996).

[2] Le salaire de référence utilisé pour ces calculs est communiqué par les pays. Les estimations relatives au salaire moyen concernent un salarié employé à plein temps (qui exerce des activités manuelles ou non manuelles) travaillant dans l'un des secteurs B-N de la classification internationale type, par industrie, de toutes les branches d'activité économique, Révision 4 (CITI, Rév.4) ou des secteurs C-K de la classification internationale type, par industrie, de toutes les branches d'activité économique, Révision 3 (CITI, Rév.3). On trouvera de plus amples informations dans le chapitre 1 du Rapport et dans l'annexe.

[3] Le coin fiscal est le principal indicateur présenté dans ce rapport. Il mesure la différence entre les coûts de main-d'œuvre pour l'employeur et la part correspondant à la rémunération nette après impôt du salarié. Il est égal à la somme de l'IRPP et des cotisations de sécurité sociale patronales et salariales, moins les prestations en espèces reçues, en proportion du total des coûts de main-d'œuvre supportés par l'employeur.

[4] En France, le barème de l'impôt applicable aux revenus de 2024 a été ajusté pour tenir compte de l'inflation dans le projet de loi de finances pour 2025. Cependant, en raison de l'adoption tardive du projet de loi de finances pour 2025, l'indexation du barème et des paramètres de l'impôt sur le revenu sur l'inflation (de 1.8 %) n'a pas pu être prise en compte dans les modèles des *Impôts sur les salaires* du présent rapport. Il en résulte que les taux d'imposition estimés sont supérieurs à ceux effectivement en vigueur.

Partie I Comparaisons et tendances des taux effectifs d'imposition des revenus du travail

1 Présentation générale

Ce chapitre a pour objet de présenter et d'analyser les principaux indicateurs de l'imposition des revenus du travail dans les pays membres de l'OCDE en 2024. Il met essentiellement l'accent sur le coin fiscal, qui mesure la différence entre les coûts de main d'œuvre pour l'employeur et la rémunération nette correspondante du salarié. Il porte également sur le taux moyen net d'imposition des personnes physiques, qui exprime l'impôt sur le revenu des personnes physiques et les cotisations salariales de sécurité sociale après déduction des prestations en espèces en pourcentage du salaire brut. L'analyse est centrée sur un célibataire sans enfant rémunéré au salaire moyen, un couple marié ayant deux enfants et disposant d'un seul salaire de niveau identique, ainsi qu'un couple marié ayant deux enfants et disposant de deux salaires, dont l'un des conjoints est rémunéré au salaire moyen et l'autre à 67 % du salaire moyen. Ce chapitre contient également une analyse de l'évolution des salaires moyens dans les pays de l'OCDE en 2024.

La publication fournit, pour chacun des 38 pays de l'OCDE, des informations détaillées sur les impôts sur le revenu versés par les salariés, leurs cotisations de sécurité sociale, les transferts qu'ils perçoivent sous forme de prestations en espèces, ainsi que sur les cotisations de sécurité sociale (CSS) et taxes sur les salaires versées par leur employeur. Les données spécifiques sur les contribuables figurant dans cette étude permettent de compléter les renseignements compilés chaque année dans les *Statistiques des recettes publiques*, qui contiennent des données comparables à l'échelle internationale sur les niveaux d'imposition et les structures fiscales dans les pays de l'OCDE.

La première partie de la publication fournit des informations détaillées sur les taux effectifs d'imposition des revenus du travail dans les pays de l'OCDE en 2024 pour huit catégories de ménage ayant des niveaux de revenu comparables, ainsi que sur les coûts totaux de main-d'œuvre qui en découlent pour les employeurs. Elle comporte aussi une analyse détaillée des variations des taux effectifs d'imposition entre 2023 et 2024, ainsi que de leur évolution depuis 2000. La deuxième partie contient des informations détaillées sur les régimes d'imposition des revenus du travail dans les pays de l'OCDE. Une description de la méthodologie utilisée figure en annexe. Les résultats pour la France au titre de 2024 devraient être interprétés avec prudence compte tenu du fait que l'indexation du barème et des paramètres de l'impôt sur le revenu sur l'inflation (de 1.8 %) n'a pas pu être prise en compte dans les modèles des *Impôts sur les salaires* du présent rapport. Cette omission, qui est due à l'adoption tardive du projet de loi de finances pour 2025, a pour conséquence que les taux d'imposition estimés en 2024 sont supérieurs à ceux effectivement en vigueur.

Le présent chapitre comprend une introduction à la méthodologie utilisée dans la publication, suivie d'un examen des indicateurs des taux effectifs d'imposition dans les pays de l'OCDE en 2024. L'analyse porte sur le coin fiscal et le taux moyen d'imposition des personnes physiques d'un travailleur célibataire sans enfant qui perçoit le salaire moyen. Elle conduit également à étudier les indicateurs correspondants concernant un couple ayant deux enfants et disposant d'un seul salaire de niveau identique, ainsi qu'un couple marié ayant deux enfants et disposant de deux salaires, dont l'un des conjoints est rémunéré au salaire moyen et l'autre à 67 % du salaire moyen. On trouvera en conclusion une analyse de l'évolution, en 2024, des salaires moyens par pays en valeur nominale et en termes réels, ainsi que la classification par branche d'activité utilisée pour effectuer le calcul.

Introduction

La méthodologie utilisée dans *Les impôts sur les salaires* s'applique exclusivement aux salariés à plein temps. Par hypothèse, leur revenu annuel d'activité est égal à un pourcentage donné du salaire brut moyen des travailleurs adultes travaillant à temps plein, pour chaque économie de l'OCDE, désigné sous le nom de salaire moyen (SM). Sont concernés à la fois les travailleurs manuels et non manuels, soit dans les secteurs C à K inclus, conformément à la classification internationale type, par industrie, de toutes les branches d'activité économique, Révision 3 (CITI Rév. 3), soit dans les secteurs B à N inclus, conformément à la classification internationale type, par industrie, de toutes les branches d'activité économique, Révision 4 (CITI Rév. 4)[1]. Des précisions figurent dans le Tableau 1.8 ainsi que dans l'Annexe à cette étude. Des hypothèses complémentaires sont formulées concernant la situation personnelle de ces salariés afin de pouvoir déterminer leur positionnement au regard du système de prélèvements et de prestations.

Dans la publication *Les impôts sur les salaires*, le terme « impôt » recouvre l'impôt sur le revenu des personnes physiques, les CSS et les taxes sur les salaires (regroupées avec les CSS patronales pour le calcul des taux d'imposition) payables sur le salaire brut. En conséquence, aucun impôt sur le revenu pouvant être dû au titre de revenus non salariaux, de même qu'aucun autre type d'impôt — par exemple, l'impôt sur les bénéfices, l'impôt sur le patrimoine net et les impôts sur la consommation — n'est pris en compte. Les transferts inclus sont ceux versés par les administrations publiques sous la forme de prestations en espèces, généralement au titre des enfants à charge.

Pour la plupart des pays de l'OCDE, l'année fiscale correspond à l'année civile. Toutefois, l'Australie, la Nouvelle-Zélande et le Royaume-Uni font exception. Dans le cas de la Nouvelle-Zélande et du Royaume-Uni, où l'année fiscale débute en avril, une approche « prospective » a été suivie pour les calculs. Il s'ensuit par exemple que les taux d'imposition indiqués pour 2024 sont ceux de l'année fiscale 2024-2025. Pour l'Australie cependant, où l'année fiscale débute en juillet, il a été décidé d'adopter une approche « rétrospective » afin d'obtenir des résultats plus fiables. Par conséquent, pour l'Australie, l'année 2023 a été considérée comme correspondant à l'année fiscale 2023-2024.

La publication *Les impôts sur les salaires* contient divers indicateurs relatifs à l'imposition de la main-d'œuvre. Elle accorde une large place au coin fiscal, lequel mesure la différence entre les coûts de main d'œuvre pour l'employeur et la rémunération nette correspondante du salarié. Cet indicateur est calculé en faisant le total de l'impôt sur le revenu des personnes physiques, des CSS à la charge des salariés et des employeurs, et des taxes éventuelles sur les salaires, et en retranchant les prestations en pourcentage des coûts de main-d'œuvre. Les CSS patronales et, dans certains pays, les taxes sur les salaires sont ajoutées au salaire brut des salariés pour obtenir un indicateur des coûts totaux de main-d'œuvre.

Le coin fiscal moyen mesure la part des coûts totaux de main-d'œuvre, correspondant au montant total des impôts et des CSS après déduction des prestations versées en espèces, tandis que le coin fiscal marginal mesure la part d'une *hausse* des coûts totaux de main-d'œuvre qui est prélevée sous forme d'impôts et de CSS après déduction des prestations versées en espèces. Le coin fiscal prend en compte uniquement les paiements considérés comme des impôts au sens du Guide d'interprétation de l'OCDE. Les salariés et les employeurs peuvent aussi procéder à des paiements obligatoires non fiscaux (PONF)[2] susceptibles d'influer sur le niveau des indicateurs présentés dans cette publication, tels que le coin fiscal. Un document d'accompagnement présente les indicateurs de prélèvements obligatoires, qui combinent la charge fiscale et celle des PONF. Il peut être consulté à l'adresse suivante : https://www.oecd.org/content/dam/oecd/en/topics/policy-issues/tax-policy/non-tax-compulsory-payments.pdf.

Cette publication contient également une analyse du taux moyen d'imposition et du taux moyen net d'imposition des personnes physiques. Le taux moyen d'imposition des personnes physiques est la terminologie utilisée lorsque l'impôt sur le revenu des personnes physiques plus les CSS salariales sont exprimés en pourcentage du salaire brut. Le taux moyen net d'imposition des personnes physiques est obtenu en retranchant les prestations en espèces. Le taux marginal net d'imposition des personnes physiques indique la part d'une *augmentation* du salaire brut qui est reversée sous forme d'impôt sur le revenu des personnes physiques et de CSS salariales, après déduction des prestations en espèces.

Imposition des salariés célibataires

Le coin fiscal

Le Tableau 1.1 montre que le coin fiscal entre les coûts de main-d'œuvre à la charge de l'employeur et la rémunération nette correspondante des salariés célibataires sans enfant, rémunérés au salaire moyen, différait fortement selon les pays de l'OCDE en 2024 (voir la colonne 1). En effet, il était supérieur à 45 % des coûts de main-d'œuvre en Allemagne, en Autriche, en Belgique, en France[3] et en Italie, mais inférieur à 20 % au Chili et en Colombie. C'est en Belgique que l'on observait le coin fiscal le plus élevé (52.6 %) et en Colombie qu'il était le plus bas (0.0 %). En Colombie, un salarié célibataire rémunéré au salaire moyen n'a acquitté aucun impôt sur le revenu des personnes physiques en 2024, cependant que ses cotisations d'assurance retraite, d'assurance maladie et d'assurance contre les risques liés à l'emploi sont considérées comme des paiements obligatoires non fiscaux (PONF)[4], et ne sont donc pas comptabilisées comme des impôts dans les modèles des *Impôts sur les salaires*. Le Tableau 1.1 indique que le coin fiscal moyen dans les pays de l'OCDE, exprimé en pourcentage des coûts de main-d'œuvre, s'établissait à 34.9 % en 2024.

Les variations du coin fiscal entre 2023 et 2024 pour un salarié célibataire sans enfant rémunéré au salaire moyen, exprimées en pourcentage des coûts de main-d'œuvre, sont indiquées à la colonne 2 du Tableau 1.1. Le coin fiscal moyen de cette catégorie de ménage dans les pays de l'OCDE a augmenté de 0.05 point de pourcentage en 2024, après une hausse de 0.15 point en 2023 et de 0.12 point en 2022. Entre 2023 et 2024, il a progressé dans vingt pays de l'OCDE, a reculé dans quinze et est resté inchangé dans trois (Colombie, Costa Rica et Hongrie).

La Hongrie et la Lettonie sont les seuls pays de l'OCDE où les seuils, taux et montants de l'impôt sur le revenu des personnes physiques, des CSS ou des prestations en espèces n'ont pas évolué en 2024, ce qui signifie que les variations du coin fiscal étaient imputables uniquement à une variation du salaire moyen. En Australie, en Corée, en Pologne, au Royaume-Uni et en Slovénie, les règles relatives à l'impôt sur le revenu des personnes physiques n'ont pas été modifiées, mais d'autres composantes du coin fiscal ont été ajustées. De manière plus générale, les évolutions des politiques publiques intervenues en 2024 (qu'il s'agisse de réformes ou d'ajustements paramétriques) ont eu une incidence sur au moins une des composantes du coin fiscal dans la quasi-totalité des pays. Il est donc difficile d'attribuer les variations du coin fiscal moyen dans un pays donné à une évolution des politiques publiques ou des revenus moyens, d'autant que certains taux directeurs peuvent être automatiquement indexés sur la croissance des salaires (OCDE, 2023[1]).

Les augmentations du coin fiscal pour un travailleur célibataire rémunéré au salaire moyen se sont échelonnées entre 0.04 point aux États-Unis et 1.61 point en Italie. Dans huit pays, la hausse a été supérieure à 0.5 point, seules l'Italie et la Slovénie ayant enregistré une progression supérieure à 1 point. En Slovénie, l'accroissement de 1.44 point du coin fiscal a été principalement due à la mise en place en 2024 d'une cotisation salariale obligatoire forfaitaire à l'assurance-maladie de 420 EUR par an. En Italie, elle a été essentiellement imputable au fait que les travailleurs rémunérés au salaire moyen ont cessé de bénéficier, en 2024, du taux réduit de CSS salariales à partir du moment où leur salaire excédait le seuil de 35 000 EUR alors qu'il n'atteignait pas ce seuil en 2023.

Dans quatorze des vingt pays où le coin fiscal a augmenté, cette hausse s'explique par le relèvement de l'impôt sur le revenu des personnes physiques en pourcentage des coûts de main-d'œuvre (voir la colonne 3 du Tableau 1.1). Dans les pays où les règles relatives au barème d'imposition n'ont pas changé, comme l'Australie, la Corée, l'Espagne, la Grèce, la Lettonie, le Mexique, la Pologne et la Slovénie, elle a été le résultat d'un accroissement du salaire moyen nominal entre 2023 et 2024. La hausse du salaire moyen accroît l'impôt sur le revenu des personnes physiques en raison de la progressivité des systèmes d'imposition du revenu si les seuils d'imposition augmentent moins que le salaire moyen (OCDE, 2023[1]).

En Estonie, l'augmentation de l'impôt sur le revenu des personnes physiques résulte principalement de la suppression de certains abattements fiscaux alors qu'en Lituanie, elle s'explique principalement par le fait qu'une plus forte proportion des revenus est imposée alors que la valeur des abattements et crédits d'impôt diminue par rapport aux revenus. Le chapitre 2 du présent rapport a pour objet d'analyser le rôle des allégements fiscaux dans la détermination des taux d'IRPP dans les pays de l'OCDE.

En Allemagne, au Canada, en Italie, en République slovaque, en Slovénie et en Tchéquie, la hausse du coin fiscal a été essentiellement portée par celle des CSS patronales et salariales. Au Canada, les CSS salariales et patronales ont augmenté principalement à la suite de la création d'un deuxième plafond des gains ouvrant droit à pension, le taux des deuxièmes cotisations supplémentaires étant fixé à 4 %. En Tchéquie, les CSS salariales ont progressé sous l'effet de la réintroduction de la cotisation au titre de l'assurance-maladie. En Allemagne, l'accroissement des CSS tant salariales que patronales a été provoqué pour l'essentiel par le relèvement du taux de cotisation à l'assurance-maladie. En République slovaque, les cotisations patronales à l'assurance-maladie sont progressivement relevées, et seront portées de 10 % à 11 % entre 2024 et 2027, tandis que le taux de cotisation au Pilier I du régime de pension est passé de 8.5 % à 10 % en 2024. Les motifs des hausses observées en Italie et en Slovénie sont évoqués plus haut.

Dans dix des quinze pays de l'OCDE où le coin fiscal est en recul, en pourcentage des coûts de main-d'œuvre, cette évolution résulte principalement de la baisse de l'impôt sur le revenu des personnes physiques (Autriche, Belgique, Irlande, Islande, Japon, Luxembourg, Nouvelle-Zélande, Portugal, Suède et Suisse).

Les baisses du coin fiscal observées en 2024 ont excédé un point en Finlande (-1.57 point), au Royaume-Uni (-1.74 point) et au Portugal (-1.75 point). En Finlande, le recul du coin fiscal a fait suite à une réduction des CSS salariales et patronales liées à la santé. Au Royaume-Uni, comme en Finlande, il a été principalement le résultat de la réduction des CSS salariales dont le taux a été ramené de 12 % à 8 %. Au Portugal, le principal moteur du mouvement à la baisse a été la révision du barème d'imposition en 2024 qui s'est traduit par l'abaissement des taux appliqués aux six premières d'imposition.

Le Tableau 1.2 et le Graphique 1.1 renseignent sur les éléments constitutifs du coin fiscal dans les pays de l'OCDE en 2024, c'est-à-dire l'impôt sur le revenu des personnes physiques ainsi que les CSS salariales et patronales (y compris les taxes sur les salaires lorsqu'elles sont applicables), en pourcentage des coûts de main-d'œuvre pour un salarié sans enfant percevant le salaire moyen. Les coûts de main-d'œuvre indiqués dans le Tableau 1.2 sont exprimés en dollars US à parité de pouvoir d'achat.

Le pourcentage des coûts de main-d'œuvre payés en impôt sur le revenu a varié considérablement dans les pays de l'OCDE en 2024. Les chiffres les plus bas s'observent en Colombie et au Costa Rica (0 % dans les deux cas) ainsi qu'au Chili (0.2 %), tandis que la Corée, la Grèce, le Japon, le Mexique, la Pologne, la République slovaque et la Tchéquie se situent également sous la barre des 10 %. C'est au Danemark qu'ils sont les plus élevés (35.4 %), l'Australie, la Belgique, l'Irlande, l'Islande et la Nouvelle-Zélande dépassant également la barre des 20 %.

Le pourcentage des coûts de main d'œuvre payés en CSS salariales varie beaucoup également, de 0.0 % en Australie, en Colombie, au Danemark et en Nouvelle-Zélande, à 19.2 % en Lituanie et 20.3 % en Slovénie. Les employeurs en France[5] paient 26.7 % des coûts de main-d'œuvre sous forme de CSS, soit le niveau le plus élevé parmi les pays de l'OCDE. Les chiffres correspondants dépassent également 20 % dans neuf autres pays — l'Autriche, la Belgique, le Costa Rica, l'Espagne, l'Estonie, la France, l'Italie, la République slovaque, la Suède et la Tchéquie.

Rapportées aux coûts de main-d'œuvre, les CSS salariales et patronales ont représenté au total plus de 20 % dans 23 pays de l'OCDE, et au moins un tiers en Allemagne, en Autriche, en France[6], en République slovaque, en Slovénie et en Tchéquie.

Tableau 1.1. Comparaison du coin fiscal total, 2024

En % des coûts de main d'œuvre

Pays[1]	Coin fiscal total 2024 (1)	Variation annuelle, 2024/2023 (en points de pourcentage)[2]			
		Coin fiscal (2)	Impôt sur le revenu (3)	CSS salariales (4)	CSS patronales[3] (5)
Belgique	52.6	-0.10	-0.10	0.00	0.00
Allemagne	47.9	0.21	-0.11	0.21	0.11
France	47.2	0.36	0.34	0.00	0.03
Italie	47.1	1.61	-1.31	2.92	0.00
Autriche	47.0	-0.22	-0.10	-0.03	-0.03
Slovénie	44.6	1.44	0.14	1.30	0.00
République slovaque	42.6	0.83	-0.44	-0.20	1.46
Finlande	41.9	-1.57	0.15	-0.85	-0.86
Lettonie	41.7	0.66	0.67	0.00	0.00
Suède	41.5	-0.68	-0.67	-0.01	0.00
Hongrie	41.2	0.00	0.00	0.00	0.00
Tchéquie	40.9	0.70	0.25	0.45	0.00
Espagne	40.6	0.41	0.35	0.01	0.05
Estonie	40.6	0.70	0.70	0.00	0.00
Luxembourg	40.3	-0.89	-0.81	0.00	-0.08
Portugal	39.4	-1.75	-1.75	0.00	0.00
Lituanie	39.3	0.33	0.33	0.00	0.00
Grèce	39.3	0.54	0.54	0.00	0.00
Türkiye	39.0	0.92	0.92	0.00	0.00
Norvège	36.4	-0.01	0.08	-0.09	0.00
Danemark	36.1	0.13	0.12	0.00	0.01
Irlande	35.2	-0.40	-0.42	0.02	0.00
Pays-Bas	35.1	-0.02	0.49	-0.61	0.10
Pologne	34.7	0.42	0.42	0.00	0.00
Japon	32.6	-0.41	-0.56	0.08	0.07
Canada	32.0	0.13	-0.18	0.15	0.17
Islande	31.6	-0.27	-0.27	0.00	0.00
États-Unis	30.1	0.04	0.06	0.00	-0.02
Australie	29.6	0.39	0.36	0.00	0.02
Costa Rica	29.5	0.00	0.00	0.00	0.00
Royaume-Uni	29.4	-1.74	0.54	-2.36	0.08
Corée	24.7	0.20	0.16	0.00	0.04
Israël	23.9	-0.13	-0.01	-0.08	-0.04
Suisse	22.9	-0.13	-0.13	0.00	0.00
Mexique	20.9	0.41	0.41	0.00	0.00
Nouvelle-Zélande	20.8	-0.27	-0.27	0.00	0.00
Chili	7.2	0.12	0.12	0.00	0.00
Colombie	0.0	0.00	0.00	0.00	0.00
Moyenne OCDE	**34.9**	**0.05**	**0.00**	**0.02**	**0.03**

Notes : les résultats du tableau concernant un célibataire sans enfant percevant un salaire égal à celui d'un salarié moyen.

1. Les pays sont classés par ordre décroissant du coin fiscal total.
2. À cause des arrondis, les variations du coin fiscal à la colonne (2) peuvent être différentes d'un centième de point de pourcentage de la somme des colonnes (3) à (5). Bien que les chiffres ne figurent pas dans les colonnes (3) à (5), l'augmentation du montant des prestations en espèces contribue au repli de 0.05 point du coin fiscal en Autriche entre 2023 et 2024.
3. Les taxes sur les salaires sont incluses si elles s'appliquent.

Sources : contributions des pays et (OCDE[2]) Perspectives économiques de l'OCDE, volume 2024, numéro 2.

Tableau 1.2. Impôt sur le revenu et cotisations de sécurité sociale salariales et patronales, 2024

En % des coûts de main d'œuvre

Pays[1]	Coin fiscal total[2] (1)	Impôt sur le revenu (2)	Cotisations de sécurité sociale salariales (3)	Cotisations de sécurité sociale patronales[3] (4)	Coûts de main-d'œuvre[4] (5)
Autriche	47.0	11.6	14.0	21.6	110 886
Suisse	22.9	10.9	6.0	6.0	109 886
Belgique	52.6	20.3	11.0	21.3	109 810
Allemagne	47.9	13.9	17.3	16.8	107 168
Luxembourg	40.3	17.4	10.8	12.1	100 830
Pays-Bas	35.1	15.0	9.2	10.8	97 164
Norvège	36.4	17.9	6.9	11.5	97 059
Irlande	35.2	21.6	3.6	10.0	94 964
France	47.2	12.3	8.3	26.7	91 825
Islande	31.6	25.5	0.1	6.0	87 580
Royaume-Uni	29.4	13.9	5.3	10.2	85 540
Finlande	41.9	17.4	7.8	16.6	83 582
Danemark	36.1	35.4	0.0	0.6	83 501
Suède	41.5	12.2	5.3	23.9	82 421
Canada	32.0	17.3	6.1	8.7	81 858
Australie	29.6	23.9	0.0	5.7	78 547
Italie	47.1	15.9	7.2	24.0	78 312
États-Unis	30.1	15.5	7.1	7.5	76 351
Corée	24.7	6.2	8.5	10.0	74 975
Espagne	40.6	12.3	5.0	23.4	72 439
Japon	32.6	6.3	12.7	13.6	66 183
Türkiye	39.0	11.4	12.8	14.9	64 138
Pologne	34.7	5.4	15.3	14.1	60 072
Slovénie	44.6	10.4	20.3	13.9	60 057
Grèce	39.3	9.7	11.3	18.2	59 150
Tchéquie	40.9	7.0	8.7	25.3	57 857
Israël	23.9	10.8	7.7	5.4	56 861
Estonie	40.6	14.1	1.2	25.3	56 667
Nouvelle-Zélande	20.8	20.8	0.0	0.0	54 623
Lituanie	39.3	18.4	19.2	1.8	53 546
Portugal	39.4	11.3	8.9	19.2	53 440
Hongrie	41.2	13.3	16.4	11.5	52 177
Lettonie	41.7	14.1	8.5	19.1	49 738
République slovaque	42.6	8.1	10.1	24.4	47 627
Costa Rica	29.5	0.0	8.4	21.1	36 432
Chili	7.2	0.2	7.0	0.0	31 900
Mexique	20.9	9.8	1.3	9.9	22 523
Colombie	0.0	0.0	0.0	0.0	20 848
Moyenne OCDE	**34.9**	**13.4**	**8.1**	**13.4**	**71 277**

Notes : les résultats du tableau concernant un célibataire sans enfant percevant un salaire égal à celui d'un salarié moyen.

1. Les pays sont classés par ordre décroissant des coûts de main d'œuvre.
2. À cause des arrondis, le total de la colonne (1) peut être différent d'un dixième de point de pourcentage de la somme des colonnes (2) à (4). En Autriche, les prestations en espèces font baisser le coin fiscal global de 0.30 point, bien qu'elles ne figurent pas dans les colonnes (2) à (4).
3. Les taxes sur les salaires sont incluses si elles s'appliquent.
4. Exprimés en dollars US à parité de pouvoir d'achat.

Sources : contributions des pays et (OCDE, 2024[2]) Perspectives économiques de l'OCDE, volume 2024, numéro 2.

Graphique 1.1. Impôt sur le revenu et cotisations de sécurité sociale salariales et patronales, 2024

En % des coûts de main d'œuvre

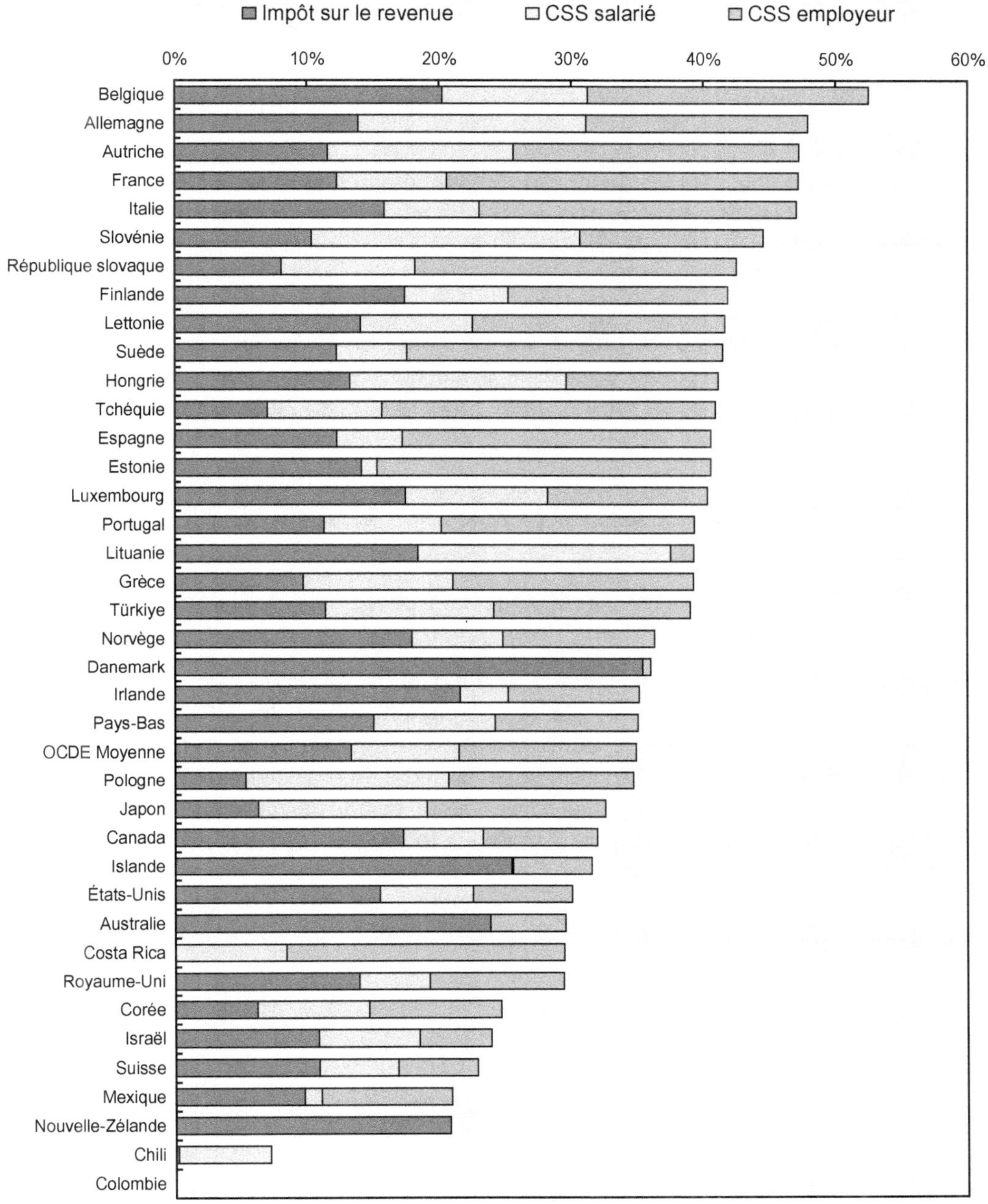

Notes : les résultats du graphique concernant un célibataire sans enfant percevant un salaire égal à celui d'un salarié moyen. Les taxes sur les salaires sont incluses si elles s'appliquent.

StatLink https://stat.link/po4rjz

Taux moyen d'imposition des personnes physiques

Le taux moyen d'imposition des personnes physiques correspond à l'impôt sur le revenu plus les CSS salariales en pourcentage du salaire brut. Le Tableau 1.3 indique le taux moyen d'imposition en 2024 pour un salarié célibataire sans enfant rémunéré au salaire moyen. Les chiffres correspondant au salaire brut du salarié moyen sont exprimés en dollars US à parité de pouvoir d'achat. Le Graphique 1.2 donne une représentation graphique du taux moyen d'imposition des personnes physiques décomposé entre l'impôt sur le revenu et les CSS salariales.

Le Tableau 1.3 et le Graphique 1.2 indiquent qu'en moyenne, le taux moyen d'imposition des personnes physiques applicable à un célibataire rémunéré au salaire moyen dans les pays de l'OCDE était de 25.0 % en 2024. La Belgique affichait le taux le plus élevé, à 39.7 % du salaire brut, tandis que l'Allemagne, le Danemark, la Lituanie et la Slovénie étaient les seuls autres pays où les taux dépassaient 35 %. C'est au Mexique (12.2 %), au Costa Rica (10.7 %), au Chili (7.2 %) et en Colombie (0.0 %) que les taux moyens d'imposition des personnes physiques étaient les plus bas. En Colombie, le taux moyen d'imposition moyen des personnes physiques était égal à zéro, ce qui s'explique par le fait que les célibataires rémunérés au salaire moyen n'ont pas payé d'impôt sur le revenu en 2024, comme évoqué plus haut[7].

Il est clair que l'incidence de l'impôt et des prestations sociales sur le revenu net disponible d'un salarié varie beaucoup d'un pays à l'autre de l'OCDE. Ces fortes variations dans le montant et la composition du coin fiscal dans les différents pays traduisent en partie les différences que l'on observe en ce qui concerne :

- Le rapport global entre le total des recettes fiscales et le produit intérieur brut ; et
- La part de l'impôt sur le revenu des personnes physiques et des CSS dans l'ensemble des prélèvements nationaux.

En 2024, la part de l'impôt sur le revenu dans le taux moyen d'imposition des personnes physiques était supérieure à celle des CSS salariales dans 23 des 38 pays membres de l'OCDE. Aucune CSS salariale n'est prélevée en Australie, en Colombie, au Danemark, ni en Nouvelle-Zélande, et les taux applicables sont inférieurs à 5 % des revenus bruts en Estonie, en Irlande, en Islande et au Mexique. À l'inverse, dans cinq pays (Chili, Costa Rica, Japon, Pologne et Slovénie), un salarié célibataire rémunéré au salaire moyen payait nettement plus de CSS salariales que d'impôt sur le revenu des personnes physiques (plus de six points de pourcentage). Dans sept pays — Corée, Grèce, Lituanie, Portugal, République slovaque, Tchéquie et Türkiye —, le montant de l'impôt sur le revenu des personnes physiques et celui des CSS salariales, en pourcentage des revenus bruts, sont très proches (les écarts sont inférieurs à 3 points de pourcentage).

Tableau 1.3. Impôt sur le revenu et cotisations salariales de sécurité sociale, 2024

En % du salaire brut

Pays[1]	Prélèvement total[2] (1)	Impôt sur le revenu (2)	CSS salariales (3)	Salaire brut[3] (4)
Suisse	18.0	11.6	6.4	103 276
Allemagne	37.4	16.7	20.7	89 203
Luxembourg	32.1	19.8	12.3	88 650
Autriche	32.7	14.8	17.9	86 895
Pays-Bas	27.2	16.9	10.3	86 642
Belgique	39.7	25.7	14.0	86 437
Norvège	28.1	20.3	7.8	85 893
Irlande	28.0	24.0	4.0	85 514
Danemark	35.7	35.7	0.0	82 988
Islande	27.2	27.1	0.1	82 351
Royaume-Uni	21.4	15.5	5.9	76 819
Canada	25.5	18.9	6.6	74 768
Australie	25.3	25.3	0.0	74 067
États-Unis	24.4	16.7	7.7	70 627
Finlande	30.3	20.9	9.4	69 681
Corée	16.3	6.9	9.4	67 470
France	28.1	16.7	11.3	67 347
Suède	23.1	16.1	7.0	62 715
Italie	30.4	20.9	9.5	59 517
Japon	22.0	7.3	14.8	57 197
Espagne	22.5	16.0	6.5	55 517
Nouvelle-Zélande	20.8	20.8	0.0	54 623
Türkiye	28.4	13.4	15.0	54 585
Israël	19.6	11.5	8.1	53 773
Lituanie	38.2	18.7	19.5	52 604
Slovénie	35.6	12.0	23.6	51 729
Pologne	24.1	6.2	17.8	51 628
Grèce	25.8	11.9	13.9	48 368
Hongrie	33.5	15.0	18.5	46 174
Tchéquie	21.0	9.4	11.6	43 241
Portugal	25.0	14.0	11.0	43 184
Estonie	20.5	18.9	1.6	42 352
Lettonie	27.9	17.4	10.5	40 237
République slovaque	24.1	10.7	13.4	36 026
Chili	7.2	0.2	7.0	31 900
Costa Rica	10.7	0.0	10.7	28 761
Colombie	0.0	0.0	0.0	20 848
Mexique	12.2	10.8	1.4	20 297
Moyenne OCDE	**25.0**	**15.4**	**9.6**	**61 419**

Notes : les résultats du tableau concernant un célibataire sans enfant percevant un salaire égal à celui d'un salarié moyen.

1. Les pays sont classés par ordre décroissant des salaires bruts.
2. À cause des arrondis, le total peut être différent d'un dixième de point de pourcentage de la somme des colonnes de l'impôt sur le revenu et des cotisations de sécurité sociale.
3. Exprimés en dollars US à parité de pouvoir d'achat.

Sources : contributions des pays et (OCDE[2]) Perspectives économiques de l'OCDE, volume 2024, numéro 2.

Graphique 1.2. Pourcentages des salaires bruts payés en impôts sur le revenu et en cotisations salariales de sécurité sociale, 2024

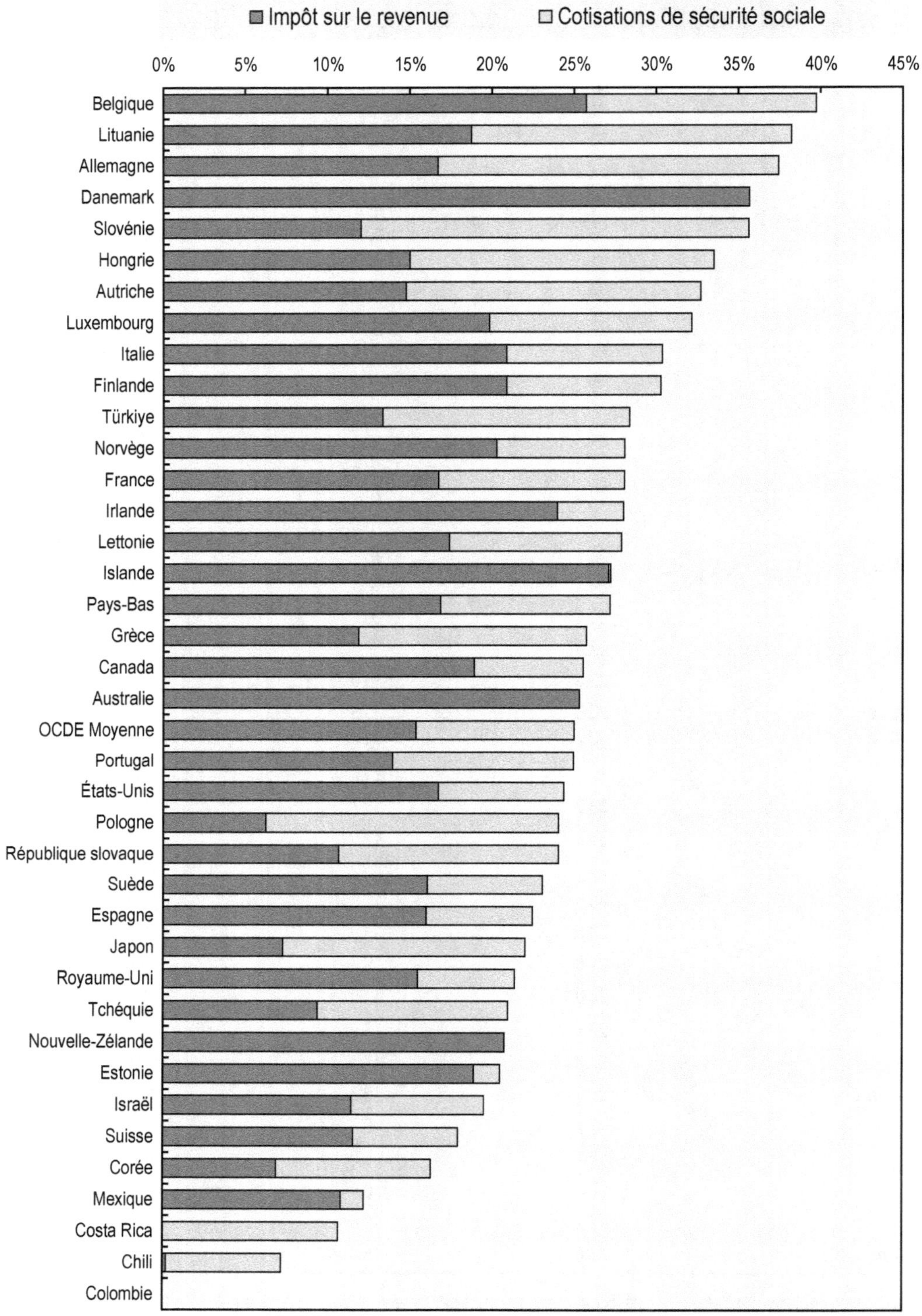

Note : les pays sont classés par ordre décroissant des charges fiscales.
Les résultats du graphique concernant un célibataire percevant un salaire égal à celui d'un salarié moyen.

StatLink https://stat.link/sckiw0

Comparaison de la situation d'un célibataire et d'un couple disposant d'un seul salaire

De nombreux pays de l'OCDE accordent des avantages fiscaux aux ménages ayant des enfants à charge au travers d'un traitement fiscal avantageux et/ou de prestations en espèces. Le Tableau 1.4 compare le coin fiscal, en pourcentage des coûts de main-d'œuvre pour un couple marié ayant deux enfants et disposant d'un seul salaire avec celui d'un célibataire sans enfant, ces deux catégories de ménage étant rémunérées au salaire moyen. Le coin fiscal pour le couple avec enfants est généralement inférieur à celui du célibataire sans enfant : le coin fiscal moyen dans la zone OCDE, en pourcentage des coûts de main-d'œuvre, pour un couple marié ayant deux enfants et disposant d'un seul salaire s'élevait à 25.7 % en 2024, contre 34.9 % pour un célibataire. L'écart s'est creusé de 0.11 point entre 2023 et 2024 du fait que le coin fiscal moyen pour un couple avec deux enfants disposant d'un seul salaire a augmenté légèrement plus, sur la période, que le coin fiscal pour un célibataire sans enfant[8].

Les économies d'impôt réalisées par un couple marié ayant deux enfants et disposant d'un seul salaire, par comparaison avec la situation d'un célibataire sans enfant, représentaient au moins 20 % des coûts de main-d'œuvre en Pologne et en République slovaque, et étaient supérieures à 15 % en Belgique et au Luxembourg. Le coin fiscal pour un couple marié ayant deux enfants et disposant d'un seul salaire était le même que pour un célibataire rémunéré au salaire moyen au Costa Rica, au Mexique et en Türkiye.

Le coin fiscal d'un couple marié ayant deux enfants et disposant d'un seul salaire a augmenté en moyenne de 0.16 point et a progressé dans 16 pays entre 2023 et 2024 (colonne 4). Dans 20 pays, la variation est restée limitée (inférieure à un point de plus ou de moins). Des hausses de plus d'un point de pourcentage ont été observées dans sept pays : l'Estonie, la Hongrie, l'Italie, la Lettonie, la République slovaque, la Slovénie et la Tchéquie.

En Tchéquie, le coin fiscal pour un couple marié avec deux enfants disposant d'un seul salaire moyen a augmenté de 7.38 points en raison de la suppression du crédit d'impôt au titre de l'accueil en structure préscolaire, et aussi de la limitation du crédit d'impôt pour conjoint à charge aux seules familles ayant des enfants de moins de trois ans, de sorte que ces ménages ont cessé d'être pris en compte dans les modèles des Impôts sur les salaires[9]. En Estonie, la hausse (3.72 points) trouve son origine dans la suppression de l'abattement de base supplémentaire et de l'allocation pour enfant à charge dont la cible était les familles avec enfants. En Hongrie, l'augmentation (1.11 point) s'explique par la progression des coûts de main-d'œuvre, les prestations en espèces n'ayant pas connu de variation en termes nominaux.

En Italie, l'accroissement (1.53 point) traduit essentiellement le fait que les couples mariés ayant deux enfants et disposant d'un seul salaire dont les revenus bruts excèdent le seuil d'éligibilité ont perdu le bénéfice du taux réduit de CSS salariales. En Lettonie, la progression (1.60 point) a été en partie le résultat d'une hausse des CCS salariales. En République slovaque, le coin fiscal a gagné 2.52 points sous l'effet du relèvement temporaire de la cotisation patronale à l'assurance-maladie. En Slovénie, l'augmentation du coin fiscal pour un couple marié avec deux enfants disposant d'un seul salaire moyen (3.07 points) a été principalement imputable à l'instauration d'une CSS obligatoire forfaitaire à l'assurance-maladie d'un montant de 420 EUR par an.

Des baisses d'au moins un point de pourcentage du coin fiscal pour les couples mariés avec deux enfants disposant d'une seul salaire moyen ont été constatées dans huit pays : la Corée, la Finlande, l'Islande, le Japon, les Pays-Bas, la Pologne, le Portugal et le Royaume-Uni. En Finlande (-1.61 point), le coin fiscal a reculé sur fond de baisse des CSS salariales et patronales, en Islande (-1.48 point) sur fond de hausse de l'allocation supplémentaire pour enfant à charge, et au Japon (-2.20 points) à la suite de la mise en place de crédits d'impôt spéciaux au titre d'impôts nationaux et locaux. En Corée (-1.72 point), le repli s'explique par une réforme du crédit d'impôt remboursable pour enfant à charge, devenu plus généreux pour les ménages à faible revenu avec deux enfants. Aux Pays-Bas (-1.11 point), il est dû à une augmentation des prestations en espèces pour enfant à charge alors qu'en Pologne (-4.03 points), il provient d'un accroissement des prestations en espèces au titre du programme 500+ prévoyant une allocation destinée aux familles de 500 zlotys par enfant à partir du deuxième enfant. Au Portugal (-2.36 points), le coin fiscal a reculé en conséquence de l'abaissement des taux d'imposition appliqués aux six premières tranches d'imposition du barème et d'une générosité accrue des prestations en espèces pour enfant à charge. Au Royaume-Uni, le repli (-1.35 p.p.) a été déclenché par une réduction des CSS patronales, ramenées de 12 % à 8%.

Une comparaison des variations du coin fiscal pour les couples mariés disposant d'un seul revenu et ayant deux enfants et des célibataires sans enfant rémunérés au salaire moyen entre 2023 et 2024 est présentée dans la colonne 6 du Tableau 1.4. Les dispositions préférentielles pour les familles se sont multipliées dans 17 des 38 pays de l'OCDE : Australie, Belgique, Colombie, Corée, Danemark, Finlande, France[10], Grèce, Islande, Italie, Japon, Lituanie, Pays-Bas, Nouvelle-Zélande, Norvège, Pologne et Portugal.

Tableau 1.4. Comparaison du coin fiscal total pour les célibataires et les couples disposant d'un seul salaire, 2024

En % des coûts de main d'œuvre

Pays[1]	Coin fiscal total des familles[2] en 2024 (1)	Coin fiscal total des célibataires[3] en 2024 (2)	Dispositions préférentielles en faveur des familles (1)-(2) (3)	Variation annuelle, 2024/23 (en points de pourcentage)		
				Coin fiscal des familles (4)	Coin fiscal des célibataires (5)	Différence entre célibataire et famille (5)-(4) (6)
République slovaque	19.0	42.6	-23.6	2.52	0.83	-1.69
Pologne	11.9	34.7	-22.8	-4.03	0.42	4.45
Luxembourg	20.6	40.3	-19.8	-0.64	-0.89	-0.25
Belgique	36.9	52.6	-15.6	-0.14	-0.10	0.05
Allemagne	33.3	47.9	-14.7	0.38	0.21	-0.17
Autriche	32.7	47.0	-14.3	0.00	-0.22	-0.21
Lituanie	25.3	39.3	-14.0	-0.18	0.33	0.51
Irlande	22.8	35.2	-12.4	0.58	-0.40	-0.98
Slovénie	32.2	44.6	-12.4	3.07	1.44	-1.63
Portugal	27.1	39.4	-12.3	-2.36	-1.75	0.62
Islande	19.3	31.6	-12.2	-1.48	-0.27	1.21
Suisse	11.0	22.9	-11.9	-0.05	-0.13	-0.08
Italie	35.4	47.1	-11.7	1.53	1.61	0.09
Corée	13.5	24.7	-11.2	-1.72	0.20	1.91
Canada	21.5	32.0	-10.5	0.21	0.13	-0.08
Nouvelle-Zélande	10.5	20.8	-10.3	-0.41	-0.27	0.13
États-Unis	20.1	30.1	-10.0	0.29	0.04	-0.25
Tchéquie	31.1	40.9	-9.9	7.38	0.70	-6.67
Lettonie	32.0	41.7	-9.6	1.60	0.66	-0.93
Danemark	26.8	36.1	-9.3	-0.07	0.13	0.19
Hongrie	32.6	41.2	-8.6	1.11	0.00	-1.11
France	39.1	47.2	-8.2	0.00	0.36	0.36
Pays-Bas	27.2	35.1	-7.9	-1.11	-0.02	1.09
Japon	25.7	32.6	-6.9	-2.20	-0.41	1.79
Australie	22.8	29.6	-6.7	0.18	0.39	0.21
Estonie	34.6	40.6	-6.0	3.72	0.70	-3.02
Israël	18.9	23.9	-5.0	-0.12	-0.13	-0.01
Chili	2.7	7.2	-4.6	0.49	0.12	-0.37
Espagne	36.1	40.6	-4.5	0.63	0.41	-0.22
Suède	37.0	41.5	-4.5	-0.50	-0.68	-0.18
Colombie	-4.4	0.0	-4.4	-0.15	0.00	0.15
Norvège	32.2	36.4	-4.2	-0.73	-0.01	0.72
Royaume-Uni	25.6	29.4	-3.9	-1.35	-1.74	-0.39
Finlande	38.1	41.9	-3.8	-1.61	-1.57	0.04
Grèce	37.3	39.3	-2.0	-0.05	0.54	0.59
Türkiye	39.0	39.0	0.0	0.92	0.92	0.00
Mexique	20.9	20.9	0.0	0.41	0.41	0.00
Costa Rica	29.5	29.5	0.0	0.00	0.00	0.00
Moyenne OCDE	**25.7**	**34.9**	**-9.2**	**0.16**	**0.05**	**-0.11**

1. Les pays sont classés par ordre décroissant du coin fiscal de la famille.
2. Couple marié ayant deux enfants et disposant du salaire moyen.
3. Célibataire sans enfant disposant d'un salaire moyen.

Sources : contributions des pays et (OCDE[2]) Perspectives économiques de l'OCDE, volume 2024, numéro 2.

Graphique 1.3. Impôt sur le revenu et cotisations de sécurité sociale des salariés diminués des prestations en espèces, 2024

En % du salaire brut, par catégorie de ménage

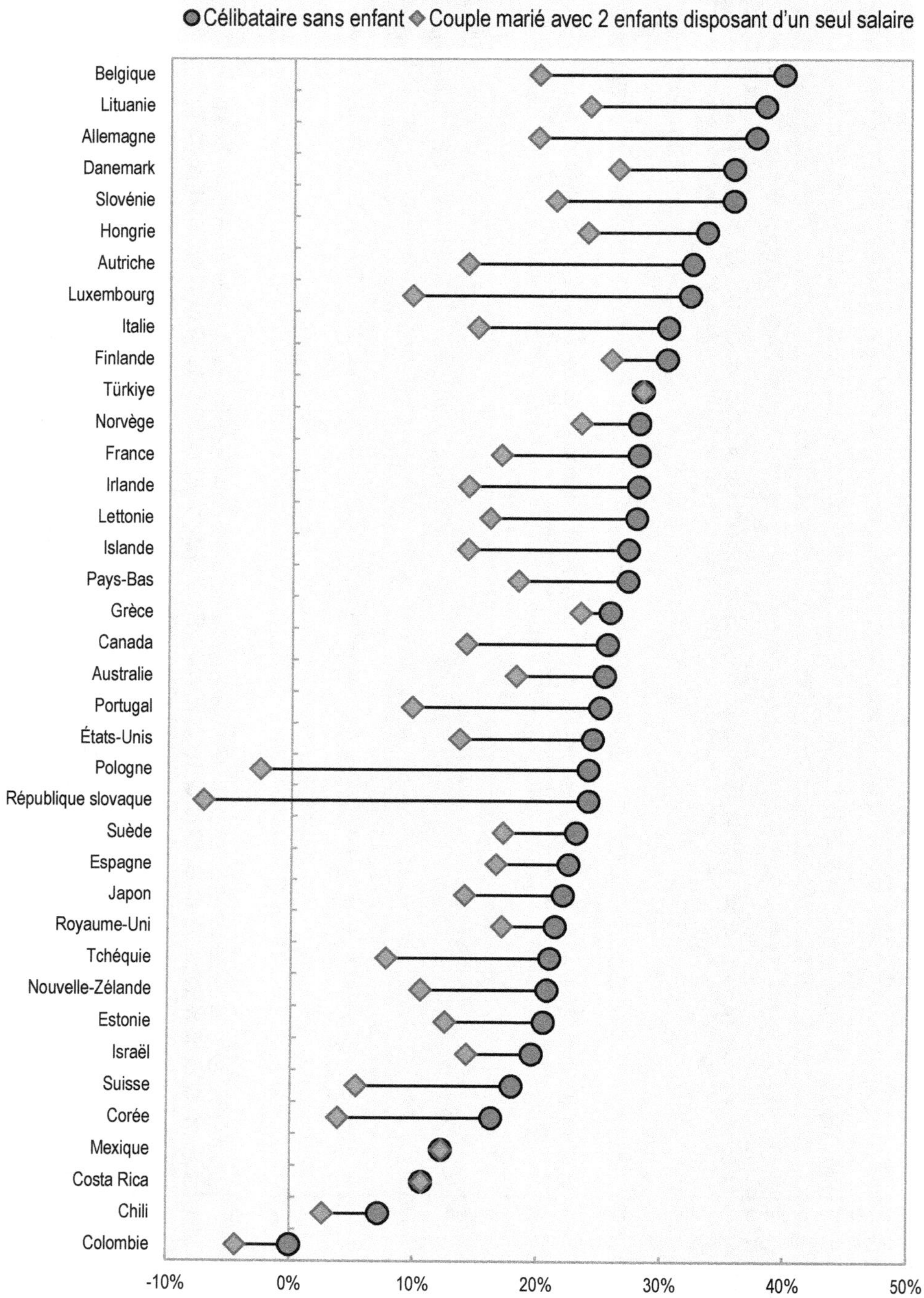

Note : les pays sont classés par ordre décroissant des charges fiscales d'un célibataire sans enfant.
Le type de ménage « Célibataire sans enfant » correspond à un niveau de salaire égal à 100 % du salaire moyen, et le type de ménage « Couple marié avec 2 enfants disposant d'un seul salaire » à un niveau de salaire agrégé de 100 %-0 % du salaire moyen.

StatLink https://stat.link/pgvzsc

Le Graphique 1.3 compare le taux moyen net d'imposition du revenu des personnes physiques pour un travailleur célibataire rémunéré au salaire moyen avec celui d'un couple marié ayant deux enfants et disposant d'un seul revenu, au même niveau de revenu. En raison des allégements d'impôt et des prestations en espèces en faveur des familles avec enfants, le revenu disponible d'un couple marié disposant d'un seul revenu dépassait le revenu d'un célibataire de plus de 20 % en République slovaque (31.2 %), en Pologne (26.6 %) et au Luxembourg (22.5 %) ; et de plus de 15 % en Belgique (19.8 %), en Autriche (18.2 %), en Allemagne (17.6 %), en Italie (15.4 %) et au Portugal (15.2 %). Le revenu disponible d'un couple marié disposant d'un seul salaire dépassait de moins de 10 % la rémunération d'un travailleur célibataire dans 15 pays : la Hongrie (9.7 %), le Danemark (9.2 %), les Pays-Bas (7.6 %), l'Estonie (6.9 %), le Japon (8.0 %), l'Australie (7.2 %), la Suède (6.1 %), l'Espagne (5.9 %), Israël (5.6 %), la Norvège (4.7 %), le Chili (4.6 %), la Finlande (4.5 %), la Colombie (3.9 %), le Royaume-Uni (1.7 %) et la Grèce (1.5 %). Le montant du revenu disponible ne présentait aucune différence pour les deux catégories de ménage au Costa Rica, au Mexique et en Türkiye, les taux moyens nets d'imposition du revenu des personnes physiques applicables étant identiques dans chaque pays.

Imposition des couples disposant de deux salaires

Les sections précédentes portaient sur deux ménages ayant des niveaux de revenu comparables : un célibataire percevant un salaire égal à 100 % du salaire moyen, et un couple marié avec deux enfants, disposant d'un seul salaire égal à 100 % du salaire moyen. Cette section élargit l'analyse et examine le coin fiscal et le taux moyen d'imposition des personnes physiques pour une troisième catégorie de ménage : un couple marié ayant deux enfants et disposant de deux salaires, l'un égal à 100 % et l'autre à 67 % du salaire moyen.

Le coin fiscal

Pour cette catégorie de ménage, le coin fiscal moyen dans les pays de l'OCDE en pourcentage des coûts de main-d'œuvre s'établissait à 29.5 % en 2024 (Graphique 1.4 et Tableau 1.5). La Belgique affichait un coin fiscal de 44.8 %, le plus élevé parmi les pays de l'OCDE pour ce type de ménage. Les autres pays où le coin fiscal dépassait 40 % étaient l'Allemagne et la France[11] (40.9 % et 41.0 % respectivement). Le coin fiscal le plus faible pour cette catégorie de ménage était observé en Colombie (-5.2 %). Dans ce pays, le coin fiscal était négatif du fait qu'un ménage appartenant à cette catégorie ne payait pas d'impôt sur le revenu à ce niveau de revenu (même s'il payait des cotisations qui ne sont pas considérées comme des impôts), et percevait des prestations en espèces versées en complément des salaires. Les autres pays où le coin fiscal pour cette catégorie de ménage était inférieur à 20 % étaient la Nouvelle-Zélande (18.6 %), la Corée (18.3 %), la Suisse (17.1 %), Israël (15.6 %) et le Chili (4.4 %).

Le Graphique 1.4 illustre le coin fiscal moyen et ses éléments constitutifs, en pourcentage des coûts de main-d'œuvre, pour un couple marié disposant de deux salaires en 2024. En moyenne, dans les pays de l'OCDE, l'impôt sur le revenu représentait 10.6 % des coûts de main-d'œuvre, et la somme des CSS salariales et patronales 21.4 % de ces coûts. Le coin fiscal est exprimé après déduction des prestations en espèces, qui représentaient 2.5 % des coûts de main-d'œuvre en 2024. Les prestations en espèces reprises dans les modèles des *Impôts sur les salaires* sont celles versées de manière universelle aux travailleurs ayant des enfants à charge âgés de six à onze ans inclus. Les prestations liées à l'exercice d'un emploi qui sont versées aux travailleurs indépendamment de leur situation de famille sont également prises en compte dans les calculs.

Le coin fiscal moyen dans la zone OCDE pour un couple marié disposant de deux salaires a augmenté de 0.01 point en 2024 par rapport à l'année précédente, comme l'indique le Tableau 1.5 (colonne 2). Pour cette catégorie de ménage, le coin fiscal a été en hausse dans 17 pays et diminué dans 20. Cette hausse a été supérieure à un point dans six pays : Türkiye (1.10 point), Lettonie (1.34 point), Estonie (1.78 point), République slovaque (1.91 point), Slovénie (1.96 point) et Tchéquie (2.43 points). En Türkiye, le coin fiscal a augmenté en raison de la progressivité du barème d'imposition, le salaire moyen ayant progressé plus fortement que les seuils de revenu fixés dans le barème. De même en Lettonie, la hausse a été principalement due au fait que le barème d'imposition n'a pas changé entre 2023 et 2024. En Estonie, le coin fiscal a augmenté essentiellement à cause de la suppression de l'abattement de base supplémentaire et de l'allocation pour enfant à charge, comme indiqué précédemment. En République slovaque, la progression est avant tout imputable à celle des CSS patronales, les prestations en espèces n'ayant pas varié. En Slovénie, la hausse du coin fiscal moyen résulte de l'adoption d'une CSS obligatoire forfaitaire à l'assurance-maladie, comme indiqué précédemment. En Tchéquie, elle s'explique en premier lieu par la suppression du crédit d'impôt au titre de l'accueil en structure préscolaire.

Dans les pays où le coin fiscal a augmenté pour les couples mariés avec enfants disposant de deux salaires en 2024, c'est la hausse de l'impôt sur le revenu, en pourcentage des coûts de main-d'œuvre, qui explique pour l'essentiel celle du coin fiscal dans douze d'entre eux : Allemagne, Australie, Corée, Espagne, Estonie, États-Unis, France[12], Hongrie, Lettonie, Mexique, Tchéquie et Türkiye. Parallèlement, l'accroissement des CSS a été le principal facteur à l'origine de l'augmentation du coin fiscal pour cette catégorie de ménage dans quatre pays : le Canada, l'Italie, la République slovaque et la Slovénie. En Irlande, le mouvement ascendant (0.16 p.p.) a été déclenché par une baisse des prestations en espèces perçues par les ménages.

Dans la plupart des pays ayant enregistré un recul du coin fiscal pour les familles avec enfants entre 2023 et 2024, ce repli résultait de modifications du système d'imposition des revenus et des CSS, tout comme pour les travailleurs célibataires, ainsi que d'un relèvement des prestations en espèces ou de l'adoption de mesures fiscales pour enfant à charge. Des baisses de plus d'un point de pourcentage ont été enregistrées dans six pays : Japon (-1.27 point), Portugal (-1.28 point), Islande (1.54 point), Finlande (-1.66 point), Royaume-Uni (-1.66 point) et Pologne (-2.39 points). Comme indiqué dans les sections précédentes, ce fléchissement du coin fiscal est le produit d'une réduction des CSS en Finlande et au Royaume-Uni, d'une augmentation des allègements fiscaux accordés aux familles en Islande et au Japon, d'un accroissement des prestations en espèces en Pologne et d'un abaissement des taux d'imposition au Portugal.

Graphique 1.4. Impôt sur le revenu et cotisations salariales et patronales de sécurité sociale diminués des prestations en espèces, 2024

Couples disposant de deux salaires et ayant deux enfants, en % des coûts de main-d'œuvre

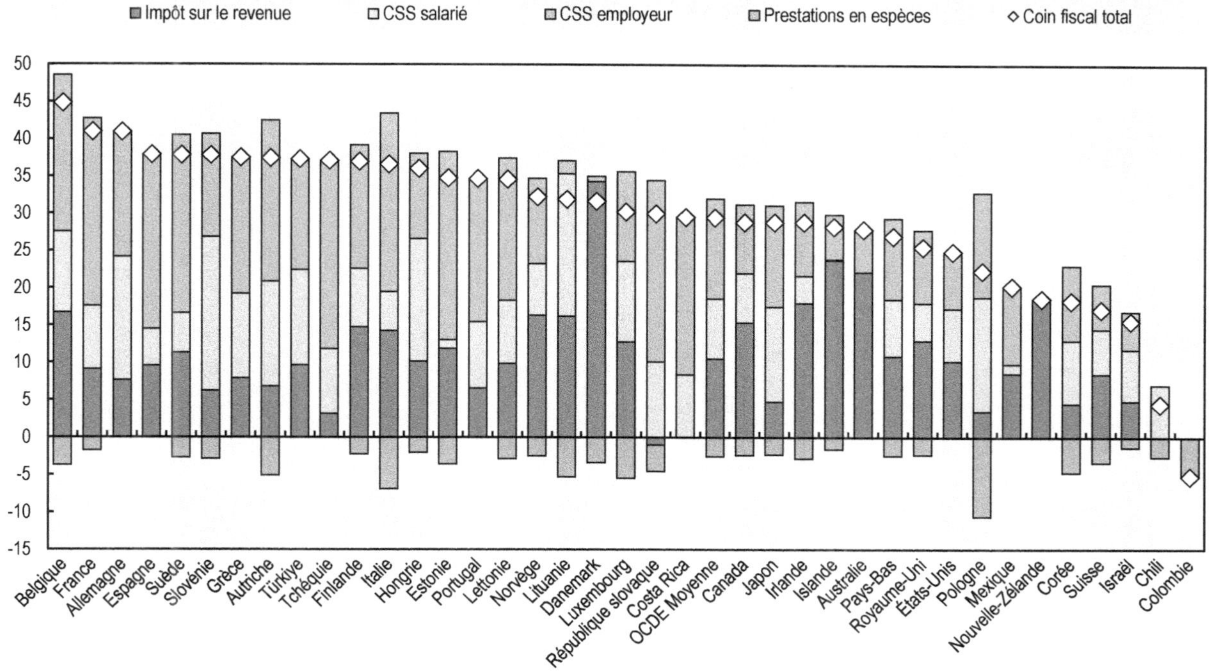

Note : couple marié ayant deux enfants et disposant de deux salaires, dont l'un est égal à 100 % et l'autre à 67 % du salaire moyen. Les taxes sur les salaires sont incluses si elles s'appliquent.

StatLink https://stat.link/v1e8qd

Tableau 1.5. Comparaison du coin fiscal total de couples disposant de deux salaires et ayant des enfants, 2024

En % des coûts de main d'œuvre

Pays[1]	Coin fiscal total en 2024 (1)	Variation annuelle, 2024/23 (en points de pourcentage)[2]				
		Coin fiscal (2)	Impôt sur le revenu (3)	CSS salariales (4)	CSS patronales[3] (5)	Prestations en espèces (6)
Belgique	44.8	-0.11	-0.12	0.01	0.00	-0.01
France	41.0	0.36	0.19	-0.02	0.20	0.01
Allemagne	40.9	0.38	0.19	0.04	0.15	0.00
Espagne	37.9	0.78	0.73	0.01	0.05	0.00
Suède	37.8	-0.55	-0.65	0.00	0.00	-0.11
Slovénie	37.8	1.96	0.32	1.56	0.00	-0.08
Grèce	37.5	-0.27	-0.27	0.00	0.00	0.00
Autriche	37.4	-0.04	0.17	-0.03	-0.03	0.15
Türkiye	37.3	1.10	1.10	0.00	0.00	0.00
Tchéquie	37.1	2.43	1.98	0.45	0.00	0.00
Finlande	36.9	-1.66	0.08	-0.85	-0.86	0.02
Italie	36.6	0.50	-0.55	1.26	0.00	0.20
Hongrie	36.0	0.67	0.40	0.00	0.00	-0.27
Estonie	34.7	1.78	1.57	0.00	0.00	-0.22
Portugal	34.7	-1.28	-1.28	0.00	0.00	0.00
Lettonie	34.6	1.34	1.06	0.00	0.00	-0.28
Norvège	32.2	-0.47	0.05	-0.09	0.00	0.43
Lituanie	31.9	-0.19	0.00	0.00	0.00	0.19
Danemark	31.6	-0.04	0.08	0.00	0.01	0.12
Luxembourg	30.2	-0.99	-0.96	0.00	-0.08	-0.04
République slovaque	30.0	1.91	0.31	-0.20	1.46	-0.34
Costa Rica	29.5	0.00	0.00	0.00	0.00	0.00
Canada	28.8	0.09	-0.16	0.09	0.11	-0.06
Japon	28.8	-1.27	-1.49	0.08	0.07	-0.07
Irlande	28.8	0.16	-0.41	0.02	0.00	-0.55
Islande	28.2	-1.54	-0.33	0.00	0.00	1.21
Australie	27.9	0.46	0.43	0.00	0.02	0.00
Pays-Bas	26.9	-0.44	0.53	-0.84	0.10	0.23
Royaume-Uni	25.5	-1.66	0.43	-2.16	0.10	0.04
États-Unis	24.8	0.24	0.26	0.00	-0.02	0.00
Pologne	22.3	-2.39	0.65	0.00	0.00	3.04
Mexique	20.2	0.29	0.29	0.00	0.00	0.00
Nouvelle-Zélande	18.6	-0.55	-0.55	0.00	0.00	0.00
Corée	18.3	0.35	0.19	0.00	0.04	-0.12
Suisse	17.1	-0.06	-0.13	0.00	0.00	-0.07
Israël	15.6	-0.14	0.00	-0.10	-0.05	0.00
Chili	4.4	-0.67	0.00	0.00	0.00	0.67
Colombie	-5.2	-0.18	0.00	0.00	0.00	0.18
Moyenne OCDE	**29.5**	**0.01**	**0.11**	**-0.02**	**0.03**	**0.11**

Note : les résultats du tableau concernent un couple marié ayant deux enfants et disposant de deux salaires dont l'un est égal à 100 % et l'autre 67 % du salaire moyen.

1. Les pays sont classés par ordre décroissant du coin fiscal total.
2. À cause des arrondis, les variations du coin fiscal colonne (2) peuvent être différentes d'un centième de point de pourcentage de la somme des colonnes (3) à (6).
3. Les taxes sur les salaires sont incluses si elles s'appliquent.

Sources : contributions des pays et (OCDE[2]) Perspectives économiques de l'OCDE, volume 2024, numéro 2.

Tableau 1.6. Impôt sur le revenu et cotisations salariales de sécurité sociale diminués des prestations en espèces, 2024

Couples disposant de deux salaires et ayant deux enfants, en % du salaire brut

Pays[1]	Prélèvement total[2] (1)	Impôt sur le revenu (2)	Cotisations de sécurité sociale salariales (3)	Prestations en espèces (4)	Salaire brut[3] (5)
Suisse	11.8	9.0	6.4	3.6	172 471
Allemagne	29.0	9.2	19.9	0.0	148 969
Luxembourg	20.6	14.5	12.3	6.2	148 045
Autriche	20.1	8.7	17.9	6.5	145 115
Pays-Bas	18.0	12.2	8.6	2.7	144 692
Belgique	30.1	21.1	13.7	4.7	144 350
Norvège	23.4	18.4	7.8	2.8	143 442
Irlande	20.9	20.0	4.0	3.1	142 809
Danemark	31.1	34.6	0.0	3.4	138 590
Islande	23.7	25.2	0.1	1.7	137 526
Royaume-Uni	17.4	14.4	5.6	2.6	128 288
Canada	21.6	16.9	7.3	2.6	124 863
Australie	23.5	23.5	0.0	0.0	123 691
États-Unis	18.7	11.0	7.7	0.0	117 947
Finlande	24.4	17.7	9.4	2.7	116 367
Corée	9.2	5.0	9.4	5.2	112 674
France	21.2	12.2	11.3	2.3	112 469
Suède	18.3	14.9	7.0	3.5	104 735
Italie	16.6	18.7	6.9	9.1	99 393
Japon	17.6	5.5	14.8	2.6	95 520
Espagne	19.0	12.5	6.5	0.0	92 714
Nouvelle-Zélande	18.6	18.6	0.0	0.0	91 220
Türkiye	26.3	11.3	15.0	0.0	91 157
Israël	11.0	5.1	7.3	1.4	89 801
Grèce	23.6	9.7	13.9	0.0	88 853
Lituanie	30.6	16.5	19.5	5.4	87 849
Slovénie	27.8	7.2	23.9	3.3	86 387
Pologne	9.6	4.1	17.8	12.3	86 219
Hongrie	27.7	11.5	18.5	2.3	77 111
Tchéquie	15.8	4.2	11.6	0.0	72 213
Portugal	19.1	8.1	11.0	0.0	72 117
Estonie	12.7	15.9	1.6	4.8	70 728
Lettonie	19.1	12.2	10.5	3.6	67 196
République slovaque	7.4	-1.3	13.4	4.7	60 164
Chili	4.4	0.0	7.0	2.6	53 273
Costa Rica	10.7	0.0	10.7	0.0	48 031
Colombie	-5.2	0.0	0.0	5.2	34 816
Mexique	10.9	9.6	1.4	0.0	33 896
Moyenne OCDE	**18.6**	**12.1**	**9.5**	**2.9**	**102 782**

Note : les résultats du tableau concernent un couple marié ayant deux enfants et disposant de deux salaires égaux à 100 % et 67 % du salaire moyen.

1. Les pays sont classés par ordre décroissant des salaires bruts.
2. À cause des arrondis, le total peut être différent d'un dixième de point de pourcentage de la somme des colonnes de l'impôt sur le revenu, des cotisations de sécurité sociale et des prestations en espèces.
3. Exprimés en dollars US à parité de pouvoir d'achat.

Sources : contributions des pays et (OCDE[2]) Perspectives économiques de l'OCDE, volume 2024, numéro 2.

Taux moyen d'imposition des personnes physiques

En 2024, le taux moyen net d'imposition des personnes physiques s'élevait en moyenne à 18.6 % du salaire brut pour un couple marié ayant deux enfants et disposant de deux salaires, dont l'un des conjoints perçoit le salaire moyen et l'autre 67 % du salaire moyen. Le Tableau 1.6 montre les taux moyens nets d'imposition des personnes physiques dans chaque pays de l'OCDE et leurs éléments constitutifs, en pourcentage des salaires bruts. Le salaire brut du ménage figurant dans la colonne 5 est exprimé en dollars US à parité de pouvoir d'achat. À la différence des résultats figurant dans le Tableau 1.3, dans le Tableau 1.6, les prestations en espèces sont prises en compte et atténuent l'incidence de l'impôt sur le revenu et des CSS salariales (colonne 2 plus colonne 3 moins colonne 4).

Le taux moyen net d'imposition des personnes physiques affichait de grandes disparités entre pays de l'OCDE en 2024, allant de -5.2 % en Colombie à 31.1 % au Danemark pour un couple marié disposant de deux salaires. En Colombie, le taux moyen net d'imposition des personnes physiques était négatif du fait qu'un ménage appartenant à cette catégorie ne payait pas d'impôt sur le revenu à ce niveau de revenu, que les cotisations qu'il payait ne sont pas considérées comme des impôts[13], et qu'il percevait des prestations en espèces versées en complément des salaires. Le revenu disponible du ménage après impôt représentait 105.2 % du salaire brut du couple en Colombie, contre 68.9 % au Danemark. Le taux moyen net d'imposition des personnes physiques était égal ou inférieur à 10 % en Pologne (9.6 %), en Corée (9.2 %), en République slovaque (7.4 %) et au Chili (4.4 %).

Les indicateurs utilisés dans la publication *Les impôts sur les salaires* mettent l'accent sur la structure de l'imposition des revenus du travail. Pour évaluer l'impact global du secteur public sur le bien-être des citoyens, d'autres facteurs comme les impôts indirects (la TVA, par exemple) doivent aussi être pris en compte, tout comme l'imposition d'autres formes de revenu (revenu du capital, par exemple) (Hourani et al., 2023[3]). Les PONF ne sont pas intégrés dans les calculs présentés dans cette publication, mais une analyse plus poussée de ces versements est proposée dans le document en ligne d'accompagnement : https://www.oecd.org/content/dam/oecd/en/topics/policy-issues/tax-policy/non-tax-compulsory-payments.pdf.

Salaires

Le salaire moyen a augmenté, entre 2023 et 2024, en valeur nominale dans 37 pays de l'OCDE, et aussi en valeur réelle dans 33 des 38 pays. Le revenu réel après impôt d'un célibataire rémunéré au salaire moyen a progressé dans 28 pays en termes réels sur la même période, après avoir décliné dans 21 pays en 2023 et dans 33 pays en 2022.

Le Tableau 1.7 indique le salaire brut en monnaie nationale du salarié moyen dans les pays de l'OCDE pour les années 2023 et 2024. Les chiffres pour 2024 sont estimés par le Secrétariat de l'OCDE en appliquant la variation de la rémunération par salarié dans l'ensemble de l'économie telle qu'elle est présentée dans la base de données des *Perspectives économiques de l'OCDE* (volume 2024, numéro 2 (OCDE, 2024[2])) aux valeurs finales du salaire moyen des années précédentes communiquées par les pays de l'OCDE. On trouvera davantage d'informations sur les valeurs relatives au salaire moyen et la méthodologie utilisée pour les estimations en Annexe de cette étude.

En 2024, la variation annuelle des salaires bruts en valeur nominale, comme indiqué dans la colonne 3, s'échelonnait entre -0.03 % en Finlande et 82.9 % en Türkiye. Dans une large mesure, les variations des niveaux de salaire nominal dans les pays de l'OCDE ont été plus marquées que les différences en matière de taux d'inflation (voir la colonne 4 du Tableau 1.7). La variation annuelle des niveaux de salaires réels (avant impôt sur le revenu des personnes physiques et CSS salariales) se situait dans un intervalle compris entre -2 % et +2 % dans 19 pays (voir la colonne 5 du Tableau 1.7). C'est en Belgique que le salaire réel a reculé le plus (-1.02%) alors qu'une hausse de plus de 2 % a été observée dans 19 pays.

En combinant les variations du salaire moyen en 2024 avec celles du taux d'imposition moyen net d'imposition des personnes physiques dont il a été question précédemment dans ce chapitre, il est possible de calculer les variations des revenus réels après impôt des travailleurs entre 2023 et 2024. Néanmoins, il convient de noter que cet indicateur ne donne qu'une vue partielle du revenu disponible global des travailleurs du fait qu'il ne tient pas compte des mesures prises par les pouvoirs publics ne correspondant pas aux critères d'inclusion dans les modèles des Impôts sur les salaires. Ces mesures peuvent toutefois avoir des effets non négligeables sur le revenu disponible des travailleurs, de nature à contrebalancer le fléchissement des salaires réels. Ces mesures atypiques portent généralement sur les dépenses de consommation et peuvent recouvrir des dispositifs visant à réduire le coût de denrées de base ou celui de la santé et de l'éducation. D'autres informations sur les avantages pris en compte dans les modèles des Impôts sur les salaires sont présentées à l'annexe A, et des informations spécifiques à chaque pays dans les chapitres par pays figurant dans la Partie II du rapport.

Dans dix pays de l'OCDE, un célibataire sans enfant rémunéré au salaire moyen disposait, en 2024, d'un revenu réel après impôt plus faible qu'en 2023, soit en raison du relèvement du taux moyen d'imposition des personnes physiques (colonne 6), ou de son maintien au même niveau alors que le salaire réel avant impôt fléchissait (colonne 5), soit en raison d'un relèvement du taux moyen d'imposition des personnes physiques excédant la progression du salaire réel avant impôt.

En revanche, un célibataire sans enfant rémunéré au salaire moyen disposait d'un revenu réel avant impôt plus élevé en 2024 en 28 pays : Allemagne, en Autriche, au Canada, au Chili, en Colombie, au Costa Rica, au Danemark, aux États-Unis, en Finlande, en Hongrie, en Irlande, en Islande, en Israël, au Japon, en Lettonie, en Lituanie, au Luxembourg, en Norvège, en Nouvelle-Zélande, aux Pays-Bas, en Pologne, au Portugal, en République slovaque, au Royaume-Uni, en Slovénie, en Suède, en Suisse et en Türkiye.

- En Finlande, en Islande et au Luxembourg, le salaire réel avant impôt a diminué moins vite que le taux moyen d'imposition des personnes physiques.
- Le taux moyen d'imposition des personnes physiques a baissé ou n'a pas varié alors que le salaire réel avant impôt a augmenté en Autriche, en Colombie, au Costa Rica, en Hongrie, en Irlande, en Israël, en Norvège, en Nouvelle-Zélande, au Portugal, aux Pays-Bas, en République slovaque, au Royaume-Uni, en Suède et en Suisse.
- En Allemagne, au Canada, au Chili, au Danemark, aux États-Unis en Lettonie, en Lituanie, en Pologne, en Slovénie et en Türkiye, le taux moyen d'imposition des personnes physiques a moins progressé que le salaire réel avant impôt.

Lorsque l'on compare les niveaux de salaires, il est important de souligner que la définition du salaire moyen peut varier d'un pays à l'autre en raison de limitations tenant aux données disponibles. Par exemple, certains pays n'incluent pas les salaires perçus par les dirigeants et les superviseurs ou n'excluent pas les salaires perçus par les travailleurs à temps partiel (voir le Tableau A.4 en Annexe).

Le Tableau 1.8 donne davantage de précisions sur la question de savoir si les salaires moyens pour les années 2000 à 2024 sont basés sur les secteurs C à K inclus, conformément à la classification internationale type par industrie de toutes les branches d'activité économique, Révision 3 (CITI Rév. 3), sur les secteurs B à N inclus, conformément à la classification internationale type par industrie de toutes les branches d'activité économique, Révision 4 (CITI Rév. 4) ou sur d'autres systèmes de classification dans lesquels les pays ne sont pas en mesure de fournir des données conformes aux deux approches mentionnées précédemment[14].

Tableau 1.7. Comparaison des niveaux de salaires en 2023 et 2024

Pays	Salaire brut en monnaie nationale			Variation annuelle, 2024/23 (pourcentage)		
	2023 (1)	2024 (2)	Salaire brut (3)	Inflation[1] (4)	Salaire réel avant impôt (5)	Variation du taux moyen d'imposition des personnes physiques[2] (6)
Allemagne	60 428	63 288	4.7	2.4	2.2	0.5
Australie	99 565	103 794	4.2	3.2	1.0	1.6
Autriche	56 928	61 699	8.4	2.9	5.3	-0.8
Belgique	58 913	60 841	3.3	4.3	-1.0	-0.3
Canada	85 347	88 360	3.5	2.4	1.1	0.0
Chili	13 163 425	14 074 320	6.9	4.3	2.5	1.7
Colombie	27 115 878	30 236 442	11.5	6.7	4.5	0.0
Corée	53 667 996	55 002 302	2.5	2.3	0.2	1.1
Costa Rica	8 969 097	9 109 145	1.6	-0.4	1.9	0.0
Danemark	489 600	509 093	4.0	1.4	2.5	0.3
Espagne	30 250	31 698	4.8	2.8	1.9	2.2
Estonie	22 559	23 930	6.1	3.4	2.6	4.8
États-Unis	67 729	70 627	4.3	2.9	1.3	0.3
Finlande	52 907	52 893	0.0	0.9	-0.9	-3.7
France	43 600	44 968	3.1	2.4	0.7	1.7
Grèce	24 059	25 198	4.7	3.0	1.7	2.6
Hongrie	7 303 812	8 252 579	13.0	3.8	8.9	0.0
Irlande	61 347	64 158	4.6	1.5	3.0	-1.6
Islande	11 220 000	11 811 028	5.3	6.0	-0.7	-1.1
Israël	190 584	196 756	3.2	3.1	0.1	-0.5
Italie	34 277	35 616	3.9	1.2	2.7	7.5
Japon	5 273 732	5 426 969	2.9	2.6	0.3	-2.4
Lettonie	18 396	20 176	9.7	1.2	8.4	3.0
Lituanie	23 807	25 757	8.2	0.9	7.2	0.9
Luxembourg	72 943	74 296	1.9	2.3	-0.4	-2.9
Mexique	191 322	199 946	4.5	4.7	-0.2	3.8
Norvège	727 626	763 733	5.0	3.2	1.7	0.0
Nouvelle-Zélande	76 001	80 019	5.3	2.9	2.4	-1.3
Pays-Bas	62 110	65 782	5.9	3.2	2.6	-0.4
Pologne	86 106	96 421	12.0	3.8	7.8	2.1
Portugal	21 000	22 588	7.6	2.7	4.7	-8.0
République slovaque	17 239	18 529	7.5	3.2	4.2	-1.5
Royaume-Uni	49 199	51 310	4.3	2.6	1.6	-8.6
Slovénie	25 914	27 756	7.1	1.9	5.2	4.9
Suède	516 511	537 302	4.0	2.8	1.2	-3.7
Suisse	97 364	99 430	2.1	1.1	1.0	-0.7
Tchéquie	518 383	549 741	6.0	2.4	3.6	4.7
Türkiye	310 667	568 151	82.9	58.3	15.5	3.9

Note : les résultats du tableau concernent un travailleur célibataire sans enfant rémunéré au salaire moyen.

1. Estimation du pourcentage de variation de l'indice total des prix à la consommation.

2. Différence de taux moyen d'imposition d'un salarié moyen, célibataire sans enfant, entre 2023 et 2024.

Sources : contributions des pays et (OCDE[2]) Perspectives économiques de l'OCDE, volume 2024, numéro 2.

Tableau 1.8. Classification du salaire moyen par secteur

	Années pour lesquelles la CITI REV. 3.1 ou une classification équivalente (Secteurs C-K) a été utilisée pour calculer le salaire moyen	Années pour lesquelles la CITI REV. 4 ou une classification équivalente (Secteurs B-N) a été utilisée pour calculer le salaire moyen
Allemagne	2000-2005	2006-2024
Australie[1]		2000-2024
Autriche[2]	2004-2007	2008-2024
Belgique	2000-2007	2008-2024
Canada	2000-2024	
Chili[3]	2000-2008	2009-2024
Colombie[4]	2000-2024	
Corée[11]	2000-2007	2008-2024
Costa Rica[5]		
Danemark[6]	2000-2007	2008-2024
Espagne		2000-2024
Estonie		2000-2024
États-Unis	2000-2006	2007-2024
Finlande		2000-2024
France	2000-2007	2008-2024
Grèce[7]		2000-2024
Hongrie		2000-2024
Irlande[9]	2000-2007	2008-2024
Islande[8]		2000-2024
Israël[10]	2000-2012	2013-2024
Italie		2000-2024
Japon		2000-2024
Lettonie[12]		2000-2024
Lituanie		2000-2024
Luxembourg	2000-2004	2005-2024
Mexique[13]		
Norvège	2000-2008	2009-2024
Nouvelle-Zélande[15]	2000-2003	2004-2024
Pays-Bas[14]	2000-2007	2008-2011
Pologne	2000-2006	2007-2024
Portugal		2000-2024
République slovaque[16]		2000-2024
Royaume-Uni	2000-2007	2008-2024
Slovénie		2000-2024
Suède	2000-2007	2008-2024
Suisse		2000-2024
Tchéquie		2000-2024
Türkiye[17]		2007-2024

1. Australie : données basées sur la classification ANZSIC06 de sorte que les catégories correspondent dans l'ensemble aux secteurs B-N de la CITI Rév. 4.
2. Autriche : les valeurs du salaire moyen pour 2000-2003 ne sont pas basées sur la classification NACE (CITI).
3. Chili : les valeurs pour 2000 à 2008 sont des estimations provenant des variations annuelles des salaires moyens basées sur la « CIIU Rév. 3 » (2009=100), et du salaire moyen pour 2009 basées sur la « CIIU Rév. 4 » (2016=100). À partir de 2009, les valeurs sont basées sur les secteurs B à R de la CITI Rév. 4 CL2012, à l'exclusion du secteur O (8422) « Activités de défense » et O (8423) « Activités de maintien de l'ordre et de la sécurité publics ».
4. Colombie : les valeurs du salaire moyen sont basées sur la CITI Rév. 3. Les secteurs « Agriculture, chasse et sylviculture », « Autres activités de services collectifs, sociaux et personnels » et « Activités incorrectement définies » sont exclus.

5. Costa Rica : les salaires moyens à partir de 2000 se rapportent aux revenus des travailleurs du secteur formel. Le salaire moyen d'un travailleur a été calculé à partir de micro-données issues des enquêtes nationales auprès des ménages.
6. Danemark : les valeurs du salaire moyen sont basées sur les secteurs B-N et R-S (NACE Rév. 2).
7. Grèce : les revenus annuels moyens correspondent à ceux des salariés à temps plein des secteurs B à N de la NACE Rév. 2, incluant la Division 95 et excluant les Divisions 37, 39 et 75 à partir de 2008.
8. Islande : utilisation du système national de classification qui correspond au système NACE Rév. 2.
9. Irlande : les valeurs à compter de 2008 sont basées sur le tableau EHA05 de l'Office central des statistiques pour la NACE Rév. 2 ; les valeurs pour les années antérieures sont des estimations du Secrétariat établies à partir des taux de croissance des salaires moyens pour les secteurs C à E, en référence au système NACE.
10. Israël : informations sur les données statistiques concernant Israël accessibles à l'adresse http://oe.cd/israel-disclaimer.
11. Corée : les valeurs du salaire moyen sont basées sur la 6e version de la Classification sectorielle standard de Corée (KSIC), secteurs C à K, pour 2000 et 2001, et sur la 8e version de la KSIC pour 2002 à 2007. Les données relatives au salaire moyen pour 2008 à 2010 sont basées sur les secteurs B-N de la 9e version de la KSIC (échantillons d'entreprises comptant au moins cinq salariés permanents). Les données relatives au salaire moyen pour 2011 à 2019 sont basées sur les secteurs B-N de la 9e version de la KSIC (échantillons d'entreprises comptant au moins un salarié permanent). Les données relatives au salaire moyen pour 2020 et les estimations pour l'année 2021 sont basées sur les secteurs B-N de la 10e version de la KSIC (échantillons d'entreprises comptant au moins un salarié permanent).
12. Lettonie : les valeurs sont basées sur la NACE Rév. 2 et couvrent le secteur privé qui inclut les entreprises commerciales dans lesquelles l'État ou les collectivités locales détiennent jusqu'à 50 % du capital, les entreprises commerciales de tout type sans participation au capital de l'État ou des collectivités locales, les commerçants et les exploitants agricoles ou piscicoles qui comptent 50 salariés ou plus.
13. Mexique : les valeurs du salaire moyen pour 2000-2023 sont basées sur la Classification des Activités Économiques du Mexique (CMAE) qui correspond à l'une des premières versions de la CITI.
14. Pays-Bas, les salaires moyens à partir de 2012 incluent toutes les activités économiques (secteurs A à U de la SBI 2008). On ne dispose pas de valeurs pour le seul secteur privé (secteurs B à N).
15. Nouvelle-Zélande : voir la note relative à l'Australie, qui s'applique à compter de 2004.
16. République slovaque : les valeurs du salaire moyen sont basées sur la NACE Rév. 2 (secteurs B à N), compte non tenu des revenus des travailleurs indépendants. Les données relatives à l'emploi utilisées pour le calcul de la moyenne pondérée tiennent toutefois compte des travailleurs indépendants.
17. Türkiye : le salaire moyen est basé sur le salaire de l'ouvrier moyen CITI Rév. 3.1, secteur D pour les années 2000 à 2006.

Références

Hourani, D. et al. (2023), « The taxation of labour vs. capital income : A focus on high earners », *Documents de travail de l'OCDE sur la fiscalité*, n° 65, Éditions OCDE, Paris, https://doi.org/10.1787/04f8d936-en. [3]

OCDE (2024), *Les impôts sur les salaires 2024 (version abrégée) : La fiscalité et le genre sous l'angle du deuxième apporteur de revenu*, Éditions OCDE, Paris, https://doi.org/10.1787/bb9d7ef8-fr. [4]

OCDE (2024), *Perspectives économiques de l'OCDE, Volume 2024 Numéro 2*, Éditions OCDE, Paris, https://doi.org/10.1787/0481cf21-fr. [2]

OCDE (2023), *Les impôts sur les salaires 2023 (version abrégée) : Indexation de la fiscalité du travail et des prestations dans les pays de l'OCDE*, Éditions OCDE, Paris, https://doi.org/10.1787/edd9a79b-fr. [1]

Notes

[1] Tous les organismes statistiques nationaux n'utilisent pas la CITI Rév. 3 ou Rév. 4 pour classer leurs secteurs d'activité. Néanmoins, la Nomenclature statistique des activités économiques dans la Communauté européenne (NACE Rév. 1 ou 2), le Système de classification des industries de l'Amérique du Nord (SCIAN 2012), L'Australian and New Zealand Standard Industrial Classification (ANZSIC 2006) et la Classification sectorielle standard de Corée (catégories 6 à 9 de la KSIC) coïncident à peu près avec les Révisions 3 et 4 de la CITI au niveau des secteurs C à K et B à N, respectivement

[2] Les prélèvements obligatoires non fiscaux désignent les prélèvements obligatoires avec et sans contrepartie au profit de fonds à gestion privée, d'organismes d'aide sociale ou de dispositifs d'assurance sociale en dehors des administrations publiques ainsi que d'entreprises publiques (https://www.oecd.org/content/dam/oecd/en/topics/policy-issues/tax-policy/non-tax-compulsory-payments.pdf).

[3] En France, le barème de l'impôt applicable aux revenus de 2024 a été ajusté pour tenir compte de l'inflation dans le projet de loi de finances pour 2025. Cependant, en raison de l'adoption tardive du projet de loi de finances pour 2025, l'indexation du barème et des paramètres de l'impôt sur le revenu sur l'inflation (de 1.8 %) n'a pas pu être prise en compte dans les modèles des *Impôts sur les salaires* du présent rapport. Il en résulte que les taux d'imposition estimés sont supérieurs à ceux effectivement en vigueur.

[4] En Colombie, le régime général de sécurité sociale pour les soins de santé est financé par des fonds publics et privés. Le système de retraite est un hybride de deux systèmes différents : un régime de retraite à cotisations définies et entièrement capitalisé, et un régime par répartition. Chacune de ces contributions est obligatoire et plus de 50 % du total des contributions sont versés à des fonds privés. Elles sont par conséquent considérées comme des paiements obligatoires non fiscaux (PONF) (pour de plus amples informations à ce sujet, se reporter à la Partie II du Rapport). En outre, tous les paiements au titre des risques liés à l'emploi sont versés à des fonds privés et sont également considérés comme des PONF.

Les PONF existent aussi dans d'autres pays de l'OCDE (voir https://www.oecd.org/content/dam/oecd/en/topics/policy-issues/tax-policy/non-tax-compulsory-payments.pdf).

[5] Voir la note 3.

[6] Voir la note 3.

[7] Voir la note 4.

[8] L'avantage fiscal dont bénéficie un couple avec enfants peut dissuader le conjoint inactif d'occuper un emploi. En effet, pour un deuxième apporteur de revenu dans un couple marié, le coin fiscal peut être sensiblement plus élevé que pour un célibataire ayant le même niveau de revenu et le même nombre d'enfants, ce qui peut faire baisser le taux d'activité des femmes et contribuer ainsi, sur le plan de la situation professionnelle, à la persistance des inégalités des genres dans de nombreux pays de l'OCDE. Ce sujet est examiné en détail au chapitre 2 de l'édition 2024 des Impôts sur les salaires (OCDE, 2024[4]).

[9] Pour les types de ménages comptant deux enfants, ces derniers sont supposés être âgés de 6 à 11 ans dans les modèles des Impôts sur les salaires.

[10] Voir la note 3.

[11] Voir la note 3.

[12] Voir la note 3.

[13] Voir la note 4.

[14] La plupart des pays de l'OCDE calculent les salaires moyens sur la base des secteurs B à N de la classification par industrie (CITI Rév. 4), depuis 2008 ou plus tôt. Certains pays ont aussi révisé les valeurs du salaire moyen pour les années précédentes. Les valeurs du salaire moyen calculées à partir de la classification CITI Rév. 4 ou l'une de ses variantes sont disponibles à partir de 2000 pour l'Australie, l'Espagne, l'Estonie, la Finlande, la Grèce, la Hongrie, l'Islande, l'Italie, le Japon, la Lettonie, la Lituanie, le Portugal, la République slovaque, la République tchèque, la Slovénie et la Suisse.

L'Australie (pour toutes les années) et la Nouvelle-Zélande (à partir de 2004) ont communiqué des valeurs fondées sur les divisions B à N de la classification type par industrie ANZSIC de 2006, qui recoupe sensiblement les secteurs B à N de la CITI Rév. 4. En ce qui concerne la Nouvelle-Zélande, les données relatives aux années antérieures à 2004 sont fondées sur les secteurs C à K de la classification ANZSIC. La Türkiye a fourni des valeurs fondées sur les secteurs B à N de la NACE Rév. 2 à partir de l'année 2007. Pour les années antérieures à 2007, les valeurs sont basées sur le salaire de l'ouvrier moyen de l'industrie manufacturière (CITI Rév. 3.1, secteur D). Les valeurs du salaire moyen ne sont pas basées sur les secteurs B à N de la classification par industrie (CITI Rév. 4) dans le cas du Costa Rica (toutes les années), des Pays-Bas (à partir de 2012) et du Mexique (toutes les années).

2 Étude spéciale : Décomposition des impôts sur le revenu des personnes physiques

Introduction

L'impôt sur le revenu des personnes physiques (IRPP) est une composante importante du coin fiscal analysé au chapitre 1 du présent rapport et constitue une source essentielle de recettes, puisqu'il générait 23.6 % du total des recettes fiscales en moyenne dans les pays de l'OCDE en 2022 (OECD, 2024[1]). Dans le même temps, les systèmes d'IRPP sont un vecteur de redistribution des revenus et contiennent des mécanismes permettant d'aider les ménages, d'atténuer les contre-incitations au travail et d'encourager des comportements spécifiques, tels que l'épargne. Alors que la plupart des études consacrées à l'impact de l'IRPP sur la progressivité et sur les revenus après impôts se sont surtout intéressées aux taux marginaux d'imposition, cette Étude spéciale utilise les modèles des *Impôts sur les salaires* pour montrer comment les abattements fiscaux et les crédits d'impôt interagissent avec le barème d'imposition dans les pays de l'OCDE pour influer sur les taux moyens d'imposition de différents types de ménage et sur la progressivité de l'imposition des revenus du travail.

Cette Étude spéciale démontre que les abattements fiscaux et les crédits d'impôt (appelés collectivement allégements fiscaux) sont des éléments clés pour le calcul des taux d'imposition de différents types de ménage et représentent une fraction significative du revenu net final après impôts des ménages dans les pays de l'OCDE. Elle montre également qu'ils constituent un levier par lequel les pays de l'OCDE réduisent le montant des impôts dus par différents types de ménage, en particulier les familles avec enfants, et que les crédits d'impôt ont tendance à contribuer davantage à la progressivité des systèmes d'IRPP que les abattements fiscaux.

Il convient d'observer que tous les allégements fiscaux mis en œuvre par les pays de l'OCDE ne satisfont pas aux critères d'inclusion dans les modèles des *Impôts sur les salaires* ; seuls ceux auxquels ont universellement accès les contribuables présentant certaines caractéristiques et qui ne sont pas conditionnés à leurs dépenses sont inclus dans les calculs présentés dans ce chapitre. Les chapitres par pays réunis dans la deuxième partie du présent rapport livrent des informations supplémentaires sur les allégements fiscaux qui existent dans chaque pays et indiquent s'ils sont inclus dans les modèles des *Impôts sur les salaires*.

Les résultats pour la France au titre de 2024 devraient être interprétés avec prudence compte tenu du fait que l'indexation du barème et des paramètres de l'impôt sur le revenu sur l'inflation (de 1.8 %) n'a pas pu être prise en compte dans les modèles des *Impôts sur les salaires* du présent rapport. Cette omission, qui est due à l'adoption tardive du projet de loi de finances pour 2025, a pour conséquence que les taux d'imposition estimés en 2024 sont supérieurs à ceux effectivement en vigueur.

La structure de l'Étude spéciale est la suivante. La section 1 explique comment les allégements fiscaux contribuent aux écarts de taux de l'IRPP applicables aux différents types de ménage étudiés dans le présent rapport. La section 2 examine l'impact des crédits d'impôt sur le montant des impôts dus par différents types de ménage, tandis que la section 3 analyse l'effet des abattements fiscaux sur leur revenu imposable. La section 4 étudie l'impact combiné des crédits et abattements sur le revenu net après impôts des ménages, tandis que la section 5 analyse comment ces mesures se conjuguent pour agir sur la progressivité structurelle des systèmes d'IRPP dans les pays de l'OCDE. Enfin, la section 6 formule des conclusions.

Comprendre l'indicateur de l'IRPP utilisé dans les *Impôt sur les salaires*

Le taux moyen de l'IRPP est un indicateur standard utilisé dans les *Impôts sur les salaires*. Il correspond à la fraction du revenu brut qu'un ménage reverse au titre de l'IRPP, en tenant compte de tous les allégements fiscaux éventuels auxquels il peut prétendre (à condition que ces allégements répondent aux critères d'inclusion dans les modèles des *Impôts sur les salaires*). Pour poser les jalons de l'analyse effectuée dans ce chapitre, cette section explique comment les écarts de taux de l'IRPP entre types de ménage reflète en partie la conception des allégements fiscaux, et définit les principaux concepts, le périmètre et la méthodologie employés dans le chapitre.

Le chapitre s'intéresse à trois types de ménage : un travailleur célibataire rémunéré au salaire moyen, un parent isolé ayant deux enfants et gagnant 67 % du salaire moyen (« faiblement rémunéré ») et un couple marié ayant deux enfants et disposant d'un seul salaire dont l'apporteur principal perçoit 100 % du salaire moyen. Le travailleur célibataire est le type de ménage le moins concerné par les allégements fiscaux dans les pays de l'OCDE, car les travailleurs sans enfant bénéficient principalement des abattements à la base ou liés au revenu, tandis que les deux autres ménages peuvent prétendre à un éventail plus large d'allégements, y compris à des mesures de réduction des taux destinées aux familles avec enfants.

Graphique 2.1. Taux moyen de l'impôt sur le revenu des personnes physiques en vigueur dans les pays de l'OCDE, 2000-24

Pourcentage du revenu brut

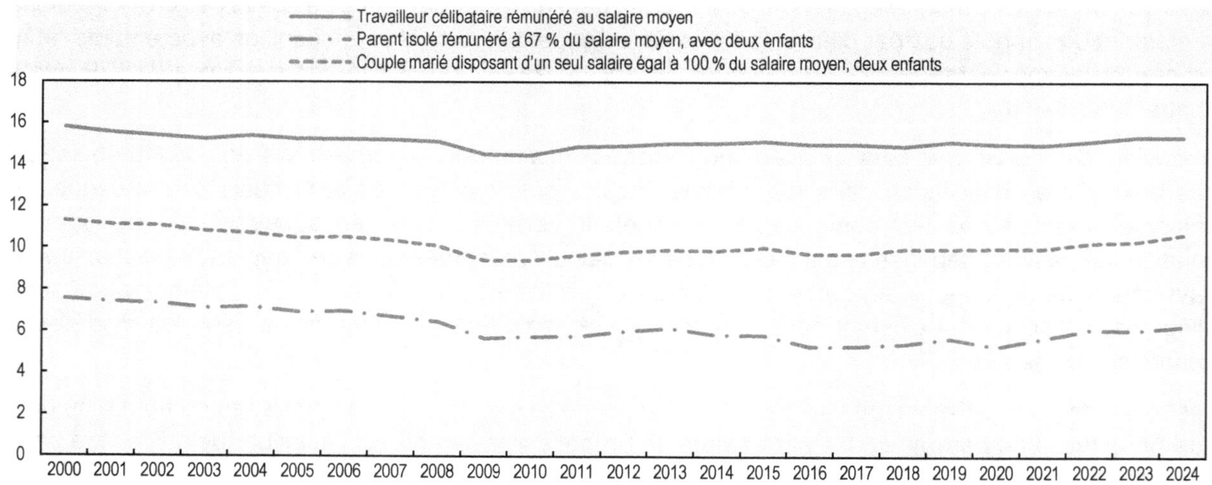

Note : moyenne non pondérée pour 38 pays de l'OCDE.
Sources : contributions des pays et (OECD, 2024[2]) Perspectives économiques de l'OCDE, volume 2024, numéro 2.

StatLink https://stat.link/2flrdx

Les ménages mieux rémunérés (qu'ils soient célibataires, mariés ou avec enfants) bénéficient eux aussi d'allégements fiscaux dans les pays de l'OCDE. Toutefois, l'effet des allégements sur les indicateurs présentés dans ce chapitre concernant ces ménages à plus hauts revenus suit une dynamique similaire à ceux correspondant aux trois types de ménage mentionnés ci-dessus (avec toutefois des différences d'impact résultant de revenus de référence plus élevés). Pour des raisons d'espace, les résultats pour les types de ménage à plus hauts revenus figurent uniquement dans la dernière section de ce chapitre, qui porte sur l'impact des allégements fiscaux sur la progressivité des systèmes d'IRPP à des niveaux de revenus compris entre 67 % et 300 % du salaire moyen.

Les taux de l'IRPP varient beaucoup entre les types de ménage étudiés dans ce chapitre (Graphique 2.1). En moyenne, dans la zone OCDE, c'est le travailleur célibataire rémunéré au salaire moyen qui supportait le taux de l'IRPP le plus élevé en 2024, soit 15.4 % du revenu brut. Ce taux était supérieur de 4.7 points de pourcentage à celui acquitté par le couple marié avec deux enfants disposant d'un seul salaire (10.7 %), tandis que le taux de l'IRPP du parent isolé faiblement rémunéré s'établissait à 6.3 %.

Ces écarts de taux reflètent les différences dans le mode de calcul du revenu imposable et du montant des impôts dus pour les divers types de ménage étudiés dans les *Impôts sur les salaires*. Bien que ces écarts s'expliquent en partie par les différences de revenu total, ils résultent aussi des allégements fiscaux susceptibles de réduire le revenu imposable des ménages ou le montant brut des impôts qu'ils doivent acquitter. Ces mesures, qui varient d'un type de ménage à l'autre, sont généralement modulées en fonction de leur niveau de revenu, de leur situation matrimoniale et de la présence (ou non) d'enfants. Bien que ces mesures existent pour la plupart depuis longtemps, certaines peuvent être limitées dans le temps, comme celles que les pays de l'OCDE ont mises en place pendant la pandémie de COVID-19 ou en réponse aux augmentations du coût de la vie qui en ont résulté[1].

Dans les *Impôts sur les salaires* et aux fins de la présente analyse, les allégements fiscaux se limitent à ceux qui s'appliquent automatiquement à tous les contribuables qui remplissent les critères d'éligibilité. Les modèles des *Impôts sur les salaires* ne prennent pas en compte les allégements non forfaitaires liés aux dépenses des ménages telles que celles consacrées à l'éducation ou à la santé. Bien que cette simplification exclue de nombreux allégements en usage dans les pays de l'OCDE[2], elle permet d'obtenir des résultats comparables sans devoir faire des hypothèses sur les caractéristiques de consommation des ménages.

Ce chapitre se concentre sur deux types d'allégement fiscal : les abattements et les crédits. Les abattements fiscaux désignent les montants venant en déduction du revenu brut afin d'obtenir le revenu imposable, tandis que les crédits d'impôt désignent les déductions appliquées au montant brut des impôts dus par le ménage. En fonction des règles en vigueur, ces mesures peuvent être universelles ou sous condition de ressources, et peuvent prendre la forme de montants forfaitaires liés à la composition du ménage, ou diminuer au-delà d'un certain niveau de revenu.

Les tranches d'imposition à taux zéro ou les taux réduits applicables à certains types de ménage sont inclus dans les modèles des *Impôts sur les salaires*, mais ils ne rentrent pas dans la définition des allégements fiscaux car ils sont considérés comme constitutifs de la structure d'un barème d'imposition. L'Encadré 2.1 explique sur quoi porte cette analyse et livre des renseignements supplémentaires sur la méthodologie utilisée pour obtenir les résultats analysés dans le présent chapitre.

Encadré 2.1. Décomposition de l'IRPP : périmètre, méthodologie et définitions

Les pays de l'OCDE recourent à diverses mesures pour réduire le taux effectif de l'IRPP qui grève les ménages. Ces mesures peuvent être universelles ou ciblées, et peuvent concerner différentes composantes de l'IRPP : le revenu imposable, le barème d'imposition et le montant des impôts dus. Cet encadré donne un aperçu de ces mesures et explique la décision d'axer l'analyse sur les abattements et les crédits d'impôt.

Outils utilisés par les pouvoirs publics pour réduire le taux de l'IRPP appliqué aux revenus du travail

Les principales mesures mises en œuvre par les pays de l'OCDE pour réduire le montant final de l'IRPP sont les suivantes :

- Abattement : montant déduit du revenu brut pour obtenir le revenu imposable
- Exemption : montant exclu de la définition du revenu imposable
- Crédit : montant déduit du total des impôts dus
- Taux réduit : taux d'imposition minoré appliqué à une catégorie de contribuables
- Report d'imposition : délai accordé pour le paiement de l'impôt

Parmi tous ces dispositifs, les reports d'imposition se situent explicitement en dehors du périmètre de la méthodologie des *Impôts sur les salaires*, car aucune hypothèse n'est formulée concernant la date de paiement de l'impôt dû.

Ce chapitre se concentre sur les abattements et les crédits d'impôt, et la définition des abattements fiscaux prévoit des exemptions. On peut citer en guise d'exemple les déductions au titre des cotisations de sécurité sociale, qui sont incluses dans les abattements fiscaux totaux dans la mesure où elles s'imputent au revenu brut d'un ménage, venant minorer son revenu imposable. L'analyse du présent chapitre ne tient compte que des abattements et des crédits dont bénéficient les ménages ayant des revenus correspondant aux niveaux prévus par le texte.

Le périmètre des abattements et des crédits d'impôt examinés ici est plus large que la notion de dépense fiscale définie par l'OCDE (2010[3]), qui ne couvre pas les abattements à la base et les crédits accessibles à tous les contribuables.

Les taux réduits, tels que la tranche d'imposition à taux zéro ou les taux minorés appliqués à certains types de ménage, sont inclus dans les modèles des *Impôts sur les salaires* de différents pays et peuvent poursuivre des objectifs similaires aux crédits d'impôts et abattements. Bien que leur effet sur l'impôt dû par les ménages soit reflété dans les indicateurs présentés dans ce chapitre, les taux réduits sont considérés comme étant des composantes du barème d'imposition d'un pays dans la mesure où ils déterminent le taux légal d'imposition, et ne font donc pas l'objet d'une analyse spécifique dans ce chapitre.

Il convient de garder à l'esprit que les tranches d'imposition à taux zéro sont exclues de l'analyse du présent chapitre lorsqu'on examine les résultats pour l'Australie, l'Autriche, le Chili, la Colombie, le Costa Rica, la France, le Luxembourg, la Norvège, la Suède et la Suisse, pays dont les barèmes comprennent une tranche à taux zéro pour les faibles niveaux de revenus. Les résultats pour les États-Unis, l'Irlande, le Luxembourg et la Suisse doivent également être interprétés avec prudence, chacun de ces pays appliquant des barèmes différents en fonction de la composition du ménage. Torres, Mellbye et Brys (2012[4]) font un compte rendu détaillé des similitudes et des différences entre les abattements à la base et les tranches d'imposition à taux zéro.

Allégements fiscaux utilisés dans les *Impôts sur les salaires*

La méthodologie standard utilisée pour la préparation des *Impôts sur les salaires* décompose l'impôt dû à l'administration centrale entre un montant brut et des crédits d'impôt. Les crédits d'impôt sont ensuite ventilés entre les crédits de base, les crédits pour chef de famille marié, les crédits pour enfants à charge et d'autres crédits correspondant aux déductions qui n'entrent pas dans les catégories susmentionnées.

Dans ce chapitre, deux catégories supplémentaires ont été ajoutées à la décomposition des crédits d'impôt : les crédits d'impôt au titre des revenus du travail et les crédits d'impôt non récupérables inutilisés, afin d'indiquer la fraction des crédits non récupérables que le ménage n'a pas pu utiliser. La catégorie des crédits d'impôt au titre des revenus du travail se compose des mesures qualifiées spécifiquement par les pays de l'OCDE de « crédits d'impôt sur les revenus d'activité » ; à défaut, ces crédits seraient inclus dans la catégorie des crédits de base (voir la deuxième partie du présent Rapport).

Bien que les modèles standards des *Impôts sur les salaires* expriment l'impôt dû à l'administration centrale en déduisant les crédits d'impôt disponibles au niveau provincial ou local, le présent chapitre décompose l'impôt final dû aux administrations infranationales entre l'impôt brut infranational et les crédits d'impôt infranationaux. Cette approche aboutit à des résultats plus détaillés concernant la décomposition des crédits d'impôt totaux.

S'agissant des abattements fiscaux, cette analyse adopte la classification type des *Impôts sur les salaires* qui établit une distinction entre l'abattement fiscal à la base, l'abattement pour couple marié ou chef de famille, l'abattement pour enfants à charge, la déduction des cotisations de sécurité sociale et des impôts sur le revenu, l'abattement au titre des frais professionnels et les 'autres abattements standards' non compris dans les autres catégories.

Tous les écarts par rapport aux calculs standards des *Impôts sur les salaires* qui ont été introduits pour permettre l'analyse effectuée dans ce chapitre sont énumérés dans le Tableau annexe 2.A.1.

Avant de passer à l'analyse, il est important de reconnaître que les taux d'imposition moyens sur les revenus du travail indiqués dans les modèles des *Impôts sur les salaires* tiennent également compte des cotisations de sécurité sociale (CSS) dues par différentes catégories de ménages, tandis que l'impôt global dû par les ménages peut être minoré par les prestations en espèces auxquelles ils peuvent prétendre. Bien que les CSS et les prestations en espèces n'entrent pas dans le champ de cette étude spéciale, leur existence et leur conception sont intrinsèquement liées à la conception du système d'IRPP, et elles auront une incidence sur les indicateurs du revenu net après impôts et de la progressivité décrits plus loin dans ce chapitre.

En outre, ce chapitre n'analyse pas l'efficacité des allégements fiscaux pour atteindre les objectifs spécifiques qui peuvent sous-tendre leur conception, comme la promotion de l'emploi ou la réduction de la pauvreté des personnes à faible revenu ou des ménages avec enfants. Dans l'ensemble, ce chapitre n'a pas pour vocation de fournir des orientations sur la conception d'un système optimum d'imposition des revenus du travail[3], mais plutôt d'examiner les composantes spécifiques d'un tel système qui ont été moins étudiées par le passé mais qui pourraient avoir une incidence significative sur les taux d'imposition de différents types de ménage.

Par exemple, l'étude spéciale sur l'imposition des seconds apporteurs de revenus contenue dans l'édition 2024 des *Impôts sur les salaires* a montré que les allégements fiscaux au niveau du ménage influent sur les incitations des seconds apporteurs à prendre un emploi, même dans les pays qui ont opté pour l'imposition individuelle du revenu (OECD, 2024[5]). En outre, l'existence (et l'importance) des différents allégements fiscaux examinés dans ce chapitre souligne la nécessité d'indexer toutes les composantes d'un système d'IRPP sur l'inflation afin d'éviter le phénomène de freinage fiscal (OECD, 2023[6]).

Décomposition graphique de l'IRPP

Pour illustrer la décomposition des taux effectifs de l'IRPP pour différents ménages, le Graphique 2.2 montre comment le montant brut des impôts dus (qui englobe les impôts à l'échelon national et infranational) est partiellement compensé par les crédits d'impôt dans de nombreux pays de l'OCDE. Le taux global de l'IRPP correspond à la somme des impôts dus à l'échelon national et infranational[4] (les barres de couleur bleu foncé et bleu clair au-dessus de l'axe des abscisses), minorés des crédits d'impôt respectifs (les barres de couleur gris foncé et gris clair en dessous de l'axe des abscisses). Les losanges noirs correspondent au taux moyen de l'IRPP qui en résulte.

Comme indiqué dans la Partie A, le taux moyen de l'IRPP dans les pays de l'OCDE pour un travailleur célibataire rémunéré au salaire moyen s'établissait à 15.4 % de son revenu brut en 2024. Ce taux était le plus élevé au Danemark (35.7 %) et le plus faible au Chili, en Colombie et au Costa Rica (0.0 %). Dans la plupart des pays de l'OCDE, l'impôt dû à l'échelon national était la principale composante de cet indicateur, à l'exception de la Suède et de la Suisse où les impôts locaux avaient plus d'importance. Dans 19 pays, les crédits d'impôt viennent réduire le montant brut des impôts dus par ce type de ménage, aboutissant à un taux d'imposition plus faible. C'est en Suède que cette réduction est la plus marquée.

Les Parties B et C montrent que le taux moyen de l'IRPP était beaucoup plus faible pour les ménages avec enfants en 2024. Le taux moyen de l'IRPP dans la zone OCDE pour un parent isolé faiblement rémunéré ayant deux enfants représentait 5.5 % de son revenu brut, alors qu'il atteignait 10.4 % pour un couple marié avec deux enfants et un seul salaire. La contribution des allégements fiscaux, qui sont visibles directement et indirectement dans le graphique, à la réduction du taux de l'IRPP de ces ménages est amplifiée par le faible niveau de revenu du parent isolé (Partie B) et par l'existence, dans certains pays, de barèmes d'imposition spécifiques pour ces types de ménage (Parties B et C).

Le graphique 2.2 montre *de façon directe* que les deux types de ménage avec enfants pouvaient prétendre à des crédits d'impôt supplémentaires ou plus généreux que les célibataires sans enfant, de sorte que leur taux moyen d'imposition total s'en trouve abaissé. Davantage de pays offraient ces crédits aux deux types de ménage avec enfants qu'au célibataire sans enfant illustré dans la Partie A (25 pays dans la Partie B ; 26 pays dans la Partie C). Dans certains pays, comme la République slovaque, le taux de l'IRPP était négatif parce que la valeur des crédits d'impôt dépassait le montant des impôts dus par le ménage et que ces crédits étaient remboursables comme s'il s'agissait d'une prestation[5].

En outre, les abattements fiscaux sont reflétés *de façon indirecte* dans le graphique en raison de leur impact sur le montant brut des impôts dus. Une comparaison des Parties A et C démontre en partie l'effet des abattements fiscaux : le montant brut des impôts dus par les ménages avec enfants est plus faible dans certains pays même si, à 100 % du salaire moyen, leurs revenus bruts sont identiques parce que ces ménages perçoivent des abattements fiscaux plus généreux.

Les sections suivantes fournissent des informations détaillées sur la composition et la taille des crédits d'impôt et des abattements fiscaux dans les pays de l'OCDE. La section 4 agrège les abattements fiscaux et les crédits d'impôt pour montrer leur impact combiné et simultané sur le revenu net après impôts des ménages, tandis que la section 5 examine leur effet sur la progressivité des systèmes d'IRPP.

Graphique 2.2. Décomposition de l'IRPP pour différents types de ménage, 2024

Pourcentage du revenu brut

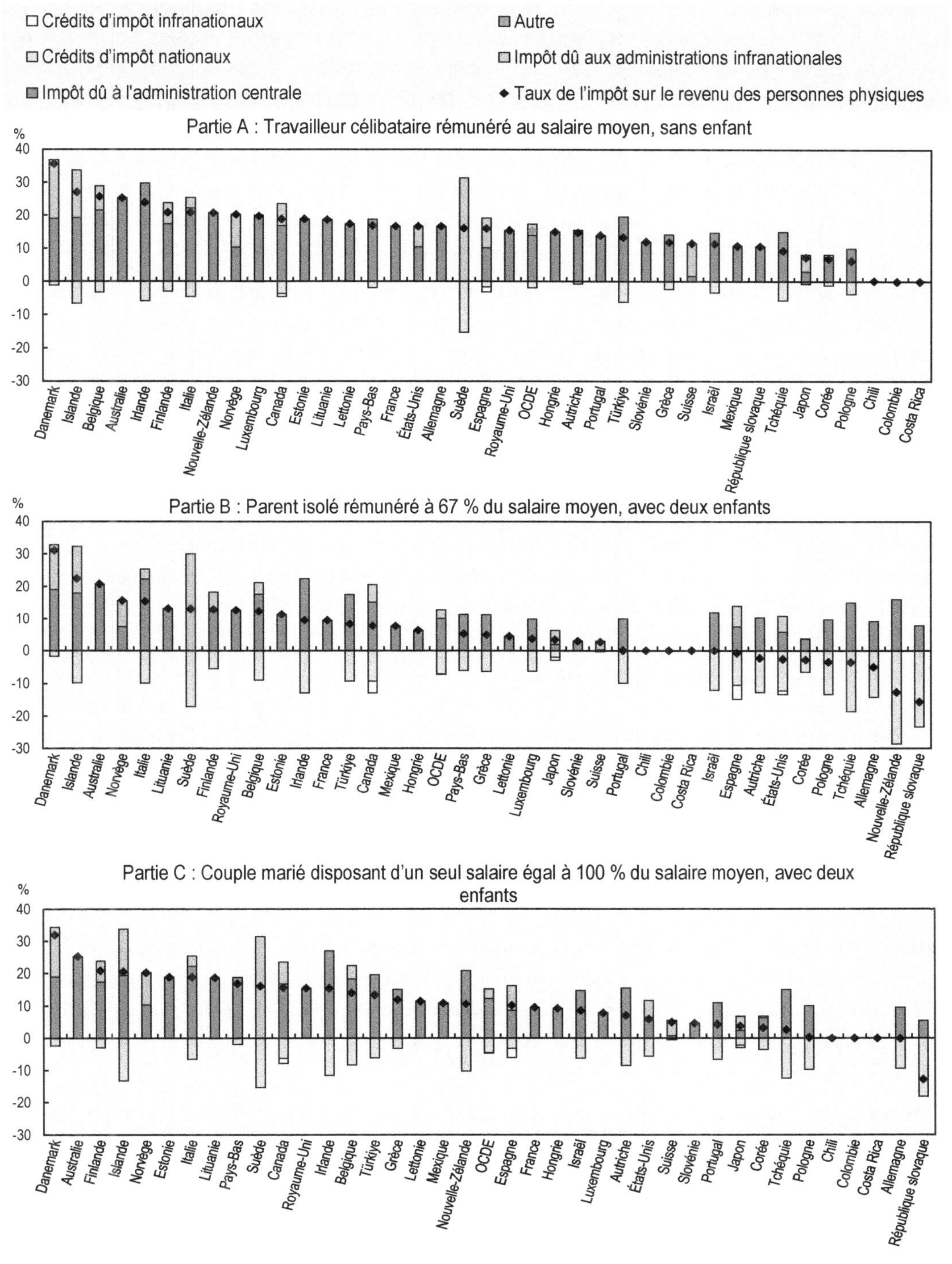

Note : la catégorie « Autre » correspond aux composantes de l'indicateur IRPP qui ne figurent pas dans les autres catégories. Elle contient des valeurs pour le Japon uniquement, en raison d'une surtaxe de 2.1 % appliquée au montant des impôts dus à l'échelon national, après déduction des crédits d'impôt.

Sources : contributions des pays et (OECD, 2024[2]) Perspectives économiques de l'OCDE, volume 2024, numéro 2.

StatLink https://stat.link/rcpqi7

Décomposition des crédits d'IRPP

La présente section analyse les crédits d'IRPP dans les pays de l'OCDE qui mettent en œuvre ces mesures. Comme chaque pays adopte des conventions de dénomination spécifiques pour les crédits d'impôt, il peut s'avérer difficile de classer comme tels les différentes mesures prises. Conformément à la méthodologie des *Impôts sur les salaires*, dans le présent chapitre les crédits d'impôt de l'administration centrale sont répartis entre les crédits d'impôt de base, les crédits d'impôt pour couples mariés ou chefs de famille, les crédits d'impôt pour enfants à charge, les crédits d'impôt sur les revenus d'activité, les « autres crédits d'impôt » (cette dernière catégorie comprend les crédits qui n'entrent pas dans les catégories susmentionnées, comme les crédits d'impôt liés aux cotisations de sécurité sociale) et les crédits d'impôt inutilisés non récupérables, qui correspondent à la fraction non récupérable des crédits d'impôt que le ménage n'a pas utilisée, ceux-ci étant supérieurs au montant total de l'impôt dû.

Les crédits d'impôt applicables aux impôts des administrations infranationales sont présentés dans une catégorie distincte, mais ils ne peuvent pas être ventilés car les informations disponibles sont insuffisantes. Les crédits d'impôt au titre des impôts des administrations infranationales sont marginaux pour les trois types de ménage, des résultats n'étant visibles que pour le Canada, l'Espagne, les États-Unis et le Japon.

Le Graphique 2.3 montre la répartition entre les catégories susmentionnées du montant total de crédits d'impôt reçu par les trois types de ménage pour les pays de l'OCDE qui ont mis en œuvre ces mesures. Dans les 19 pays où il existait des crédits d'impôt pour les travailleurs célibataires sans enfant en 2024, ces ménages bénéficiaient principalement de crédits d'impôt de base, car ils n'étaient pas éligibles à d'autres types de crédits (partie A), avec une réduction globale moyenne de l'impôt dû équivalente à 1.9 % de leur revenu brut[6]. Pour ce type de ménage, les crédits non récupérables ont été pleinement utilisés, car ils sont généralement faibles par rapport aux revenus bruts.

Dans le même temps, les parents isolés gagnant 67 % du salaire moyen et les couples disposant d'un seul salaire égal au salaire moyen (parties B et C, respectivement) pouvaient prétendre à des crédits d'impôt liés à la présence d'enfants ou d'un conjoint à charge ; pour les parents isolés, ces crédits ont réduit le montant de l'impôt dû de 7.3 % du revenu brut en moyenne, tandis que pour les couples mariés disposant d'un seul salaire, la réduction a été de 4.7 % en moyenne.

Pour les deux types de ménage, les crédits d'impôt liés aux enfants étaient supérieurs aux crédits de base en pourcentage du revenu brut (respectivement 3.4 % et 1.8 % dans la partie B, et 2.0 % et 1.4 % dans la partie C), tandis que les crédits liés au fait d'être chef de famille ne s'élevaient qu'à 0.8 % pour les parents isolés et à 0.4 % pour les couples mariés disposant d'un seul salaire.

L'importance accrue des crédits d'impôt pour les parents isolés à faible revenu s'explique à la fois par l'octroi de crédits supplémentaires ou plus généreux pour ce type de ménage dans certains pays et par le niveau inférieur des revenus de référence. Ce niveau de revenu plus faible signifie que la valeur du crédit représente une proportion plus importante du revenu brut d'un ménage et que la dégressivité des crédits s'applique moins (ou pas du tout) lorsque ceux-ci sont dégressifs.

Les crédits d'impôt sur les revenus d'activité sont plus importants pour les ménages à faible revenu, puisqu'ils représentent 0.5 % du revenu brut dans les parties A et C et 1.0 % du revenu brut dans la partie B. La Suède affiche le crédit d'impôt sur les revenus d'activité le plus élevé par rapport au revenu brut pour le travailleur célibataire et le couple marié avec deux enfants, alors que pour le parent isolé faiblement rémunéré avec deux enfants, c'est en Italie que ce crédit est le plus élevé en 2024.

Parallèlement, dans les parties B et C, quelques pays affichent des crédits d'impôt non récupérables inutilisés. Pour un parent isolé à faible revenu (partie B), des crédits inutilisés existent au Chili, au Costa Rica, en Israël, au Japon, en Pologne et en Suisse ; pour un couple marié disposant d'un seul salaire (partie C), des crédits sont inutilisés au Chili et au Costa Rica, où ce type de ménage ne paie pas d'impôt sur le revenu.

Graphique 2.3. Décomposition des crédits d'impôt pour différents types de ménage, 2024

Pourcentage du revenu brut

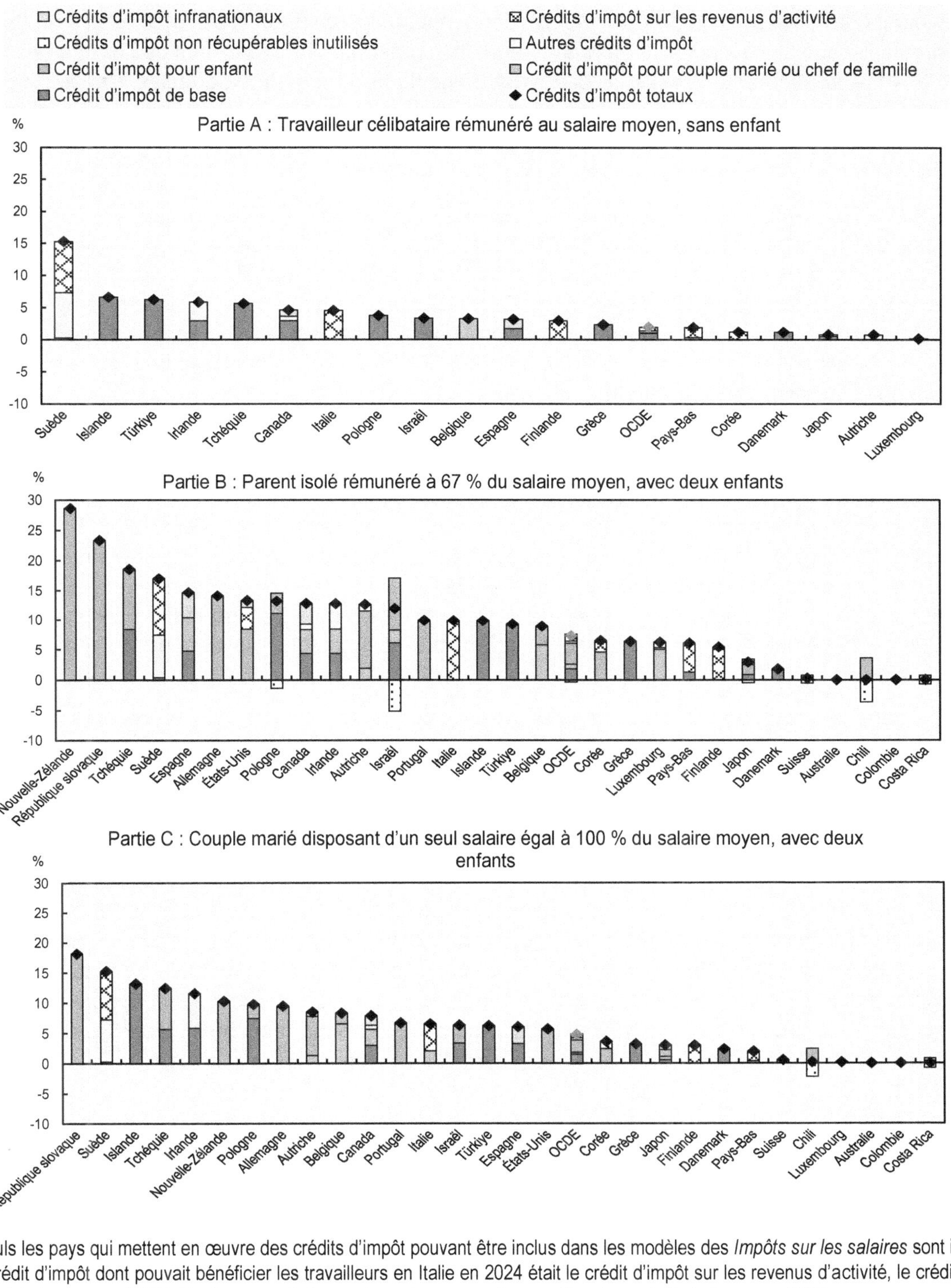

Note : seuls les pays qui mettent en œuvre des crédits d'impôt pouvant être inclus dans les modèles des *Impôts sur les salaires* sont indiqués. Le seul crédit d'impôt dont pouvait bénéficier les travailleurs en Italie en 2024 était le crédit d'impôt sur les revenus d'activité, le crédit d'impôt pour enfant à charge ayant été intégré aux prestations universelles en espèces au titre des enfants à charge en 2022.

Sources : contributions des pays et (OECD, 2024[2]) Perspectives économiques de l'OCDE, volume 2024, numéro 2.

StatLink https://stat.link/jg0ht9

Décomposition des abattements au titre de l'IRPP

Les abattements au titre de l'IRPP réduisent le montant brut de l'impôt dû par les ménages. Ils sont donc déjà pris en compte dans le graphique 2.3, le montant brut de l'impôt dû étant dans chaque pays calculé en appliquant le barème d'imposition au revenu imposable, celui-ci étant obtenu en déduisant les abattements fiscaux du revenu brut. La présente section présente une ventilation des abattements au titre de l'IRPP entre abattements fiscaux de base, abattements fiscaux pour les couples mariés ou pour chef de famille, abattements fiscaux pour enfants à charge, abattements fiscaux au titre des frais professionnels, déductions des CSS et des impôts sur le revenu, et autres abattements fiscaux forfaitaires (pour les montants qui ne relèvent pas des catégories susmentionnées).

Le Graphique 2.4 présente la décomposition des abattements fiscaux dans les pays de l'OCDE pour les trois types de ménage analysés précédemment. Contrairement aux crédits d'impôt, les modèles des *Impôts sur les salaires* prévoient pour la quasi-totalité des pays de l'OCDE des abattements fiscaux pour les trois types de ménage. À la différence du Graphique 2.3, cette décomposition ne porte que sur les abattements au titre des impôts de l'administration centrale, car l'assiette de l'impôt des administrations infranationales est soit la même que celle de l'impôt de l'administration centrale, soit calculée sur la base de l'impôt dû à l'administration centrale.

Comme indiqué dans l'Encadré 2.1, certains pays ont mis en place d'autres mesures, comme des tranches d'imposition à taux zéro ou des barèmes d'imposition spécifiques, qui permettent d'atteindre des résultats similaires à ceux obtenus en ayant recours aux abattements fiscaux. Néanmoins, dans cette analyse, ces mesures sont considérées comme des composantes du barème d'imposition d'un pays, car elles déterminent le taux légal d'imposition. Elles ne sont donc pas prises en compte dans la présente section de l'analyse, qui se concentre uniquement sur les allégements classés comme des abattements dans le cadre des modèles des *Impôts sur les salaires*. Des informations supplémentaires sur les allégements fiscaux accordés par les différents pays sont fournies dans les chapitres par pays de la Partie II du présent rapport.

En 2024, dans les pays de l'OCDE, le montant total des abattements fiscaux représentait en moyenne 15.9 % du revenu imposable des travailleurs célibataires percevant le salaire moyen (partie A). La même année, l'indicateur correspondant était de 27.7 % pour les parents isolés à bas revenu et de 21.7 % pour les couples mariés avec deux enfants disposant d'un seul salaire (parties B et C respectivement). Parmi les types de ménage étudiés, les abattements fiscaux sont particulièrement importants pour les parents isolés, représentant plus de 80 % du revenu brut en Slovénie.

L'utilisation de cette forme d'allégement fiscal est très variable selon les pays de l'OCDE. Les seuls pays qui ne prévoient d'abattements fiscaux pour aucun des trois types de ménage analysés au présent chapitre sont l'Australie, l'Irlande, Israël, la Nouvelle-Zélande et la Tchéquie. L'Australie applique une tranche d'imposition à taux zéro, les 18 200 premiers AUD perçus par un contribuable n'étant pas soumis à l'impôt sur le revenu[7]. L'Irlande, Israël, la Nouvelle-Zélande et la Tchéquie accordent quant à eux des crédits d'impôt qui sont également accessibles aux travailleurs célibataires sans enfant. En Hongrie, les abattements fiscaux sont liés à la présence d'enfants, de sorte qu'un travailleur célibataire sans enfant n'est pas éligible.

En moyenne, les abattements de base et les déductions au titre des CSS constituaient la majorité des déductions pour les trois types de ménage. Parmi les pays dans lesquels une forme ou une autre d'abattement fiscal s'appliquait en 2024, seuls 11 ne prévoyaient pas de déduction au titre des CSS : Colombie, Costa Rica, États-Unis, Hongrie, Lituanie, Mexique, Norvège, Pays-Bas, Portugal, Royaume-Uni et Suède. Les abattements pour enfant à charge (pour le parent isolé et le couple marié disposant d'un seul salaire) étaient quant à eux particulièrement importants en Colombie, en Hongrie, en Lettonie, en Slovénie et en Suisse.

Les pays où la part des « autres abattements fiscaux forfaitaires » est la plus élevée sont le Chili, la Colombie, la Corée, le Costa Rica, le Danemark et les Pays-Bas. Au Chili, en Colombie et aux Pays-Bas, cette catégorie correspond à l'abattement pour les paiements obligatoires non fiscaux (PONF)[8]. Au Costa Rica, il s'agit de l'abattement égal à 30 jours de salaire. Au Danemark et en Corée, l'« autre abattement fiscal » désigne l'abattement accordé sous condition de ressources en fonction des revenus d'activité.

Graphique 2.4. Décomposition des abattements fiscaux pour différents types de ménage, 2024

Pourcentage du revenu brut

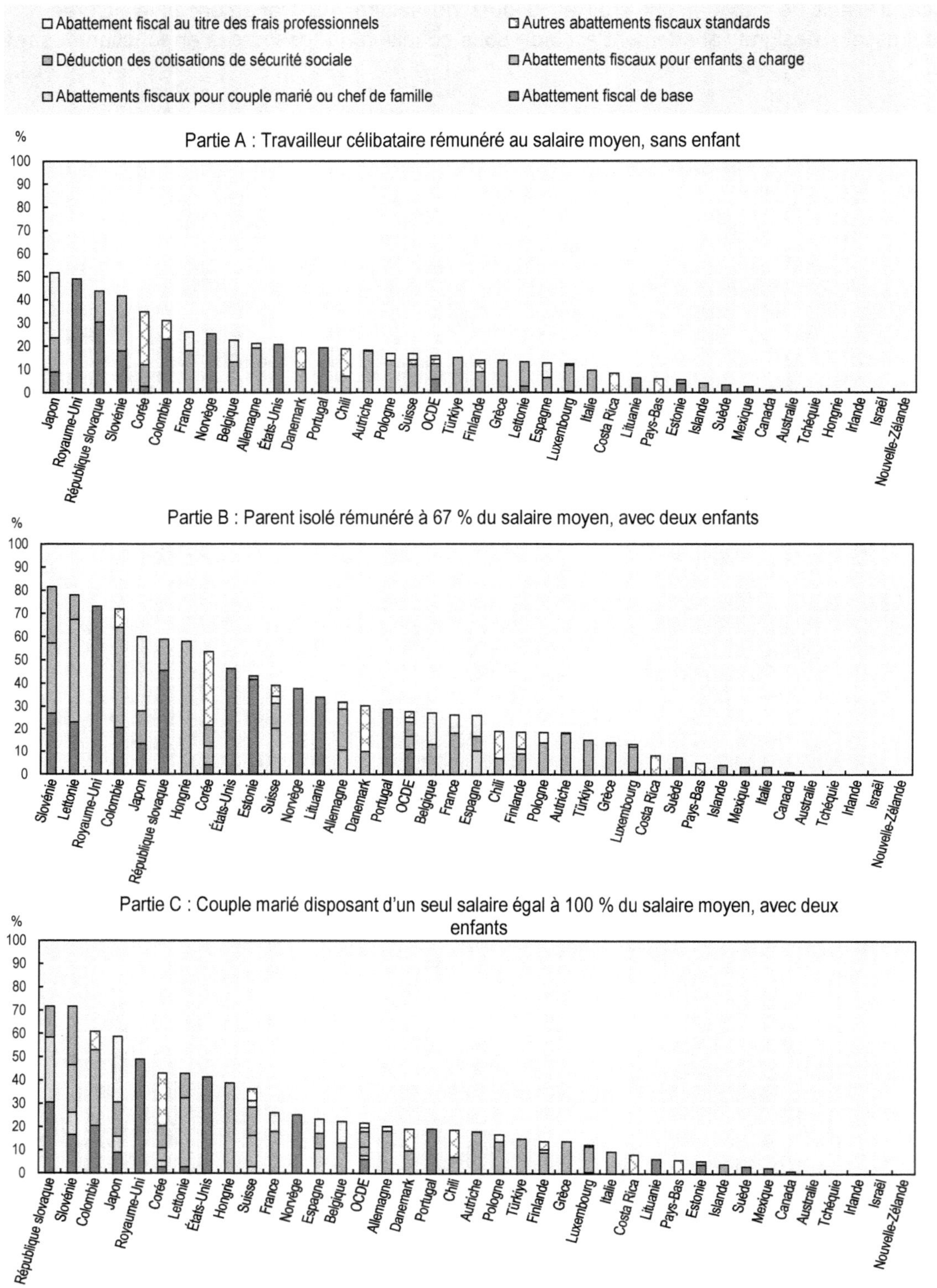

Sources : contributions des pays et (OECD, 2024[2]) Perspectives économiques de l'OCDE, volume 2024, numéro 2.

StatLink https://stat.link/shntfa

Impact combiné des crédits et des abattements sur le revenu net après impôts

Cette section compare la contribution des abattements fiscaux et des crédits d'impôts au revenu net après impôts des ménages (résumé ci-après par l'expression 'revenu net'), tandis que la section suivante fait de même s'agissant de leur impact sur la progressivité. La comparaison des abattements fiscaux avec les crédits d'impôt n'est pas chose aisée : alors que les crédits sont déduits directement du montant de l'impôt à la charge d'un ménage, les abattements déterminent son revenu imposable, qui interagit ensuite avec le barème d'imposition pour obtenir le montant brut de l'impôt dû.

En d'autres termes, les abattements affectent les « derniers impôts » payés sur le revenu imposable, tandis que la taille d'un crédit est toujours la même quel que soit le revenu imposable (en l'absence de condition de ressources)[9]. Une comparaison des montants nets 'perçus' par les ménages à la faveur d'abattements et de crédits d'impôt serait biaisée par le fait que chaque unité monétaire de l'abattement déduite de la base d'imposition est pondérée par le taux marginal d'imposition appliqué. Aussi, l'importance des abattements fiscaux serait surestimée.

Pour palier à cet état de fait, les deux sections suivantes calculent l'impact relatif des abattements et crédits sur les indicateurs concernés en comparant deux scénarios : un scénario du « statu quo », dans lequel abattements et crédits sont pris en compte dans les calculs, et un scénario « contrefactuel », dans lequel on suppose que le contribuable ne perçoit pas d'allégement fiscal et que son revenu imposable est identique à son revenu brut et que son impôt à payer n'est minoré par aucun crédit.

Cette approche permet de procéder à une comparaison précise des effets des abattements fiscaux et des crédits d'impôt en s'intéressant à « l'impact après impôts » des deux mesures sur le revenu net des ménages analysés. L'impact des crédits d'impôt peut être mesuré directement par le biais du montant qui est déduit de l'impôt dû dans le scénario du « statu quo ». Pour les abattements fiscaux, l'effet est déterminé en soustrayant l'effet des crédits d'impôt sur le revenu net de l'effet total des allégements fiscaux calculé à l'étape précédente.

Le Graphique 2.5 exprime les abattements fiscaux et crédits d'impôt sous forme de pourcentage du revenu net pour les mêmes types de ménage que ceux précédemment étudiés dans tous les pays de l'OCDE, sachant que le revenu net correspond à la différence entre le revenu brut et la somme de l'ensemble des impôts dus et des SCC salariales, déduction faite des prestations en espèces reçues par le ménage.

La Partie A montre que, pour un célibataire rémunéré au salaire moyen, les abattements fiscaux étaient plus de deux fois plus élevés que les crédits d'impôt en pourcentage du revenu net en moyenne dans les pays de l'OCDE en 2024 (5.4 % contre 2.6 %). Comme mentionné précédemment, les abattements fiscaux étaient également plus fréquents dans les pays de l'OCDE pour ce type de ménage que les crédits d'impôt, qui existaient dans 19 pays seulement. Dans la plupart des pays, les abattements fiscaux ou les crédits d'impôts étaient relativement importants en pourcentage du revenu net pour ce type de ménage, sauf dans les pays qui n'offrent aucun de ces deux dispositifs.

Pour le parent isolé faiblement rémunéré avec deux enfants (Partie B), les deux formes d'allégement étaient beaucoup plus élevées que ce qui ressort de la Partie A, et les crédits d'impôt contribuaient davantage au revenu net que les abattements, en moyenne (7.4 % contre 5.7 %), en 2024. Ce type de ménage bénéficie de crédits d'impôt pour enfants à charge particulièrement généreux, puisqu'ils représentent une fraction plus élevée de son revenu net que pour les autres types de ménage, dans la mesure où il est moins bien rémunéré. Le rapport inverse entre les deux allégements est observé dans certains pays, encore que davantage de pays affichent des pourcentages similaires entre les deux, comme l'Allemagne, la Belgique, la Corée, la Finlande, le Luxembourg, le Portugal et la République slovaque.

Graphique 2.5. Effet des allégements fiscaux sur les revenus nets, 2024

Pourcentage du revenu net

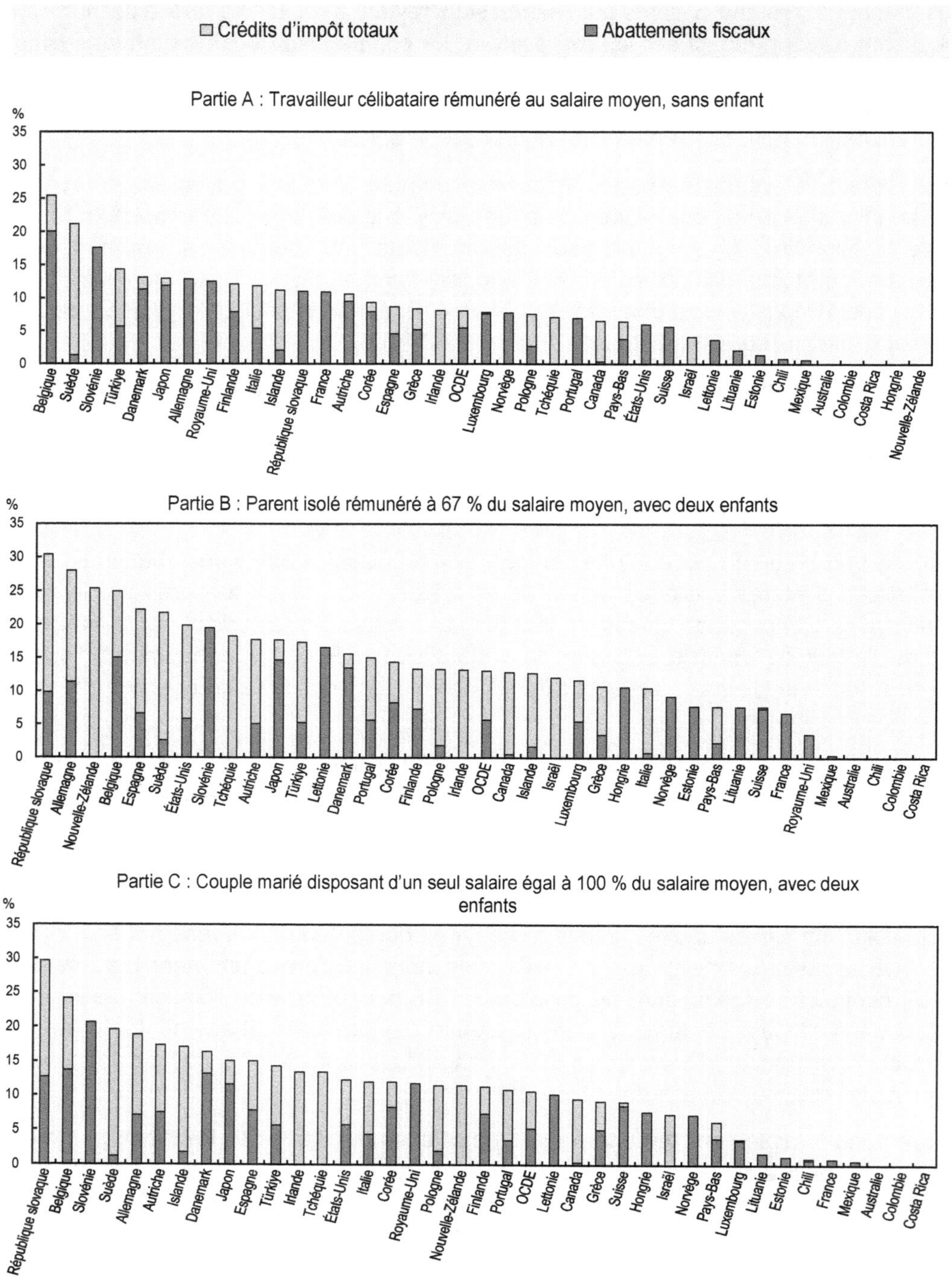

Note : la part totale du revenu net imputable aux allégements fiscaux est calculée en comparant les résultats standards des *Impôts sur les salaires* avec un scénario contrefactuel sans aucun allégement fiscal. La fraction attribuée aux crédits d'impôt est calculée en divisant le montant des crédits d'impôt par le revenu net, tandis que la fraction correspondant aux abattements fiscaux est calculée en déduisant la fraction attribuable aux crédits de la fraction totale du revenu net attribuable aux allégements fiscaux.

Sources : contributions des pays et (OECD, 2024[2]) Perspectives économiques de l'OCDE, volume 2024, numéro 2.

StatLink https://stat.link/bq3yrp

La Partie C, correspondant au couple marié avec un seul salaire et deux enfants, affiche une part similaire pour les abattements fiscaux à celle du travailleur célibataire sans enfant (5.2 %), tandis que les crédits d'impôt sont pratiquement identiques aux abattements, soit 5.4 % du revenu net. Là encore, les crédits plus généreux peuvent s'expliquer par la présence d'enfants et d'un conjoint à charge au sein du ménage. Concernant les autres ménages, la relation inverse entre abattements et crédits continue d'être observée, les exceptions susmentionnées restant valables.

Le Graphique 2.6 examine les mêmes variables que le Graphique 2.5 (toujours en se référant à l'année 2024) mais à travers un prisme différent. Il exprime le revenu net des trois mêmes types de ménage dans tous les pays de l'OCDE en pourcentage de leurs revenus bruts selon différents scénarios : les résultats tels qu'ils apparaissent dans les modèles des *Impôts sur les salaires* (dits 'standards') ; en supposant que les ménages ne perçoivent pas d'abattements ; en supposant qu'ils ne perçoivent pas de crédits ; et en supposant qu'ils ne perçoivent ni abattements ni crédits.

Bien que les fractions des revenus bruts conservées sous forme de revenu net varient beaucoup entre les pays de l'OCDE, la présence d'allégements fiscaux impacte sensiblement le revenu résiduel après impôts des ménages.

Pour les célibataires sans enfant (Partie A), le revenu net diminue de 75.0 % à 69.2 % du revenu brut lorsque les abattements fiscaux et les crédits d'impôt sont exclus, les abattements étant responsables d'une plus grande partie de la baisse. Les diminutions sont plus marquées dans les Parties B et C, dans lesquelles les ménages bénéficient d'allégements fiscaux plus généreux : en moyenne, le revenu net d'un parent isolé faiblement rémunéré chute de 97.2 % à 84.5 % du revenu brut, tandis qu'il passe de 85.8 % à 76.7 % pour un couple marié avec un salaire et deux enfants.

Étant donné que les revenus nets présentés ici incluent les prestations en espèces pour les ménages avec enfants, ils peuvent être supérieurs aux revenus bruts (au-dessus de 100 % dans les graphiques) dans les pays qui appliquent une imposition très faible à ces niveaux de revenu, même en l'absence d'allégements fiscaux (en Australie, Colombie et Nouvelle-Zélande, par exemple).

Graphique 2.6. Revenu net en pourcentage du revenu brut, avec et sans allégements fiscaux, 2024

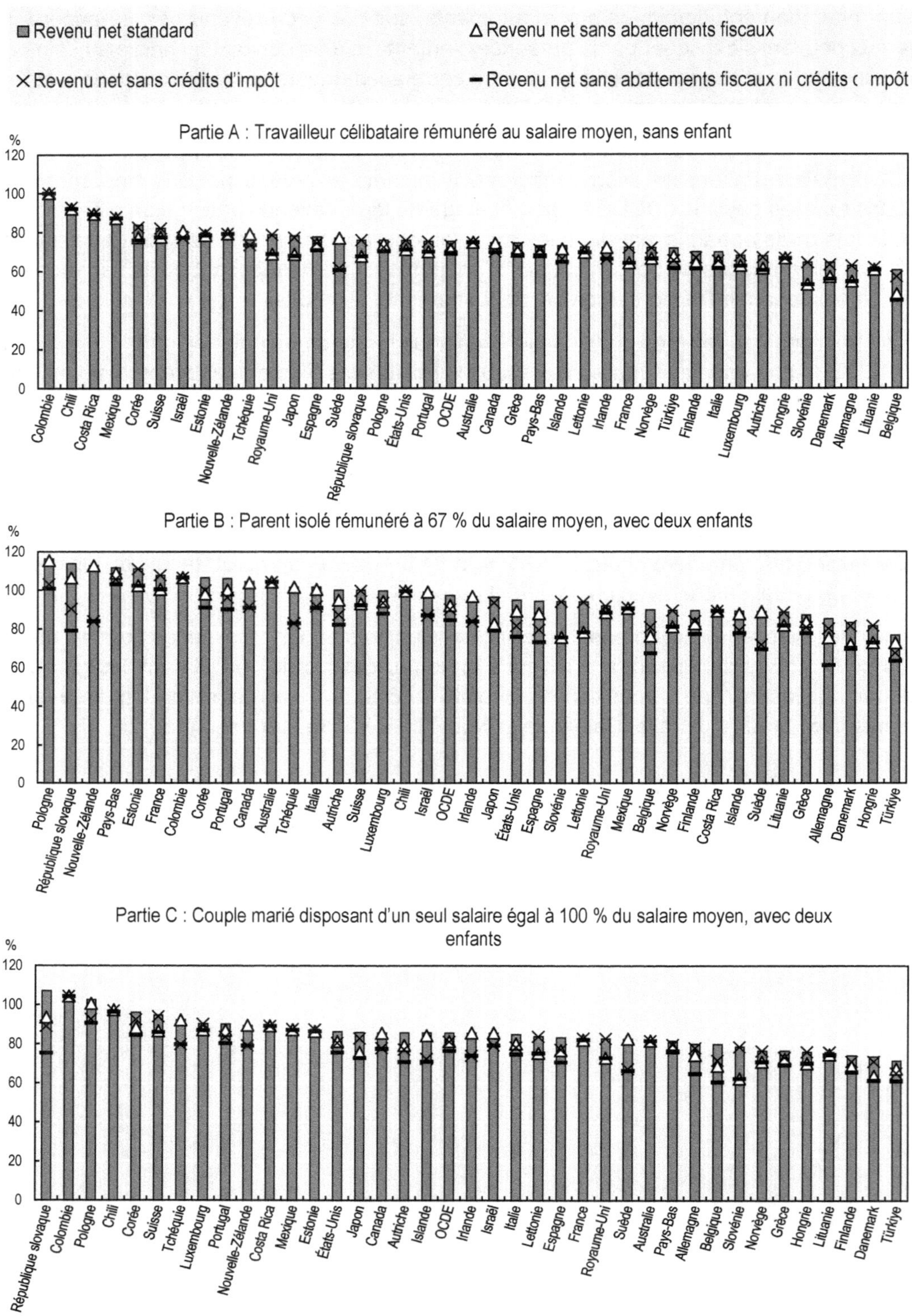

Note : le revenu net standard est le revenu net incluant les abattements fiscaux et crédits d'impôt.
Sources : contributions des pays et (OECD, 2024[2]) Perspectives économiques de l'OCDE, volume 2024, numéro 2.

StatLink https://stat.link/7ozymg

L'impact des allégements fiscaux sur la progressivité structurelle des systèmes d'IRPP

Pour conclure l'analyse effectuée dans ce chapitre, cette section examine dans quelle mesure les allégements fiscaux influent sur la progressivité des systèmes d'IRPP dans les pays de l'OCDE. En l'absence de données sur la distribution des revenus dans les pays de l'OCDE, cette analyse porte sur la progressivité résultant implicitement de la conception du système d'IRPP (progressivité structurelle) plutôt que sur l'impact réel de l'IRPP sur la distribution des revenus tels qu'il peut être mesuré, par exemple, par son effet sur le coefficient de Gini[10]. L'indicateur de progressivité pour le taux d'IRPP suit la méthodologie adoptée dans le rapport de l'édition 2013 des *Impôts sur les salaires* (OECD, 2013[7]).

Le Graphique 2.7 utilise cet indicateur de progressivité des *Impôts sur les salaires* pour exprimer dans quelle mesure l'exclusion d'un des allégements fiscaux ou des deux affecte la progressivité des systèmes d'IRPP dans les pays de l'OCDE. L'indicateur de progressivité exprime le changement du taux de l'IRPP à mesure que les revenus bruts augmentent en pourcentage du salaire moyen sur un intervalle de revenu donné, et est calculé comme suit :

$$Progressivité\ de\ l'IRPP : \frac{(IRPP_{300\ \%\ du\ SM} - IRPP_{67\ \%\ du\ SM})}{(300 - 67)}$$

L'indicateur doit être interprété comme l'augmentation du taux de l'IRPP en cas d'augmentation des revenus. Plus précisément : entre les niveaux de revenu considérés, pour chaque hausse d'un point de pourcentage du salaire moyen dans les revenus bruts, le taux de l'IRPP augmente de x %. Une valeur plus élevée signifie que le taux de l'IRPP augmente plus fortement entre les niveaux de revenu inférieur (67 % du salaire moyen) et supérieur (300 % du salaire moyen) considérés, ce qui implique une progressivité plus grande (OECD, 2013[7]).

Le Graphique 2.7 montre que le fait d'exclure les allégements fiscaux entraîne une réduction de la progressivité structurelle de l'IRPP dans pratiquement tous les pays de l'OCDE pour les trois types de ménage considérés dans ce chapitre. Les abattements sont particulièrement importants dans les pays dotés d'un système d'imposition forfaitaire, comme l'Estonie et la Hongrie, où la présence d'un abattement sous condition de ressources introduit de la progressivité dans les modèles des *Impôts sur les salaires*[11]. Dans les pays de l'OCDE, la baisse de la progressivité est plus marquée pour les ménages ayant des personnes à charge, en particulier pour le parent isolé faiblement rémunéré.

Plus précisément, lorsque abattements et crédits sont exclus, la progressivité diminue, passant de 0.07 à 0.05 pour le travailleur célibataire (Partie A), de 0.08 à 0.05 pour le parent isolé avec deux enfants (Partie B) et de 0.09 à 0.05 pour le couple marié avec un salaire et deux enfants, en moyenne dans les pays de l'OCDE.

L'exclusion des crédits d'impôt contribue à une plus forte réduction moyenne de la progressivité du taux de l'IRPP que l'exclusion des abattements fiscaux, pour les trois types de ménage. Cela donne à penser qu'en moyenne dans les pays de l'OCDE, les crédits d'impôt ont tendance à être plus progressifs que les abattements fiscaux, qui parfois peuvent même être régressifs parce qu'ils entraînent une plus forte déduction pour les travailleurs à hauts revenus en raison de la progressivité des barèmes fiscaux.

Ce constat est confirmé par le fait que pour le Costa Rica, le Chili, la Colombie, la France[12], la Grèce, l'Islande, l'Italie, le Japon, les Pays-Bas, la Pologne, la Suisse et la Türkiye, le fait d'omettre les abattements entraîne une augmentation de la progressivité de l'IRPP. Dans ces pays, les abattements ont tendance à augmenter avec les revenus, soit parce que (i) ils se composent principalement de déductions au titre des CSS salariales ou, le cas échéant, de prélèvements obligatoires non fiscaux (au Chili, en Colombie, en France, en Grèce, en Islande, en Italie, aux Pays-Bas, en Pologne, en Suisse et en Türkiye), ou (ii) l'abattement principal est calculé en tant que fraction non plafonnée des revenus bruts (comme au Costa Rica, où il correspond à un mois de salaire ; en France, où il s'agit d'un abattement pour frais professionnels égal à 10 % des revenus bruts ; et au Japon, où il s'agit d'un abattement au titre des revenus du travail en fonction du niveau de revenu).

En outre, le fait d'omettre les abattements fiscaux fait baisser la progressivité dans les pays où ils sont réduits progressivement à mesure que les revenus augmentent (comme en Estonie ou au Royaume-Uni). Ce résultat est cohérent avec les travaux qui mettent en évidence l'impact régressif potentiel de certains types d'abattements (Avram, 2014[8]; Wagstaff and Doorslaer, 2001[9]).

Graphique 2.7. Contribution des abattements fiscaux et des crédits d'impôt à la progressivité du taux de l'IRPP, 2024

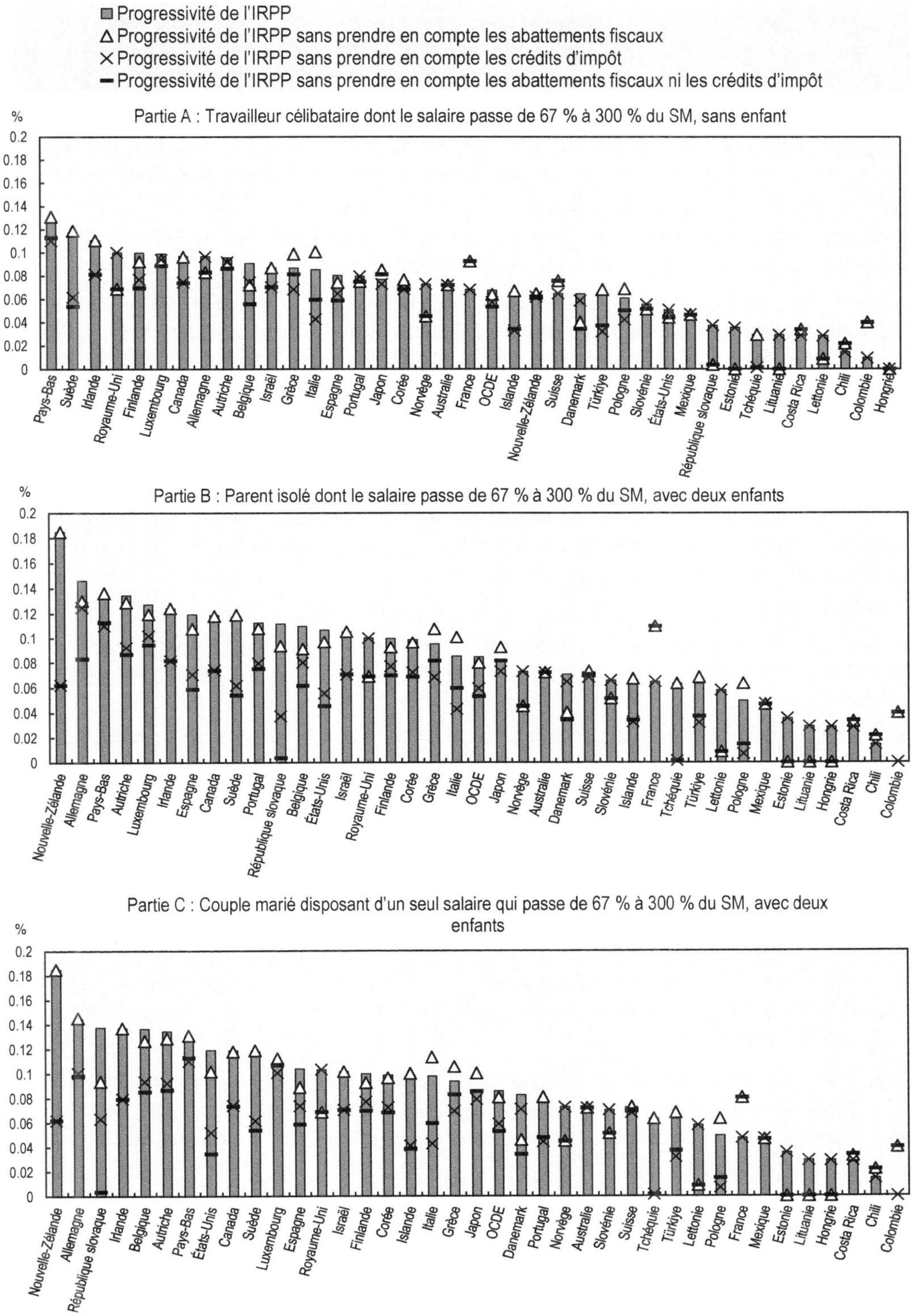

Note : l'indicateur de progressivité exprime le changement du taux de l'IRPP à mesure que les revenus bruts augmentent en pourcentage du salaire moyen sur un intervalle de revenu donné.

Sources : contributions des pays et (OECD, 2024[2]) Perspectives économiques de l'OCDE, volume 2024, numéro 2.

StatLink https://stat.link/7ugfks

Conclusion

L'IRPP est une source essentielle de recettes pour les pays de l'OCDE et constitue une composante importante du coin fiscal pour la plupart des types de ménage étudiés dans les *Impôts sur les salaires*. Néanmoins, les taux moyens de l'IRPP varient beaucoup entre ces types de ménage, ce qui reflète non seulement des taux marginaux d'imposition différents appliqués à différents niveaux de revenu, mais aussi les allégements fiscaux auxquels ces ménages peuvent avoir droit.

Cette étude spéciale décompose les taux de l'IRPP afin de comprendre la nature et l'impact de ces allégements fiscaux, en mettant l'accent sur les crédits d'impôt et sur les abattements fiscaux. Bien que les abattements soient utilisés dans pratiquement tous les pays de l'OCDE, la prévalence des crédits d'impôt varie par type de ménage ; les couples mariés ou les ménages avec enfants sont généralement plus susceptibles de bénéficier de crédits que les travailleurs célibataires.

Ce chapitre analyse l'incidence des crédits d'impôt en s'intéressant à leur effet sur le montant des impôts dus. En 2024, en moyenne dans les pays de l'OCDE, les crédits d'impôt ont réduit le montant des impôts dus par un célibataire rémunéré au salaire moyen de 1.9 % de ses revenus bruts, tandis que la réduction correspondante pour les couples mariés ayant un salaire égal au salaire moyen et deux enfants était en moyenne de 4.7 % des revenus bruts, contre 7.3 % pour les parents isolés rémunérés à 67 % du salaire moyen.

Les abattements fiscaux sont analysés en se référant à leur impact sur le revenu brut du ménage. Le chapitre montre qu'en 2024, le total des abattements fiscaux s'élevait à 15.9 % du revenu imposable pour un célibataire rémunéré au salaire moyen, à 21.7 % pour un couple marié ayant un salaire et deux enfants et à 27.7 % pour un parent isolé faiblement rémunéré.

Pour permettre une analyse combinée (et donc comparative) des crédits d'impôt et des abattements fiscaux, ce chapitre introduit un nouvel indicateur qui montre l'impact des allégements fiscaux sur le revenu net des ménages. Cet indicateur traduit l'importance relative des crédits et des abattements selon les types de ménage et les pays.

Pour le travailleur célibataire percevant le salaire moyen, les abattements représentaient une fraction plus importante du revenu net que les crédits en 2024, tandis que c'était l'inverse pour le parent isolé faiblement rémunéré. Pour le couple marié avec un seul salaire, les crédits et les abattements représentaient un montant similaire du revenu net. Dans de nombreux pays et pour l'ensemble des ménages, les abattements fiscaux ont généralement une incidence plus marquée sur les revenus nets, tandis que les crédits d'impôt ont un impact plus faible (voire nul), et vice-versa.

Ce chapitre suit la même approche pour examiner l'impact des crédits d'impôt et des abattements sur la progressivité structurelle des systèmes d'IRPP dans les pays de l'OCDE. Il constate que la suppression des crédits d'impôt réduit davantage la progressivité structurelle que la suppression des abattements fiscaux, en particulier pour les ménages avec enfants. De fait, dans certains pays, les abattements fiscaux réduisent la progressivité de l'IRPP.

Il est important d'observer que l'analyse effectuée dans ce chapitre ne couvre pas toutes les mesures prises par les pays de l'OCDE pour soutenir le revenu net des ménages. De même, elle ne prend pas en compte les allégements qui sont intégrés dans les barèmes d'imposition, tels que les taux spécifiques ou les tranches d'imposition à taux zéro.

Néanmoins, elle constitue un point de départ original pour une analyse plus fouillée de l'utilisation des allégements fiscaux, qui pourrait être complétée par un examen de leur évolution dans la durée et de leur impact sur les taux d'imposition par comparaison avec d'autres composantes d'un système donné d'imposition des revenus du travail, comprenant les CSS et les prestations en espèces. En outre, les résultats de l'analyse d'impact sur la progressivité structurelle pourraient être confrontés à la distribution des revenus dans les pays de l'OCDE afin de mieux comprendre l'incidence et les effets redistributifs des allégements fiscaux, dans le cadre d'études sur la fiscalité et les inégalités de plus grande ampleur.

Références

Avram, S. (2014), "The distributional effects of personal income tax expenditure", *ISER Working Paper Series*, Vol. 26, https://www.econstor.eu/handle/10419/123806. [8]

Kaplow, L. (2024), "Optimal Income Taxation", *Journal of Economic Literature*, Vol. 62(2), pp. 637-738, https://doi.org/10.1257/jel.20221647. [10]

OECD (2025), *Income Inequality*, https://www.oecd.org/en/data/indicators/income-inequality.html. [13]

OECD (2024), *OECD Economic Outlook, Volume 2024 Issue 2*, OECD Publishing, Paris, https://doi.org/10.1787/d8814e8b-en. [2]

OECD (2024), *Revenue Statistics 2024: Health Taxes in OECD Countries,*, OECD Publishing, Paris, https://doi.org/10.1787/c87a3da5-en. [1]

OECD (2024), *Taxing Wages 2024: Tax and Gender through the Lens of the Second Earner*, OECD Publishing, Paris, https://doi.org/10.1787/dbcbac85-en. [5]

OECD (2023), *Taxing Wages 2023: Indexation of Labour Taxation and Benefits in OECD Countries*, OECD Publishing, Paris, https://doi.org/10.1787/8c99fa4d-en. [6]

OECD (2022), *Taxing Wages 2022: Impact of COVID-19 on the Tax Wedge in OECD Countries*, OECD Publishing, Paris, https://doi.org/10.1787/f7f1e68a-en. [12]

OECD (2021), *Taxing Wages 2021*, OECD Publishing, Paris, https://doi.org/10.1787/83a87978-en. [11]

OECD (2013), *Taxing Wages 2013*, OECD Publishing, Paris, https://doi.org/10.1787/tax_wages-2013-en. [7]

OECD (2010), *Tax Expenditures in OECD Countries*, OECD Publishing, Paris, https://doi.org/10.1787/9789264076907-en. [3]

Torres, C., K. Mellbye and B. Brys (2012), "Trends in Personal Income Tax and Employee Social Security Contribution Schedules", *OECD Taxation Working Papers*, No. 12, OECD Publishing, Paris, https://doi.org/10.1787/5k95qw9633vf-en. [4]

Wagstaff, A. and E. Doorslaer (2001), , *International Tax and Public Finance*, Vol. 8/3, pp. 299-316, https://doi.org/10.1023/a:1011268209860. [9]

Annexe 2.A. Modifications apportées aux modèles standards des *Impôts sur les salaires* aux fins de la présente analyse

Tableau annexe 2.A.1. Liste des modifications apportées aux modèles standards des *Impôts sur les salaires* aux fins de la présente analyse

Pays	Impôt dû	Abattements fiscaux	Crédits d'impôt
Allemagne	Pas de modification	Dans les calculs standards, le ménage bénéficie soit de l'abattement pour enfant à charge, soit du crédit d'impôt pour enfant à charge : si la valeur du crédit d'impôt est inférieure à l'allégement calculé en appliquant l'abattement, ce dernier est appliqué (sinon c'est le crédit d'impôt qui s'applique). Pour calculer les résultats du scénario sans crédits d'impôt, les calculs standards ont été modifiés pour s'assurer que l'allocation pour enfant à charge est toujours disponible pour les ménages avec enfants.	Pas de modification
Belgique	Pas de modification	Pas de modification	Dans les calculs standards utilisés dans les *Impôts sur les salaires*, le montant final de l'impôt dû est obtenu en pondérant le montant brut de l'impôt dû par un « facteur d'autonomie » nécessaire au calcul des impôts régionaux. Pour obtenir le solde final de l'impôt dû par soustraction des crédits d'impôt du montant brut de l'impôt, aux fins de la présente analyse le montant brut de l'impôt dû lui-même est pondéré par le « facteur d'autonomie ».
Canada	Pas de modification	Pas de modification	Une variable supplémentaire est ajoutée au modèle pour faire apparaître les crédits appliqués aux impôts des administrations infranationales.
Chili	Pas de modification	Pas de modification	Une variable supplémentaire est ajoutée au modèle pour faire apparaître les crédits d'impôt non récupérables inutilisés.
Costa Rica	Pas de modification	Pas de modification	Une variable supplémentaire est ajoutée au modèle pour faire apparaître les crédits d'impôt non récupérables inutilisés.
Danemark	Dans les calculs standards, le montant final de l'impôt dû est la somme du montant brut de l'IRPP et de la contribution au marché du travail, déduction faite des crédits d'impôt. Aux fins de la présente analyse, la contribution au marché du travail est ajoutée au montant brut de l'IRPP. Il est	Aux fins de la présente analyse, les déductions au titre des PONF d'assurance retraite sont classées comme des déductions au titre des CSS.	Pas de modification

	important de noter que la base d'imposition de l'IRPP prend en compte les abattements fiscaux, tandis que la contribution au marché du travail est calculée sur les revenus bruts d'activité.		
Finlande	Dans les calculs standards, le montant final de l'impôt dû correspond à la somme du montant brut de l'IRPP et de la taxe audiovisuelle, déduction faite des crédits d'impôt. Aux fins de la présente analyse, la taxe audiovisuelle est ajoutée au montant brut de l'IRPP. Il est important de noter que la base d'imposition de l'IRPP est nette de tous les abattements fiscaux, tandis que la taxe audiovisuelle est calculée sur les revenus bruts d'activité nets des abattements pour frais professionnels supérieurs à un certain seuil.	La déduction au titre des revenus d'activité apparaît dans la catégorie « autres abattements fiscaux » (contrairement aux calculs standards dans lesquels elle apparaît comme une « déduction au titre des CSS et des impôts sur le revenu »).	Une variable supplémentaire est ajoutée au modèle pour faire apparaître le crédit d'impôt au titre des revenus d'activité sous la forme d'un montant unique.
Islande	Dans les calculs standards, le montant final de l'impôt dû correspond à la somme du montant brut de l'IRPP et de la redevance audiovisuelle, déduction faite des crédits d'impôt. Aux fins de la présente analyse, la redevance audiovisuelle est ajoutée au montant brut de l'IRPP. Il est important de noter que la base d'imposition de l'IRPP est le revenu imposable net des abattements dont bénéficie le contribuable, tandis que la redevance audiovisuelle est calculée sur les revenus bruts du travail.	Pas de modification	Pas de modification
Irlande	Dans les calculs standards, le montant final de l'impôt dû est la somme du montant brut de l'IRPP et de la charge sociale universelle (USC, *Universal Social Charge*), déduction faite des crédits d'impôt. Aux fins de la présente analyse, l'USC est ajoutée au montant brut de l'IRPP. Il est important de noter que la base d'imposition de l'IRPP est le revenu imposable net des abattements dont bénéficie le contribuable, tandis que l'USC est calculée sur les revenus bruts du travail.	Pas de modification	Pas de modification
Israël	Pas de modification	Pas de modification	Le montant total de crédits d'impôt est net des crédits non récupérables inutilisés. En outre, une variable supplémentaire est ajoutée au modèle pour faire apparaître le crédit d'impôt au titre des revenus d'activité sous la forme d'un montant unique.
Italie	Pas de modification	Pas de modification	Une variable supplémentaire est ajoutée au modèle pour faire apparaître le crédit d'impôt au titre des revenus d'activité sous la forme d'un montant unique.
Japon	Pas de modification	Pas de modification	Une variable supplémentaire est ajoutée au modèle pour faire apparaître les crédits appliqués aux impôts des administrations infranationales. En outre, une variable supplémentaire est ajoutée pour indiquer les crédits d'impôt non récupérables inutilisés.

Corée	Pas de modification	La déduction au titre des cotisations d'assurance maladie et chômage est incluse dans le montant des « déductions au titre des cotisations de sécurité sociale et des impôts sur le revenu » (contrairement aux calculs standards, dans lesquels elle apparaît comme un « autre abattement fiscal »).	Une variable supplémentaire est ajoutée au modèle pour faire apparaître le crédit d'impôt au titre des revenus d'activité sous la forme d'un montant unique.
Luxembourg	Pas de modification	Pas de modification	Une variable supplémentaire est ajoutée au modèle pour faire apparaître le crédit d'impôt au titre des revenus d'activité sous la forme d'un montant unique.
Pays-Bas	Pas de modification	Pas de modification	Une variable supplémentaire est ajoutée au modèle pour faire apparaître le crédit d'impôt au titre des revenus d'activité sous la forme d'un montant unique.
Norvège	Pas de modification	L'abattement fiscal total est ventilé entre les abattements fiscaux de base et l'« abattement pour couple marié ou chef de famille ».	Pas de modification
Nouvelle-Zélande	Pas de modification	Pas de modification	Dans les calculs standards, les crédits d'impôt récupérables sont classés parmi les transferts en espèces aux ménages. Aux fins de la présente analyse, ils sont classés dans la catégorie des crédits d'impôt et donc soustraits du montant brut de l'impôt pour obtenir le montant final d'IRPP. En outre, une variable supplémentaire est ajoutée au modèle pour faire apparaître le crédit d'impôt au titre des revenus d'activité sous la forme d'un montant unique.
Pologne	Pas de modification	Pas de modification	Une variable supplémentaire est ajoutée au modèle pour faire apparaître les crédits d'impôt non récupérables inutilisés.
Slovénie	Pas de modification	Dans les calculs standards, l'abattement pour conjoint à charge apparaît dans une catégorie spécifique, propre au modèle pour la Slovénie. Aux fins de la présente analyse, cet abattement est classé dans la catégorie des « abattements pour couple marié ou chef de famille ».	Pas de modification
Espagne	Pas de modification	Pas de modification	Une variable supplémentaire est ajoutée au modèle pour faire apparaître les crédits appliqués aux impôts des administrations infranationales.
Suède	Pas de modification	Pas de modification	Dans les calculs standards, les crédits d'impôt sont présentés pour leur montant total. Aux fins de la présente analyse, le crédit d'impôt sur les revenus du travail est indiqué dans la catégorie spécifique à ce type de crédit, tandis que le crédit d'impôt au titre des CSS est indiqué dans la catégorie « autres crédits d'impôt ».
Suisse	Pas de modification	Pas de modification	Une variable supplémentaire est ajoutée au modèle pour faire apparaître les crédits d'impôt non récupérables inutilisés.

Türkiye	Dans les calculs standards, le montant final de l'impôt dû correspond à la somme du montant brut de l'IRPP et des droits de timbre, déduction faite des crédits d'impôt. Aux fins de la présente analyse, les droits de timbre sont ajoutés au montant brut de l'IRPP. Il est important de noter que la base d'imposition de l'IRPP est le revenu imposable net des abattements dont bénéficie le contribuable, tandis que les droits de timbre sont calculés sur les revenus bruts d'activité supérieurs à un certain seuil.	Pas de modification	Pas de modification
États-Unis	Pas de modification	Pas de modification	Une variable supplémentaire est ajoutée au modèle pour faire apparaître le crédit d'impôt au titre des revenus d'activité sous la forme d'un montant unique.

Note : pour plus d'informations sur les mesures en place dans chaque pays, se référer aux chapitres par pays figurant dans la Partie II du présent rapport.

Notes

[1] Voir l'étude spéciale des éditions 2021 et 2022 des *Impôts sur les salaires* pour une analyse détaillée de la manière dont les pays de l'OCDE ont adapté leur politique d'imposition des revenus du travail en réaction à la pandémie de COVID-19 (OECD, 2021[11]; OECD, 2022[12]). Le rapport de 2023 contient quant à lui des informations sur les mesures prises pour aider les ménages à faire face à la hausse de l'inflation qui a atteint son plus haut niveau depuis trois décennies en 2022 (OECD, 2023[6]).

[2] Il existe des allégements fiscaux non forfaitaires dans les systèmes fiscaux de la quasi-totalité des pays de l'OCDE (Allemagne, Australie, Autriche, Belgique, Canada, Chili, Colombie, Corée, Danemark, Espagne, Estonie, États-Unis, Finlande, France, Grèce, Hongrie, Irlande, Islande, Israël, Italie, Japon, Lettonie, Lituanie, Luxembourg, Mexique, Norvège, Pays-Bas, Pologne, Portugal, République slovaque, Tchéquie, Royaume-Uni, Slovénie, Suède, Suisse et Turquie). Dans tous ces pays, les résultats présentés dans ce chapitre peuvent être considérés comme l'expression d'une estimation haute du taux moyen de l'IRPP, car les ménages qui y vivent pourraient réclamer le bénéfice de déductions supplémentaires qui viendraient majorer leur revenu net après impôts. La surestimation de l'IRPP serait la plus forte dans les pays où la plupart des allégements fiscaux sont non forfaitaires, comme en Grèce.

[3] Veuillez vous reporter à Kaplow (2024[10]) pour une vue d'ensemble récente des travaux consacrés à une imposition optimale des revenus du travail.

[4] Les impôts dus à l'échelon infranational comprennent les impôts prélevés au niveau régional ou provincial dans les pays à structure fédérale ou décentralisée, ainsi que les impôts prélevés au niveau des comtés ou des municipalités (comme en Belgique et aux États-Unis). À des fins de comparabilité, ils sont regroupés dans cette catégorie unique pour l'ensemble des pays de l'OCDE.

[5] L'allégement fiscal pour enfants offert aux familles en République slovaque consiste en un crédit d'impôt récupérable de 1 680 EUR par enfant, plafonné à un certain pourcentage du revenu imposable total du ménage en fonction du nombre d'enfants.

[6] L'importance de la catégorie « autres crédits d'impôt » observée dans la Partie A pour la Suède et l'Irlande s'explique par des déductions qui n'entrent pas dans les définitions des autres catégories. En Suède, il s'agit d'un crédit lié aux CSS payées par le ménage. En Irlande, il s'agit du crédit en faveur des salariés, un montant forfaitaire alloué à toutes les personnes qui exercent un emploi (et distinct du crédit de base).

[7] Outre la tranche d'imposition à taux zéro mentionnée, les travailleurs faiblement rémunérés en Australie peuvent bénéficier de la Réduction d'impôt au titre des faibles revenus (*Low Income Tax Offset*, LITO). Cependant, les résultats présentés au présent chapitre ne prennent pas en compte ce crédit d'impôt puisqu'un travailleur percevant 67 % du salaire moyen (69 542 AUD en 2024) n'est pas éligible à la Réduction d'impôt au titre des faible revenu, ses revenus ne devant pas dépasser 66 667 AUD pour bénéficier de celle-ci.

[8] Alors que les paiements obligatoires non fiscaux ne sont pas compris dans les montants totaux des CSS indiqués dans ce rapport, les déductions ou crédits qui y sont liés sont inclus parce que ce sont des paiements obligatoires pour l'ensemble des travailleurs. Pour plus de précisions sur ce point, veuillez vous reporter à la section Méthodologie et limites de ce rapport.

[9] L'exemple suivant illustre dans quelle mesure l'effet des abattements sur le montant des impôts dus dépend des revenus bruts et du barème d'imposition. Prenons le cas d'un célibataire qui perçoit un salaire de 1 000 EUR, et qui supporte un taux d'imposition de 10 % sur ses revenus compris entre 0 et 500 EUR, et de 20 % sur ses revenus supérieurs à 500 EUR. En l'absence d'abattement, le montant de ses impôts serait de 150 EUR. La mise en place d'un abattement de 100 EUR ramènerait son revenu imposable à 900 EUR et donc son impôt à 130 EUR. Prenons maintenant le cas d'un travailleur ayant un revenu brut de 500 EUR, dont l'impôt dû de 50 EUR en l'absence d'abattement chuterait à 40 EUR avec un abattement. L'économie réalisée par le travailleur le mieux rémunéré s'élève donc à 20 EUR, contre 10 EUR pour le travailleur plus faiblement rémunéré.

[10] Le coefficient de Gini est basé sur la comparaison des pourcentages cumulés de la population avec les pourcentages cumulés du revenu qu'ils perçoivent. Il est compris entre 0 dans le cas d'une égalité parfaite (chaque fraction de la population perçoit la même fraction du revenu) et 1 dans le cas d'une « inégalité parfaite » (le revenu total est capté par un seul individu) (OECD, 2025[13]).

[11] C'est également le cas en Lituanie. Bien que le barème d'imposition de la Lituanie comporte deux tranches, la tranche supérieure s'applique uniquement aux revenus dépassant le plafond des revenus testé dans le Graphique 2.7 et est donc sans effet sur l'indicateur de progressivité présenté.

[12] En France, le barème de l'impôt applicable aux revenus de 2024 a été ajusté pour tenir compte de l'inflation dans le projet de loi de finances pour 2025. Cependant, en raison de l'adoption tardive du projet de loi de finances pour 2025, l'indexation du barème et des paramètres de l'impôt sur le revenu sur l'inflation (de 1.8 %) n'a pas pu être prise en compte dans les modèles des *Impôts sur les salaires* du présent rapport. Il en résulte que les taux d'imposition estimés sont supérieurs à ceux effectivement en vigueur.

3 Taux effectifs d'imposition des revenus du travail en 2024

Les taux effectifs d'imposition des revenus du travail en 2024 calculés pour les huit catégories de ménage sont présentés dans les tableaux 3.1 à 3.13 et les graphiques 3.1 à 3.7. Les catégories de ménage varient selon la situation de famille, le nombre d'enfants et le statut économique. Ce chapitre présente, pour chaque catégorie de ménage, différents indicateurs des taux moyens (coin fiscal, taux d'imposition des personnes physiques, taux net d'imposition des personnes physiques, taux de l'impôt sur le revenu des personnes physiques et taux des cotisations salariales de sécurité sociale) et marginale (coin fiscal et taux net d'imposition des personnes physiques). Les résultats de deux indicateurs de la progressivité de l'impôt sont également examinés : mesures de l'élasticité de l'impôt basée sur le salaire brut et sur les coûts de main-d'œuvre.

Ce chapitre présente les résultats principaux des *Impôts sur les salaires* pour 2024 pour tous les pays et tous les types de ménages, qui sont présentés dans les tableaux et les figures comparatives. Les résultats pour la France au titre de 2024 devraient être interprétés avec prudence compte tenu du fait que l'indexation du barème et des paramètres de l'impôt sur le revenu sur l'inflation (de 1.8 %) n'a pas pu être prise en compte dans les modèles des *Impôts sur les salaires* du présent rapport. Cette omission, qui est due à l'adoption tardive du projet de loi de finances pour 2025, a pour conséquence que les taux d'imposition estimés en 2024 sont supérieurs à ceux effectivement en vigueur.

Taux d'imposition moyens

Le Tableau 3.1[1] et le Graphique 3.1 font apparaître le coin fiscal moyen pour 2024, qui combine l'impôt sur le revenu des personnes physiques et les cotisations salariales et patronales de sécurité sociale, en tenant également compte du montant des prestations en espèces auquel a eu droit chaque catégorie de ménage spécifique. Le montant total des impôts à verser diminués des transferts reçus est exprimé en pourcentage des coûts de main-d'œuvre, définis comme le salaire brut *plus* les cotisations patronales de sécurité sociale (y compris les taxes sur les salaires). Dans le cas d'un célibataire disposant d'un salaire moyen, le coin fiscal allait de 0 % en Colombie et 7.2 % au Chili à 47.9 % en Allemagne et 52.6 % en Belgique. Pour un couple marié disposant d'un seul revenu égal au salaire moyen, et ayant deux enfants, le coin fiscal était le plus faible en Colombie (-4.4 %) et le plus élevé en Türkiye (39.0 %) et en France[2] (39.1 %). Comme l'explique le chapitre 1, le coin fiscal est généralement plus faible pour les couples mariés, ayant deux enfants, et disposant de ce niveau de salaire que pour les célibataires sans enfant en raison de la perception de prestations en espèces et/ou d'un traitement fiscal plus avantageux. Le coin fiscal pour un parent isolé, ayant deux enfants, et gagnant 67 % du salaire moyen était négatif en Nouvelle-Zélande (-12.6 %) et en Colombie (-6.5 %). Un coin fiscal négatif se produit lorsque la somme des transferts en espèces reçus par ces familles et des crédits d'impôt récupérables éventuels excède la somme de l'impôt dû et de l'ensemble des cotisations de sécurité sociale.

Le Tableau 3.2 et le Graphique 3.2 présentent l'impôt sur le revenu des personnes physiques combiné aux cotisations salariales de sécurité sociale en 2024, exprimé en pourcentage du salaire brut (les indicateurs correspondants faisant apparaître séparément l'impôt sur le revenu et les cotisations salariales de sécurité sociale figurent dans les Tableaux 3.4 et 3.5). Un célibataire sans enfant percevant le salaire moyen supporte la charge moyenne au titre de l'impôt et des cotisations sociales la plus élevée en Lituanie (38.2 %) et en Belgique (39.7 %). On observe les taux moyens les plus bas en Colombie (0.0 %), au Chili (7.2 %), au Costa Rica (10.7 %), au Mexique (12.2 %), en Corée (16.3 %), en Suisse (18.0 %), en Israël (19.6 %), en Estonie (20.5 %) et en Nouvelle-Zélande (20.8 %).

Le Tableau 3.3 indique la charge de l'impôt sur le revenu et des cotisations salariales de sécurité sociale, déduction faite des droits aux prestations en espèces, pour chaque catégorie de ménage en 2024. Le Graphique 3.3 fait apparaître cette charge pour les célibataires sans enfant et les couples mariés disposant d'un seul salaire ayant deux enfants, ces deux catégories de famille étant rémunérées au salaire moyen. Si l'on compare le Tableau 3.2 et le Tableau 3.3, on observe que les taux moyens d'imposition pour les familles avec enfants (colonnes 4 à 7) sont moindres dans le Tableau 3.3 car la plupart des pays aident les familles ayant des enfants à charge au moyen de prestations en espèces.

Si l'on compare le Tableau 3.2 et le Tableau 3.3 dans le cas des parents isolés gagnant 67 % du salaire moyen, on observe que 32 pays accordaient des prestations en espèces à cette catégorie de ménage en 2024. En Pologne, en Nouvelle-Zélande et en France, ces prestations représentaient plus de 25 % du revenu brut (soit 30.6 %, 28.6 % et 28.6 %, respectivement). Trente-deux pays accordaient des prestations en espèces à un couple marié, ayant deux enfants, et disposant d'un seul revenu égal au salaire moyen, bien que ces prestations soient moins généreuses par rapport au revenu, atteignant jusqu'à 20.5 % en Pologne. Le niveau plus faible des prestations en espèces pour les couples mariés peut être attribué à trois facteurs : les parents isolés peuvent avoir droit à un régime plus avantageux ; les prestations peuvent être fixées en montant absolu ; ou l'octroi des prestations peut dépendre d'un critère de ressources.

Le Tableau 3.4 indique le montant de l'impôt sur le revenu des personnes physiques dû en pourcentage du salaire brut en 2024. Pour les célibataires, sans enfant, percevant le salaire moyen (colonne 2 du tableau), la charge de l'impôt sur le revenu varie entre 0.0 % (Colombie et Costa Rica) et 35.7 % (Danemark). Dans la plupart des pays, pour un niveau de salaire moyen, la charge de l'impôt sur le revenu pesant sur un couple marié disposant d'un seul revenu et ayant deux enfants était moindre que celle supportée par un célibataire (comparer les colonnes 2 et 5). Le Graphique 3.4 fait apparaître ces différences. Dans 12 pays, l'impôt sur le revenu à la charge d'un couple marié disposant d'un seul salaire et ayant deux enfants est inférieur de plus de la moitié à celle supportée par un célibataire (Allemagne, Autriche, Chili, Corée États-Unis, Luxembourg, Pologne, Portugal, République slovaque, Slovénie, Suisse et Tchéquie). On ne relevait aucune différence dans 13 autres pays : Australie, Colombie, Costa Rica, Estonie, Finlande, Lituanie, Mexique, Norvège, Nouvelle-Zélande, Pays-Bas, Royaume-Uni, Suède et Türkiye. En Colombie et au Costa Rica, ni un célibataire rémunéré au salaire moyen ni un couple marié disposant d'un seul salaire égal au salaire moyen ne payaient d'impôt sur le revenu des personnes physiques.

Le taux de l'impôt sur le revenu des personnes physiques était négatif en 2024 dans deux pays de l'OCDE pour le travailleur marié avec deux enfants et percevant un salaire moyen : l'Allemagne (-0.1 %) et la République slovaque (-12.8 %). Ce résultat est dû à l'existence de crédits d'impôt récupérables en vertu desquels des crédits dépassent le montant d'impôts dus. Les parents isolés ayant deux enfants et gagnant 67 % du salaire moyen avaient une charge d'impôt négative dans huit pays — Allemagne, Autriche, Corée, Espagne, États-Unis, Pologne, République slovaque et Tchéquie. Dans quatre autres pays (Chili, Colombie, Costa Rica et Israël), cette catégorie de ménage ne payait pas d'impôt sur le revenu.

Une comparaison des colonnes 5 et 6 du Tableau 3.4 montre que si le conjoint avait un emploi rémunéré à 67 % du salaire moyen, la charge d'impôt sur le revenu du ménage (désormais exprimée à 167 % du salaire moyen) serait légèrement plus élevée dans 20 pays, les différences les plus fortes concernant l'Allemagne (9.2 points) et la République slovaque (11.4 points). La charge d'impôt sur le revenu était plus faible pour les ménages disposant de deux salaires, dont l'apporteur principal percevait le salaire moyen et le conjoint 67 % du salaire moyen dans quatorze pays, l'écart le plus important étant observé aux Pays-Bas (4.7 points), en Israël (3.4 points) et en Finlande (3.2 points). Il n'y avait aucun impact sur la charge fiscale au Chili, en Colombie ou au Costa Rica.

Un élément important à prendre en compte dans la conception de l'impôt sur le revenu est sa progressivité - rythme auquel la charge de l'impôt s'accroît avec le revenu. Une comparaison des colonnes 1 à 3 du Tableau 3.4 donne un aperçu des niveaux de progressivité des systèmes d'impôt sur le revenu dans les différents pays. Si l'on compare la charge d'impôt sur le revenu de célibataires rémunérés au salaire moyen à celle de célibataires gagnant 167 % du salaire moyen (colonnes 2 et 3), en 2024, le salarié le moins rémunéré supportait une charge fiscale moindre dans tous les pays sauf en Colombie et en Hongrie. En Colombie, ni le travailleur célibataire rémunéré au salaire moyen, ni celui percevant 167 % du salaire moyen ne payaient d'impôt sur le revenu des personnes physiques. En Hongrie, un taux forfaitaire s'applique aux revenus du travail et tous les ménages sans enfant payaient le même pourcentage d'impôt sur le revenu. Lorsqu'on compare les célibataires qui gagnent 67 % du salaire moyen et les célibataires rémunérés au salaire moyen (colonnes 1 et 2), le travailleur le moins bien payé supportait également une charge fiscale plus faible dans tous les pays, sauf en Colombie, au Costa Rica et en Hongrie. La charge à laquelle doivent faire face les célibataires gagnant 67 % du salaire moyen représentait moins de 25 % de celle supportée par leurs homologues gagnant 167 % de ce salaire dans deux pays : au Chili (0.0 %) et Costa Rica (0.0 %).

L'ajout des cotisations de sécurité sociale au taux moyen d'imposition réduit cette progressivité ainsi que l'économie d'impôt proportionnelle (c'est-à-dire l'économie d'impôt dont bénéficient les travailleurs à bas salaire par rapport aux travailleurs à haut revenu). Si l'on compare le Tableau 3.2 et le Tableau 3.4, le taux de l'impôt sur le revenu des personnes physiques, cotisations de sécurité sociale comprises, des célibataires gagnant 67 % du salaire moyen n'était inférieur que de 31.8 % à celle de leurs homologues gagnant 167 % de ce salaire, alors que l'économie d'impôt moyenne pour les seuls impôts sur le revenu des personnes physiques est de 47.1 % pour l'ensemble des pays de l'OCDE en 2024. L'économie d'impôt moyenne observée dans la zone OCDE pour les couples mariés disposant d'un seul revenu égal au salaire moyen et ayant deux enfants par rapport à celle des travailleurs célibataires disposant d'un revenu moyen a baissé de 30.5 % pour l'impôt sur le revenu des personnes physiques à 18.7 % pour la charge fiscale moyenne intégrant les cotisations de sécurité sociale. Ces diminutions reflètent la faible variation entre les taux des cotisations de sécurité sociale entre les catégories de ménage, comme le montre le Tableau 3.5.

Le Tableau 3.5 illustre les cotisations salariales de sécurité sociale en pourcentage des salaires bruts en 2024. Pour un célibataire sans enfant disposant du salaire moyen (colonne 2), le taux de cotisation varie entre zéro (Australie, Colombie, Danemark et Nouvelle-Zélande) et 23.6 % (Slovénie). L'Australie, le Danemark et la Nouvelle-Zélande ne prélevaient aucune cotisation salariale de sécurité sociale en faveur des administrations publiques. En Colombie, la plupart des cotisations de sécurité sociale sont versées à des fonds qui ne relèvent pas de l'administration publique et sont assimilées à des paiements obligatoires non fiscaux ; ils ne sont donc pas comptabilisés comme des CSS dans les calculs des *Impôts sur les salaires*. Trois autres pays appliquaient des taux très faibles — Islande (0.1 %), Mexique (1.4 %) et Estonie (1.6 %).

Les cotisations de sécurité sociale sont généralement prélevées sur la totalité des revenus, sans seuil d'exonération. Bien qu'un plafond s'applique dans un certain nombre de pays membres de l'OCDE, ce plafonnement concerne habituellement les niveaux de salaire supérieurs à 167 % du salaire moyen. Par conséquent, les cotisations sur les revenus sont généralement stables entre 67 % et 167 % du salaire moyen dans la plupart des pays. Une charge proportionnelle constante des cotisations salariales de sécurité sociale pour les catégories de ménage est observée dans les pays suivants : Lituanie (19.5 %), Hongrie (18.5 %), Pologne (17.8 %), Türkiye (15.0 %), Grèce (13.9 %), République slovaque (13.4 %), Tchéquie (11.6 %), Portugal (11.0 %), Costa Rica (10.7 %), Lettonie (10.5 %), Norvège (7.8 %), États-Unis (7.7 %), Chili (7.0 %), Espagne (6.5 %), Irlande (4.0 %) et Estonie (1.6 %). Par ailleurs, l'Allemagne et la Belgique appliquaient aux salariés des niveaux de cotisations de sécurité sociale différents en fonction de leur situation de famille (Graphique 3.5).

Taux marginaux d'imposition

Le Tableau 3.6 et le Graphique 3.6 indiquent le pourcentage d'augmentation marginale des coûts de main-d'œuvre qui est absorbé par l'effet conjugué de la hausse de l'impôt sur le revenu des personnes physiques et des cotisations salariales et patronales de sécurité sociale (y compris les taxes sur les salaires) et de la diminution des transferts en espèces en 2024. On suppose que le revenu brut principal du ménage augmente d'une unité monétaire. Il s'agit du coin fiscal marginal.

Le plus souvent, le coin fiscal marginal absorbait en 2024 25 % à 55 % d'une augmentation des coûts de main-d'œuvre pour les célibataires sans enfant rémunérés au niveau du salaire moyen. Cependant, dans six pays de l'OCDE, ces contribuables étaient soumis à des coins fiscaux marginaux supérieurs à 55 % — Finlande (56.2 %), Luxembourg (57.3 %), France[3] (58.2 %), Autriche (58.3 %), Italie (64.1 %) et Belgique (65.0 %). À l'inverse, le Chili (10.2 %) avait le coin fiscal marginal le plus bas en 2024. En Colombie, aucun impôt sur le revenu n'était dû au niveau du salaire moyen en 2024, et les cotisations de sécurité sociale sont considérées comme des paiements obligatoires non fiscaux (PONF) et ne sont pas donc prises en compte dans les calculs des *Impôts sur les salaires*[4].

Dans 27 pays membres de l'OCDE, le ***coin fiscal marginal*** pour un couple marié avec deux enfants disposant d'un seul revenu égal au salaire moyen était soit le même que pour un travailleur célibataire sans enfant rémunéré au salaire moyen, ou la différence était inférieure à 5 points. Le coin fiscal marginal était inférieur de plus de 5 points pour les couples mariés disposant d'un seul revenu dans sept pays : France[5] (16.2 points), Luxembourg (14.5 points), États-Unis (9.3 points), Allemagne (7.2 points), Portugal (6.9 points), Slovénie (6.7 points) et Suisse (6.2 points). En revanche, le coin fiscal marginal pour les couples mariés avec deux enfants et disposant d'un seul revenu était supérieur de plus de 5 points à celui des célibataires sans enfant au Canada (5.5 points), aux Pays-Bas (5.6 points), en Islande (7.2 points) et en Nouvelle-Zélande (27.0 points). Ces taux marginaux plus élevés sont dus à la suppression progressive des allégements fiscaux et/ou prestations en espèces accordés sous condition de ressources. Lorsqu'une disposition assortie d'un plafond de ressources est supprimée, la réduction de l'allégement fiscal ou de la prestation s'ajoute à l'accroissement de l'impôt dû. Ces programmes sont décrits de manière plus détaillée dans les chapitres par pays qui figurent dans la deuxième Partie du rapport.

Le Tableau 3.7 et le Graphique 3.7 illustrent la variation progressive de l'impôt sur le revenu des personnes physiques et des cotisations salariales de sécurité sociale diminués des prestations en espèces en cas d'augmentation marginale du salaire brut en 2024. Comme pour le coin fiscal marginal (Tableau 3.6), l'impôt sur le revenu des personnes physiques et les cotisations salariales de sécurité sociale absorbent entre 25 % et 55 % de l'augmentation du salaire pour les célibataires sans enfant rémunérés au salaire moyen dans la plupart des pays. Le taux marginal d'imposition du travailleur moyen était supérieur à 55 % en Belgique seulement (55.6 %) et inférieur à 25 % au Chili (10.2 %), au Costa Rica (10.7 %), au Mexique (23.0 %) et en Corée (23.5 %). Comme indiqué précédemment, aucun impôt sur le revenu n'était dû en Colombie au niveau du salaire moyen, et les cotisations de sécurité sociale sont considérées comme des paiements obligatoires non fiscaux.

Dans 27 pays membres de l'OCDE, le ***taux marginal net d'imposition*** applicable aux couples mariés avec deux enfants disposant d'un seul revenu égal au salaire moyen était le même que pour les célibataires sans enfant, ou la différence était inférieure à 5 points. Le taux marginal était inférieur de plus de 5 points pour les couples mariés disposant d'un seul revenu dans sept pays : France[6] (22.1 points), Luxembourg (16.2 points), États-Unis (10.0 points), Portugal (8.5 points), Allemagne (8.0 points), Slovénie (7.8 points) et Suisse (6.6 points). En revanche, le coin fiscal marginal pour les couples mariés avec deux enfants et disposant d'un seul revenu était supérieur de plus de 5 points à celui des célibataires sans enfant au Canada (5.7 points), aux Pays-Bas (6.2 points), en Islande (7.7 points) et en Nouvelle-Zélande (27.0 points). De même que pour le coin fiscal marginal, ces taux marginaux nets d'imposition des personnes physiques plus élevés sont dus à la suppression progressive des allégements fiscaux et/ou prestations en espèces accordés sous condition de ressources.

Le Tableau 3.8 indique le pourcentage d'augmentation du revenu net par rapport au pourcentage d'augmentation du revenu brut lorsque celui-ci s'est accru d'une unité monétaire en 2024, c'est-à-dire l'élasticité du revenu après impôt[7]. Dans un système fiscal proportionnel, le revenu net augmenterait du même pourcentage que l'augmentation du salaire brut, auquel cas l'élasticité serait égale à 1. Plus le système est progressif — au niveau de revenu considéré — plus cette élasticité est faible. Dans le cas d'un couple marié avec deux enfants disposant d'un seul revenu égal au salaire moyen (colonne 5 du Tableau 3.8) ce sont la Nouvelle-Zélande (0.45), la Belgique et l'Italie (0.55 dans les deux cas), les Pays-Bas (0.58) et l'Irlande (0.61) qui avaient, en 2024, les systèmes les plus progressifs d'impôt sur le revenu et de cotisations salariales de sécurité sociale. En revanche, le Chili (0.96), la France[8] (0.95) et le Mexique (0.88) appliquaient ou se rapprochaient d'un système proportionnel d'impôt sur le revenu et de cotisations salariales de sécurité sociale pour ce type de ménage. En Colombie (0.96) et au Costa Rica (1.0), aucun impôt sur le revenu n'était dû au niveau du salaire moyen. En Colombie, les cotisations de sécurité sociale sont considérées comme des paiements obligatoires non fiscaux et ne sont pas prises en compte dans les calculs des *Impôts sur les salaires*. Toutefois, le montant des prestations en espèces est resté fixe, tandis que le salaire brut a augmenté. Aussi, l'augmentation en pourcentage du revenu net était légèrement inférieure à l'augmentation en pourcentage du salaire brut.

Le Tableau 3.9 fournit une mesure différente de l'élasticité : le pourcentage d'augmentation du revenu net par rapport au pourcentage d'augmentation des coûts de main-d'œuvre (salaire brut majoré des cotisations patronales de sécurité sociale et des taxes sur les salaires) lorsque ceux-ci se sont accrus d'une unité monétaire en 2024[9]. Dans ce cas, les taxes et les cotisations patronales de sécurité sociale sont comprises dans l'analyse. Dans dix-neuf pays, l'élasticité se situait entre 0.50 et 0.97 pour les huit catégories de ménage. L'élasticité était inférieure à 0.50 pour les parents isolés gagnant 67 % du salaire moyen aux États-Unis et au Luxembourg (0.49 dans les deux cas), en Belgique (0.44), aux Pays-Bas (0.43), en Nouvelle-Zélande (0.38), au Royaume-Uni (0.34), en France[10] (0.31), en Australie et au Canada (0.24 dans les deux cas), et pour les couples mariés avec deux enfants disposant d'un seul salaire égal au salaire moyen en Nouvelle-Zélande (0.45). Elle était en revanche comprise entre 0.97 et 1.0 pour la plupart des catégories de ménage au Costa Rica et au Chili, et pour certaines catégories d'entre eux en Allemagne, au Canada, en Colombie et en Hongrie, et pour une catégorie de ménage en Estonie et en Lituanie. L'utilisation de cette mesure de l'élasticité montre que le système d'impôt sur le revenu était régressif pour un célibataire avec ou sans enfant dont le salaire est égal à 67 % du salaire moyen au Mexique (1.01), et pour un célibataire rémunéré à 167 % du salaire moyen en Allemagne (1.04) et en Autriche (1.07).

Le Tableau 3.10 et le Tableau 3.11 renseignent sur le salaire brut et le revenu net pour les huit catégories de ménage en 2024, après conversion de tous les montants en dollars des États-Unis à parité de pouvoir d'achat. Les travailleurs célibataires percevant le salaire moyen avaient un revenu net supérieur à 50 000 USD dans les 15 pays suivants : Suisse (84 728 USD), Pays-Bas (63 080 USD), Norvège (61 772 USD), Irlande (61 567 USD), Royaume-Uni (60 361 USD), Luxembourg (60 149 USD), Islande (59 936 USD), Autriche (58 796 USD), Corée (56 464 USD), Allemagne (55 807 USD), Canada (55 670 USD), Australie (55 316 USD), États-Unis (53 401 USD), Danemark (53 393 USD) et Belgique (52 101 USD) (Tableau 3.10, colonne 4). Les niveaux les plus bas (en dessous de 25 000 USD) ont été enregistrés au Mexique (17 813 USD) et en Colombie (20 848 USD). Dans le cas d'un couple marié avec deux enfants disposant d'un seul salaire égal au salaire moyen, le revenu net était supérieur à 60 000 USD en Allemagne, Australie, Autriche, Belgique, Canada, Corée, Danemark, États-Unis, Islande, Irlande, Luxembourg, Norvège, Pays-Bas, Royaume-Uni et Suisse, tandis que c'est de nouveau en Colombie et au Mexique qu'on enregistrait le niveau le plus bas (Tableau 3.11). Sauf dans le cas du Costa Rica, du Mexique et de la Türkiye, le revenu net disponible du couple marié disposant d'un seul salaire dans les pays de l'OCDE était supérieur à celui du célibataire (ces deux catégories de ménage étant rémunérées au salaire moyen). Cela s'explique par le régime fiscal favorable applicable à cette catégorie de ménage et/ou par les prestations en espèces auxquelles elle avait droit.

Les Tableau 3.12 et Tableau 3.13 contiennent les mêmes chiffres que les Tableau 3.10 et Tableau 3.11 pour les coûts de main-d'œuvre et le revenu net en 2024. Les colonnes « net » des Tableau 3.10 et Tableau 3.11 sont par conséquent identiques à celles figurant dans les Tableau 3.12 et Tableau 3.13 respectivement. Généralement, les coûts de main-d'œuvre sont sensiblement supérieurs aux salaires bruts, parce que les cotisations patronales de sécurité sociale (y compris les taxes sur les salaires) sont prises en compte. En dollars à parité de pouvoir d'achat, les coûts de main-d'œuvre pour un célibataire percevant le salaire moyen (voir Tableau 3.12) étaient les plus élevés (plus de 90 000 USD) en France (91 825 USD), en Irlande (94 964 USD), en Norvège (97 059 USD), aux Pays-Bas (97 164 USD), au Luxembourg (100 830 USD), en Allemagne (107 168 USD), en Belgique (109 810 USD), en Suisse (109 886 USD) et en Autriche (110 886 USD), et les plus faibles (moins de 30 000 USD) en Colombie (20 848 USD) et au Mexique (22 523 USD). Les coûts annuels de main-d'œuvre sont égaux au salaire annuel brut au Chili, en Colombie, en Colombie et en Nouvelle-Zélande. Ces pays ne prélèvent ni cotisations patronales de sécurité sociale obligatoires ni taxes versées aux administrations publiques sur les salaires. Cependant, les employeurs du Chili et de Colombie sont soumis à des prélèvements obligatoires non fiscaux.

Tableau 3.1. Impôt sur le revenu et cotisations sociales des salariés et employeurs diminués des prestations versées, 2024

En % des coûts de main-d'œuvre, par catégorie de ménage et niveau de salaire

	Célibataire sans enfant 67 (% SM)	Célibataire sans enfant 100 (% SM)	Célibataire sans enfant 167 (% SM)	Célibataire 2 enfants 67 (% SM)	Couple marié 2 enfants 100-0 (% SM)	Couple marié 2 enfants 100-67 (% SM)1	Couple marié 2 enfants 100-100 (% SM)1	Couple marié sans enfant 100-67 (% SM)1
Allemagne	43.9	47.9	49.1	29.1	33.3	40.9	43.2	46.1
Australie	25.3	29.6	34.4	1.8	22.8	27.9	29.6	27.9
Autriche	42.5	47.0	49.0	21.6	32.7	37.4	40.5	45.2
Belgique	45.8	52.6	58.7	28.7	36.9	44.8	48.2	49.7
Canada	30.0	32.0	35.2	6.1	21.5	28.8	30.8	31.2
Chili	7.0	7.2	8.4	0.5	2.7	4.4	5.6	7.1
Colombie	0.0	0.0	0.0	-6.5	-4.4	-5.2	-4.4	0.0
Corée	21.7	24.7	27.9	4.2	13.5	18.3	20.4	23.5
Costa Rica	29.5	29.5	30.9	29.5	29.5	29.5	29.5	29.5
Danemark	33.5	36.1	41.9	17.5	26.8	31.6	33.2	35.0
Espagne	37.2	40.6	45.1	27.8	36.1	37.9	39.5	39.2
Estonie	35.0	40.6	41.2	17.1	34.6	34.7	37.6	38.3
États-Unis	27.6	30.1	34.4	12.4	20.1	24.8	27.1	28.4
Finlande	35.2	41.9	48.5	25.5	38.1	36.9	40.0	39.2
France	41.1	47.2	54.2	16.8	39.1	41.0	44.4	44.4
Grèce	35.2	39.3	44.8	28.7	37.3	37.5	39.3	38.7
Hongrie	41.2	41.2	41.2	27.8	32.6	36.0	36.9	41.2
Irlande	26.3	35.2	43.6	13.0	22.8	28.8	32.8	31.6
Islande	27.3	31.6	36.6	16.1	19.3	28.2	30.8	29.8
Israël	17.2	23.9	34.0	5.5	18.9	15.6	18.3	20.8
Italie	38.1	47.1	54.0	22.9	35.4	36.6	41.9	43.5
Japon	30.7	32.6	35.7	16.8	25.7	28.8	30.1	31.9
Lettonie	38.4	41.7	43.1	24.0	32.0	34.6	36.8	40.3
Lituanie	33.9	39.3	40.6	13.0	25.3	31.9	34.9	37.1
Luxembourg	32.5	40.3	46.6	12.4	20.6	30.2	34.7	35.7
Mexique	19.2	20.9	23.9	19.2	20.9	20.2	20.9	20.2
Norvège	32.3	36.4	43.3	20.8	32.2	32.2	34.3	34.7
Nouvelle-Zélande	15.3	20.8	25.7	-12.6	10.5	18.6	20.8	18.6
Pays-Bas	26.9	35.1	41.2	0.6	27.2	26.9	31.2	31.8
Pologne	33.0	34.7	37.9	0.1	11.9	22.3	24.9	34.0
Portugal	36.1	39.4	45.2	14.3	27.1	34.7	36.7	37.9
République slovaque	40.4	42.6	44.5	13.9	19.0	30.0	32.8	41.7
Royaume-Uni	25.3	29.4	37.4	16.7	25.6	25.5	27.5	27.8
Slovénie	41.7	44.6	47.5	19.0	32.2	37.8	40.7	43.4
Suède	39.1	41.5	49.4	32.4	37.0	37.8	39.2	40.5
Suisse	20.0	22.9	27.4	6.1	11.0	17.1	19.6	22.6
Tchéquie	38.9	40.9	42.6	24.1	31.1	37.1	38.4	40.1
Türkiye	34.7	39.0	42.6	34.7	39.0	37.3	39.0	37.3
OCDE-Moyenne	31.0	34.9	39.1	15.8	25.7	29.5	31.8	33.3
OCDE-UE 22	37.1	41.7	45.9	19.6	30.4	34.9	37.6	39.8

1. Couple disposant de deux revenus.

Graphique 3.1. Impôt sur le revenu et cotisations sociales des salariés et employeurs diminués des prestations versées, 2024

En % des coûts de main-d'œuvre, par catégorie de ménage

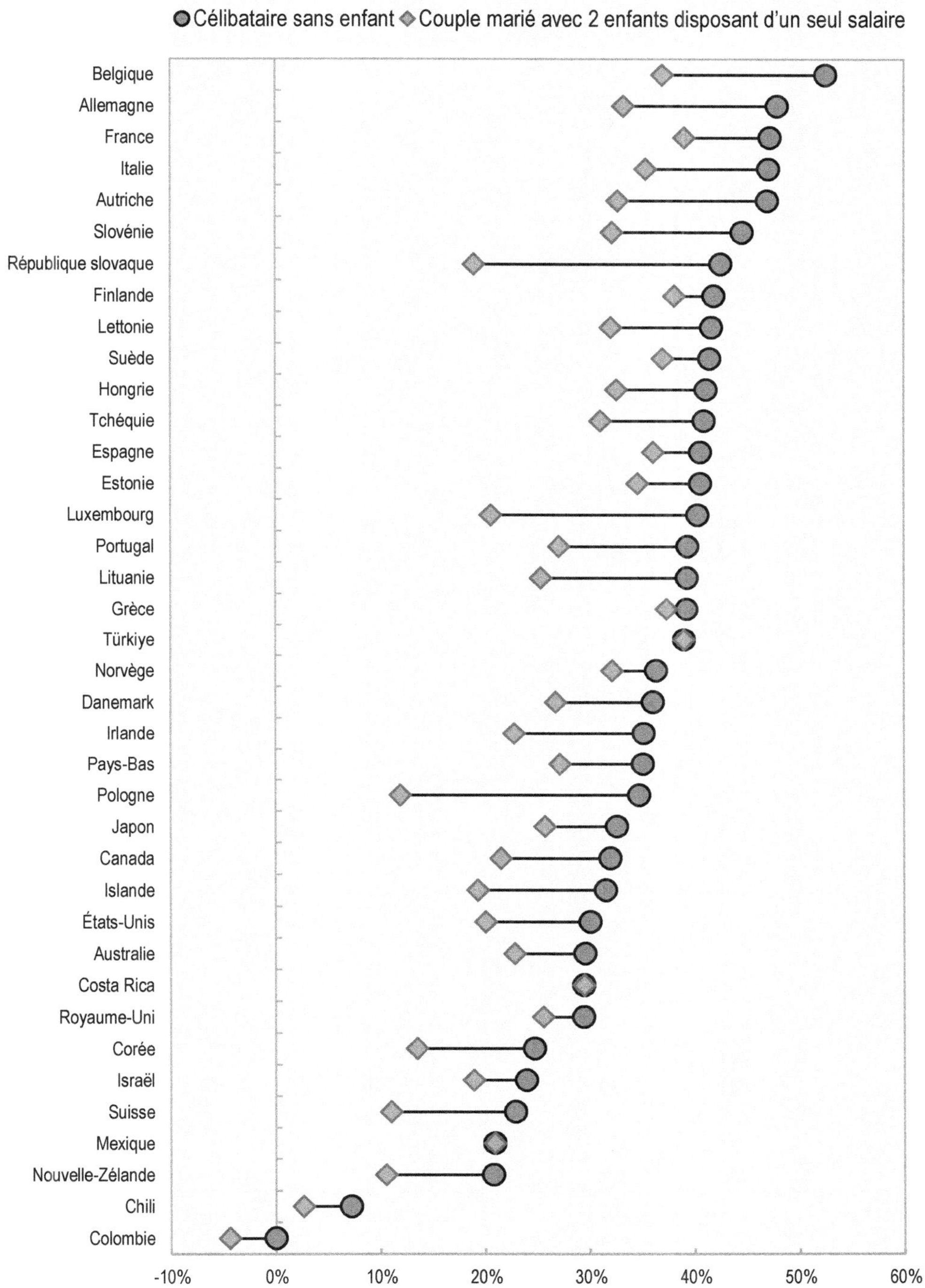

Note: le type de ménage « Célibataire sans enfant » correspond à un niveau de salaire à 100 % du salaire moyen, et le « Couple marié avec 2 enfants disposant d'un seul salaire » à un niveau de salaire agrégé de 100 % - 0 % du salaire moyen.

Sources : calculs de l'OCDE fondés sur les soumissions des pays et sur les *Perspectives économiques de l'OCDE* nº 2, volume 2024.

StatLink https://stat.link/wngx9l

Tableau 3.2. Impôt sur le revenu et cotisations de sécurité sociale des salariés, 2024

En % du salaire brut, par catégorie de ménage et niveau de salaire

	Célibataire sans enfant 67 (% SM)	Célibataire sans enfant 100 (% SM)	Célibataire sans enfant 167 (% SM)	Célibataire 2 enfants 67 (% SM)	Couple marié 2 enfants 100-0 (% SM)	Couple marié 2 enfants 100-67 (% SM)1	Couple marié 2 enfants 100-100 (% SM)1	Couple marié sans enfant 100-67 (% SM)1
Allemagne	32.7	37.4	41.5	14.9	19.8	29.0	31.8	35.3
Australie	20.8	25.3	30.4	20.8	25.3	23.5	25.3	23.5
Autriche	27.2	32.7	37.0	15.6	25.0	26.6	29.5	30.5
Belgique	31.7	39.7	47.6	26.0	27.9	34.8	38.1	36.4
Canada	22.2	25.5	30.9	16.0	22.3	24.2	25.5	24.2
Chili	7.0	7.2	8.4	7.0	7.0	7.0	7.0	7.1
Colombie	0.0	0.0	0.0	0.0	0.0	0.0	0.0	0.0
Corée	13.0	16.3	20.6	6.6	12.6	14.4	15.9	15.0
Costa Rica	10.7	10.7	12.5	10.7	10.7	10.7	10.7	10.7
Danemark	32.9	35.7	41.7	31.1	32.0	34.6	35.7	34.6
Espagne	18.0	22.5	28.4	5.7	16.6	19.0	21.0	20.7
Estonie	13.0	20.5	21.3	13.0	20.5	17.5	20.5	17.5
États-Unis	21.6	24.4	29.2	5.1	13.6	18.7	21.2	22.5
Finlande	22.3	30.3	38.3	22.3	30.3	27.1	30.3	27.1
France	23.7	28.1	33.8	20.8	20.8	23.5	26.1	25.7
Grèce	20.8	25.8	32.5	18.8	25.8	23.6	25.8	25.0
Hongrie	33.5	33.5	33.5	24.8	27.7	30.0	30.6	33.5
Irlande	18.1	28.0	37.4	13.6	19.5	24.0	28.0	24.0
Islande	22.7	27.2	32.6	22.7	20.6	25.4	27.2	25.4
Israël	13.2	19.6	29.7	6.2	16.6	12.4	14.8	16.6
Italie	18.6	30.4	39.5	18.6	28.4	25.6	30.4	25.6
Japon	19.8	22.0	26.4	18.1	18.5	20.3	21.3	21.2
Lettonie	23.8	27.9	29.6	14.9	21.9	22.7	24.9	26.2
Lituanie	32.7	38.2	39.5	32.7	38.2	36.0	38.2	36.0
Luxembourg	23.2	32.1	39.2	15.9	20.1	26.8	30.9	26.8
Mexique	9.0	12.2	16.6	9.0	12.2	10.9	12.2	10.9
Norvège	23.5	28.1	35.0	23.5	28.1	26.2	28.1	26.2
Nouvelle-Zélande	15.3	20.8	25.7	16.0	20.8	18.6	20.8	18.6
Pays-Bas	17.9	27.2	36.2	11.2	27.2	20.8	25.0	23.5
Pologne	22.1	24.1	27.7	14.4	18.0	21.9	22.9	23.3
Portugal	21.0	25.0	32.2	11.1	15.3	19.1	21.7	23.1
République slovaque	21.2	24.1	26.7	-2.2	0.6	12.1	15.0	22.9
Royaume-Uni	17.8	21.4	29.7	17.8	21.4	20.0	21.4	20.0
Slovénie	32.3	35.6	39.1	27.3	29.7	31.1	33.0	34.3
Suède	20.0	23.1	33.5	20.0	23.1	21.9	23.1	21.9
Suisse	14.9	18.0	22.8	9.1	11.3	15.4	17.5	17.7
Tchéquie	18.2	21.0	23.2	8.0	14.2	15.8	17.6	19.9
Türkiye	23.3	28.4	32.5	23.3	28.4	26.3	28.4	26.3
OCDE-Moyenne	20.5	25.0	30.1	15.5	20.3	21.5	23.6	23.1
OCDE-UE 22	23.9	29.2	34.5	17.2	22.8	24.7	27.3	27.0

1. Couple disposant de deux revenus.

Graphique 3.2. Impôt sur le revenu et cotisations de sécurité sociale des salariés, 2024

En % du salaire brut, par catégorie de ménage

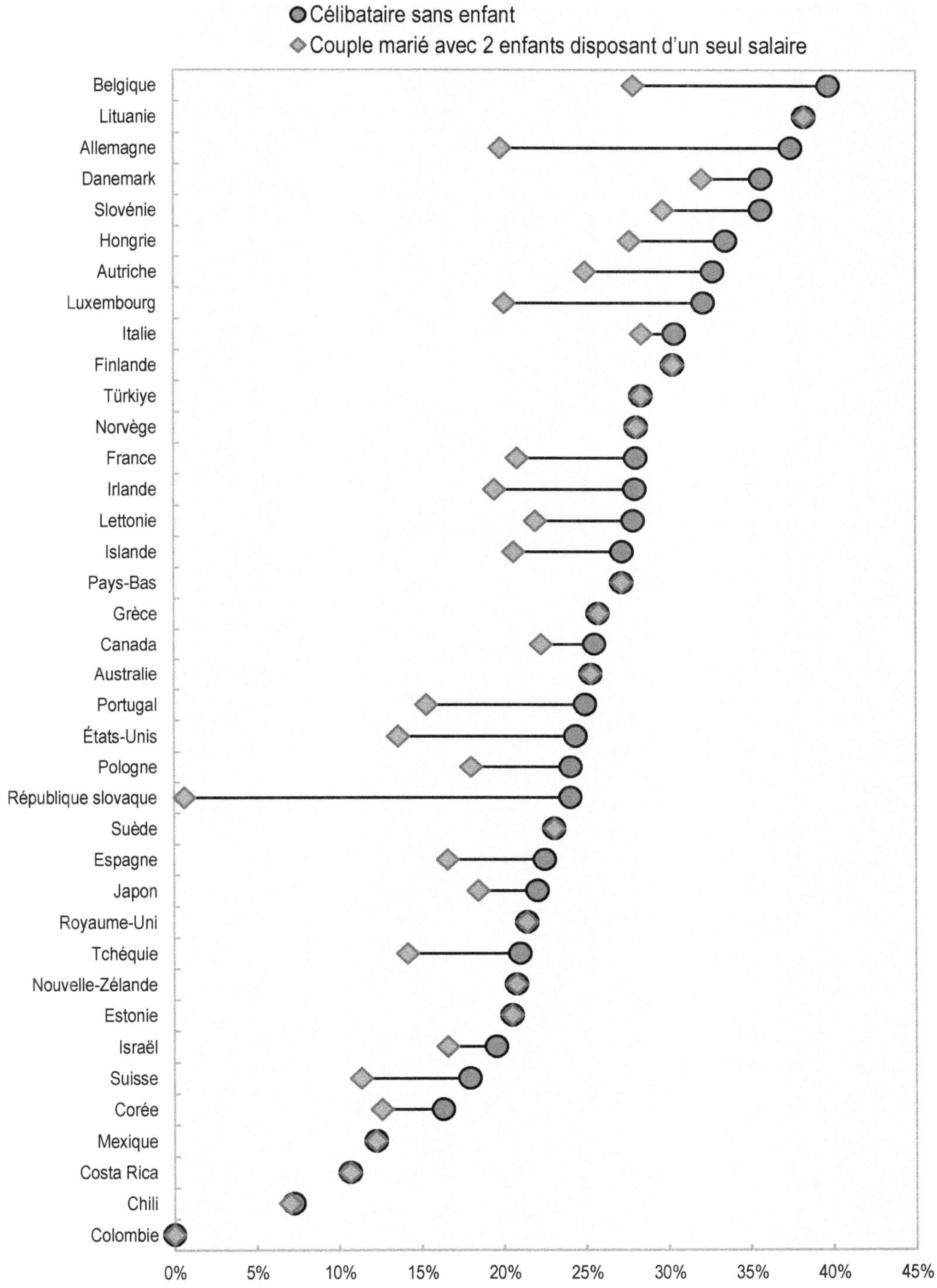

Note: le type de ménage « Célibataire sans enfant » correspond à un niveau de salaire à 100 % du salaire moyen, et le « Couple marié avec 2 enfants disposant d'un seul salaire » à un niveau de salaire agrégé de 100 % - 0 % du salaire moyen.

Sources : calculs de l'OCDE fondés sur les soumissions des pays et sur les *Perspectives économiques de l'OCDE* nº 2, volume 2024.

StatLink https://stat.link/y6kuzg

Tableau 3.3. Impôt sur le revenu et cotisations de sécurité sociale des salariés diminués des prestations en espèces, 2024

En % du salaire brut, par catégorie de ménage et niveau de salaire

	Célibataire sans enfant 67 (% SM)	Célibataire sans enfant 100 (% SM)	Célibataire sans enfant 167 (% SM)	Célibataire 2 enfants 67 (% SM)	Couple marié 2 enfants 100-0 (% SM)	Couple marié 2 enfants 100-67 (% SM)[1]	Couple marié 2 enfants 100-100 (% SM)[1]	Couple marié sans enfant 100-67 (% SM)[1]
Allemagne	32.7	37.4	41.5	14.9	19.8	29.0	31.8	35.3
Australie	20.8	25.3	30.4	-4.2	18.2	23.5	25.3	23.5
Autriche	26.6	32.3	36.8	0.0	14.1	20.1	24.0	30.0
Belgique	31.7	39.7	47.6	10.1	19.9	30.1	34.2	36.4
Canada	22.2	25.5	30.9	-4.4	14.1	21.6	24.3	24.2
Chili	7.0	7.2	8.4	0.5	2.7	4.4	5.6	7.1
Colombie	0.0	0.0	0.0	-6.5	-4.4	-5.2	-4.4	0.0
Corée	13.0	16.3	20.6	-6.4	3.9	9.2	11.5	15.0
Costa Rica	10.7	10.7	12.5	10.7	10.7	10.7	10.7	10.7
Danemark	32.9	35.7	41.7	16.8	26.3	31.1	32.8	34.6
Espagne	18.0	22.5	28.4	5.7	16.6	19.0	21.0	20.7
Estonie	13.0	20.5	21.3	-11.0	12.5	12.7	16.5	17.5
États-Unis	21.6	24.4	29.2	5.1	13.6	18.7	21.2	22.5
Finlande	22.3	30.3	38.3	10.6	25.7	24.4	28.0	27.1
France	23.7	28.1	33.8	-7.7	16.9	21.2	24.1	25.7
Grèce	20.8	25.8	32.5	12.8	23.4	23.6	25.8	25.0
Hongrie	33.5	33.5	33.5	18.4	23.8	27.7	28.7	33.5
Irlande	18.1	28.0	37.4	3.4	14.2	20.9	25.4	24.0
Islande	22.7	27.2	32.6	10.8	14.2	23.7	26.4	25.4
Israël	13.2	19.6	29.7	1.0	14.3	11.0	13.6	16.6
Italie	18.6	30.4	39.5	-1.5	14.9	16.6	23.5	25.6
Japon	19.8	22.0	26.4	3.7	14.1	17.6	19.1	21.2
Lettonie	23.8	27.9	29.6	6.0	16.0	19.1	21.9	26.2
Lituanie	32.7	38.2	39.5	11.4	24.0	30.6	33.8	36.0
Luxembourg	23.2	32.1	39.2	0.4	9.7	20.6	25.7	26.8
Mexique	9.0	12.2	16.6	9.0	12.2	10.9	12.2	10.9
Norvège	23.5	28.1	35.0	10.5	23.3	23.4	25.7	26.2
Nouvelle-Zélande	15.3	20.8	25.7	-12.6	10.5	18.6	20.8	18.6
Pays-Bas	17.9	27.2	36.2	-11.6	18.3	18.0	22.9	23.5
Pologne	22.1	24.1	27.7	-16.3	-2.5	9.6	12.7	23.3
Portugal	21.0	25.0	32.2	-6.1	9.8	19.1	21.7	23.1
République slovaque	21.2	24.1	26.7	-13.8	-7.1	7.4	11.1	22.9
Royaume-Uni	17.8	21.4	29.7	8.2	17.1	17.4	19.3	20.0
Slovénie	32.3	35.6	39.1	6.0	21.2	27.8	31.2	34.3
Suède	20.0	23.1	33.5	11.2	17.2	18.3	20.1	21.9
Suisse	14.9	18.0	22.8	0.1	5.3	11.8	14.5	17.7
Tchéquie	18.2	21.0	23.2	-1.5	7.7	15.8	17.6	19.9
Türkiye	23.3	28.4	32.5	23.3	28.4	26.3	28.4	26.3
OCDE-Moyenne	20.5	25.0	30.1	2.8	14.2	18.6	21.3	23.1
OCDE-UE 22	23.8	29.2	34.5	2.6	15.6	21.0	24.3	27.0

1. Couple disposant de deux revenus.

Graphique 3.3. Impôt sur le revenu et cotisations de sécurité sociale des salariés diminués des prestations en espèces, 2024

En % du salaire brut, par catégorie de ménage

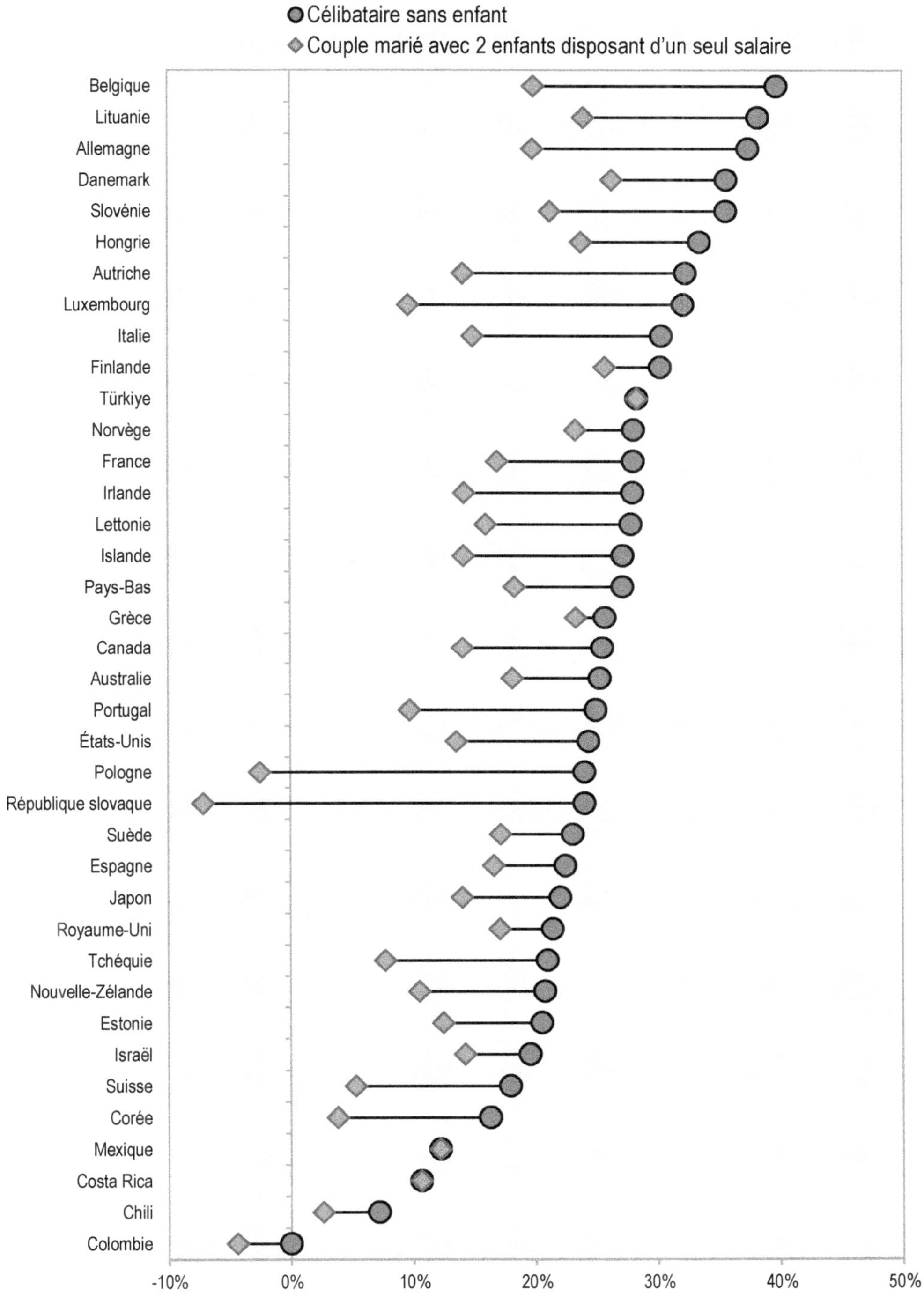

Note: le type de ménage « Célibataire sans enfant » correspond à un niveau de salaire à 100 % du salaire moyen, et le « Couple marié avec 2 enfants disposant d'un seul salaire » à un niveau de salaire agrégé de 100 % - 0 % du salaire moyen.
Sources : calculs de l'OCDE fondés sur les soumissions des pays et sur les *Perspectives économiques de l'OCDE* nº 2, volume 2024.

StatLink https://stat.link/pgvzsc

Tableau 3.4. Impôt sur le revenu, 2024

En % du salaire brut, par catégorie de ménage et niveau de salaire

	Célibataire sans enfant 67 (% SM)	Célibataire sans enfant 100 (% SM)	Célibataire sans enfant 167 (% SM)	Célibataire 2 enfants 67 (% SM)	Couple marié 2 enfants 100-0 (% SM)	Couple marié 2 enfants 100-67 (% SM)[1]	Couple marié 2 enfants 100-100 (% SM)[1]	Couple marié sans enfant 100-67 (% SM)[1]
Allemagne	12.0	16.7	26.3	-5.0	-0.1	9.2	11.9	14.6
Australie	20.8	25.3	30.4	20.8	25.3	23.5	25.3	23.5
Autriche	9.2	14.8	22.3	-2.3	7.0	8.7	11.5	12.6
Belgique	18.0	25.7	33.8	12.3	14.1	21.1	24.5	22.6
Canada	14.0	18.9	26.9	7.8	15.7	16.9	18.9	16.9
Chili	0.0	0.2	1.4	0.0	0.0	0.0	0.0	0.1
Colombie	0.0	0.0	0.0	0.0	0.0	0.0	0.0	0.0
Corée	3.6	6.9	12.1	-2.8	3.2	5.0	6.5	5.6
Costa Rica	0.0	0.0	1.8	0.0	0.0	0.0	0.0	0.0
Danemark	32.9	35.7	41.7	31.1	32.0	34.6	35.7	34.6
Espagne	11.5	16.0	21.9	-0.7	10.1	12.5	14.6	14.2
Estonie	11.4	18.9	19.7	11.4	18.9	15.9	18.9	15.9
États-Unis	13.9	16.7	21.6	-2.5	5.9	11.0	13.6	14.9
Finlande	12.9	20.9	28.9	12.9	20.9	17.7	20.9	17.7
France	12.4	16.7	22.8	9.5	9.5	12.2	14.8	14.3
Grèce	6.9	11.9	18.7	4.9	11.9	9.7	11.9	11.2
Hongrie	15.0	15.0	15.0	6.3	9.2	11.5	12.1	15.0
Irlande	14.1	24.0	33.4	9.6	15.4	20.0	24.0	20.0
Islande	22.5	27.1	32.5	22.5	20.5	25.2	27.1	25.2
Israël	7.0	11.5	20.0	0.0	8.5	5.1	6.7	9.2
Italie	15.5	20.9	29.9	15.5	18.9	18.7	20.9	18.7
Japon	5.1	7.3	13.0	3.3	3.7	5.5	6.5	6.4
Lettonie	13.3	17.4	19.1	4.4	11.4	12.2	14.4	15.7
Lituanie	13.2	18.7	20.0	13.2	18.7	16.5	18.7	16.5
Luxembourg	11.0	19.8	26.9	3.7	7.8	14.5	18.6	14.5
Mexique	7.7	10.8	15.1	7.7	10.8	9.6	10.8	9.6
Norvège	15.7	20.3	27.2	15.7	20.3	18.4	20.3	18.4
Nouvelle-Zélande	15.3	20.8	25.7	16.0	20.8	18.6	20.8	18.6
Pays-Bas	6.9	16.9	27.6	5.2	16.9	12.2	16.3	12.9
Pologne	4.2	6.2	9.9	-3.4	0.2	4.1	5.1	5.4
Portugal	10.0	14.0	21.2	0.1	4.3	8.1	10.7	12.1
République slovaque	7.8	10.7	13.3	-15.6	-12.8	-1.3	1.6	9.5
Royaume-Uni	12.7	15.5	25.3	12.7	15.5	14.4	15.5	14.4
Slovénie	8.0	12.0	16.1	3.0	4.5	7.2	9.4	10.4
Suède	13.0	16.1	28.7	13.0	16.1	14.9	16.1	14.9
Suisse	8.5	11.6	16.6	2.7	4.9	9.0	11.1	11.3
Tchéquie	6.6	9.4	11.6	-3.6	2.6	4.2	6.0	8.3
Türkiye	8.3	13.4	17.5	8.3	13.4	11.3	13.4	11.3
OCDE-Moyenne	11.1	15.4	20.9	6.3	10.7	12.1	14.1	13.6
OCDE-UE 22	12.1	17.2	23.1	5.7	10.8	12.9	15.4	15.1

1. Couple disposant de deux revenus.

Graphique 3.4. Impôt sur le revenu par catégorie de ménage, 2024

En % du salaire brut

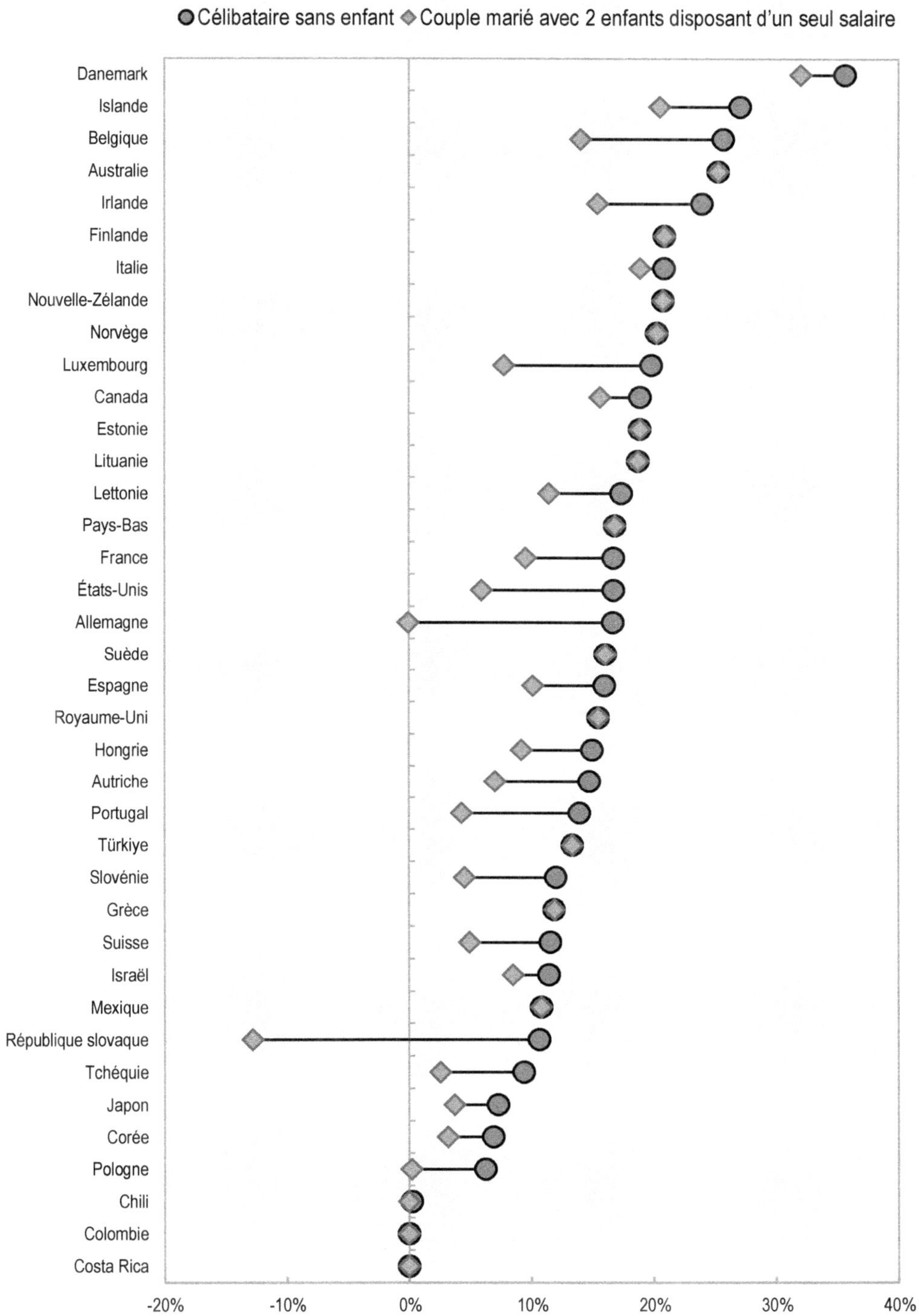

Note: le type de ménage « Célibataire sans enfant » correspond à un niveau de salaire à 100 % du salaire moyen, et le « Couple marié avec 2 enfants disposant d'un seul salaire » à un niveau de salaire agrégé de 100 % - 0 % du salaire moyen.
Sources : calculs de l'OCDE fondés sur les soumissions des pays et sur les *Perspectives économiques de l'OCDE* nº 2, volume 2024.

StatLink https://stat.link/7keh8u

Tableau 3.5. Cotisations sociales des salariés, 2024

En % du salaire brut, par catégorie de ménage et niveau de salaire

	Célibataire sans enfant 67 (% SM)	Célibataire sans enfant 100 (% SM)	Célibataire sans enfant 167 (% SM)	Célibataire 2 enfants 67 (% SM)	Couple marié 2 enfants 100-0 (% SM)	Couple marié 2 enfants 100-67 (% SM)[1]	Couple marié 2 enfants 100-100 (% SM)[1]	Couple marié sans enfant 100-67 (% SM) revenus
Allemagne	20.7	20.7	15.2	19.8	19.9	19.9	19.9	20.7
Australie	0.0	0.0	0.0	0.0	0.0	0.0	0.0	0.0
Autriche	17.9	17.9	14.8	17.9	17.9	17.9	17.9	17.9
Belgique	13.6	14.0	13.8	13.6	13.8	13.7	13.7	13.7
Canada	8.3	6.6	4.0	8.3	6.6	7.3	6.6	7.3
Chili	7.0	7.0	7.0	7.0	7.0	7.0	7.0	7.0
Colombie	0.0	0.0	0.0	0.0	0.0	0.0	0.0	0.0
Corée	9.4	9.4	8.5	9.4	9.4	9.4	9.4	9.4
Costa Rica	10.7	10.7	10.7	10.7	10.7	10.7	10.7	10.7
Danemark	0.0	0.0	0.0	0.0	0.0	0.0	0.0	0.0
Espagne	6.5	6.5	6.5	6.5	6.5	6.5	6.5	6.5
Estonie	1.6	1.6	1.6	1.6	1.6	1.6	1.6	1.6
États-Unis	7.7	7.7	7.7	7.7	7.7	7.7	7.7	7.7
Finlande	9.4	9.4	9.4	9.4	9.4	9.4	9.4	9.4
France	11.3	11.3	11.0	11.3	11.3	11.3	11.3	11.3
Grèce	13.9	13.9	13.9	13.9	13.9	13.9	13.9	13.9
Hongrie	18.5	18.5	18.5	18.5	18.5	18.5	18.5	18.5
Irlande	4.0	4.0	4.0	4.0	4.0	4.0	4.0	4.0
Islande	0.2	0.1	0.1	0.2	0.1	0.1	0.1	0.1
Israël	6.2	8.1	9.7	6.2	8.1	7.3	8.1	7.3
Italie	3.0	9.5	9.6	3.0	9.5	6.9	9.5	6.9
Japon	14.8	14.8	13.5	14.8	14.8	14.8	14.8	14.8
Lettonie	10.5	10.5	10.5	10.5	10.5	10.5	10.5	10.5
Lituanie	19.5	19.5	19.5	19.5	19.5	19.5	19.5	19.5
Luxembourg	12.2	12.3	12.4	12.2	12.3	12.3	12.3	12.3
Mexique	1.3	1.4	1.5	1.3	1.4	1.4	1.4	1.4
Norvège	7.8	7.8	7.8	7.8	7.8	7.8	7.8	7.8
Nouvelle-Zélande	0.0	0.0	0.0	0.0	0.0	0.0	0.0	0.0
Pays-Bas	11.0	10.3	8.6	6.0	10.3	8.6	8.6	10.6
Pologne	17.8	17.8	17.8	17.8	17.8	17.8	17.8	17.8
Portugal	11.0	11.0	11.0	11.0	11.0	11.0	11.0	11.0
République slovaque	13.4	13.4	13.4	13.4	13.4	13.4	13.4	13.4
Royaume-Uni	5.1	5.9	4.3	5.1	5.9	5.6	5.9	5.6
Slovénie	24.4	23.6	23.0	24.4	25.1	23.9	23.6	23.9
Suède	7.0	7.0	4.8	7.0	7.0	7.0	7.0	7.0
Suisse	6.4	6.4	6.3	6.4	6.4	6.4	6.4	6.4
Tchéquie	11.6	11.6	11.6	11.6	11.6	11.6	11.6	11.6
Türkiye	15.0	15.0	15.0	15.0	15.0	15.0	15.0	15.0
OCDE-Moyenne	9.4	9.6	9.1	9.3	9.6	9.5	9.5	9.5
OCDE-UE 22	11.8	12.0	11.4	11.5	12.0	11.8	11.9	11.9

1. Couple disposant de deux revenus.

Graphique 3.5. Cotisations sociales des salariés, 2024

En % du salaire brut, par catégorie de ménage

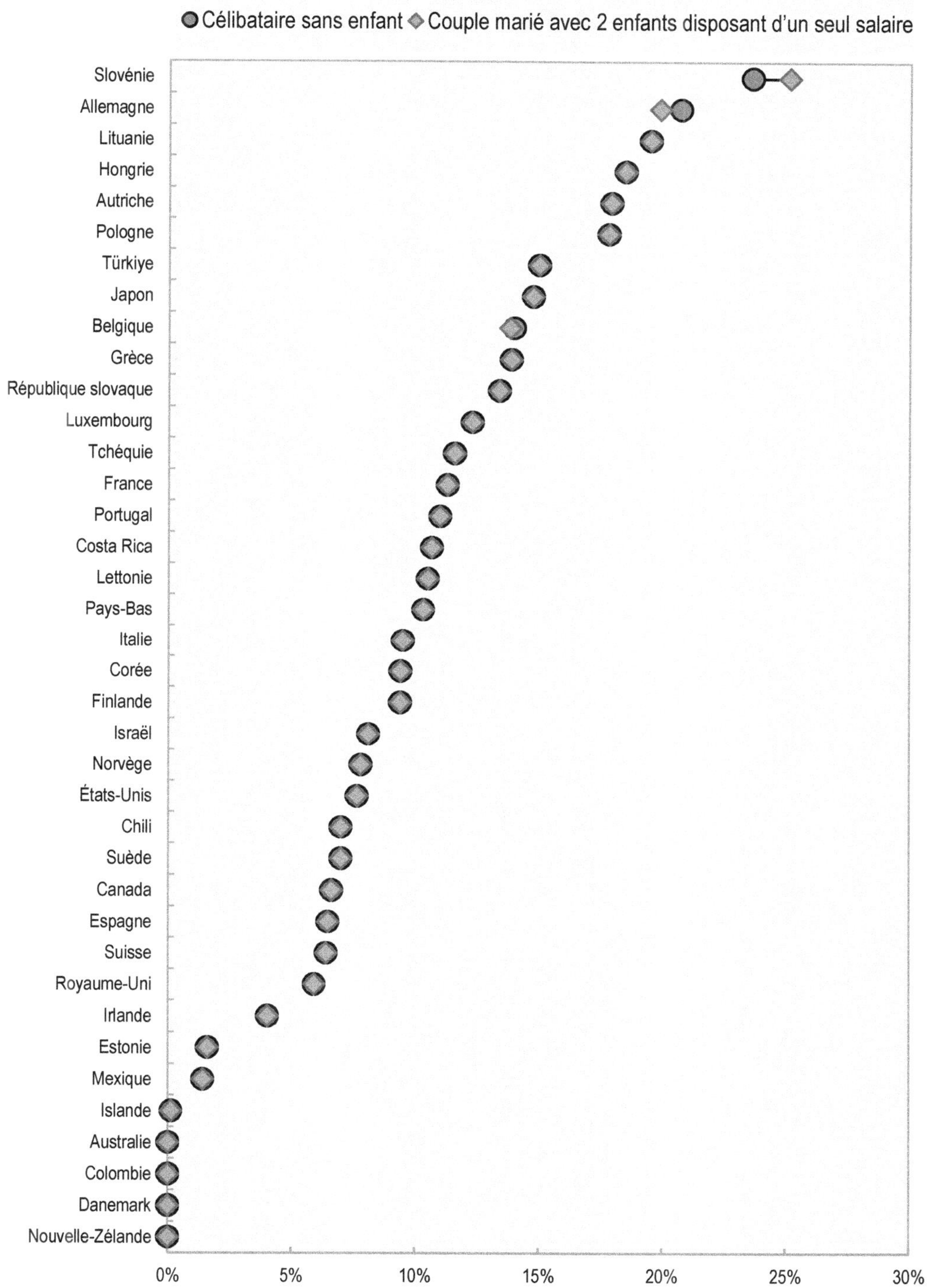

Note : le type de ménage « Célibataire sans enfant » correspond à un niveau de salaire à 100 % du salaire moyen, et le « Couple marié avec 2 enfants disposant d'un seul salaire » à un niveau de salaire agrégé de 100 % - 0 % du salaire moyen.

Sources : calculs de l'OCDE fondés sur les soumissions des pays et sur les *Perspectives économiques de l'OCDE* nº 2, volume 2024.

StatLink https://stat.link/kopfuz

Tableau 3.6. Taux marginal applicable à l'impôt sur le revenu et aux cotisations sociales des salariés et des employeurs diminués des prestations versées, 2024

En % des coûts de main-d'œuvre, par catégorie de ménage et niveau de salaire

	Célibataire sans enfant 67 (% SM)	Célibataire sans enfant 100 (% SM)	Célibataire sans enfant 167 (% SM)	Célibataire 2 enfants 67 (% SM)	Couple marié 2 enfants 100-0 (% SM)	Couple marié 2 enfants 100-67 (% SM)[1]	Couple marié 2 enfants 100-100 (% SM)[1]	Couple marié sans enfant 100-67 (% SM)[1]
Allemagne	54.2	48.4	47.0	52.7	41.2	46.0	45.7	45.9
Australie	38.2	38.2	42.5	76.0	38.2	38.2	38.2	38.2
Autriche	52.8	58.3	45.6	52.8	58.3	58.3	58.3	58.3
Belgique	68.5	65.0	67.8	68.5	65.0	65.1	64.1	65.1
Canada	42.3	31.9	44.5	77.2	37.4	37.4	37.4	31.9
Chili	7.0	10.2	10.2	7.0	7.0	7.0	7.0	10.2
Colombie	0.0	0.0	0.0	0.0	0.0	0.0	0.0	0.0
Corée	30.5	31.2	33.1	30.5	31.2	31.2	31.2	31.2
Costa Rica	29.5	29.5	36.7	29.5	29.5	29.5	29.5	29.5
Danemark	38.6	41.7	55.9	36.8	41.7	41.7	41.7	41.7
Espagne	44.6	48.2	54.1	44.6	48.2	48.2	48.2	48.2
Estonie	52.0	52.0	41.2	52.0	52.0	52.0	52.0	52.0
États-Unis	31.5	40.8	42.7	57.0	31.5	31.5	40.8	31.5
Finlande	47.3	56.2	58.5	47.3	56.2	56.2	56.2	56.2
France	64.6	58.2	60.0	74.5	41.9	50.6	58.2	47.9
Grèce	46.5	50.7	56.3	46.5	50.7	50.7	50.7	50.7
Hongrie	41.2	41.2	41.2	41.2	41.2	41.2	41.2	41.2
Irlande	53.2	53.2	56.8	35.2	53.2	53.2	53.2	53.2
Islande	40.3	40.3	47.7	47.5	47.5	43.9	43.9	40.3
Israël	36.8	47.0	50.7	18.2	47.0	47.0	47.0	47.0
Italie	53.1	64.2	64.1	53.1	64.2	68.0	68.0	64.2
Japon	34.8	37.7	38.4	54.5	37.7	37.7	37.7	37.7
Lettonie	48.3	50.7	44.5	48.3	50.7	50.7	50.7	50.7
Lituanie	50.4	50.4	40.6	50.4	50.4	50.4	50.4	50.4
Luxembourg	51.5	57.3	55.7	57.3	43.1	57.3	57.3	57.3
Mexique	18.6	28.4	28.4	18.6	28.4	28.4	28.4	28.4
Norvège	41.4	49.9	54.6	41.4	49.9	49.9	49.9	49.9
Nouvelle-Zélande	30.0	33.0	33.0	57.0	60.0	33.0	33.0	33.0
Pays-Bas	51.8	51.8	51.5	57.4	57.4	57.4	51.8	51.8
Pologne	38.3	38.3	53.1	29.4	38.3	38.3	38.3	38.3
Portugal	41.4	48.3	56.8	41.4	41.4	45.9	48.3	45.9
République slovaque	46.9	46.9	50.1	29.3	46.9	46.9	46.9	46.9
Royaume-Uni	36.7	49.0	49.0	71.5	49.0	49.0	49.0	49.0
Slovénie	50.3	50.3	55.0	43.6	43.6	50.3	50.3	50.3
Suède	45.3	48.5	66.0	45.3	48.5	48.5	48.5	48.5
Suisse	26.4	32.4	35.2	20.8	26.2	30.3	34.3	32.7
Tchéquie	45.1	45.1	45.1	45.1	45.1	45.1	45.1	45.1
Türkiye	47.8	47.8	47.8	47.8	47.8	47.8	47.8	47.8
OCDE-Moyenne	41.5	44.0	46.4	44.9	43.4	43.8	44.2	43.4
OCDE-UE 22	49.4	51.1	53.0	47.8	49.1	51.0	51.2	50.4

Note : on suppose que le salaire brut du principal apporteur de revenu du ménage augmente. Le résultat peut être différent si le salaire du conjoint augmente, surtout si les deux conjoints sont imposés séparément.

1. Couple disposant de deux revenus.

Graphique 3.6. Taux marginal applicable à l'impôt sur le revenu et aux cotisations sociales des salariés et des employeurs diminués des prestations versées, 2024

En % des coûts de main-d'œuvre, par catégorie de ménage

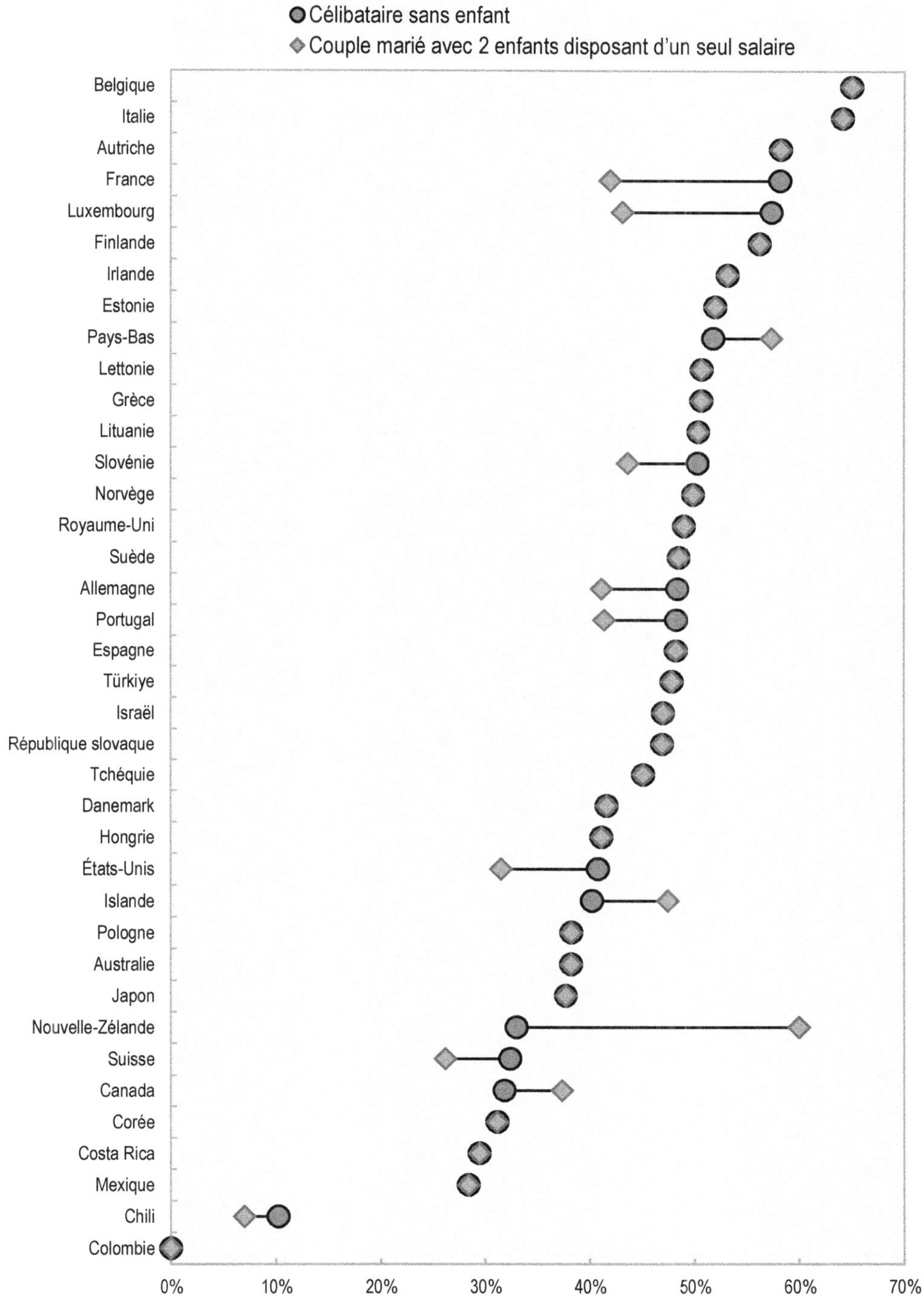

Note : le type de ménage « Célibataire sans enfant » correspond à un niveau de salaire à 100 % du salaire moyen, et le « Couple marié avec 2 enfants disposant d'un seul salaire » à un niveau de salaire agrégé de 100 % - 0 % du salaire moyen.

Sources : calculs de l'OCDE fondés sur les soumissions des pays et sur les *Perspectives économiques de l'OCDE* nº 2, volume 2024.

StatLink https://stat.link/bcjyp8

Tableau 3.7. Taux marginal applicable à l'impôt sur le revenu et aux cotisations sociales des salariés diminués des prestations versées, 2024

En % du salaire brut, par catégorie de ménage et niveau de salaire

	Célibataire sans enfant 67 (% SM)	Célibataire sans enfant 100 (% SM)	Célibataire sans enfant 167 (% SM)	Célibataire 2 enfants 67 (% SM)	Couple marié 2 enfants 100-0 (% SM)	Couple marié 2 enfants 100-67 (% SM)[1]	Couple marié 2 enfants 100-100 (% SM)[1]	Couple marié sans enfant 100-67 (% SM)[1]
Allemagne	44.8	42.9	47.0	43.0	34.9	40.3	40.0	40.1
Australie	34.5	34.5	39.0	74.5	34.5	34.5	34.5	34.5
Autriche	39.7	46.7	42.0	39.7	46.7	46.7	46.7	46.7
Belgique	55.6	55.6	59.0	55.6	55.6	55.6	54.4	55.6
Canada	35.6	29.7	43.4	74.6	35.4	35.4	35.4	29.7
Chili	7.0	10.2	10.2	7.0	7.0	7.0	7.0	10.2
Colombie	0.0	0.0	0.0	0.0	0.0	0.0	0.0	0.0
Corée	22.8	23.5	28.7	22.8	23.5	23.5	23.5	23.5
Costa Rica	10.7	10.7	19.8	10.7	10.7	10.7	10.7	10.7
Danemark	38.6	41.7	55.9	36.8	41.7	41.7	41.7	41.7
Espagne	27.7	32.5	40.0	27.7	32.5	32.5	32.5	32.5
Estonie	35.8	35.8	21.3	35.8	35.8	35.8	35.8	35.8
États-Unis	26.3	36.3	38.3	53.7	26.3	26.3	36.3	26.3
Finlande	36.7	47.5	50.3	36.7	47.5	47.5	47.5	47.5
France	32.6	43.0	42.2	51.6	20.8	32.6	43.0	29.0
Grèce	34.5	39.7	46.6	34.5	39.7	39.7	39.7	39.7
Hongrie	33.5	33.5	33.5	33.5	33.5	33.5	33.5	33.5
Irlande	48.0	48.0	52.0	28.0	48.0	48.0	48.0	48.0
Islande	36.5	36.5	44.4	44.1	44.1	40.3	40.3	36.5
Israël	32.0	43.0	47.0	12.0	43.0	43.0	43.0	43.0
Italie	38.3	52.9	52.8	38.3	52.9	57.9	57.9	52.9
Japon	24.6	27.9	34.3	47.4	27.9	27.9	27.9	27.9
Lettonie	36.1	39.1	31.4	36.1	39.1	39.1	39.1	39.1
Lituanie	49.5	49.5	39.5	49.5	49.5	49.5	49.5	49.5
Luxembourg	44.8	51.5	49.6	51.5	35.3	51.5	51.5	51.5
Mexique	12.4	23.0	23.0	12.4	23.0	23.0	23.0	23.0
Norvège	33.8	43.4	46.4	33.8	43.4	43.4	43.4	43.4
Nouvelle-Zélande	30.0	33.0	33.0	57.0	60.0	33.0	33.0	33.0
Pays-Bas	46.1	46.1	51.5	52.3	52.3	52.3	46.1	46.1
Pologne	28.2	28.2	45.4	17.8	28.2	28.2	28.2	28.2
Portugal	27.5	36.0	46.5	27.5	27.5	33.0	36.0	33.0
République slovaque	29.9	29.9	34.0	6.5	29.9	29.9	29.9	29.9
Royaume-Uni	28.0	42.0	42.0	67.6	42.0	42.0	42.0	42.0
Slovénie	42.4	42.4	47.8	34.6	34.6	42.4	42.4	42.4
Suède	28.2	32.4	55.4	28.2	32.4	32.4	32.4	32.4
Suisse	21.7	28.1	31.8	15.7	21.5	25.8	30.1	28.4
Tchéquie	26.6	26.6	26.6	26.6	26.6	26.6	26.6	26.6
Türkiye	38.7	38.7	38.7	38.7	38.7	38.7	38.7	38.7
OCDE-Moyenne	32.1	35.8	39.2	35.9	34.9	35.6	36.1	35.1
OCDE-UE 22	37.5	41.0	44.1	36.0	38.4	40.8	41.0	40.1

Note : on suppose que le salaire brut du principal apporteur de revenu du ménage augmente. Le résultat peut être différent si le salaire du conjoint augmente, surtout si les deux conjoints sont imposés séparément.

1. Couple disposant de deux revenus.

Graphique 3.7. Taux marginal applicable à l'impôt sur le revenu et aux cotisations sociales des salariés diminués des prestations versées, 2024

En % du salaire brut, par catégorie de ménage

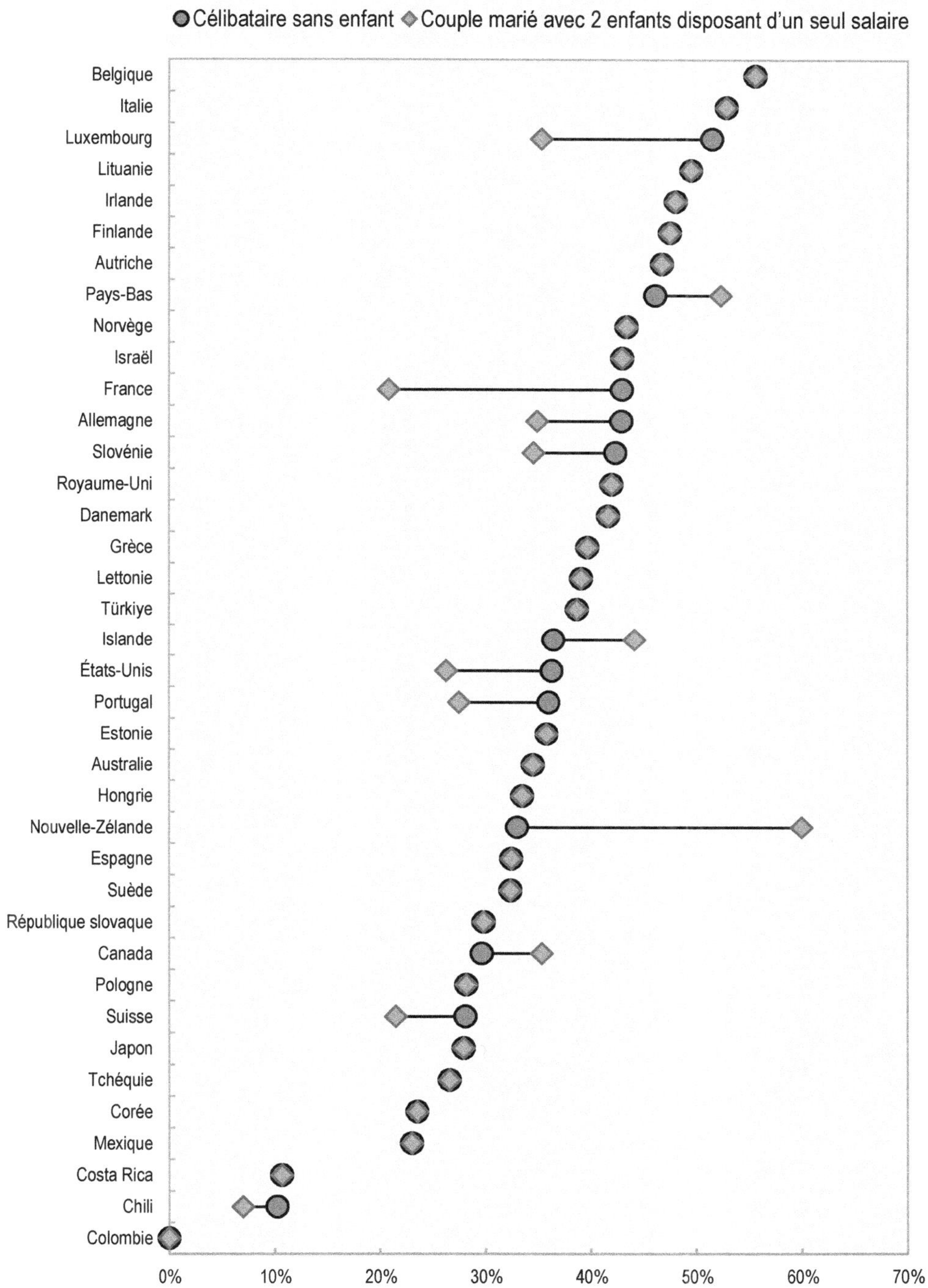

Note : le type de ménage « Célibataire sans enfant » correspond à un niveau de salaire à 100 % du salaire moyen, et le « Couple marié avec 2 enfants disposant d'un seul salaire » à un niveau de salaire agrégé de 100 % - 0 % du salaire moyen.
Sources : calculs de l'OCDE fondés sur les soumissions des pays et sur les *Perspectives économiques de l'OCDE* nº 2, volume 2024.

StatLink https://stat.link/g5m9es

Tableau 3.8. Augmentation en pourcentage du revenu net selon l'augmentation en pourcentage du salaire brut, 2024

Après une augmentation d'une unité monétaire du salaire brut, par catégorie de ménage et niveau de salaire

	Célibataire sans enfant 67 (% SM)	Célibataire sans enfant 100 (% SM)	Célibataire sans enfant 167 (% SM)	Célibataire 2 enfants 67 (% SM)	Couple marié 2 enfants 100-0 (% SM)	Couple marié 2 enfants 100-67 (% SM)[1]	Couple marié 2 enfants 100-100 (% SM)[1]	Couple marié sans enfant 100-67 (% SM)[1]
Allemagne	0.82	0.91	0.91	0.67	0.81	0.84	0.88	0.92
Australie	0.83	0.88	0.88	0.24	0.80	0.86	0.88	0.86
Autriche	0.82	0.79	0.92	0.60	0.62	0.67	0.70	0.76
Belgique	0.65	0.74	0.78	0.49	0.55	0.64	0.69	0.70
Canada	0.83	0.94	0.82	0.24	0.75	0.82	0.85	0.93
Chili	1.00	0.97	0.98	0.93	0.96	0.97	0.98	0.97
Colombie	1.00	1.00	1.00	0.94	0.96	0.95	0.96	1.00
Corée	0.89	0.91	0.90	0.73	0.80	0.84	0.86	0.90
Costa Rica	1.00	1.00	0.92	1.00	1.00	1.00	1.00	1.00
Danemark	0.92	0.91	0.76	0.76	0.79	0.85	0.87	0.89
Espagne	0.88	0.87	0.84	0.77	0.81	0.83	0.86	0.85
Estonie	0.74	0.81	1.00	0.58	0.73	0.74	0.77	0.78
États-Unis	0.94	0.84	0.87	0.49	0.85	0.91	0.81	0.95
Finlande	0.81	0.75	0.81	0.71	0.71	0.69	0.73	0.72
France	0.88	0.79	0.87	0.45	0.95	0.85	0.75	0.96
Grèce	0.83	0.81	0.79	0.75	0.79	0.79	0.81	0.80
Hongrie	1.00	1.00	1.00	0.81	0.87	0.92	0.93	1.00
Irlande	0.63	0.72	0.77	0.74	0.61	0.66	0.70	0.68
Islande	0.82	0.87	0.82	0.63	0.65	0.78	0.81	0.85
Israël	0.78	0.71	0.75	0.89	0.66	0.64	0.66	0.68
Italie	0.76	0.68	0.78	0.61	0.55	0.50	0.55	0.63
Japon	0.94	0.92	0.89	0.55	0.84	0.87	0.89	0.91
Lettonie	0.84	0.84	0.97	0.68	0.72	0.75	0.78	0.83
Lituanie	0.75	0.82	1.00	0.57	0.66	0.73	0.76	0.79
Luxembourg	0.72	0.71	0.83	0.49	0.72	0.61	0.65	0.66
Mexique	0.96	0.88	0.92	0.96	0.88	0.86	0.88	0.86
Norvège	0.87	0.79	0.82	0.74	0.74	0.74	0.76	0.77
Nouvelle-Zélande	0.83	0.85	0.90	0.38	0.45	0.82	0.85	0.82
Pays-Bas	0.66	0.74	0.76	0.43	0.58	0.58	0.70	0.70
Pologne	0.92	0.95	0.75	0.71	0.70	0.79	0.82	0.94
Portugal	0.92	0.85	0.79	0.68	0.80	0.83	0.82	0.87
République slovaque	0.89	0.92	0.90	0.82	0.65	0.76	0.79	0.91
Royaume-Uni	0.88	0.74	0.82	0.35	0.70	0.70	0.72	0.72
Slovénie	0.85	0.90	0.86	0.70	0.83	0.80	0.84	0.88
Suède	0.90	0.88	0.67	0.81	0.82	0.83	0.85	0.87
Suisse	0.92	0.88	0.88	0.84	0.83	0.84	0.82	0.87
Tchéquie	0.90	0.93	0.96	0.72	0.80	0.87	0.89	0.92
Türkiye	0.80	0.86	0.91	0.80	0.86	0.83	0.86	0.83
OCDE-Moyenne	0.85	0.85	0.86	0.66	0.76	0.79	0.81	0.84
OCDE-UE 22	0.82	0.83	0.85	0.66	0.73	0.75	0.78	0.82

Note : le revenu net est calculé à partir du salaire brut diminué de l'impôt sur le revenu des personnes physiques et des cotisations sociales des salariés, augmentés des prestations versées aux familles. L'augmentation qui est rapportée dans le tableau représente une sorte d'élasticité. Dans un système fiscal proportionnel, l'élasticité est égale à 1. À ce niveau de revenu, plus le système est progressif, plus l'élasticité est faible. Les élasticités indiquées dans le tableau 3.8 sont calculées de la manière suivante : (100 - METR) / (100 - AETR), où METR désigne le taux marginal de l'impôt sur le revenu, augmenté des cotisations salariales de sécurité sociale et diminué des prestations en espèces, figurant dans le tableau 3.7, et AETR désigne le taux moyen de l'impôt sur le revenu augmenté des cotisations salariales de sécurité sociale et diminué des prestations en espèces, figurant dans le tableau 3.3.

1. Couple disposant de deux revenus. On fait l'hypothèse que les coûts du travail associés au principal apporteur de revenu du ménage augmentent.

Tableau 3.9. Augmentation en pourcentage du revenu net selon l'augmentation en pourcentage des coûts bruts de main-d'œuvre, 2024

Après une augmentation d'une unité monétaire des coûts bruts de main-d'œuvre, par catégorie de ménage et niveau de salaire

	Célibataire sans enfant 67 (% SM)	Célibataire sans enfant 100 (% SM)	Célibataire sans enfant 167 (% SM)	Célibataire 2 enfants 67 (% SM)	Couple marié 2 enfants 100-0 (% SM)	Couple marié 2 enfants 100-67 (% SM)[1]	Couple marié 2 enfants 100-100 (% SM)[1]	Couple marié sans enfant 100-67 (% SM)[1]
Allemagne	0.82	0.99	1.04	0.67	0.88	0.91	0.96	1.00
Australie	0.83	0.88	0.88	0.24	0.80	0.86	0.88	0.86
Autriche	0.82	0.79	1.07	0.60	0.62	0.67	0.70	0.76
Belgique	0.58	0.74	0.78	0.44	0.55	0.63	0.69	0.70
Canada	0.82	1.00	0.86	0.24	0.80	0.88	0.91	0.99
Chili	1.00	0.97	0.98	0.93	0.96	0.97	0.98	0.97
Colombie	1.00	1.00	1.00	0.94	0.96	0.95	0.96	1.00
Corée	0.89	0.91	0.93	0.73	0.80	0.84	0.86	0.90
Costa Rica	1.00	1.00	0.92	1.00	1.00	1.00	1.00	1.00
Danemark	0.92	0.91	0.76	0.77	0.80	0.85	0.87	0.90
Espagne	0.88	0.87	0.84	0.77	0.81	0.83	0.86	0.85
Estonie	0.74	0.81	1.00	0.58	0.73	0.74	0.77	0.78
États-Unis	0.95	0.85	0.87	0.49	0.86	0.91	0.81	0.96
Finlande	0.81	0.75	0.81	0.71	0.71	0.69	0.73	0.72
France	0.60	0.79	0.87	0.31	0.95	0.84	0.75	0.94
Grèce	0.83	0.81	0.79	0.75	0.79	0.79	0.81	0.80
Hongrie	1.00	1.00	1.00	0.81	0.87	0.92	0.93	1.00
Irlande	0.63	0.72	0.77	0.74	0.61	0.66	0.70	0.68
Islande	0.82	0.87	0.82	0.63	0.65	0.78	0.81	0.85
Israël	0.76	0.70	0.75	0.87	0.65	0.63	0.65	0.67
Italie	0.76	0.68	0.78	0.61	0.55	0.50	0.55	0.63
Japon	0.94	0.92	0.96	0.55	0.84	0.87	0.89	0.91
Lettonie	0.84	0.84	0.97	0.68	0.73	0.75	0.78	0.83
Lituanie	0.75	0.82	1.00	0.57	0.66	0.73	0.76	0.79
Luxembourg	0.72	0.71	0.83	0.49	0.72	0.61	0.65	0.66
Mexique	1.01	0.90	0.94	1.01	0.90	0.90	0.90	0.90
Norvège	0.87	0.79	0.80	0.74	0.74	0.74	0.76	0.77
Nouvelle-Zélande	0.83	0.85	0.90	0.38	0.45	0.82	0.85	0.82
Pays-Bas	0.66	0.74	0.82	0.43	0.59	0.58	0.70	0.71
Pologne	0.92	0.95	0.75	0.71	0.70	0.79	0.82	0.94
Portugal	0.92	0.85	0.79	0.68	0.80	0.83	0.82	0.87
République slovaque	0.89	0.92	0.90	0.82	0.65	0.76	0.79	0.91
Royaume-Uni	0.85	0.72	0.81	0.34	0.68	0.68	0.70	0.71
Slovénie	0.85	0.90	0.86	0.70	0.83	0.80	0.84	0.88
Suède	0.90	0.88	0.67	0.81	0.82	0.83	0.85	0.87
Suisse	0.92	0.88	0.89	0.84	0.83	0.84	0.82	0.87
Tchéquie	0.90	0.93	0.96	0.72	0.80	0.87	0.89	0.92
Türkiye	0.80	0.86	0.91	0.80	0.86	0.83	0.86	0.83
OCDE-Moyenne	0.84	0.86	0.88	0.66	0.76	0.79	0.81	0.85
OCDE-UE 22	0.81	0.84	0.87	0.65	0.73	0.75	0.78	0.82

Note : le revenu net est calculé à partir du salaire brut diminué de l'impôt sur le revenu des personnes physiques et des cotisations sociales des salariés, augmentés des prestations versées aux familles. L'augmentation qui est rapportée dans le tableau représente une sorte d'élasticité. Dans un système fiscal proportionnel, l'élasticité est égale à 1. À ce niveau de revenu, plus le système est progressif, plus l'élasticité est faible. Les élasticités indiquées dans le tableau 3.9 sont calculées de la manière suivante : (100 - METR) / (100 - AETR), où METR désigne le taux marginal de l'impôt sur le revenu, augmenté des cotisations salariales et patronales de sécurité sociale et diminué des prestations en espèces, figurant dans le tableau 3.6, et AETR désigne le taux moyen de l'impôt sur le revenu augmenté des cotisations salariales et patronales de sécurité sociale et diminué des prestations en espèces, figurant dans le tableau 3.1.

1. Couple disposant de deux revenus. On fait l'hypothèse que les coûts du travail associés au principal apporteur de revenu du ménage augmentent.

Tableau 3.10. Salaire brut annuel et revenu net, célibataire, 2024

En dollars US convertis sur la base des PPA, par catégorie de ménage et niveau de salaire

	Célibataire sans enfant 67 (% SM)		Célibataire sans enfant 100 (% SM)		Célibataire sans enfant 167 (% SM)		Célibataire 2 enfants 67 (% SM)	
	Total des revenus bruts avant impôts	Revenus nets après impôts	Total des revenus bruts avant impôts	Revenus nets après impôts	Total des revenus bruts avant impôts	Revenus nets après impôts	Total des revenus bruts avant impôts	Revenus nets après impôts
Allemagne	59 766	40 249	89 203	55 807	148 969	87 173	59 766	50 885
Australie	49 625	39 307	74 067	55 316	123 691	86 108	49 625	51 701
Autriche	58 220	42 729	86 895	58 796	145 115	91 674	58 220	58 223
Belgique	57 913	39 569	86 437	52 101	144 350	75 669	57 913	52 057
Canada	50 095	38 962	74 768	55 670	124 863	86 262	50 095	52 305
Chili	21 373	19 877	31 900	29 599	53 273	48 781	21 373	21 264
Colombie	13 968	13 968	20 848	20 848	34 816	34 816	13 968	14 881
Corée	45 205	39 338	67 470	56 464	112 674	89 497	45 205	48 102
Costa Rica	19 270	17 214	28 761	25 692	48 031	42 018	19 270	17 214
Danemark	55 602	37 295	82 988	53 393	138 590	80 861	55 602	46 275
Espagne	37 197	30 497	55 517	43 034	92 714	66 424	37 197	35 062
Estonie	28 376	24 695	42 352	33 666	70 728	55 677	28 376	31 491
États-Unis	47 320	37 111	70 627	53 401	117 947	83 487	47 320	44 904
Finlande	46 686	36 268	69 681	48 581	116 367	71 828	46 686	41 743
France	45 122	34 407	67 347	48 455	112 469	74 442	45 122	48 609
Grèce	32 407	25 661	48 368	35 913	80 775	54 492	32 407	28 254
Hongrie	30 937	20 573	46 174	30 706	77 111	51 279	30 937	25 246
Irlande	57 295	46 900	85 514	61 567	142 809	89 368	57 295	55 360
Islande	55 175	42 669	82 351	59 936	137 526	92 734	55 175	49 225
Israël	36 028	31 281	53 773	43 259	89 801	63 146	36 028	35 679
Italie	39 876	32 475	59 517	41 438	99 393	60 133	39 876	40 472
Japon	38 322	30 719	57 197	44 587	95 520	70 260	38 322	36 894
Lettonie	26 959	20 543	40 237	29 018	67 196	47 293	26 959	25 329
Lituanie	35 245	23 724	52 604	32 491	87 849	53 148	35 245	31 219
Luxembourg	59 395	45 612	88 650	60 149	148 045	89 986	59 395	59 166
Mexique	13 599	12 378	20 297	17 813	33 896	28 283	13 599	12 378
Norvège	57 548	44 020	85 893	61 772	143 442	93 206	57 548	51 491
Nouvelle-Zélande	36 597	30 985	54 623	43 271	91 220	67 791	36 597	41 223
Pays-Bas	58 050	47 669	86 642	63 080	144 692	92 273	58 050	64 805
Pologne	34 591	26 963	51 628	39 199	86 219	62 335	34 591	40 218
Portugal	28 933	22 864	43 184	32 399	72 117	48 887	28 933	30 687
République slovaque	24 138	19 018	36 026	27 357	60 164	44 118	24 138	27 461
Royaume-Uni	51 469	42 327	76 819	60 361	128 288	90 213	51 469	47 249
Slovénie	34 658	23 454	51 729	33 295	86 387	52 630	34 658	32 577
Suède	42 019	33 603	62 715	48 236	104 735	69 651	42 019	37 315
Suisse	69 195	58 904	103 276	84 728	172 471	133 076	69 195	69 150
Tchéquie	28 972	23 691	43 241	34 165	72 213	55 430	28 972	29 418
Türkiye	36 572	28 058	54 585	39 098	91 157	61 513	36 572	28 058
OCDE-Moyenne	41 150	32 252	61 419	45 123	102 569	69 631	41 150	39 831
OCDE-UE 22	41 925	31 748	62 575	43 766	104 500	67 035	41 925	40 540

Tableau 3.11. Salaire brut annuel et revenu net, couple marié, 2024

En dollars US convertis sur la base des PPA, par catégorie de ménage et niveau de salaire

	Couple marié 2 enfants 100-0 (% SM)		Couple marié 2 enfants 100-67 (% SM)[1]		Couple marié 2 enfants 100-100 (% SM)[1]		Couple marié sans enfant 100-67(% SM)[1]	
	Total des revenus bruts avant impôts	Revenus nets après impôts	Total des revenus bruts avant impôts	Revenus nets après impôts	Total des revenus bruts avant impôts	Revenus nets après impôts	Total des revenus bruts avant impôts	Revenus nets après impôts
Allemagne	89 203	71 522	148 969	105 714	178 406	121 740	148 969	96 420
Australie	74 067	60 614	123 691	94 623	148 133	110 633	123 691	94 623
Autriche	86 895	74 614	145 115	115 929	173 791	131 996	145 115	101 525
Belgique	86 437	69 241	144 350	100 862	172 874	113 756	144 350	91 864
Canada	74 768	64 233	124 863	97 923	149 536	113 238	124 863	94 632
Chili	31 900	31 051	53 273	50 931	63 800	60 257	53 273	49 476
Colombie	20 848	21 760	34 816	36 641	41 695	43 521	34 816	34 816
Corée	67 470	64 867	112 674	102 297	134 939	119 422	112 674	95 802
Costa Rica	28 761	25 692	48 031	42 906	57 522	51 385	48 031	42 906
Danemark	82 988	61 162	138 590	95 453	165 976	111 512	138 590	90 688
Espagne	55 517	46 297	92 714	75 139	111 035	87 676	92 714	73 531
Estonie	42 352	37 064	70 728	61 760	84 705	70 731	70 728	58 362
États-Unis	70 627	61 030	117 947	95 904	141 254	111 306	117 947	91 400
Finlande	69 681	51 739	116 367	88 007	139 362	100 320	116 367	84 850
France	67 347	55 952	112 469	88 677	134 694	102 183	112 469	83 621
Grèce	53 205	40 777	88 853	67 928	106 410	78 975	88 853	66 611
Hongrie	46 174	35 177	77 111	55 750	92 348	65 883	77 111	51 279
Irlande	85 514	73 343	142 809	112 946	171 029	127 613	142 809	108 467
Islande	82 351	70 660	137 526	104 966	164 702	121 190	137 526	102 605
Israël	53 773	46 102	89 801	79 903	107 546	92 932	89 801	74 936
Italie	59 517	50 621	99 393	82 915	119 034	91 027	99 393	73 913
Japon	57 197	49 158	95 520	78 692	114 395	92 561	95 520	75 306
Lettonie	40 237	33 805	67 196	54 347	80 475	62 823	67 196	49 561
Lituanie	52 604	39 985	87 849	60 933	105 208	69 700	87 849	56 215
Luxembourg	88 650	80 094	148 045	117 579	177 299	131 775	148 045	108 342
Mexique	20 297	17 813	33 896	30 190	40 594	35 626	33 896	30 190
Norvège	85 893	65 848	143 442	109 868	171 786	127 621	143 442	105 793
Nouvelle-Zélande	54 623	48 880	91 220	74 256	109 245	86 542	91 220	74 256
Pays-Bas	86 642	70 774	144 692	118 599	173 283	133 640	144 692	110 749
Pologne	51 628	52 920	86 219	77 955	103 256	90 192	86 219	66 163
Portugal	43 184	38 969	72 117	58 321	86 368	67 666	72 117	55 453
République slovaque	36 026	38 597	60 164	55 708	72 053	64 047	60 164	46 375
Royaume-Uni	76 819	63 683	128 288	106 010	153 639	124 044	128 288	102 688
Slovénie	51 729	40 739	86 387	62 352	103 458	71 211	86 387	56 749
Suède	62 715	51 948	104 735	85 551	125 431	100 183	104 735	81 839
Suisse	103 276	97 792	172 471	152 095	206 553	176 669	172 471	141 948
Tchéquie	43 241	39 891	72 213	60 807	86 483	71 281	72 213	57 856
Türkiye	54 585	39 098	91 157	67 156	109 170	78 196	91 157	67 156
OCDE-Moyenne	61 546	52 198	102 782	82 305	123 092	95 028	102 782	77 604
OCDE-UE 22	62 795	52 511	104 868	81 965	125 590	93 906	104 868	75 929

1. Couple disposant de deux revenus.

Tableau 3.12. Coûts annuels de main-d'œuvre et revenu net, célibataire, 2024

En dollars US convertis sur la base des PPA, par catégorie de ménage et niveau de salaire

	Célibataire sans enfant 67 (% SM)		Célibataire sans enfant 100 (% SM)		Célibataire sans enfant 167 (% SM)		Célibataire 2 enfants 67 (% SM)	
	Coûts bruts de main d'oeuvre avant impôts	Revenus nets après impôts	Coûts bruts de main d'oeuvre avant impôts	Revenus nets après impôts	Coûts bruts de main d'oeuvre avant impôts	Revenus nets après impôts	Coûts bruts de main d'oeuvre avant impôts	Revenus nets après impôts
Allemagne	71 772	40 249	107 168	55 807	171 127	87 173	71 772	50 885
Australie	52 627	39 307	78 547	55 316	131 174	86 108	52 627	51 701
Autriche	74 294	42 729	110 886	58 796	179 821	91 674	74 294	58 223
Belgique	73 004	39 569	109 810	52 101	183 382	75 669	73 004	52 057
Canada	55 681	38 962	81 858	55 670	133 191	86 262	55 681	52 305
Chili	21 373	19 877	31 900	29 599	53 273	48 781	21 373	21 264
Colombie	13 968	13 968	20 848	20 848	34 816	34 816	13 968	14 881
Corée	50 233	39 338	74 975	56 464	124 136	89 497	50 233	48 102
Costa Rica	24 409	17 214	36 432	25 692	60 841	42 018	24 409	17 214
Danemark	56 115	37 295	83 501	53 393	139 104	80 861	56 115	46 275
Espagne	48 534	30 497	72 439	43 034	120 973	66 424	48 534	35 062
Estonie	37 967	24 695	56 667	33 666	94 635	55 677	37 967	31 491
États-Unis	51 261	37 111	76 351	53 401	127 291	83 487	51 261	44 904
Finlande	56 000	36 268	83 582	48 581	139 582	71 828	56 000	41 743
France	58 458	34 407	91 825	48 455	162 361	74 442	58 458	48 609
Grèce	39 630	25 661	59 150	35 913	98 780	54 492	39 630	28 254
Hongrie	34 959	20 573	52 177	30 706	87 135	51 279	34 959	25 246
Irlande	63 626	46 900	94 964	61 567	158 590	89 368	63 626	55 360
Islande	58 679	42 669	87 580	59 936	146 259	92 734	58 679	49 225
Israël	37 767	31 281	56 861	43 259	95 627	63 146	37 767	35 679
Italie	52 469	32 475	78 312	41 438	130 782	60 133	52 469	40 472
Japon	44 343	30 719	66 183	44 587	109 308	70 260	44 343	36 894
Lettonie	33 327	20 543	49 738	29 018	83 056	47 293	33 327	25 329
Lituanie	35 876	23 724	53 546	32 491	89 421	53 148	35 876	31 219
Luxembourg	67 556	45 612	100 830	60 149	168 386	89 986	67 556	59 166
Mexique	15 317	12 378	22 523	17 813	37 152	28 283	15 317	12 378
Norvège	65 030	44 020	97 059	61 772	164 481	93 206	65 030	51 491
Nouvelle-Zélande	36 597	30 985	54 623	43 271	91 220	67 791	36 597	41 223
Pays-Bas	65 178	47 669	97 164	63 080	156 863	92 273	65 178	64 805
Pologne	40 248	26 963	60 072	39 199	100 320	62 335	40 248	40 218
Portugal	35 805	22 864	53 440	32 399	89 245	48 887	35 805	30 687
République slovaque	31 910	19 018	47 627	27 357	79 537	44 118	31 910	27 461
Royaume-Uni	56 692	42 327	85 540	60 361	144 112	90 213	56 692	47 249
Slovénie	40 238	23 454	60 057	33 295	100 295	52 630	40 238	32 577
Suède	55 222	33 603	82 421	48 236	137 642	69 651	55 222	37 315
Suisse	73 624	58 904	109 886	84 728	183 306	133 076	73 624	69 150
Tchéquie	38 764	23 691	57 857	34 165	96 621	55 430	38 764	29 418
Türkiye	42 972	28 058	64 138	39 098	107 110	61 513	42 972	28 058
OCDE-Moyenne	47 672	32 252	71 277	45 123	118 709	69 631	47 672	39 831
OCDE-UE 22	50 498	31 748	75 601	43 766	125 803	67 035	50 498	40 540

Tableau 3.13. Coûts annuels de main-d'œuvre et revenu net, couple marié, 2024

En dollars US convertis sur la base des PPA, par catégorie de ménage et niveau de salaire

	Couple marié 2 enfants 100-0 (% SM)		Couple marié 2 enfants 100-67 (% SM)[1]		Couple marié 2 enfants 100-100 (% SM)[1]		Couple marié sans enfant 100-67 (% SM)[1]	
	Coûts bruts de main d'oeuvre avant impôts	Revenus nets après impôts	Coûts bruts de main d'oeuvre avant impôts	Revenus nets après impôts	Coûts bruts de main d'oeuvre avant impôts	Revenus nets après impôts	Coûts bruts de main d'oeuvre avant impôts	Revenus nets après impôts
Allemagne	107 168	71 522	178 940	105 714	214 336	121 740	178 940	96 420
Australie	78 547	60 614	131 174	94 623	157 094	110 633	131 174	94 623
Autriche	110 886	74 614	185 179	115 929	221 772	131 996	185 179	101 525
Belgique	109 810	69 241	182 813	100 862	219 619	113 756	182 813	91 864
Canada	81 858	64 233	137 539	97 923	163 716	113 238	137 539	94 632
Chili	31 900	31 051	53 273	50 931	63 800	60 257	53 273	49 476
Colombie	20 848	21 760	34 816	36 641	41 695	43 521	34 816	34 816
Corée	74 975	64 867	125 208	102 297	149 950	119 422	125 208	95 802
Costa Rica	36 432	25 692	60 841	42 906	72 864	51 385	60 841	42 906
Danemark	83 501	61 162	139 617	95 453	167 003	111 512	139 617	90 688
Espagne	72 439	46 297	120 973	75 139	144 878	87 676	120 973	73 531
Estonie	56 667	37 064	94 635	61 760	113 335	70 731	94 635	58 362
États-Unis	76 351	61 030	127 612	95 904	152 702	111 306	127 612	91 400
Finlande	83 582	51 739	139 582	88 007	167 165	100 320	139 582	84 850
France	91 825	55 952	150 283	88 677	183 650	102 183	150 283	83 621
Grèce	65 065	40 777	108 658	67 928	130 129	78 975	108 658	66 611
Hongrie	52 177	35 177	87 135	55 750	104 354	65 883	87 135	51 279
Irlande	94 964	73 343	158 590	112 946	189 928	127 613	158 590	108 467
Islande	87 580	70 660	146 259	104 966	175 161	121 190	146 259	102 605
Israël	56 861	46 102	94 628	79 903	113 722	92 932	94 628	74 936
Italie	78 312	50 621	130 782	82 915	156 625	91 027	130 782	73 913
Japon	66 183	49 158	110 526	78 692	132 366	92 561	110 526	75 306
Lettonie	49 738	33 805	83 065	54 347	99 476	62 823	83 065	49 561
Lituanie	53 546	39 985	89 421	60 933	107 091	69 700	89 421	56 215
Luxembourg	100 830	80 094	168 386	117 579	201 660	131 775	168 386	108 342
Mexique	22 523	17 813	37 840	30 190	45 045	35 626	37 840	30 190
Norvège	97 059	65 848	162 089	109 868	194 119	127 621	162 089	105 793
Nouvelle-Zélande	54 623	48 880	91 220	74 256	109 245	86 542	91 220	74 256
Pays-Bas	97 164	70 774	162 342	118 599	194 327	133 640	162 342	110 749
Pologne	60 072	52 920	100 320	77 955	120 144	90 192	100 320	66 163
Portugal	53 440	38 969	89 245	58 321	106 880	67 666	89 245	55 453
République slovaque	47 627	38 597	79 537	55 708	95 254	64 047	79 537	46 375
Royaume-Uni	85 540	63 683	142 232	106 010	171 081	124 044	142 232	102 688
Slovénie	60 057	40 739	100 295	62 352	120 114	71 211	100 295	56 749
Suède	82 421	51 948	137 642	85 551	164 841	100 183	137 642	81 839
Suisse	109 886	97 792	183 510	152 095	219 772	176 669	183 510	141 948
Tchéquie	57 857	39 891	96 621	60 807	115 714	71 281	96 621	57 856
Türkiye	64 138	39 098	107 110	67 156	128 275	78 196	107 110	67 156
OCDE-Moyenne	71 433	52 198	119 209	82 305	142 866	95 028	119 209	77 604
OCDE-UE 22	75 870	52 511	126 548	81 965	151 741	93 906	126 548	75 929

1. Couple disposant de deux revenus.

Notes

[1] Les tableaux 3.1 à 3.7 présentent des chiffres arrondis à la première décimale. Du fait des opérations d'arrondi, les variations en points de pourcentage présentées dans le texte peuvent différer d'un dixième de point de pourcentage.

[2] En France, le barème de l'impôt applicable aux revenus de 2024 a été ajusté pour tenir compte de l'inflation dans le projet de loi de finances pour 2025. Cependant, en raison de l'adoption tardive du projet de loi de finances pour 2025, l'indexation du barème et des paramètres de l'impôt sur le revenu sur l'inflation (de 1.8 %) n'a pas pu être prise en compte dans les modèles des *Impôts sur les salaires* du présent rapport. Il en résulte que les taux d'imposition estimés sont supérieurs à ceux effectivement en vigueur.

[3] Voir la note 2.

[4] En Colombie, le régime général de sécurité sociale pour les soins de santé est financé par des fonds publics et privés. Le système de retraite est un hybride de deux systèmes différents : un régime de retraite à cotisations définies et entièrement capitalisé, et un régime par répartition. Chacune de ces contributions est obligatoire et plus de 50 % du total des contributions sont versés à des fonds privés. Elles sont par conséquent considérées comme des paiements obligatoires non fiscaux (PONF) (pour de plus amples informations à ce sujet, se reporter à la Partie II du Rapport). En outre, tous les paiements au titre des risques liés à l'emploi sont versés à des fonds privés et sont également considérés comme des PONF. Les PONF existent aussi dans d'autres pays (voir https://www.oecd.org/content/dam/oecd/en/topics/policy-issues/tax-policy/non-tax-compulsory-payments.pdf).

[5] Voir la note 2.

[6] Voir la note 2.

[7] Les élasticités indiquées dans le Tableau 3.8. Augmentation en pourcentage du revenu net selon l'augmentation en pourcentage du salaire brut, 2024 sont calculées de la manière suivante : (100 – METR) / (100 – AETR), METR désignant le taux marginal de l'impôt sur le revenu, augmenté des cotisations salariales de sécurité sociale et diminué des prestations en espèces, figurant dans le Tableau 3.7. Taux marginal applicable à l'impôt sur le revenu et aux cotisations sociales des salariés diminués des prestations versées, 2024et AETR désignant le taux moyen de l'impôt sur le revenu augmenté des cotisations salariales de sécurité sociale et diminué des prestations en espèces, figurant dans le Tableau 3.3. Impôt sur le revenu et cotisations de sécurité sociale des salariés diminués des prestations en espèces, 2024.

[8] Voir la note 2.

[9] Les élasticités indiquées dans le Tableau 3.9. Augmentation en pourcentage du revenu net selon l'augmentation en pourcentage des coûts bruts de main-d'œuvre, 2024 sont calculées de la manière suivante : (100 - METR) / (100 - AETR), METR désignant le taux marginal de l'impôt sur le revenu, augmenté des cotisations salariales et patronales de sécurité sociale et diminué des prestations en espèces, figurant dans le Tableau 3.6. Taux marginal applicable à l'impôt sur le revenu et aux cotisations sociales des salariés et des employeurs diminués des prestations versées, 2024, et AETR désignant le taux moyen de l'impôt sur le revenu augmenté des cotisations salariales et patronales de sécurité sociale

et diminué des prestations en espèces, figurant dans le Tableau 3.1. Impôt sur le revenu et cotisations sociales des salariés et employeurs diminués des prestations versées, 2024.

[10] Voir la note 2.

4 Illustration graphique des taux effectifs d'imposition en 2024

Ce chapitre présente les données relatives aux taux effectifs d'imposition des revenus du travail en 2024 pour des salaires bruts compris entre 50 % et 250 % du salaire moyen. Elles sont illustrées dans des graphiques séparés pour les quatre catégories de ménages et pour chaque pays membre de l'OCDE. Les catégories de ménages sont les suivantes : contribuables célibataires sans enfant ; parents isolés avec deux enfants ; couples mariés sans enfant disposant d'un seul salaire ; couples mariés avec deux enfants disposant d'un seul salaire. Les graphiques se divisent en deux séries qui indiquent la décomposition du coin fiscal moyen et marginal en pourcentage des coûts totaux de main-d'œuvre. Les graphiques montrent également les taux moyens et marginaux nets de l'impôt sur le revenu des personnes physiques.

Les graphiques présentés dans cette section indiquent les taux effectifs d'imposition des revenus du travail en 2024 pour des salaires bruts compris entre 50 % et 250 % du salaire moyen (SM). Pour chaque pays membre de l'OCDE, des graphiques séparés portent sur quatre catégories de ménages : célibataires sans enfant, parents isolés avec deux enfants, couples mariés sans enfant disposant d'un seul salaire et couples mariés avec deux enfants disposant d'un seul salaire. En outre, le taux moyen et le taux marginal net d'imposition des personnes physiques [(la variation de] l'impôt sur le revenu des personnes physiques et des cotisations salariales de sécurité sociale nets des prestations en espèces en pourcentage des [de la variation des] salaires bruts) figurent dans les graphiques montrant respectivement le coin fiscal moyen et marginal[1].

Les résultats pour la France au titre de 2024 devraient être interprétés avec prudence compte tenu du fait que l'indexation du barème et des paramètres de l'impôt sur le revenu sur l'inflation (de 1.8 %) n'a pas pu être prise en compte dans les modèles des *Impôts sur les salaires* du présent rapport. Cette omission, qui est due à l'adoption tardive du projet de loi de finances pour 2025, a pour conséquence que les taux d'imposition estimés en 2024 sont supérieurs à ceux effectivement en vigueur.

Les graphiques illustrent l'importance relative des divers éléments constitutifs du coin fiscal : impôts nationaux sur le revenu, impôts locaux sur le revenu, cotisations salariales de sécurité sociale, cotisations patronales de sécurité sociale (y compris les taxes sur les salaires éventuellement applicables) et prestations en espèces en pourcentage des coûts totaux de main-d'œuvre. Il y a lieu de noter que si leur part des coûts totaux de main-d'œuvre diminue, cela signifie que la valeur des prélèvements diminués des prestations n'augmente pas aussi vite que le total des coûts de main-d'œuvre correspondants. Cela n'implique pas nécessairement que la valeur des prélèvements diminués des prestations baisse en valeur nominale.

Le système de prélèvements et de prestations est favorable aux ménages à faibles revenus dans de nombreux pays de l'OCDE. Les impôts sur le revenu prélevés par les administrations centrales sont négatifs en Belgique, en raison des crédits d'impôt récupérables pour les travailleurs à faibles revenus et les enfants à charge ; au Canada[2], en raison de la prestation fiscale récupérable pour le revenu du travail ; en Allemagne, en Autriche, en Corée, en République slovaque et en Tchéquie, en raison des crédits d'impôt récupérables pour enfant à charge ; en Israël, du fait du crédit d'impôt récupérable au titre des revenus du travail pour les familles avec enfants ; au Luxembourg, en raison d'un crédit d'impôt pour les salariés qui perçoivent le salaire minimum social ; en Pologne, du fait du crédit d'impôt pour enfants à charge remboursable sous conditions ; en Espagne du fait de crédits d'impôt récupérables pour les parents isolés ; et aux États-Unis du fait du crédit d'impôt récupérable au titre des revenus du travail et du crédit d'impôt pour enfant à charge. En Suède, les graphiques montrent que les impôts sur le revenu prélevés par les administrations centrales sont négatifs pour les quatre types de ménages, du fait du crédit d'impôt au titre des revenus du travail. Le crédit d'impôt n'est toutefois pas récupérable dans la mesure où il ne permet pas de ramener le total des impôts sur le revenu du contribuable à moins de zéro. Il est également déduit des impôts locaux sur le revenu.

Dans la majorité des pays de l'OCDE, le taux net moyen d'imposition des personnes physiques est négatif pour les parents isolés ou les couples mariés disposant d'un seul salaire qui perçoivent un faible revenu, ce qui signifie que ces catégories de ménage ne paient pas d'impôt sur le revenu, ni de cotisations de sécurité sociale, ou que ces prélèvements sont totalement compensés par des prestations en espèces. À titre d'exemple, le taux moyen net d'imposition des personnes physiques devient positif à partir d'un revenu supérieur à 100 % du SM en Pologne (à 109 % du SM pour les parents isolés et les couples mariés avec enfants disposant d'un seul salaire) et en République slovaque (à 107 % du SM pour les parents isolés et à 124 % pour les couples mariés avec enfants disposant d'un seul salaire). En Autriche, en Corée, en Espagne, en Israël, en Pologne, en République slovaque et en Tchéquie, les taux négatifs nets moyens d'imposition des personnes physiques sont le résultat conjugué des crédits d'impôt récupérables et des prestations en espèces. On observe des écarts marqués entre les pays de l'OCDE en ce qui concerne le niveau des prestations en espèces. Elles représentent environ un quart ou plus des coûts totaux de main-d'œuvre pour les parents isolés à faibles revenus et/ou les couples mariés avec deux enfants et un seul salaire en Australie, au Canada, en France, en Irlande, en Lituanie, en Nouvelle-Zélande, aux Pays-Bas, en Pologne et au Royaume-Uni.

Le coin fiscal marginal est relativement uniforme sur toute l'échelle des revenus dans certains pays en raison de l'uniformité des taux des cotisations de sécurité sociale et de l'impôt sur le revenu des personnes physiques. Les célibataires sans enfant sont soumis à un coin fiscal marginal uniforme sur les revenus compris entre 50 % et 250 % du SM en Tchéquie (45.1 %) et en Hongrie (41.2 %). En Colombie, le coin fiscal marginal appliqué aux célibataires ainsi qu'aux couples mariés sans enfant disposant d'un seul salaire est nul jusqu'à 247 % du SM, car aucun impôt sur le revenu des personnes physiques n'est acquitté jusqu'à ce niveau. Pour les ménages ayant deux enfants, le taux d'imposition marginal est nul pour toute l'échelle des revenus ; on observe néanmoins une variation brutale à 206 % du SM, attribuable à la perte du bénéfice des prestations en espèces liées aux enfants. En outre, les cotisations d'assurance retraite, d'assurance maladie et au titre des risques liés à l'emploi sont considérées comme des paiements obligatoires non fiscaux (PONF)[3], et ne sont donc pas comptabilisées comme des impôts dans les calculs des *Impôts sur les salaires*. Le coin fiscal marginal est aussi relativement constant en Islande, en République slovaque et en Türkiye. En Islande, le coin fiscal marginal des ménages sans enfant est de 40.2 % sur les gains inférieurs à 130 % du SM, de 47.6 % sur les gains à 130 % du SM, puis de 47.7 % sur les gains compris entre 131 % et 250 % du SM. En République slovaque, le coin fiscal marginal pour un travailleur célibataire est de 45.9 % sur les gains inférieurs à 149 % du SM, de 48.4 % sur les gains à 149 % du SM, puis de 49.1 % sur les gains compris entre 150 % et 250 % du SM. En Türkiye, le coin fiscal marginal pour tous les types de ménages confondus est de 47.8 % sur les gains allant jusqu'à 179 % du SM, de 52.8 % sur les gains à 180 % du SM, et de 53.6 % sur les gains compris entre 181 % et 250 % du SM.

Les cotisations de sécurité sociale sont prélevées à des taux forfaitaires dans de nombreux pays de l'OCDE. Certains d'entre eux appliquent un plafond de rémunération au-dessus duquel les cotisations de sécurité sociale n'augmentent pas. Les écarts de cotisations marginales de sécurité sociale sont généralement identiques pour les quatre catégories de ménages, puisque les taux de cotisation ou les plafonds de revenu ne varient pas selon la situation maritale ou le nombre d'enfants à charge.

Dans l'intervalle de revenu de 50 % à 250 % du SM, les taux marginaux des cotisations patronales de sécurité sociale deviennent nuls en raison du plafond de rémunération en Allemagne (à 145 % du SM), en Espagne (179 %), au Luxembourg (208 %) et aux Pays-Bas (117 %). Les taux marginaux des cotisations salariales de sécurité sociale deviennent nuls en Allemagne (à 145 % du SM), en Autriche (138 %), en Espagne (179 %), aux Pays-Bas (205 %) et en Suède (115 %). Au Canada, le taux marginal des cotisations patronales de sécurité sociale devient nul à 84 % du SM. On observe néanmoins deux variations brutales à 82 % et 227 % du SM. La contribution santé de l'Ontario, dont le calcul se fonde sur un barème de revenu, est un montant fixe qui varie lorsque le contribuable change de tranche de revenu.

En outre, les taux marginaux des cotisations patronales et/ou salariales de sécurité sociale diminuent parfois en pourcentage des coûts totaux de main-d'œuvre à certains niveaux de l'échelle des revenus à mesure que leur salaire augmente. C'est le cas en Allemagne, en Autriche, en Belgique, au Canada, en Corée, aux États-Unis, en France, au Japon, au Luxembourg, aux Pays-Bas, en Pologne, au Royaume-Uni et en Suisse. Une diminution marquée des taux marginaux en pourcentage des coûts totaux de main-d'œuvre a été observée en Autriche, où le taux des cotisations patronales de sécurité sociale passe de 21.6 % à 6.3 % pour les gains supérieurs à 136 % du SM ; au Japon, où les taux marginaux des cotisations salariales et patronales de sécurité sociale passent respectivement de 12.7 % à 5.3 % et de 13.6 % à 6.2 % pour les gains supérieurs à 142 % du SM ; au Luxembourg, où les taux marginaux des cotisations salariales de sécurité sociale passent de 10.9 % à 1.40 % pour les gains supérieurs à 206 % du SM ; en Pologne, où les taux des cotisations salariales et patronales de sécurité sociale passent respectivement de 15.3 % à 10.8 % et de 14.1 % à 3.6 % pour les gains supérieurs à 242 % du SM ; au Royaume-Uni, où les taux marginaux des cotisations salariales de sécurité sociale passent de 7.0 % à 1.8 % pour les gains supérieurs à 96 % du SM ; et aux États-Unis, où les taux marginaux des cotisations patronales et salariales de sécurité sociale passent de 7.1 % à 1.4 % pour les gains supérieurs à 237 % du SM.

En Slovénie, les taux marginaux des cotisations patronales de sécurité sociale sont négatifs jusqu'à 57 % du SM parce que l'employeur s'acquitte de cotisations supplémentaires sur les gains inférieurs au seuil de revenu minimal pour la sécurité sociale. Cette cotisation supplémentaire diminue à mesure que les gains augmentent et disparaît totalement lorsque les revenus du salarié atteignent le seuil de revenu minimal pour la sécurité sociale. Les taux marginaux négatifs des cotisations patronales de sécurité sociale découlent de la diminution des cotisations supplémentaires.

Les contribuables supportent des taux marginaux nets d'imposition des personnes physiques et des coins fiscaux d'environ 70 % ou plus dans plusieurs pays de l'OCDE à certains niveaux de revenu. Tel est le cas des contribuables sans enfant en Australie, en Autriche, en Belgique, au Chili, en Espagne, en France[4], en Italie, au Japon, au Luxembourg, au Mexique, au Royaume-Uni et en Slovénie. Ces taux s'appliquent aussi aux familles avec enfants en Australie, en Autriche, en Belgique, au Canada, au Chili, en Colombie, en Corée, en Espagne, en France[5], en Grèce, en Irlande, en Italie, au Japon, en Lituanie, au Luxembourg, au Mexique, en Nouvelle-Zélande, au Portugal, en République slovaque, au Royaume-Uni, en Slovénie et en Tchéquie. Dans de nombreux pays, ces taux d'imposition marginaux élevés résultent en partie d'une réduction des prestations, abattements ou crédits d'impôt ciblant les contribuables à bas revenus à mesure que le revenu augmente.

Le mouvement de zigzag des pressions fiscales marginales qui transparaît de certains graphiques se produit lorsque les modifications des impôts, des cotisations de sécurité sociale et/ou des prestations consécutives à de faibles augmentations du revenu varient de manière discontinue sur l'échelle des revenus. Tel est le cas en Allemagne, au Japon, au Luxembourg, en Suède et en Suisse à cause des règles d'arrondi ; et en raison des caractéristiques discrètes du crédit d'impôt, dans le cadre du système PAYE (prélèvement à la source), du crédit d'impôt pour conjoint à charge et des allocations familiales en Italie.

Australie 2024 : décomposition du coin fiscal moyen

en fonction du salaire brut exprimé en % du salaire moyen

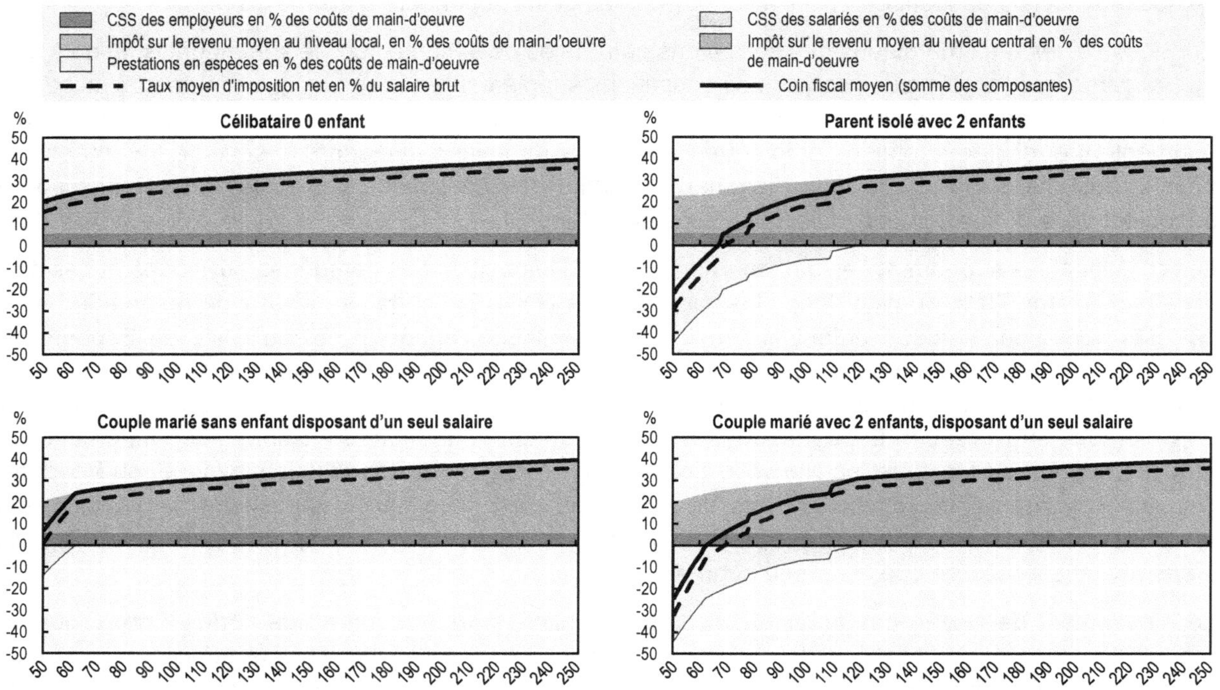

StatLink https://stat.link/tz9kiw

Australie 2024 : décomposition du coin fiscal marginal

en fonction du salaire brut exprimé en % du salaire moyen

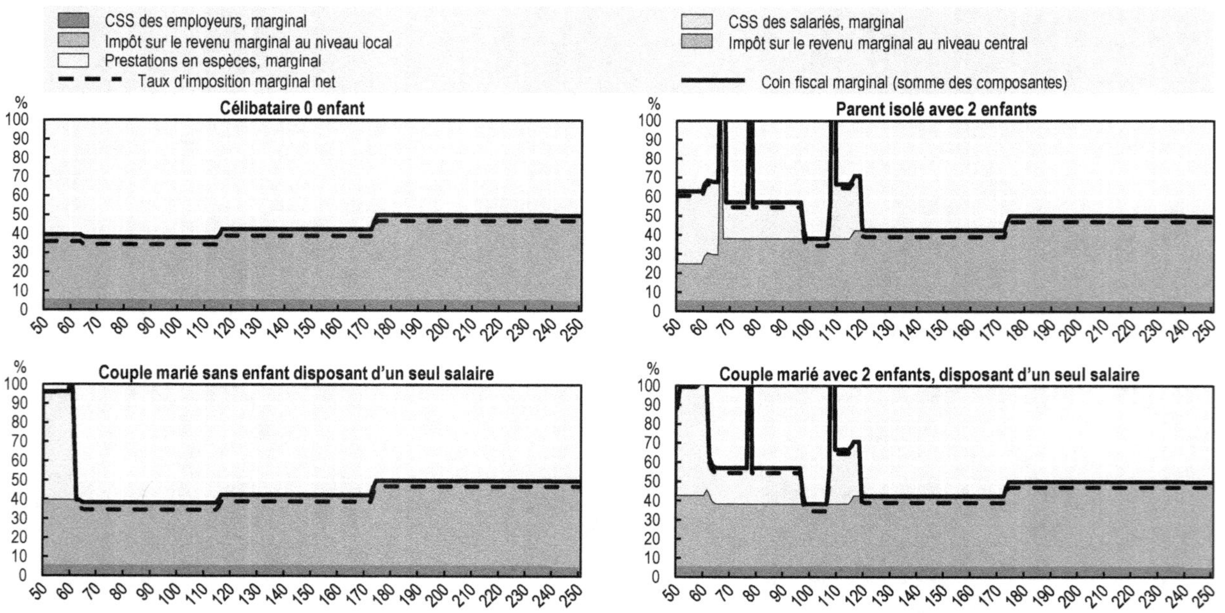

StatLink https://stat.link/2f58qz

Autriche 2024 : décomposition du coin fiscal moyen

en fonction du salaire brut exprimé en % du salaire moyen

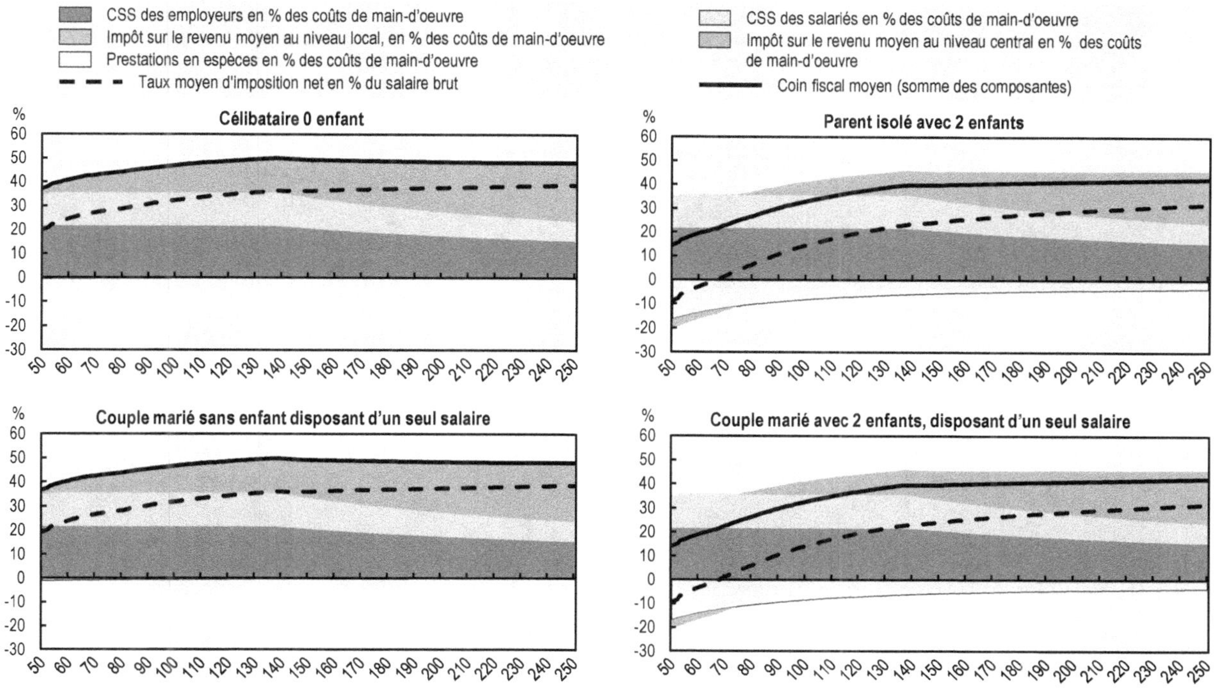

StatLink https://stat.link/tgfc5y

Autriche 2024 : décomposition du coin fiscal marginal

en fonction du salaire brut exprimé en % du salaire moyen

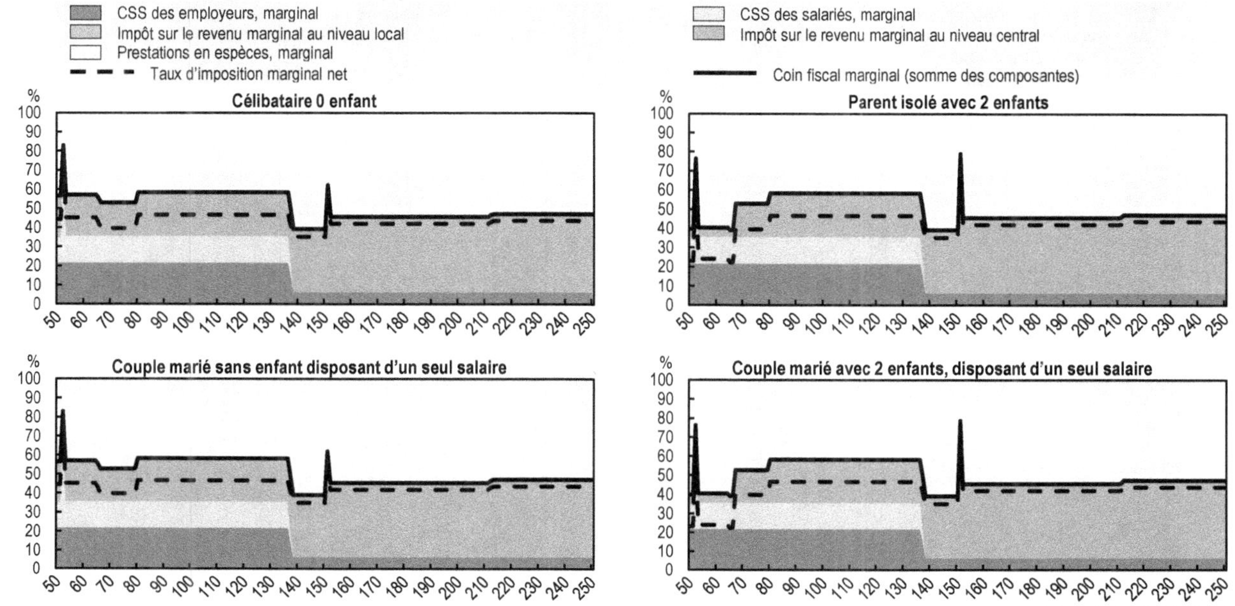

StatLink https://stat.link/y42s0e

Belgique 2024 : décomposition du coin fiscal moyen

en fonction du salaire brut exprimé en % du salaire moyen

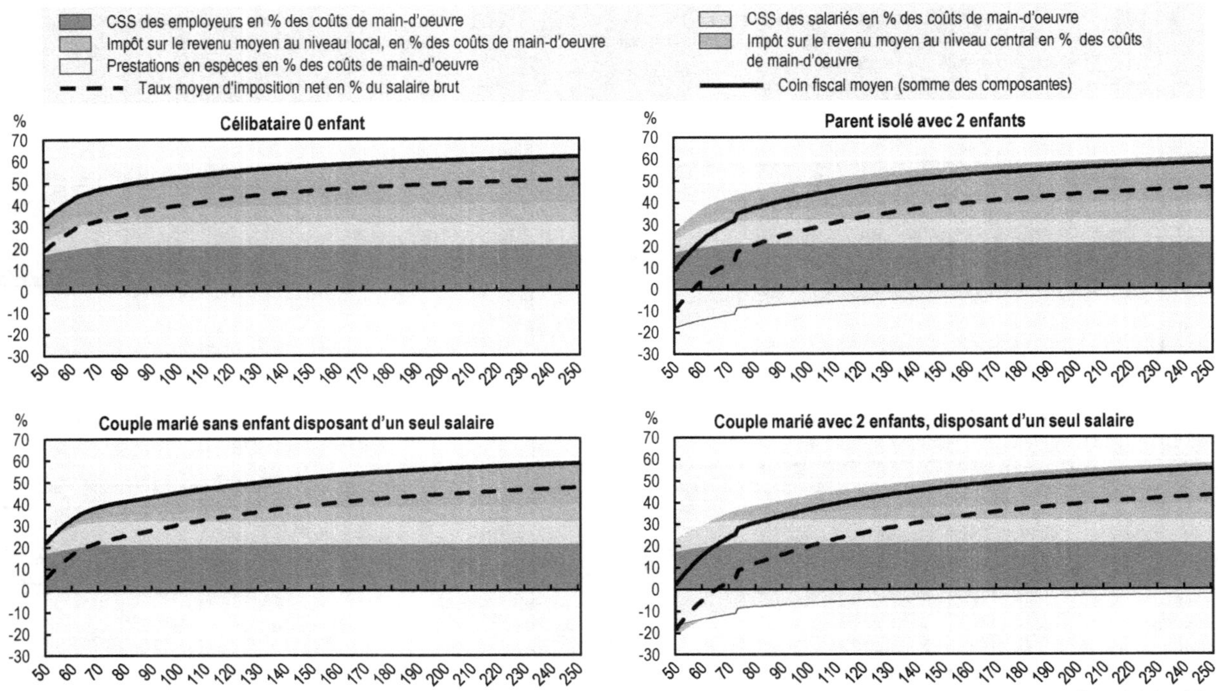

StatLink https://stat.link/mpk0ns

Belgique 2024 : décomposition du coin fiscal marginal

en fonction du salaire brut exprimé en % du salaire moyen

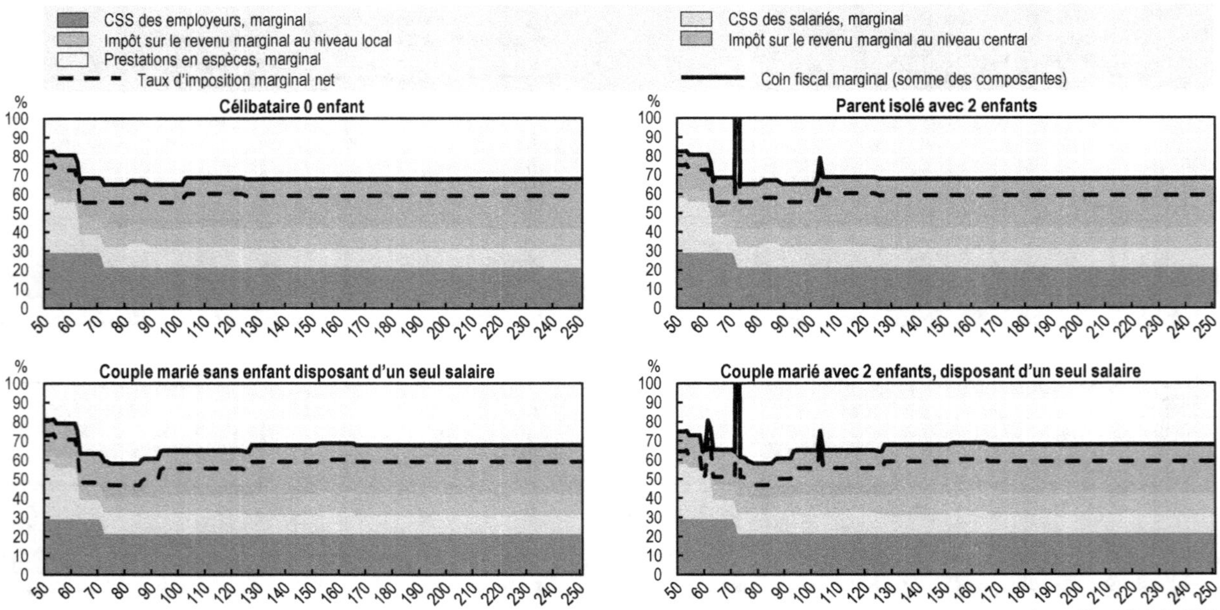

StatLink https://stat.link/97026a

Canada 2024 : décomposition du coin fiscal moyen

en fonction du salaire brut exprimé en % du salaire moyen

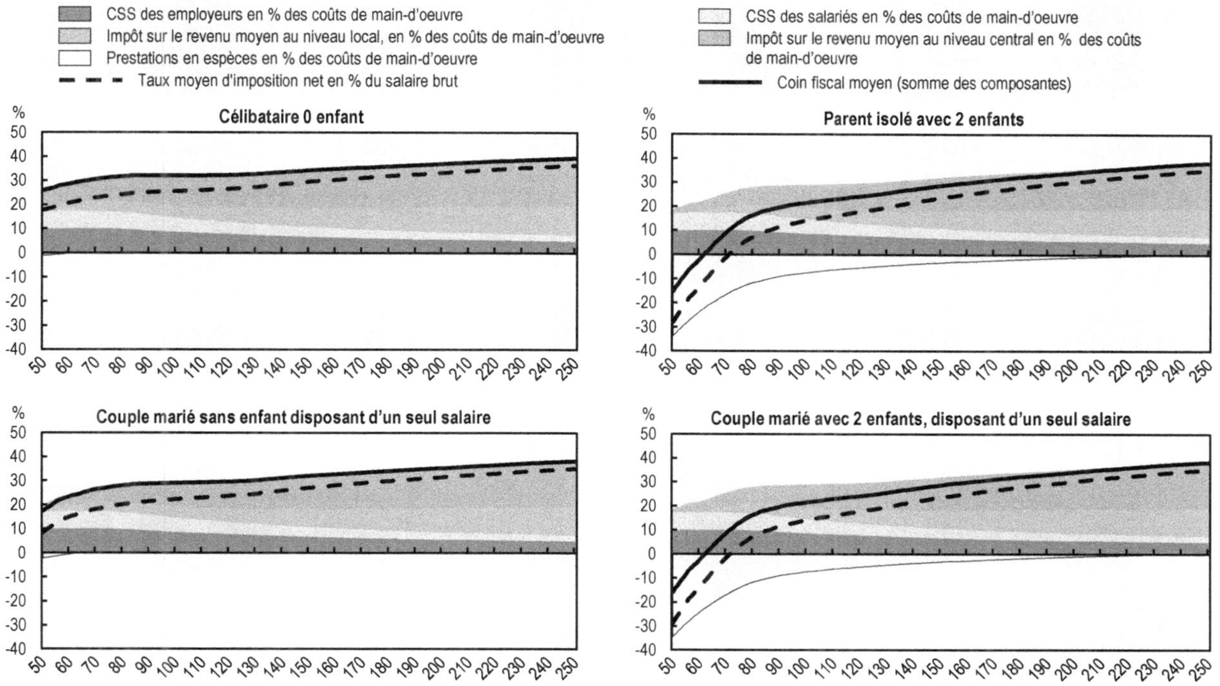

StatLink https://stat.link/t93d5v

Canada 2024 : décomposition du coin fiscal marginal

en fonction du salaire brut exprimé en % du salaire moyen

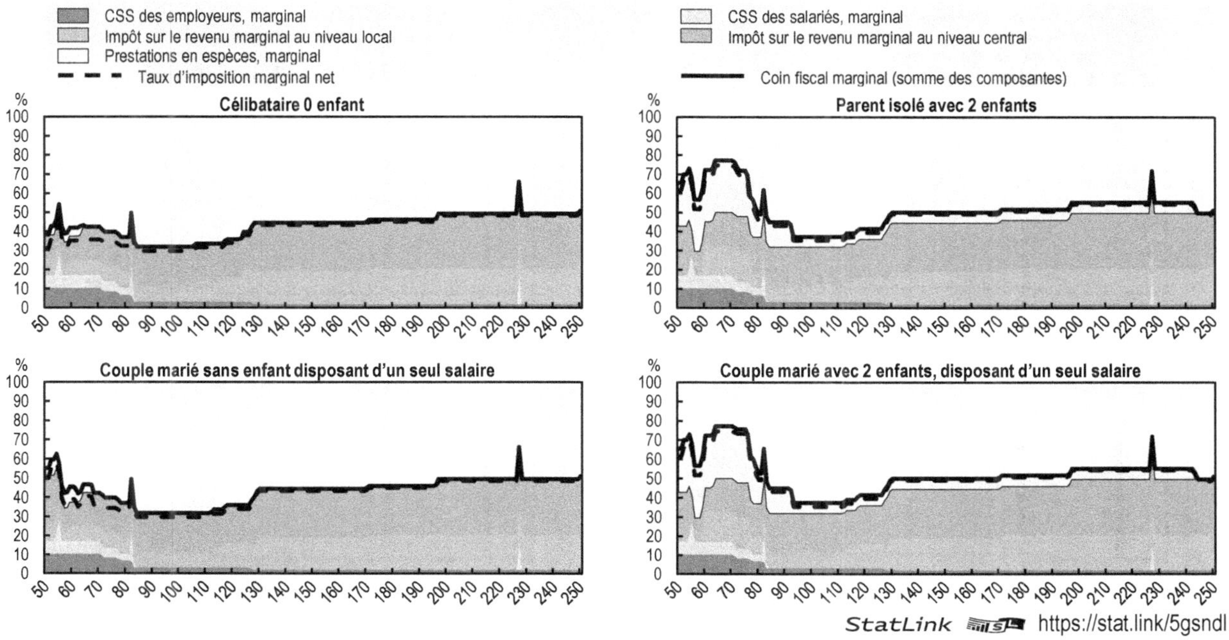

StatLink https://stat.link/5gsndl

Chili 2024 : décomposition du coin fiscal moyen

en fonction du salaire brut exprimé en % du salaire moyen

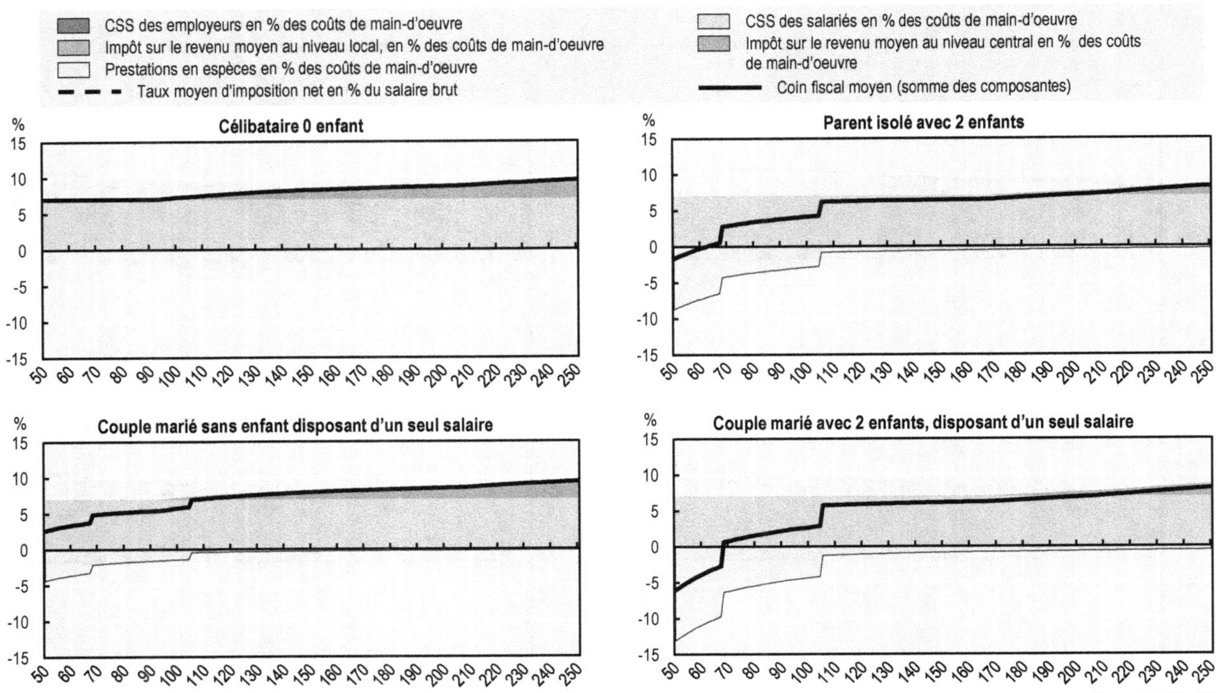

StatLink https://stat.link/7of5lv

Chili 2024 : décomposition du coin fiscal marginal

en fonction du salaire brut exprimé en % du salaire moyen

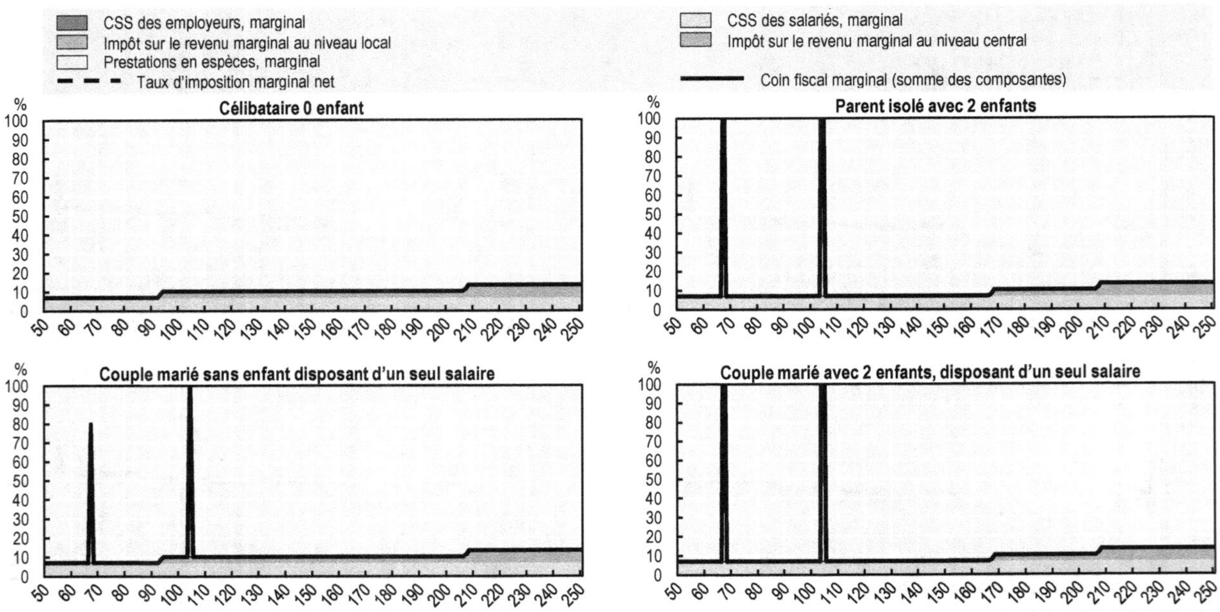

StatLink https://stat.link/6bo7up

Colombie 2024 : décomposition du coin fiscal moyen

en fonction du salaire brut exprimé en % du salaire moyen

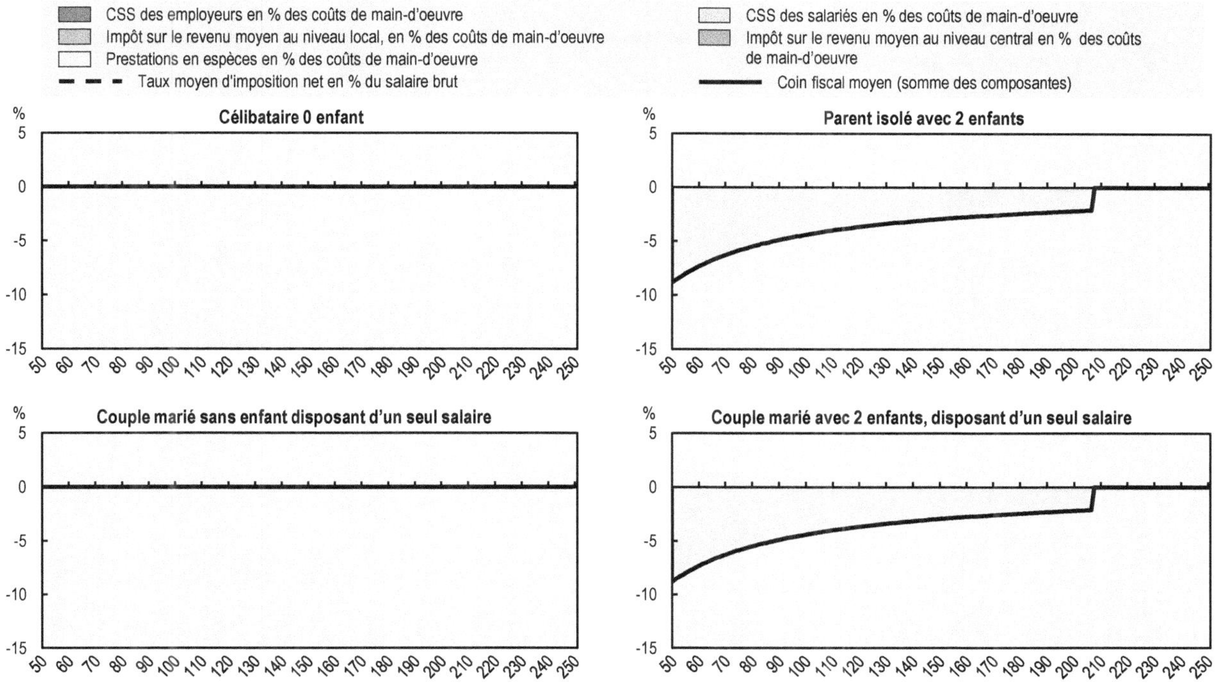

StatLink https://stat.link/tyn0le

Colombie 2024 : décomposition du coin fiscal marginal

en fonction du salaire brut exprimé en % du salaire moyen

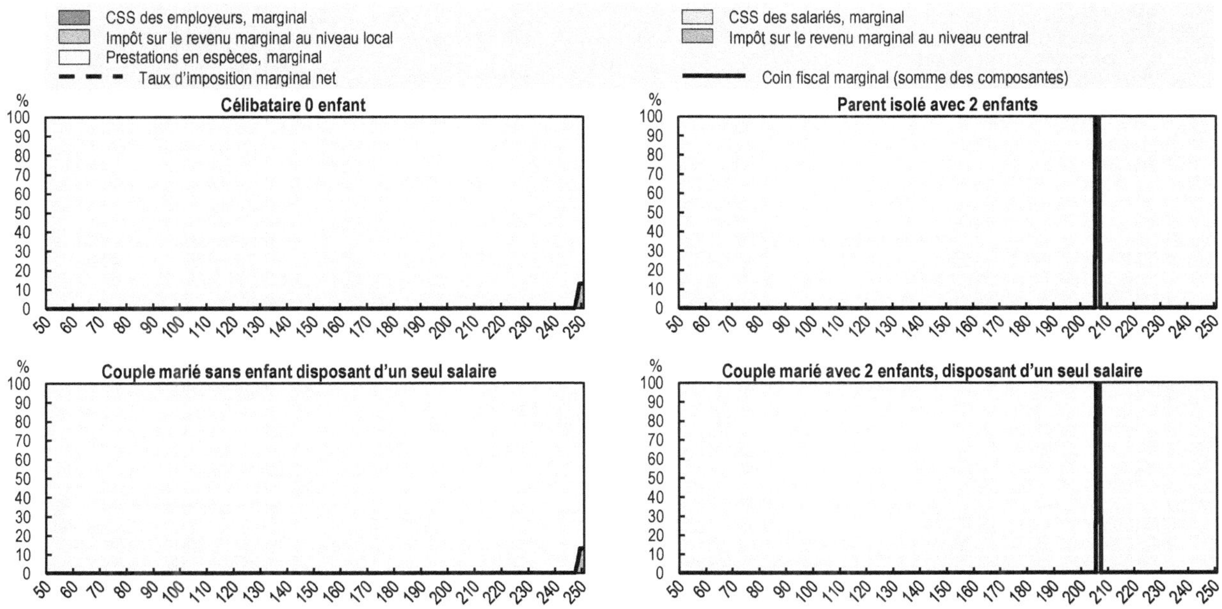

StatLink https://stat.link/szgmau

Costa Rica 2024 : décomposition du coin fiscal moyen

en fonction du salaire brut exprimé en % du salaire moyen

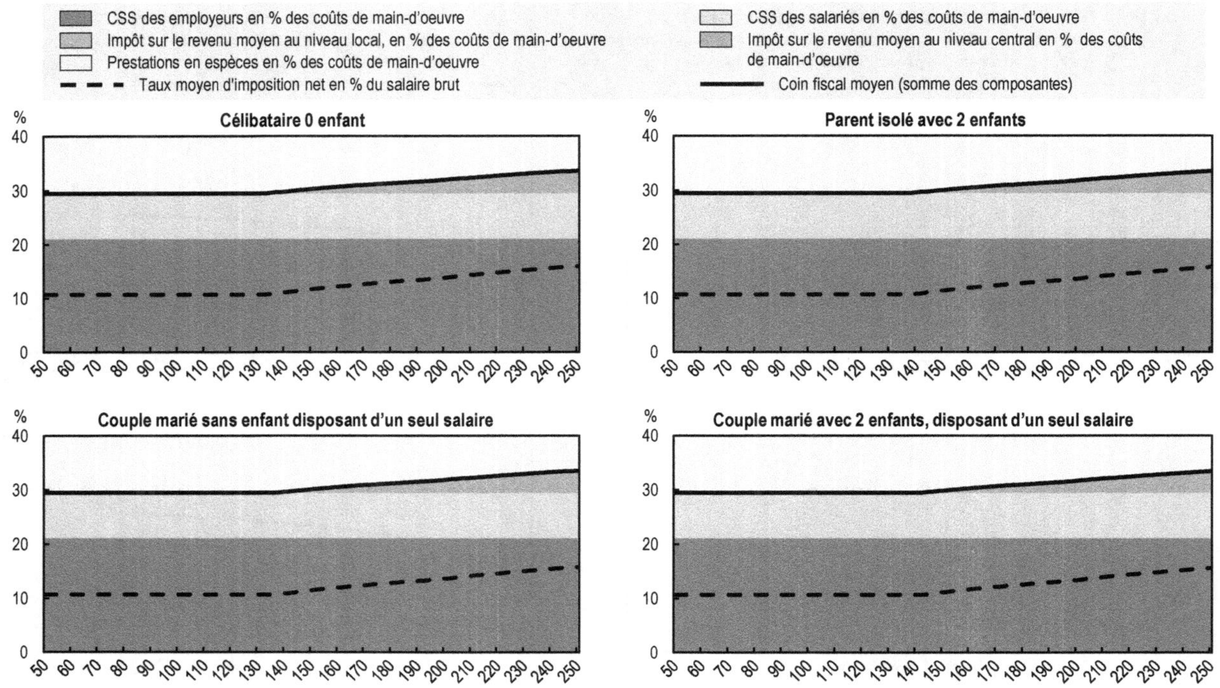

StatLink https://stat.link/6j0cwv

Costa Rica 2024 : décomposition du coin fiscal marginal

en fonction du salaire brut exprimé en % du salaire moyen

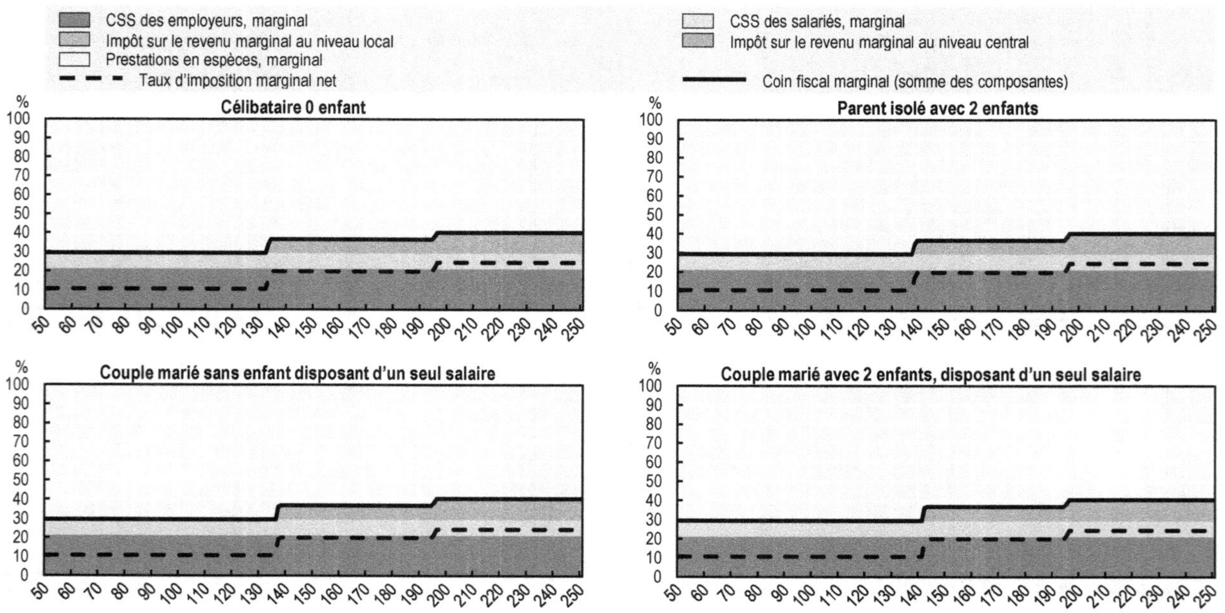

StatLink https://stat.link/j7t30z

Tchéquie 2024 : décomposition du coin fiscal moyen

en fonction du salaire brut exprimé en % du salaire moyen

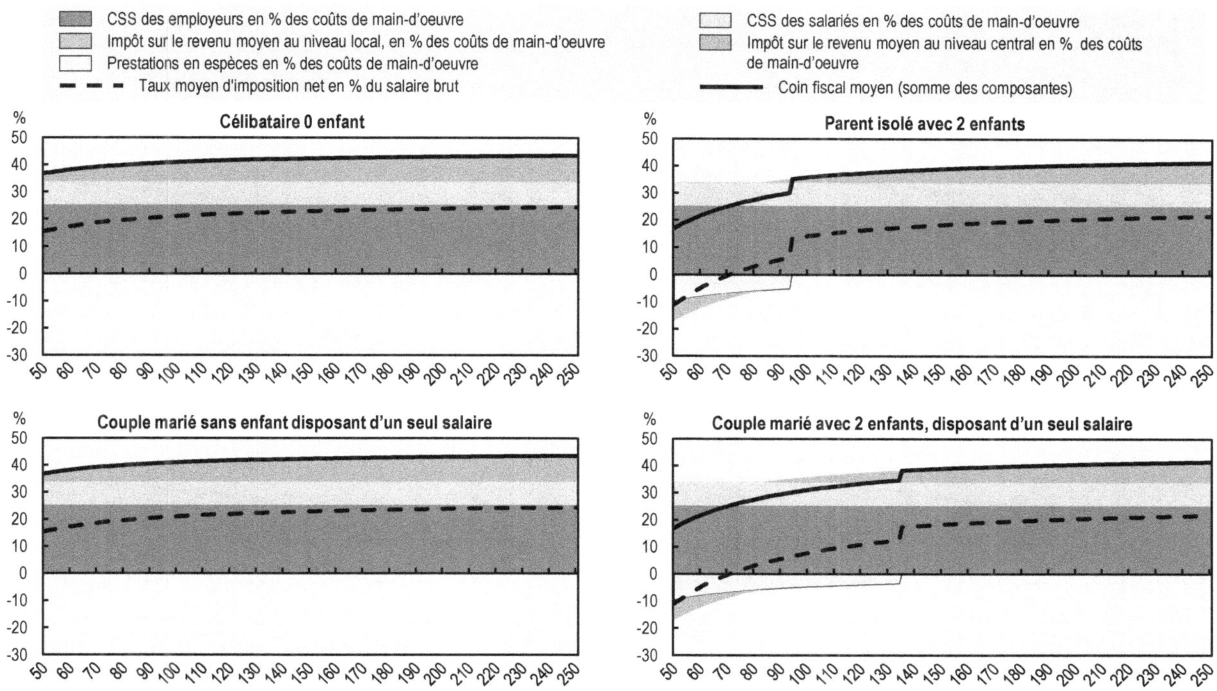

StatLink https://stat.link/2amlpb

Tchéquie 2024 : décomposition du coin fiscal marginal

en fonction du salaire brut exprimé en % du salaire moyen

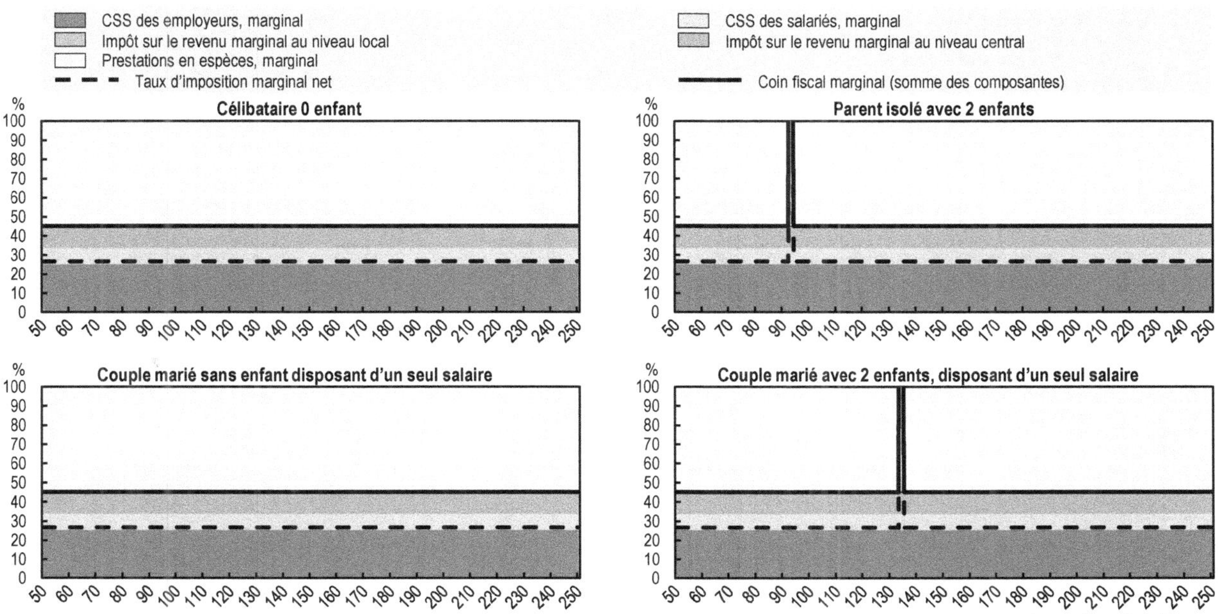

StatLink https://stat.link/9nqpoy

Danemark 2024 : décomposition du coin fiscal moyen

en fonction du salaire brut exprimé en % du salaire moyen

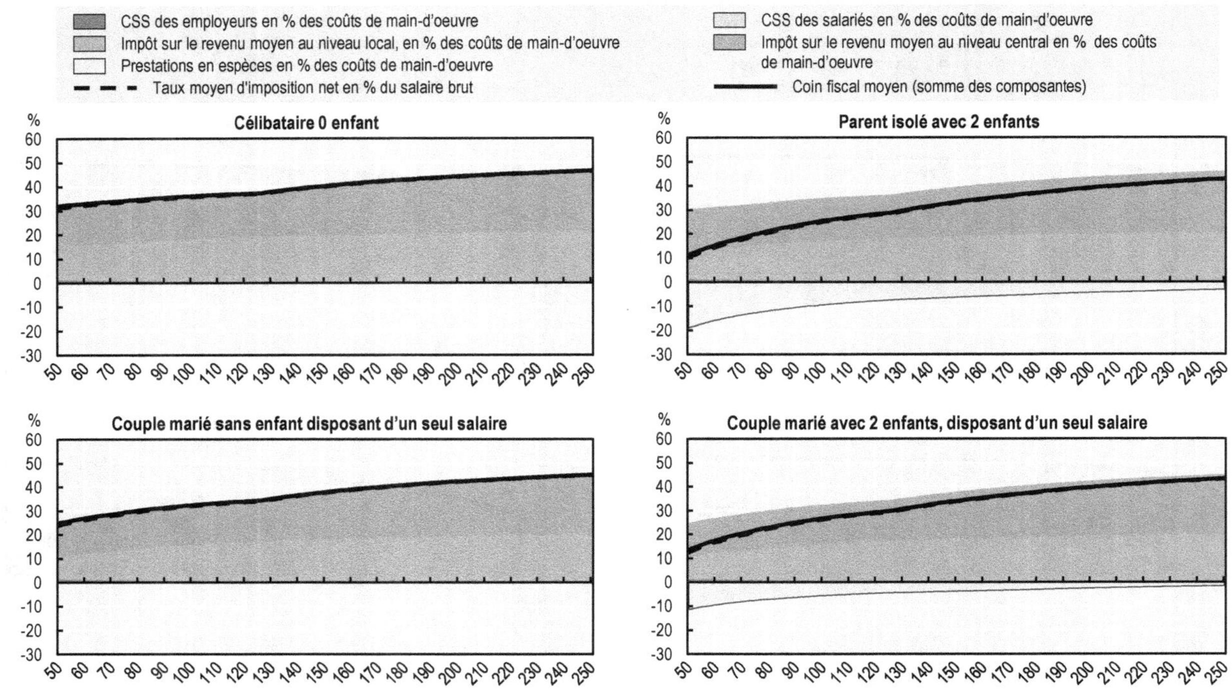

StatLink https://stat.link/vj2bp6

Danemark 2024 : décomposition du coin fiscal marginal

en fonction du salaire brut exprimé en % du salaire moyen

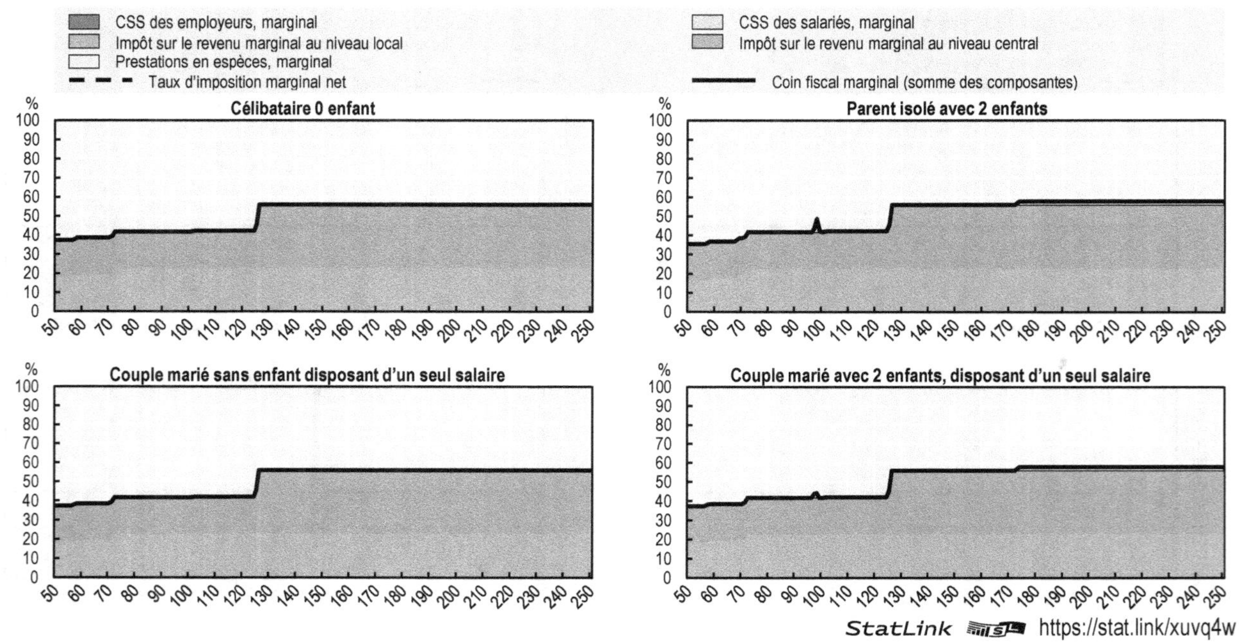

StatLink https://stat.link/xuvq4w

Estonie 2024 : décomposition du coin fiscal moyen

en fonction du salaire brut exprimé en % du salaire moyen

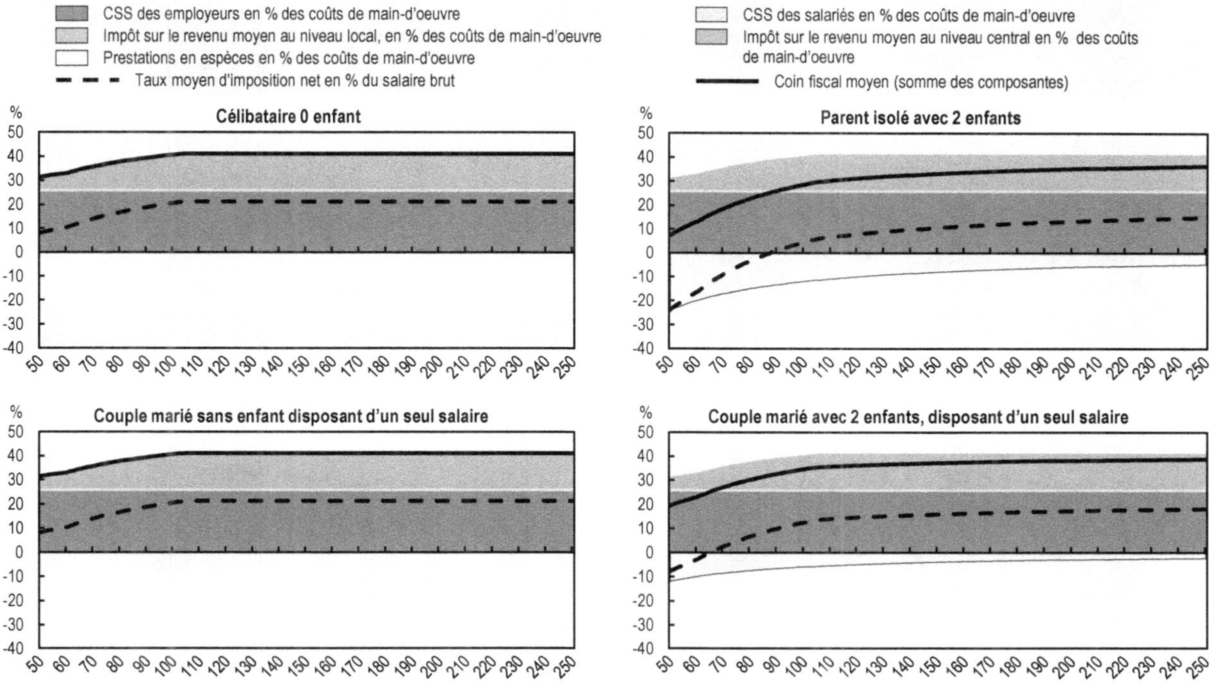

StatLink https://stat.link/4ak2xs

Estonie 2024 : décomposition du coin fiscal marginal

en fonction du salaire brut exprimé en % du salaire moyen

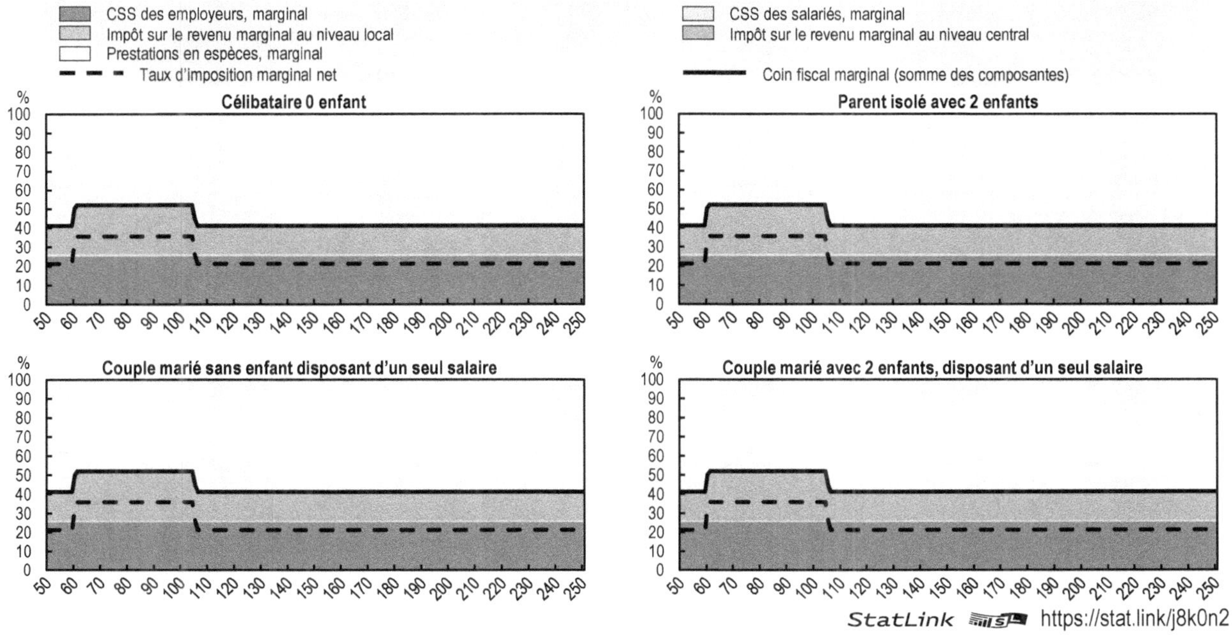

StatLink https://stat.link/j8k0n2

Finlande 2024 : décomposition du coin fiscal moyen

en fonction du salaire brut exprimé en % du salaire moyen

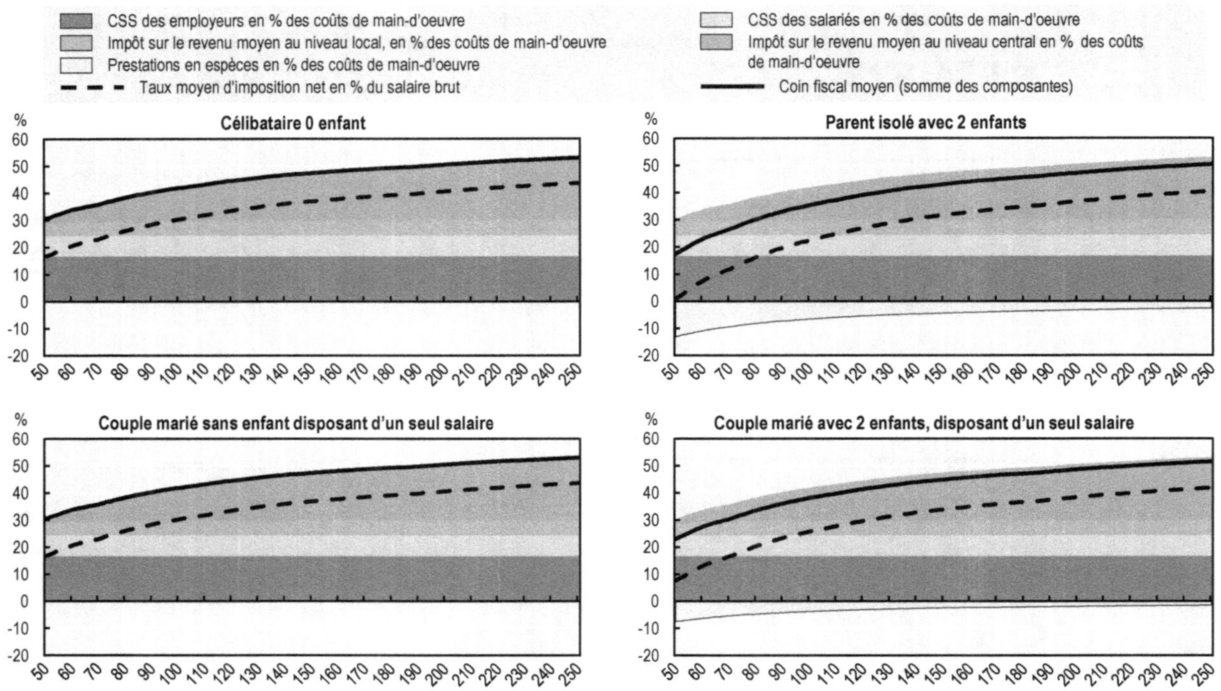

StatLink https://stat.link/8vp3o2

Finlande 2024 : décomposition du coin fiscal marginal

en fonction du salaire brut exprimé en % du salaire moyen

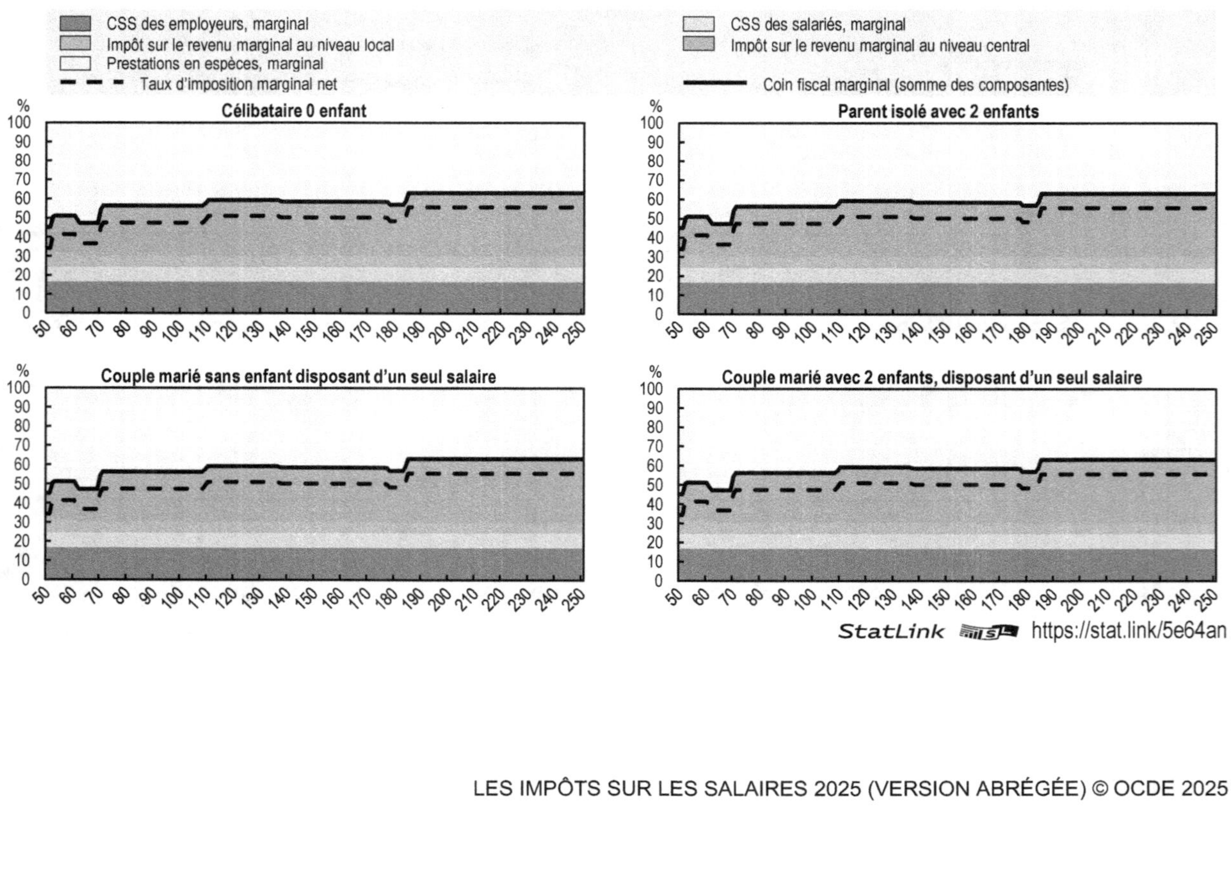

StatLink https://stat.link/5e64an

France 2024 : décomposition du coin fiscal moyen

en fonction du salaire brut exprimé en % du salaire moyen

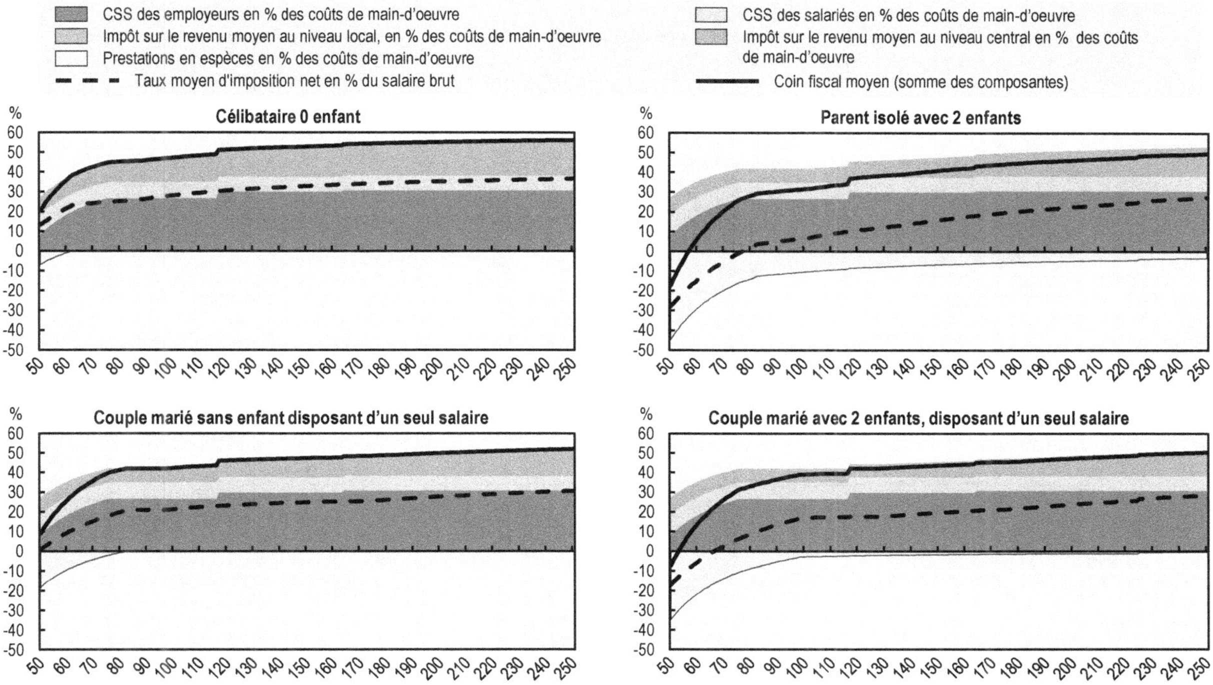

StatLink https://stat.link/rpy4o6

France 2024 : décomposition du coin fiscal marginal

en fonction du salaire brut exprimé en % du salaire moyen

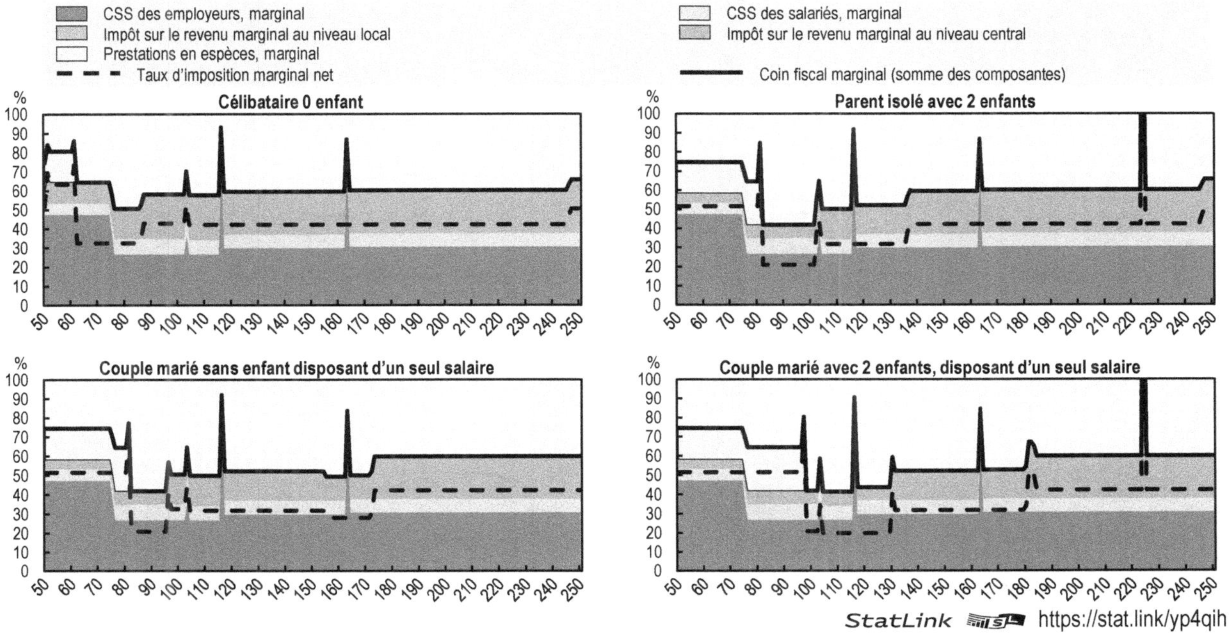

StatLink https://stat.link/yp4qih

Allemagne 2024 : décomposition du coin fiscal moyen

en fonction du salaire brut exprimé en % du salaire moyen

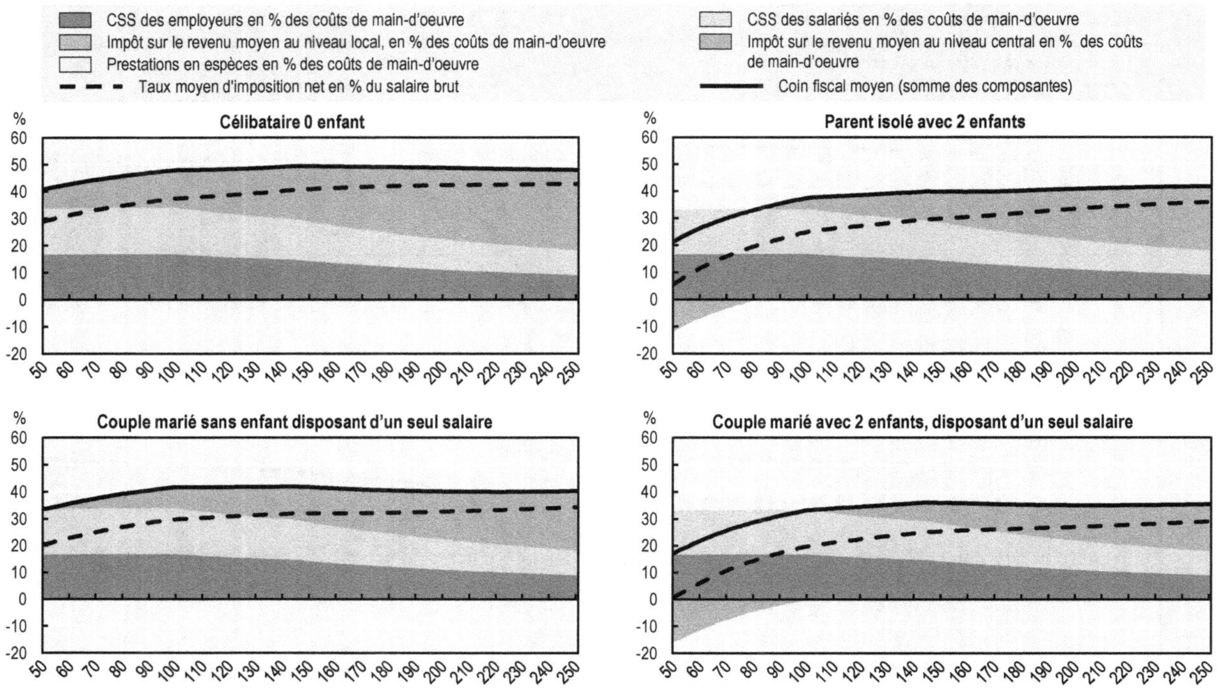

StatLink https://stat.link/nuqcow

Allemagne 2024 : décomposition du coin fiscal marginal

en fonction du salaire brut exprimé en % du salaire moyen

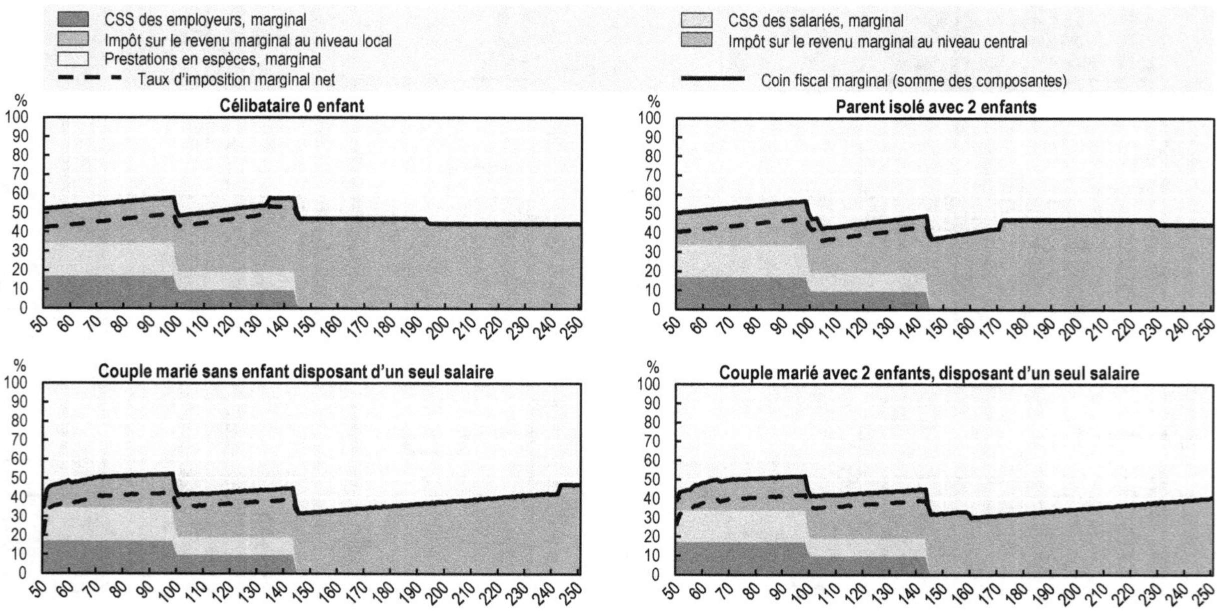

StatLink https://stat.link/etm6po

Grèce 2024 : décomposition du coin fiscal moyen

en fonction du salaire brut exprimé en % du salaire moyen

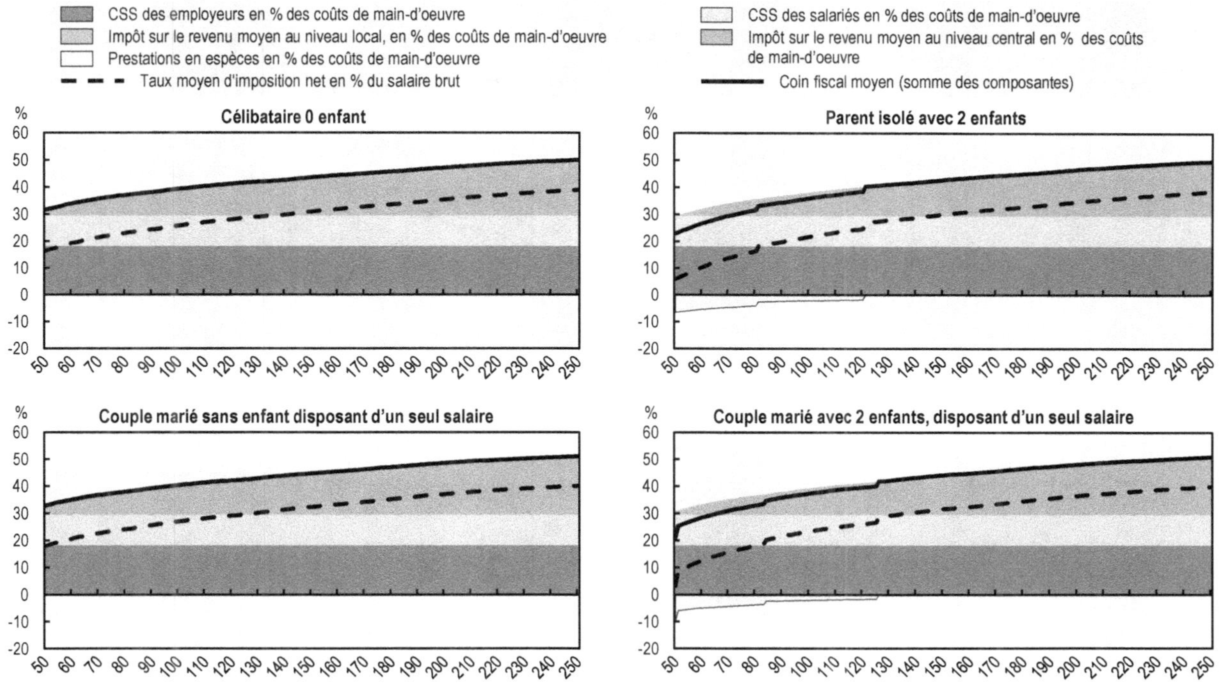

StatLink https://stat.link/avof4s

Grèce 2024 : décomposition du coin fiscal marginal

en fonction du salaire brut exprimé en % du salaire moyen

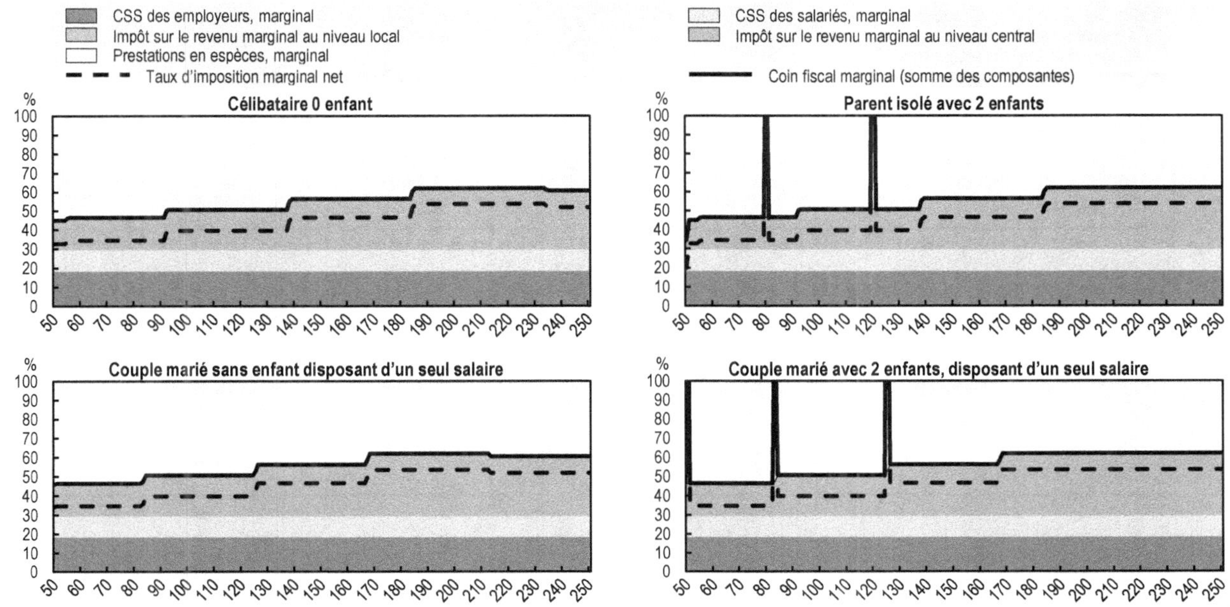

StatLink https://stat.link/uqta02

Hongrie 2024 : décomposition du coin fiscal moyen

en fonction du salaire brut exprimé en % du salaire moyen

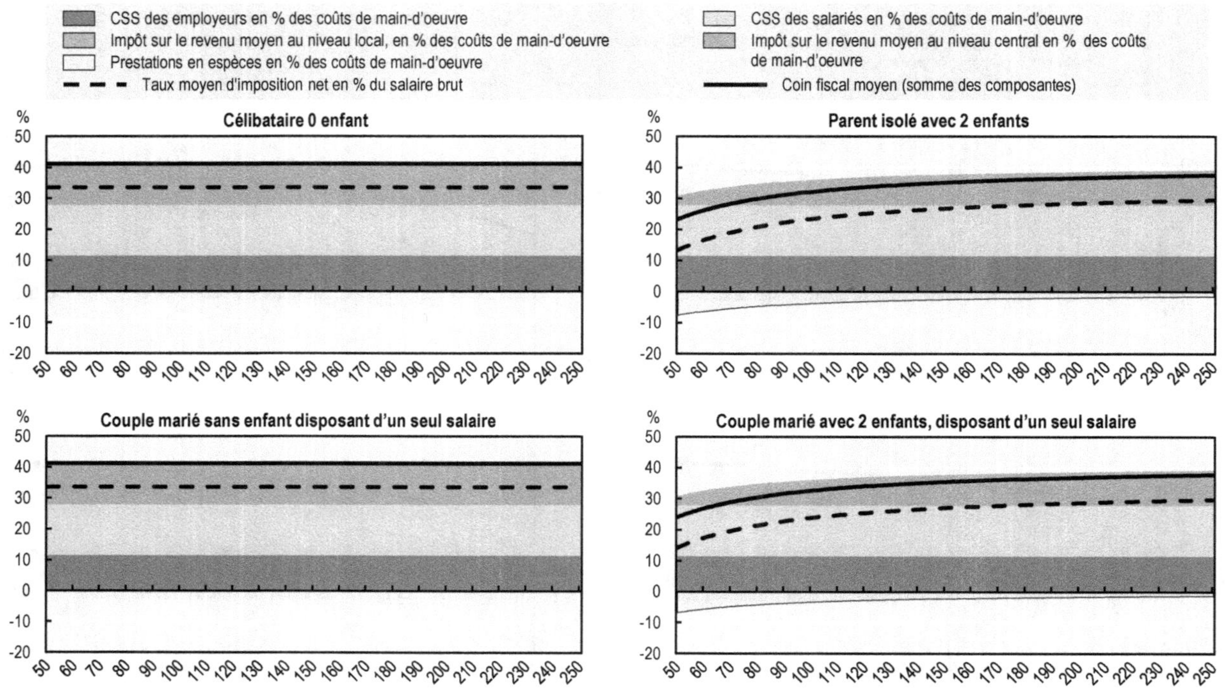

StatLink https://stat.link/o197u4

Hongrie 2024 : décomposition du coin fiscal marginal

en fonction du salaire brut exprimé en % du salaire moyen

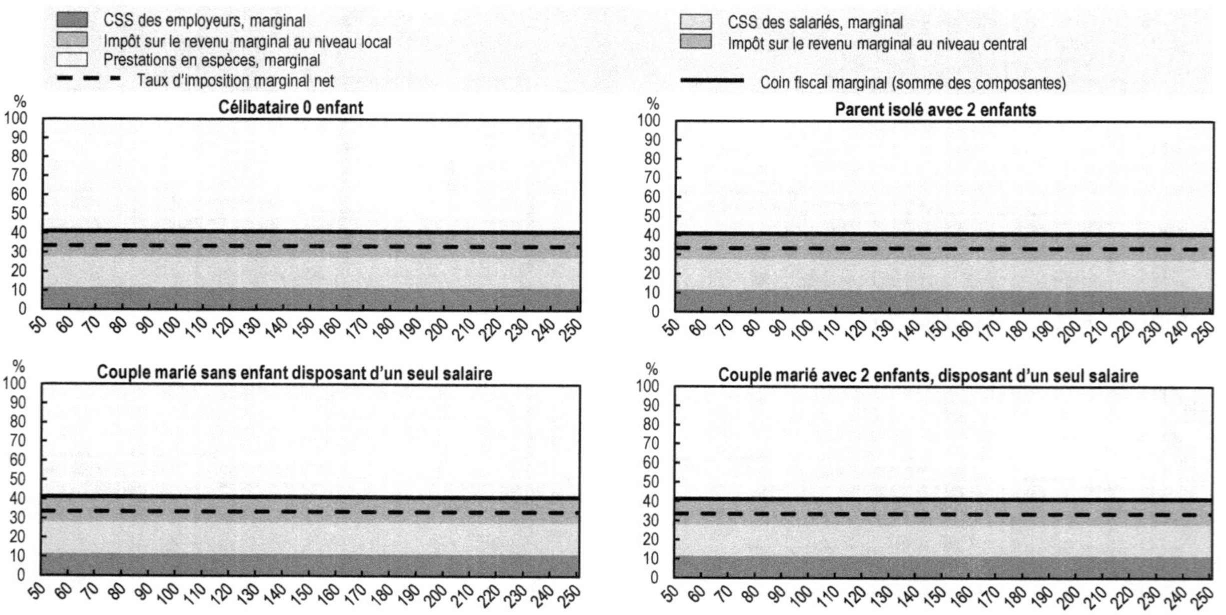

StatLink https://stat.link/xzw35j

Islande 2024 : décomposition du coin fiscal moyen

en fonction du salaire brut exprimé en % du salaire moyen

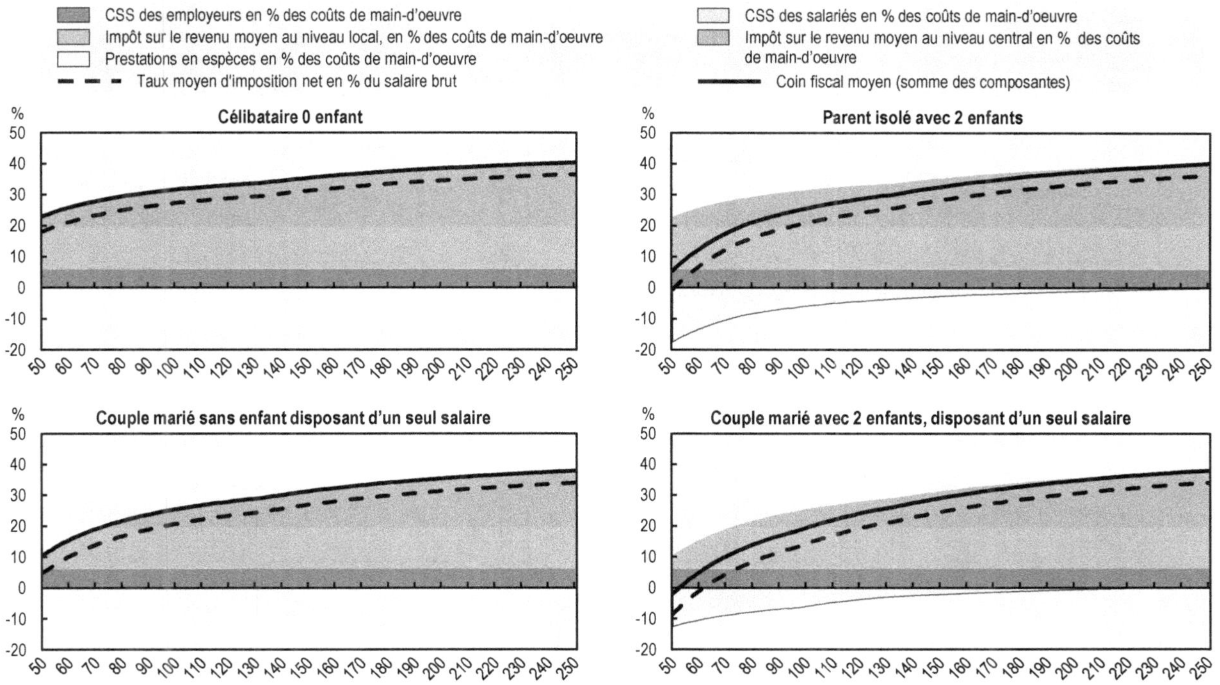

StatLink https://stat.link/vdn5bh

Islande 2024 : décomposition du coin fiscal marginal

en fonction du salaire brut exprimé en % du salaire moyen

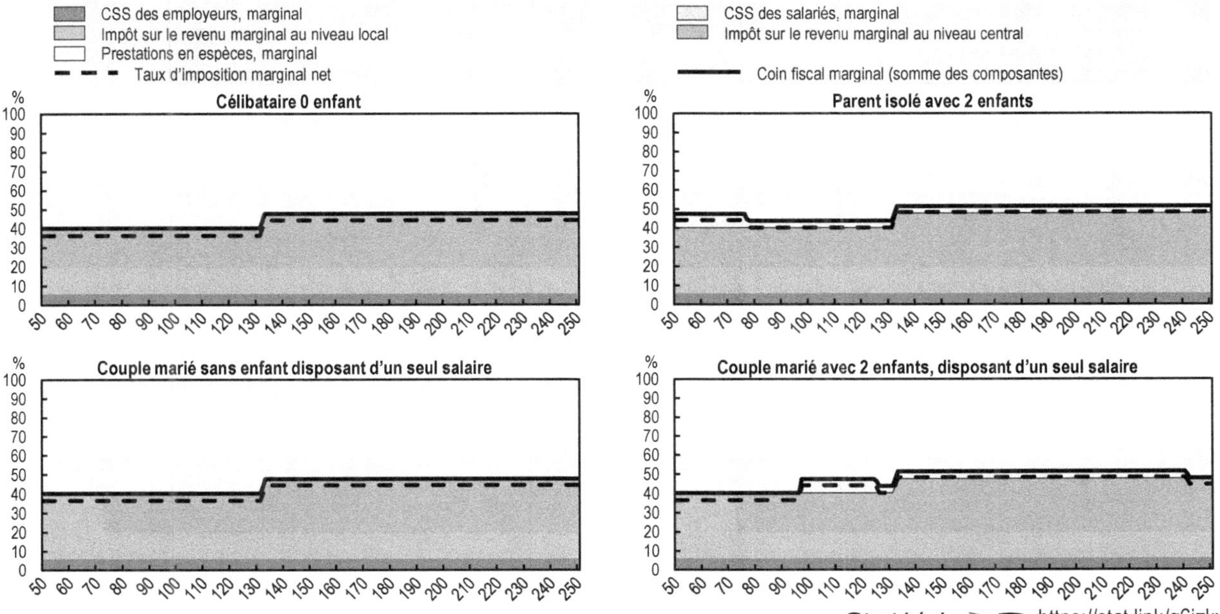

StatLink https://stat.link/q6izkx

Irlande 2024 : décomposition du coin fiscal moyen

en fonction du salaire brut exprimé en % du salaire moyen

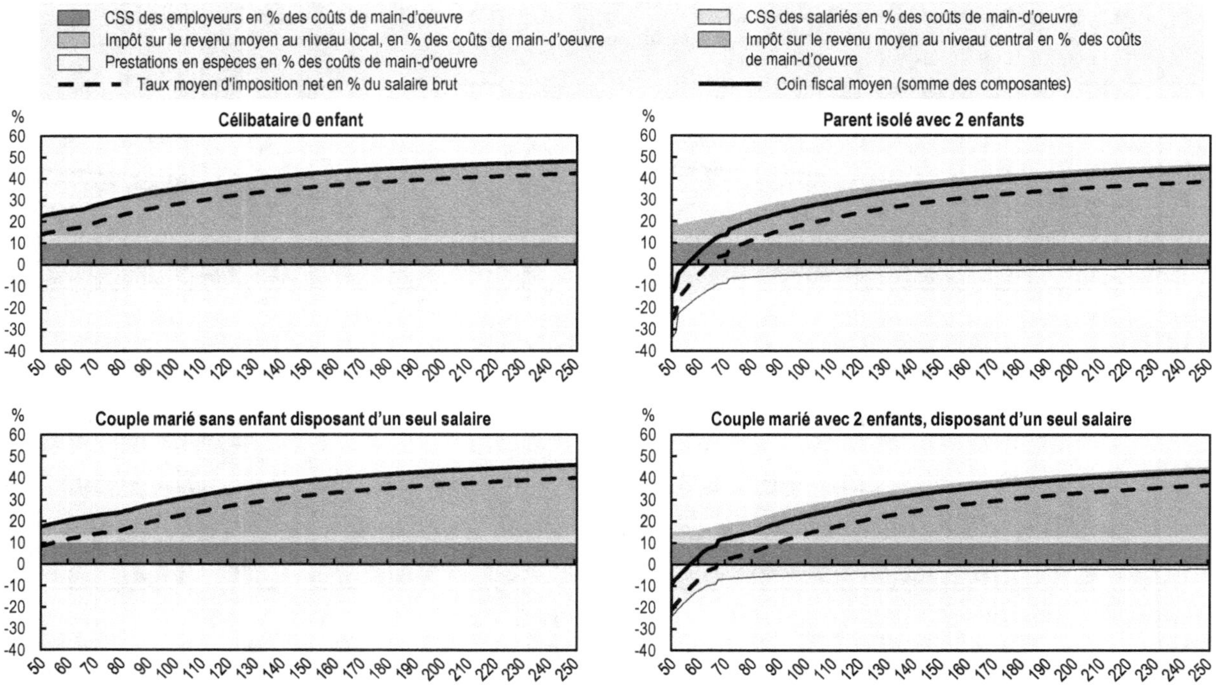

StatLink https://stat.link/mebzkh

Irlande 2024 : décomposition du coin fiscal marginal

en fonction du salaire brut exprimé en % du salaire moyen

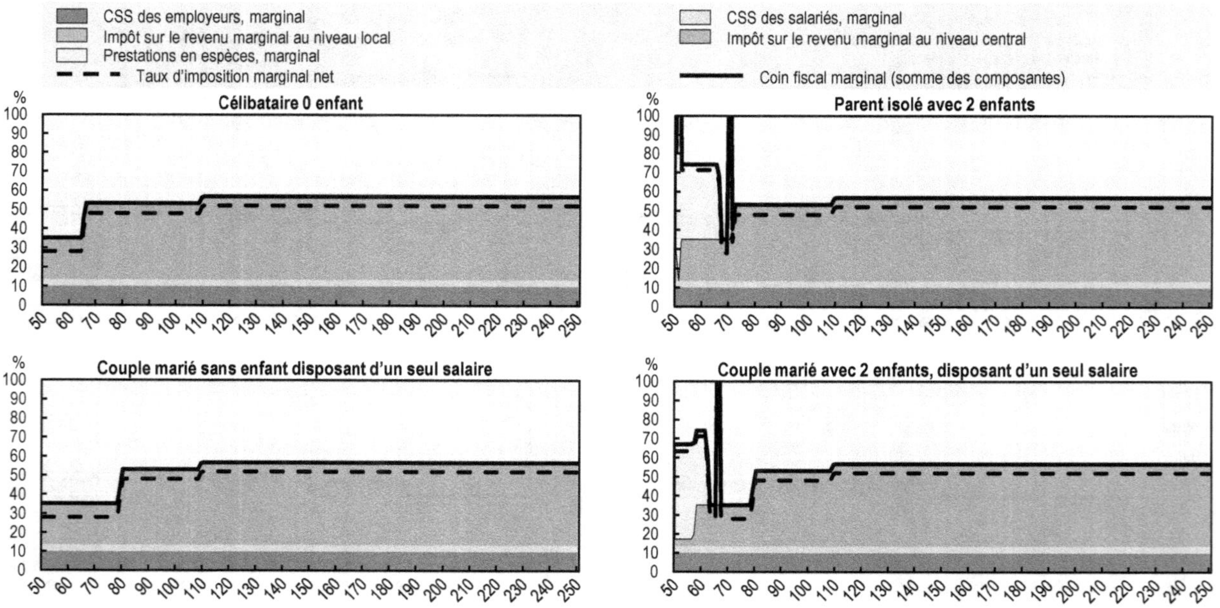

StatLink https://stat.link/v5i03w

Israël 2024 : décomposition du coin fiscal moyen

en fonction du salaire brut exprimé en % du salaire moyen

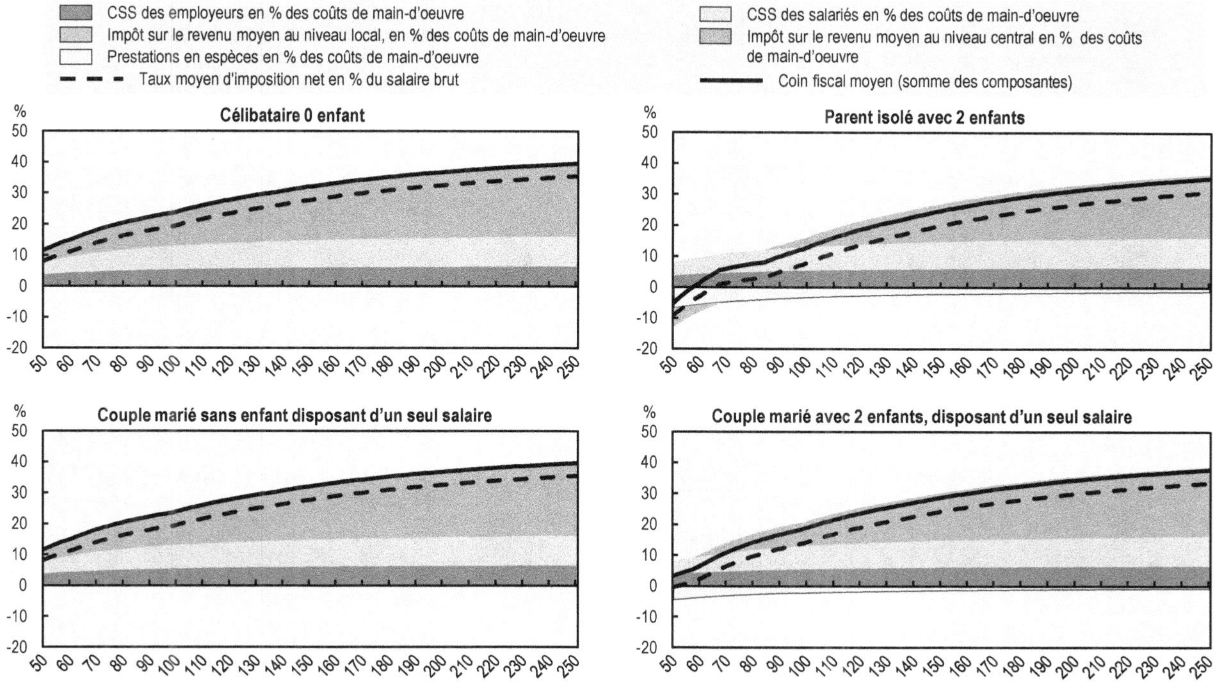

StatLink https://stat.link/0bcq57

Israël 2024 : décomposition du coin fiscal marginal

en fonction du salaire brut exprimé en % du salaire moyen

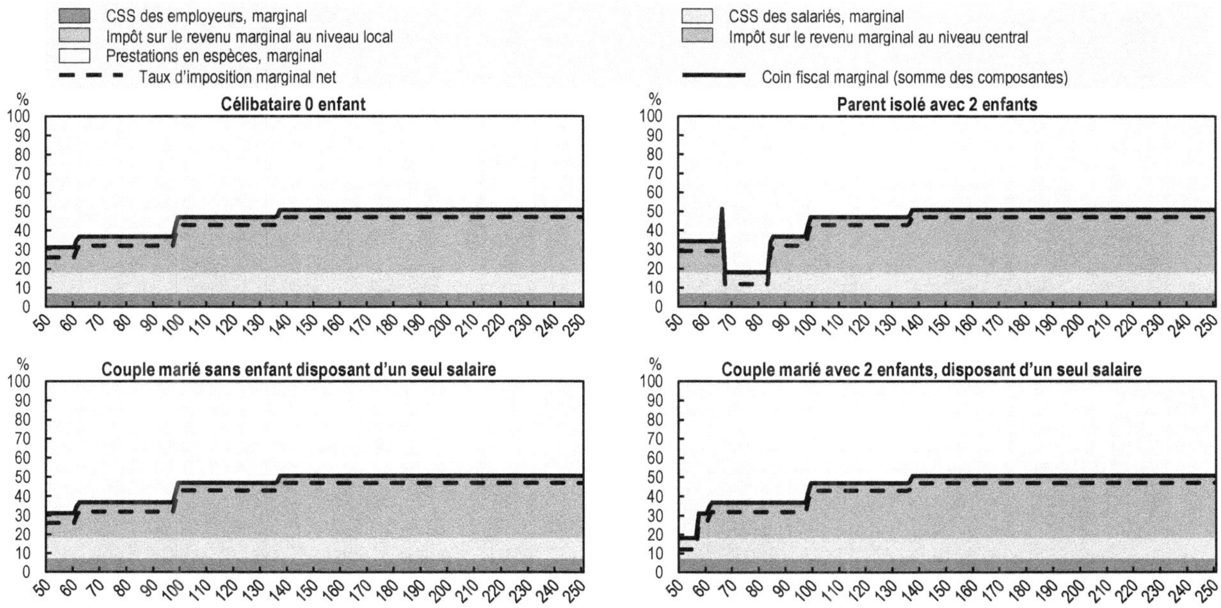

StatLink https://stat.link/vy2pnl

Italie 2024 : décomposition du coin fiscal moyen

en fonction du salaire brut exprimé en % du salaire moyen

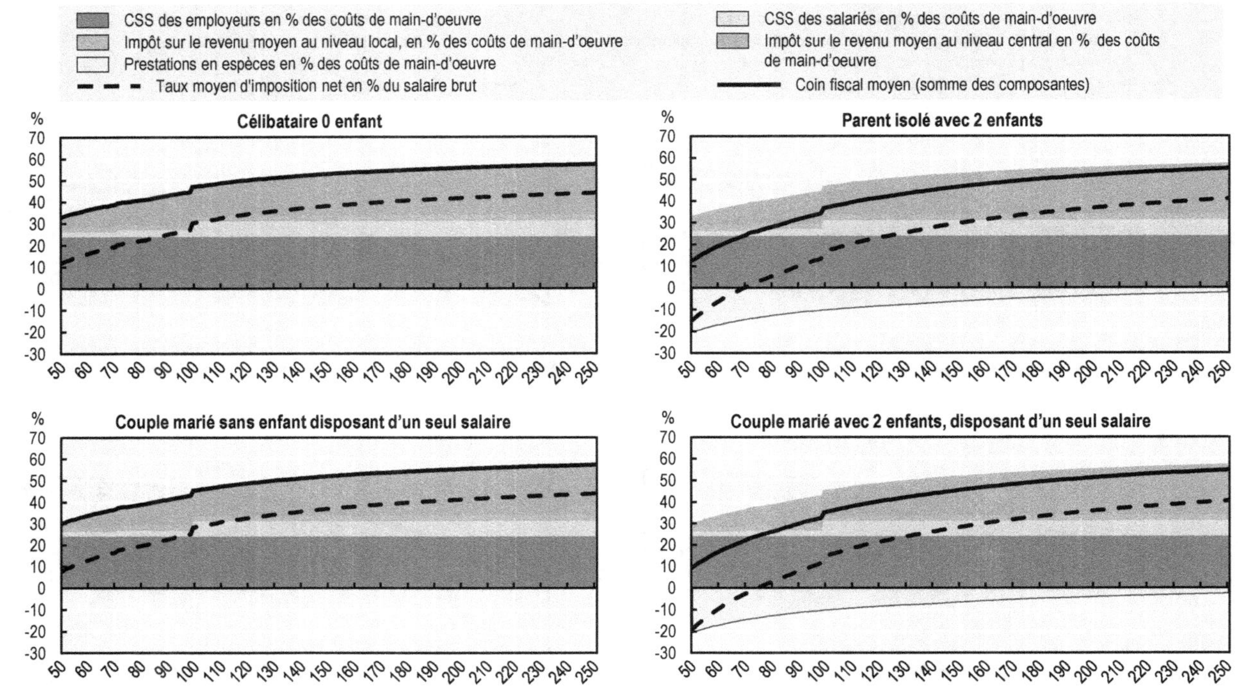

StatLink https://stat.link/7x842t

Italie 2024 : décomposition du coin fiscal marginal

en fonction du salaire brut exprimé en % du salaire moyen

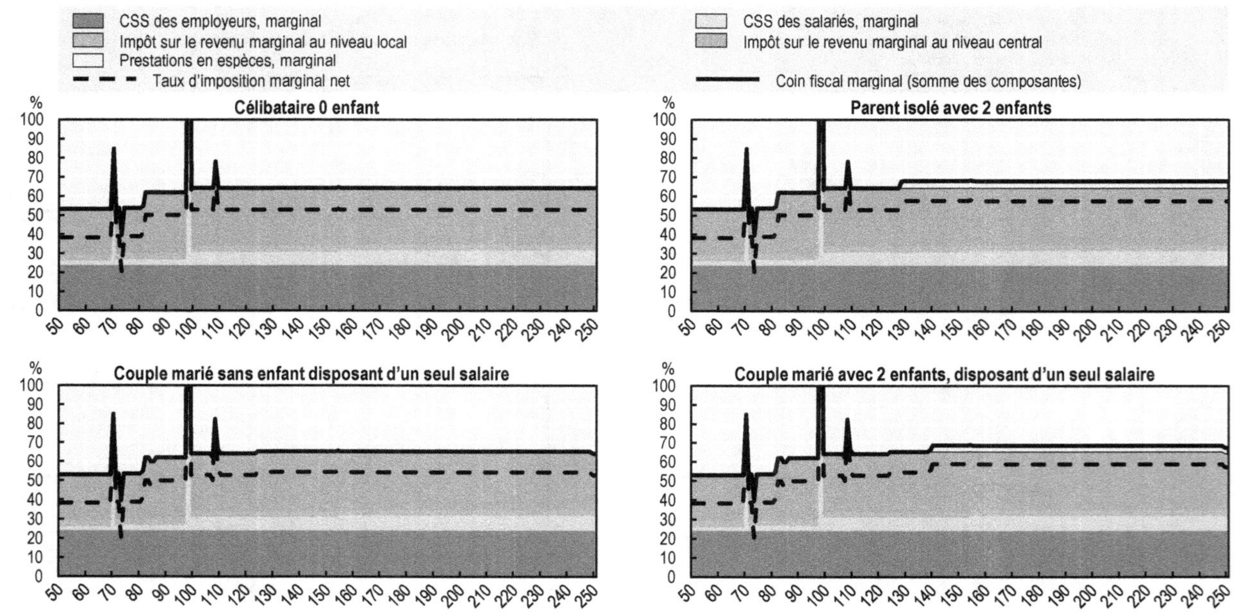

StatLink https://stat.link/d89z2q

Japon 2024 : décomposition du coin fiscal moyen

en fonction du salaire brut exprimé en % du salaire moyen

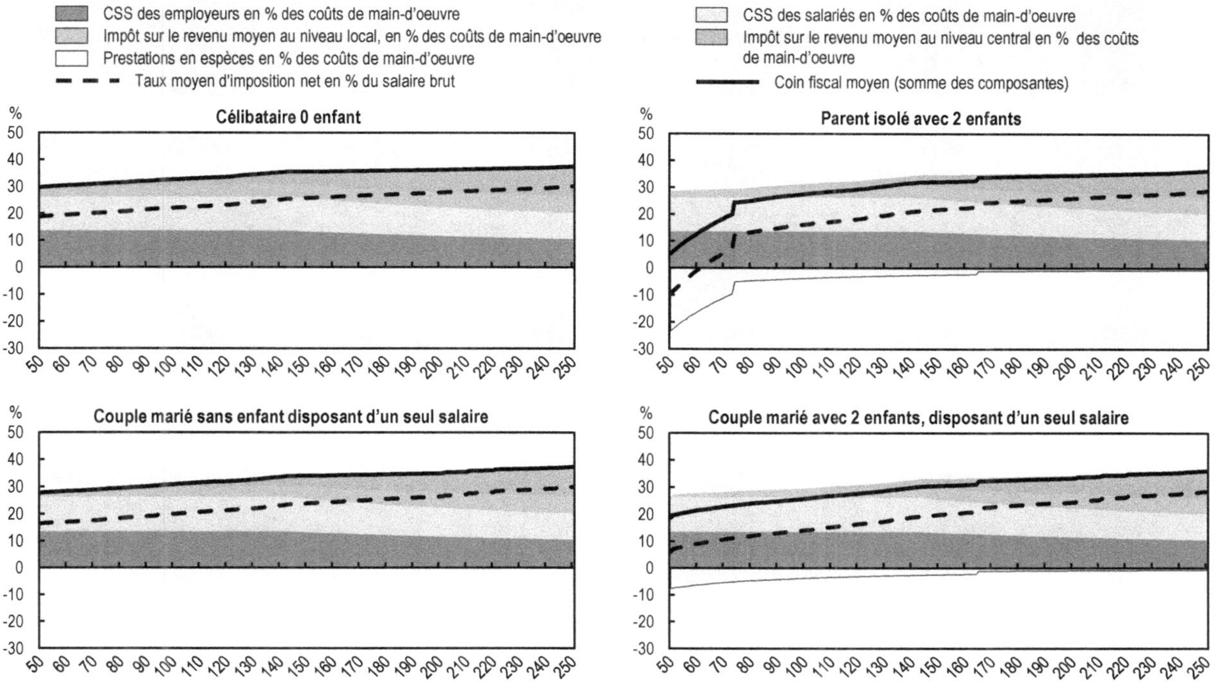

StatLink https://stat.link/6d3erk

Japon 2024 : décomposition du coin fiscal marginal

en fonction du salaire brut exprimé en % du salaire moyen

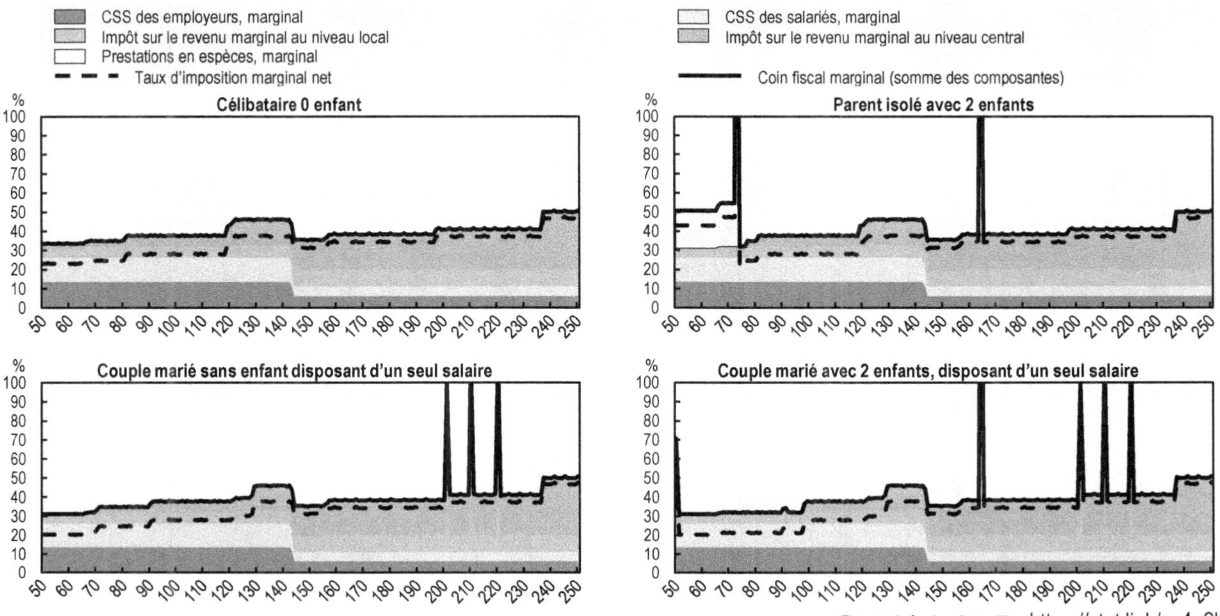

StatLink https://stat.link/ey4o2h

Corée 2024 : décomposition du coin fiscal moyen

en fonction du salaire brut exprimé en % du salaire moyen

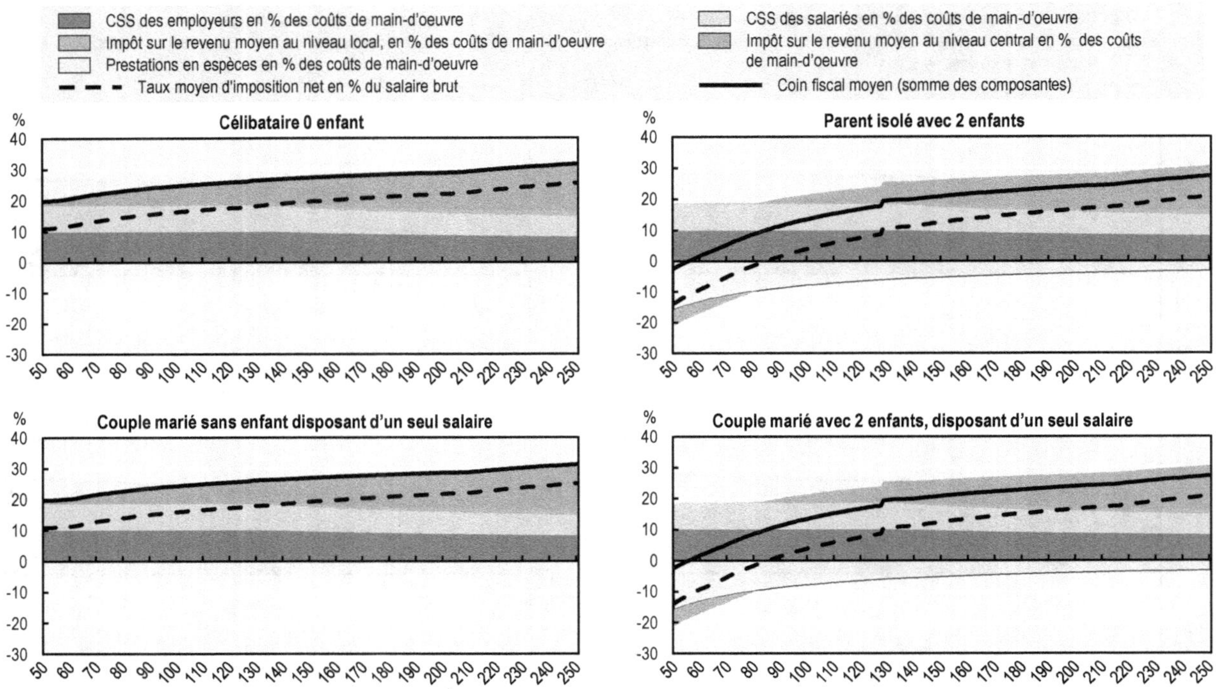

StatLink https://stat.link/c8rb0e

Corée 2024 : décomposition du coin fiscal marginal

en fonction du salaire brut exprimé en % du salaire moyen

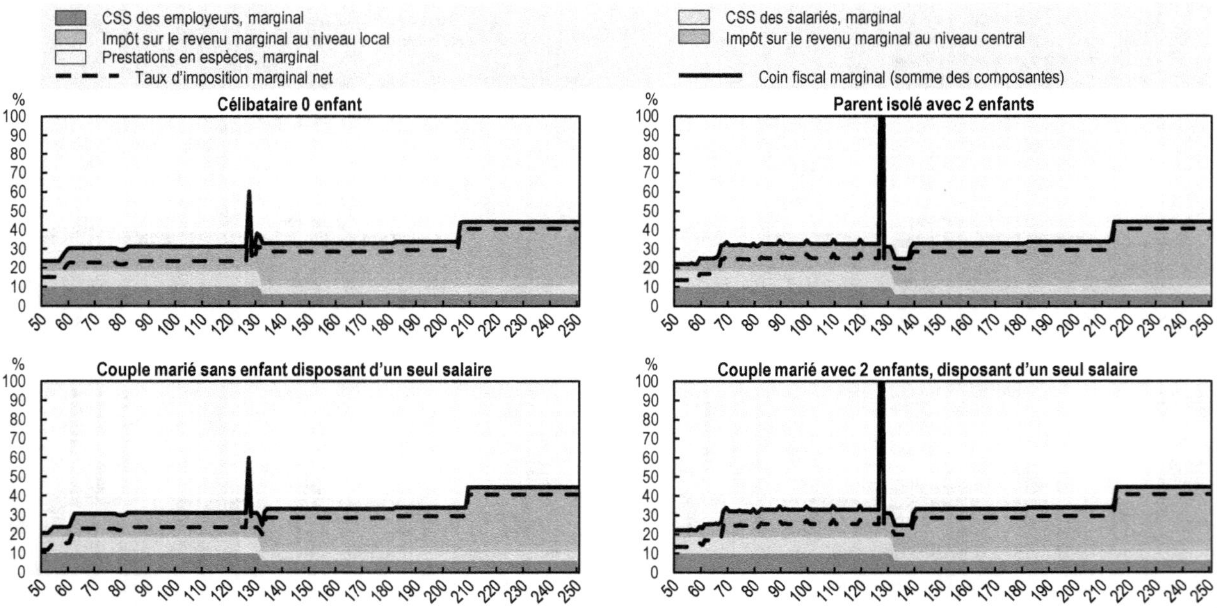

StatLink https://stat.link/uqdok9

Lettonie 2024 : décomposition du coin fiscal moyen

en fonction du salaire brut exprimé en % du salaire moyen

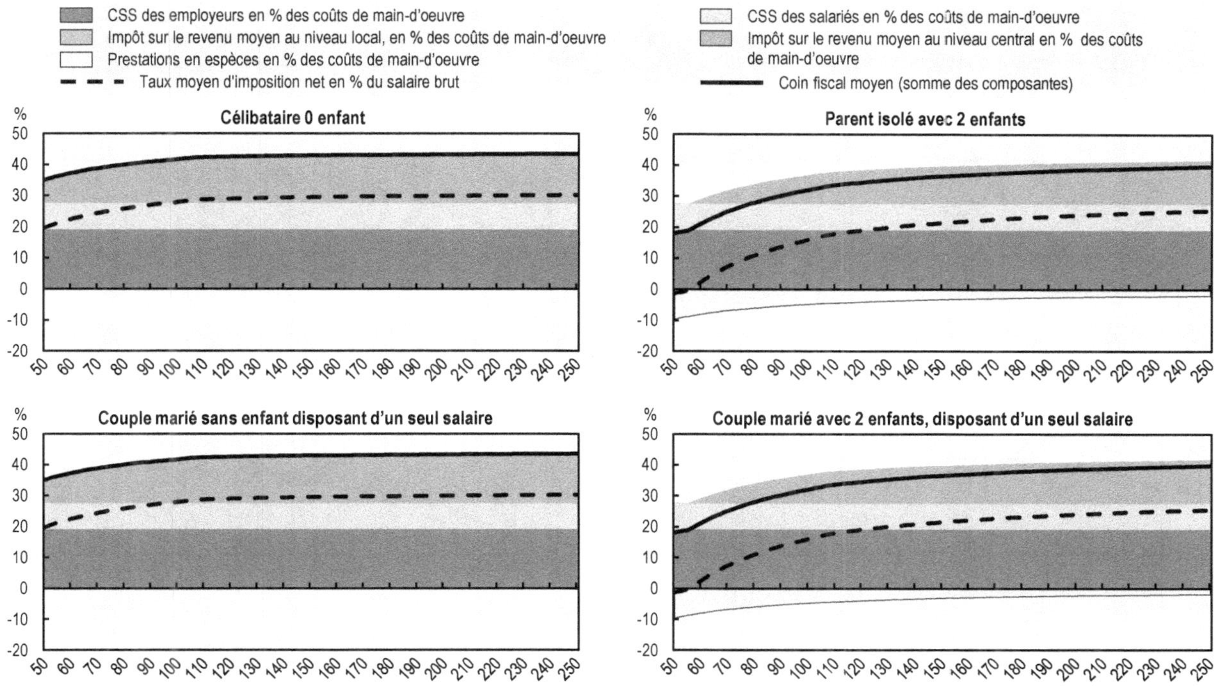

StatLink https://stat.link/djh7w9

Lettonie 2024 : décomposition du coin fiscal marginal

en fonction du salaire brut exprimé en % du salaire moyen

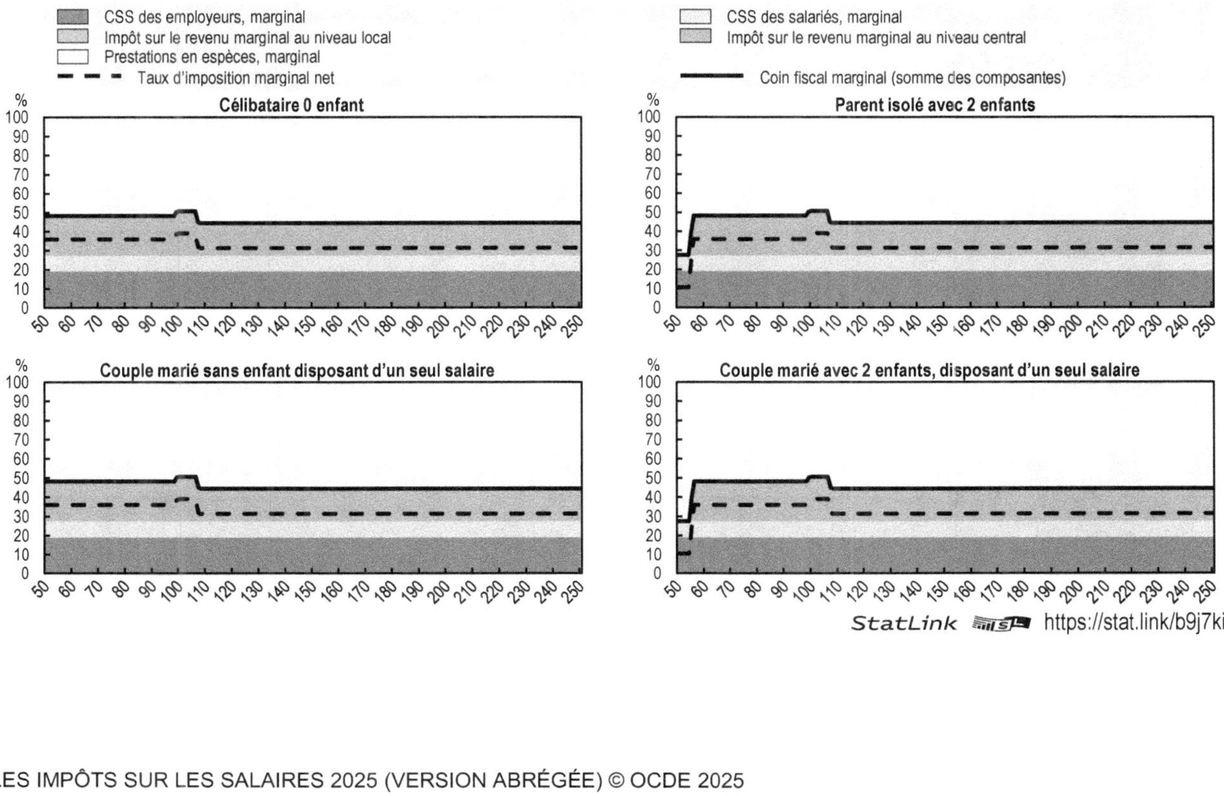

StatLink https://stat.link/b9j7ki

Lituanie 2024 : décomposition du coin fiscal moyen

en fonction du salaire brut exprimé en % du salaire moyen

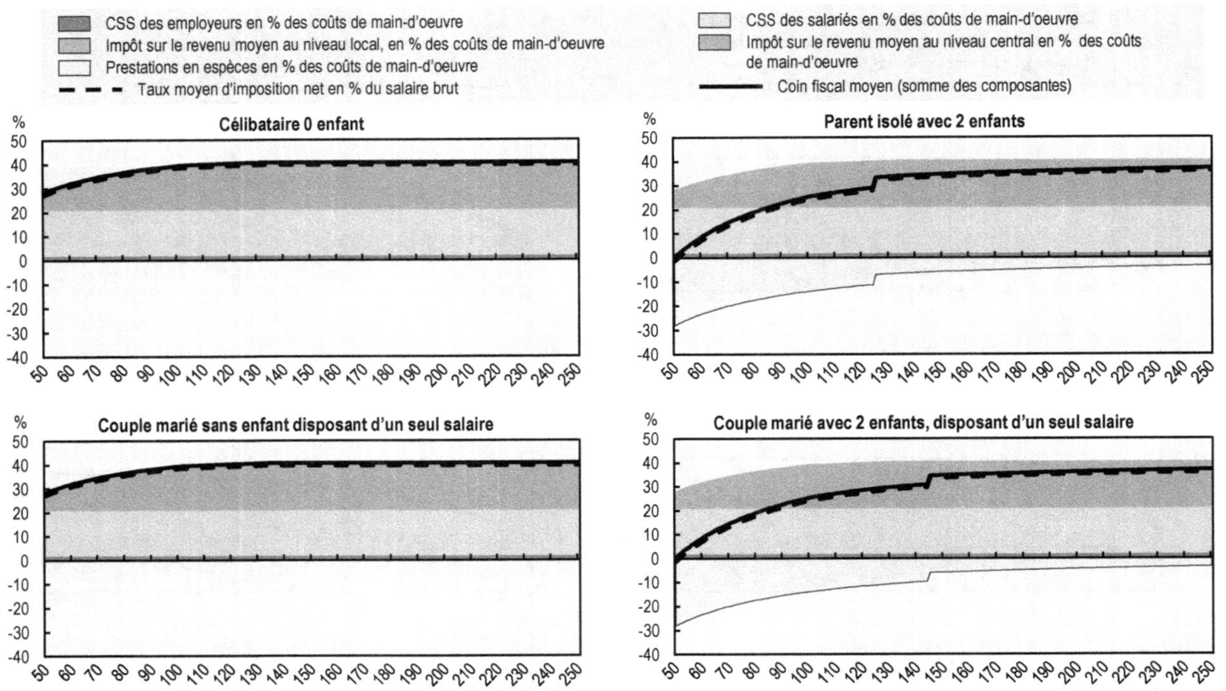

StatLink https://stat.link/x2cpq6

Lituanie 2024 : décomposition du coin fiscal marginal

en fonction du salaire brut exprimé en % du salaire moyen

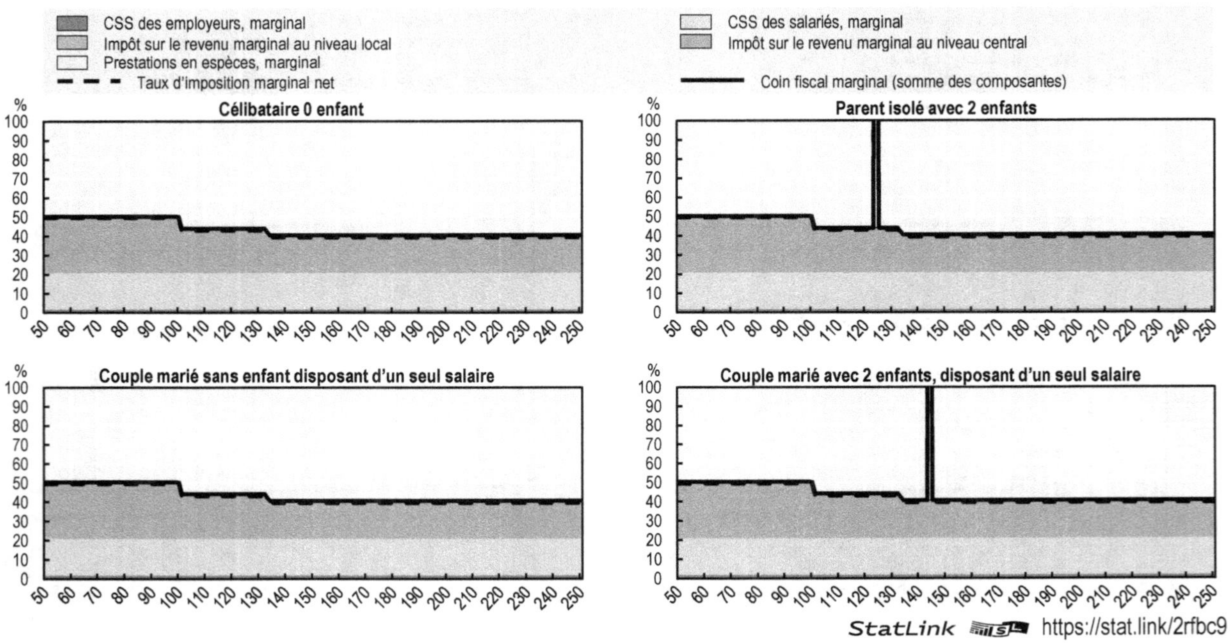

StatLink https://stat.link/2rfbc9

Luxembourg 2024 : décomposition du coin fiscal moyen

en fonction du salaire brut exprimé en % du salaire moyen

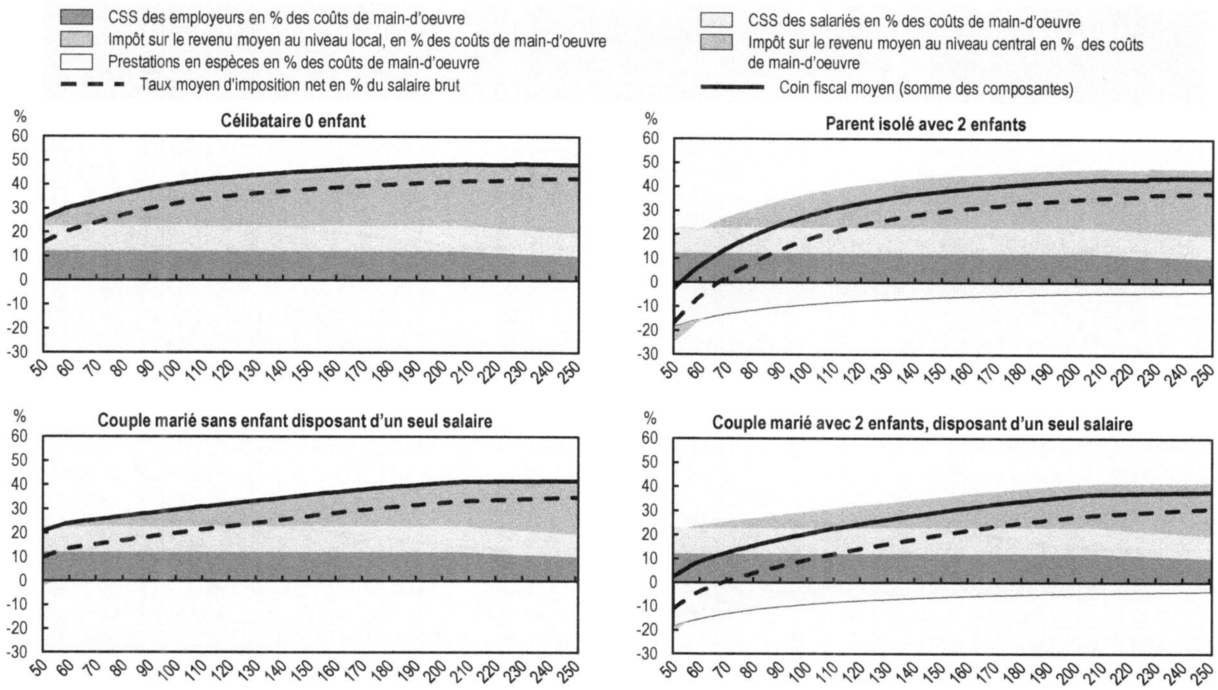

StatLink https://stat.link/rm5hld

Luxembourg 2024 : décomposition du coin fiscal marginal

en fonction du salaire brut exprimé en % du salaire moyen

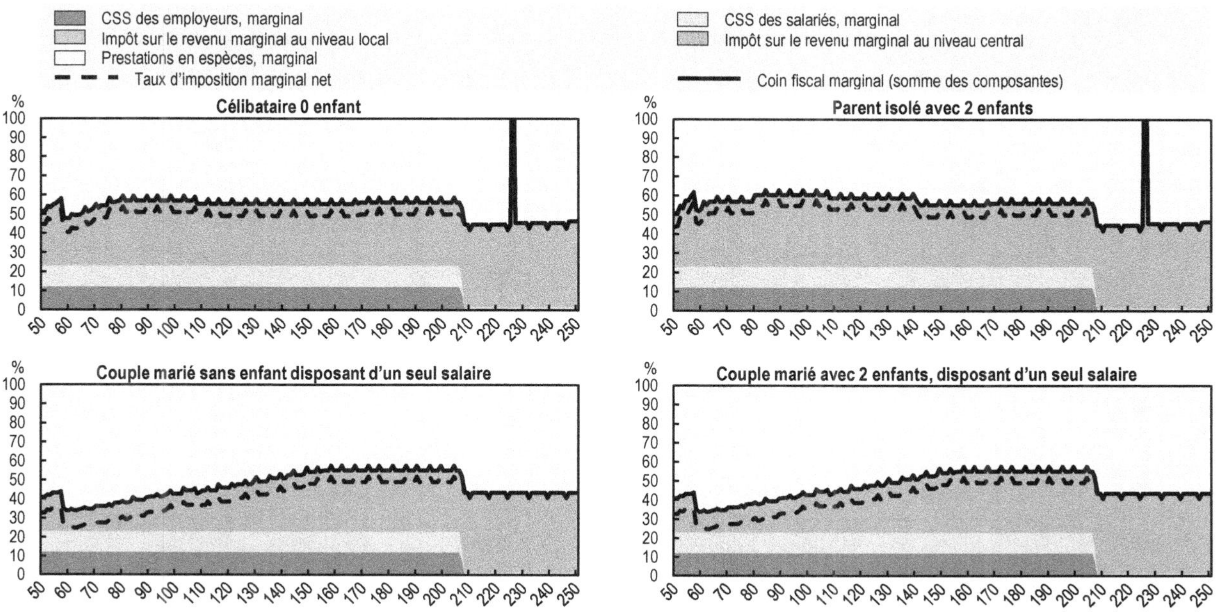

StatLink https://stat.link/thmold

Mexique 2024 : décomposition du coin fiscal moyen

en fonction du salaire brut exprimé en % du salaire moyen

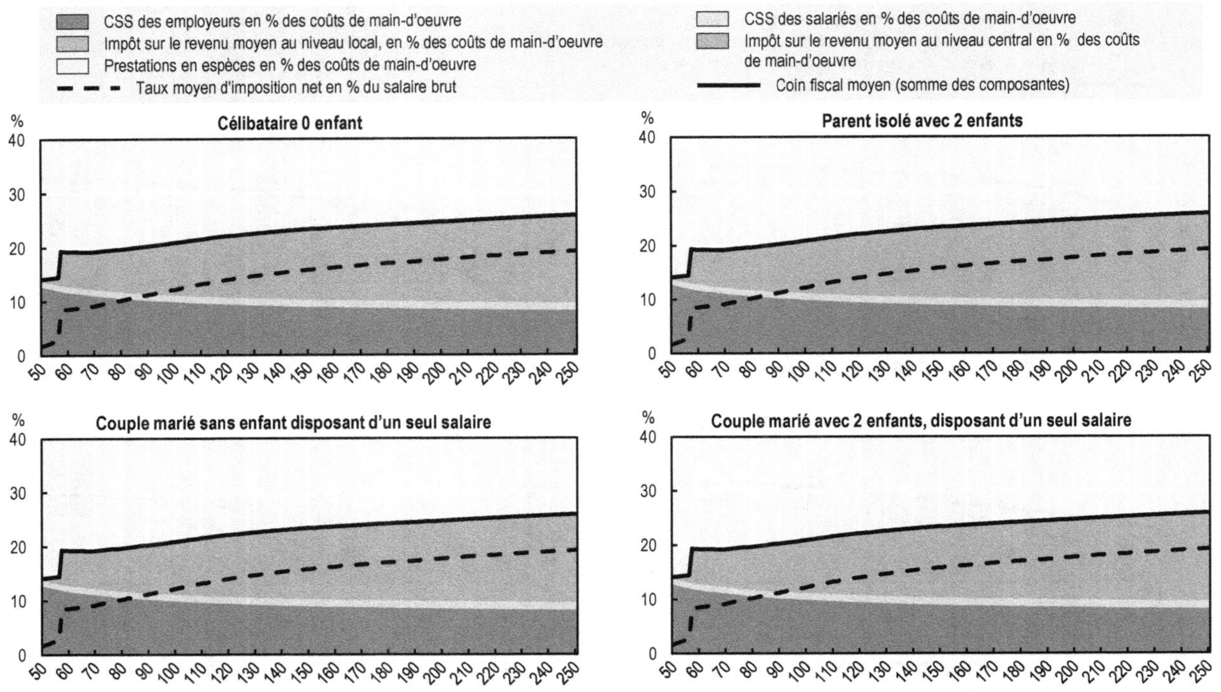

StatLink https://stat.link/lw8z45

Mexique 2024 : décomposition du coin fiscal marginal

en fonction du salaire brut exprimé en % du salaire moyen

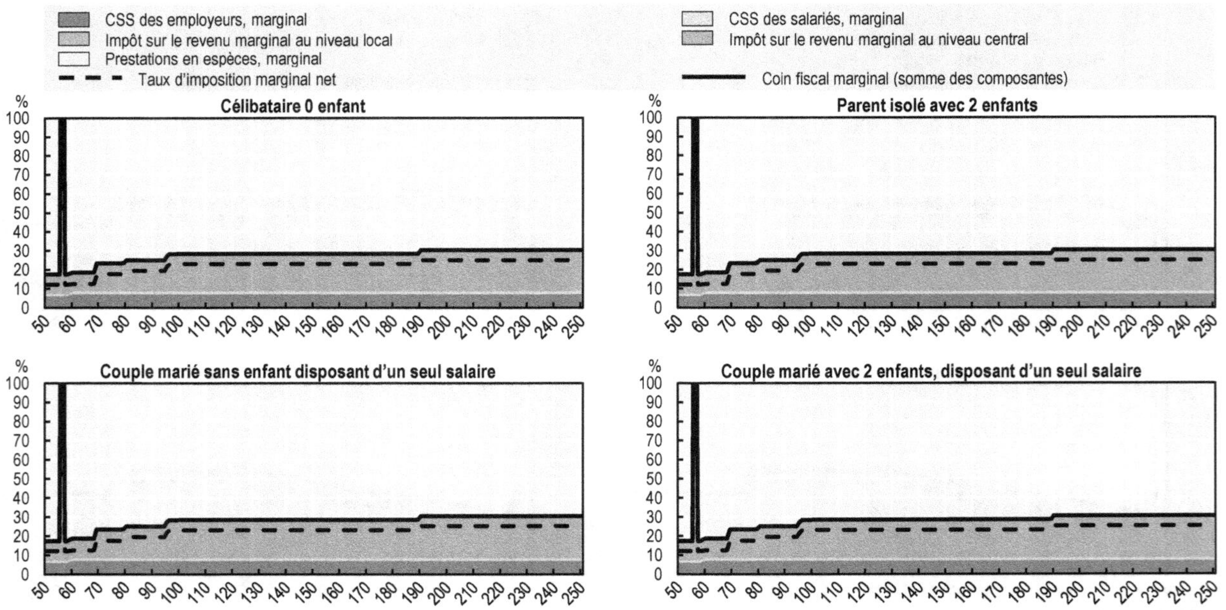

StatLink https://stat.link/2riagv

Pays-Bas 2024 : décomposition du coin fiscal moyen

en fonction du salaire brut exprimé en % du salaire moyen

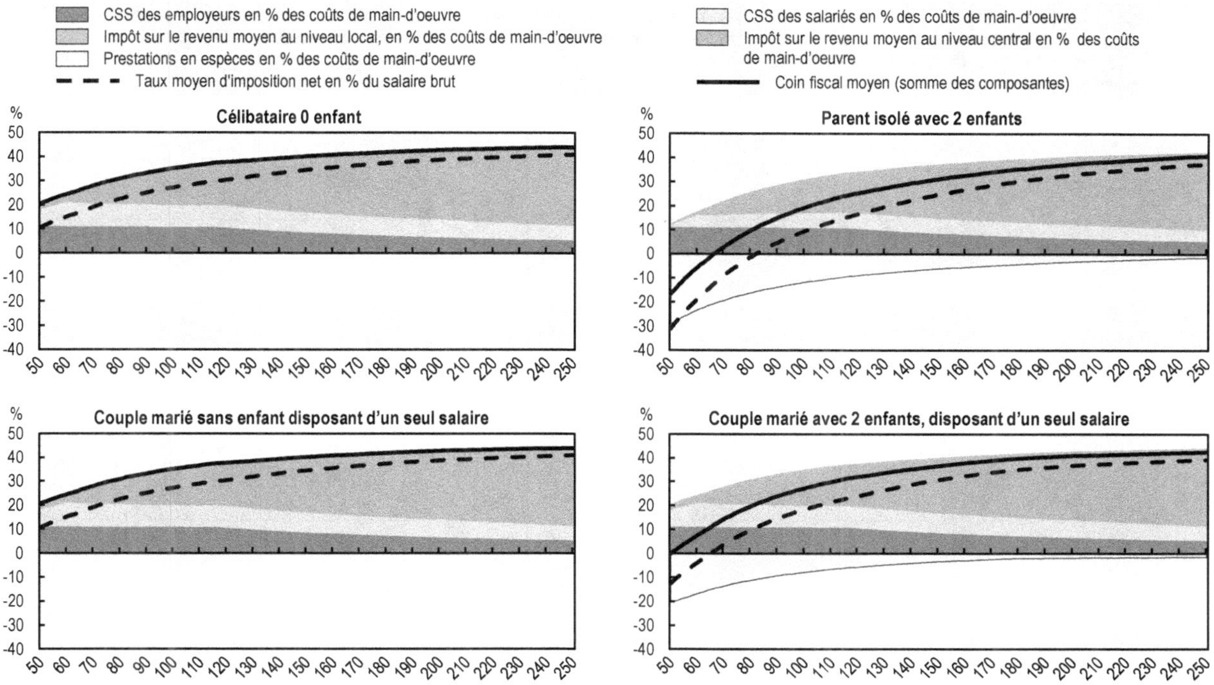

StatLink https://stat.link/nqzsre

Pays-Bas 2024 : décomposition du coin fiscal marginal

en fonction du salaire brut exprimé en % du salaire moyen

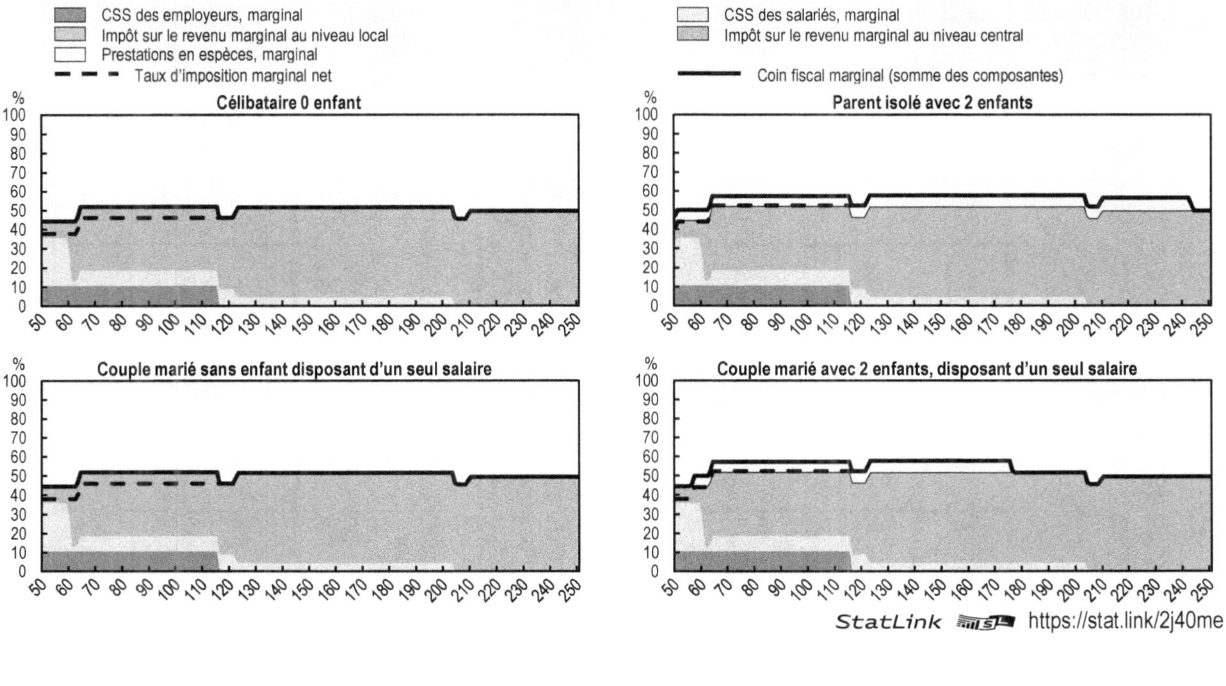

StatLink https://stat.link/2j40me

Nouvelle-Zélande 2024 : décomposition du coin fiscal moyen

en fonction du salaire brut exprimé en % du salaire moyen

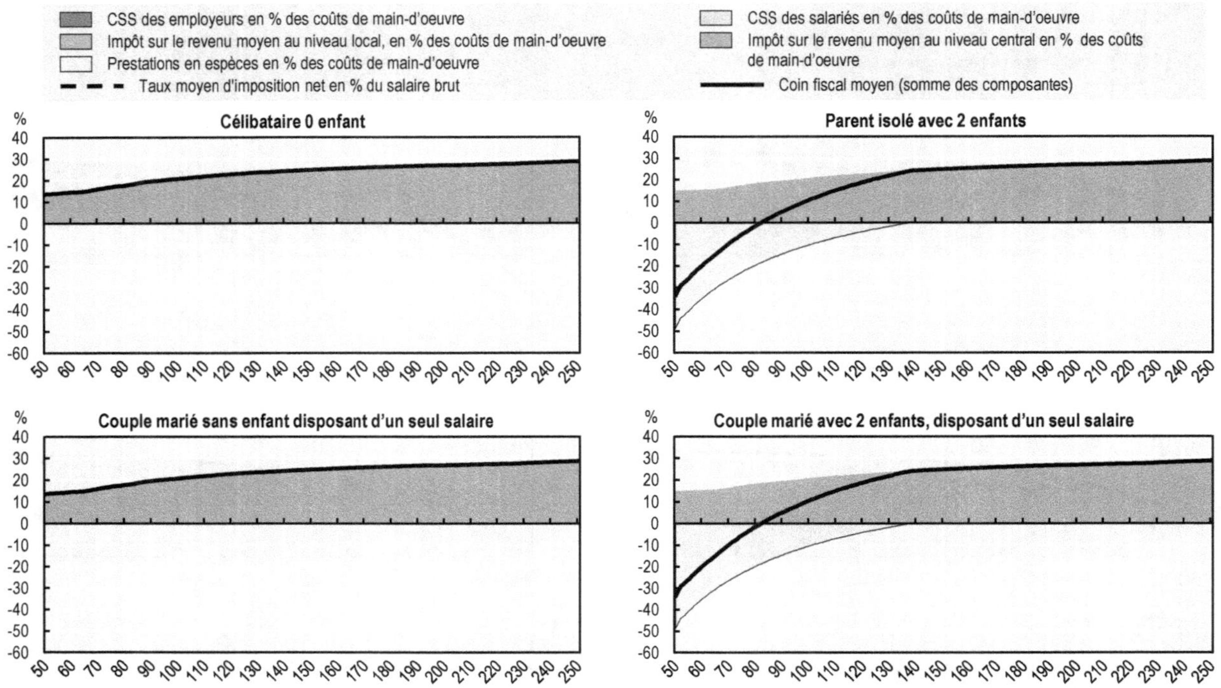

StatLink https://stat.link/p4m6w0

Nouvelle-Zélande 2024 : décomposition du coin fiscal marginal

en fonction du salaire brut exprimé en % du salaire moyen

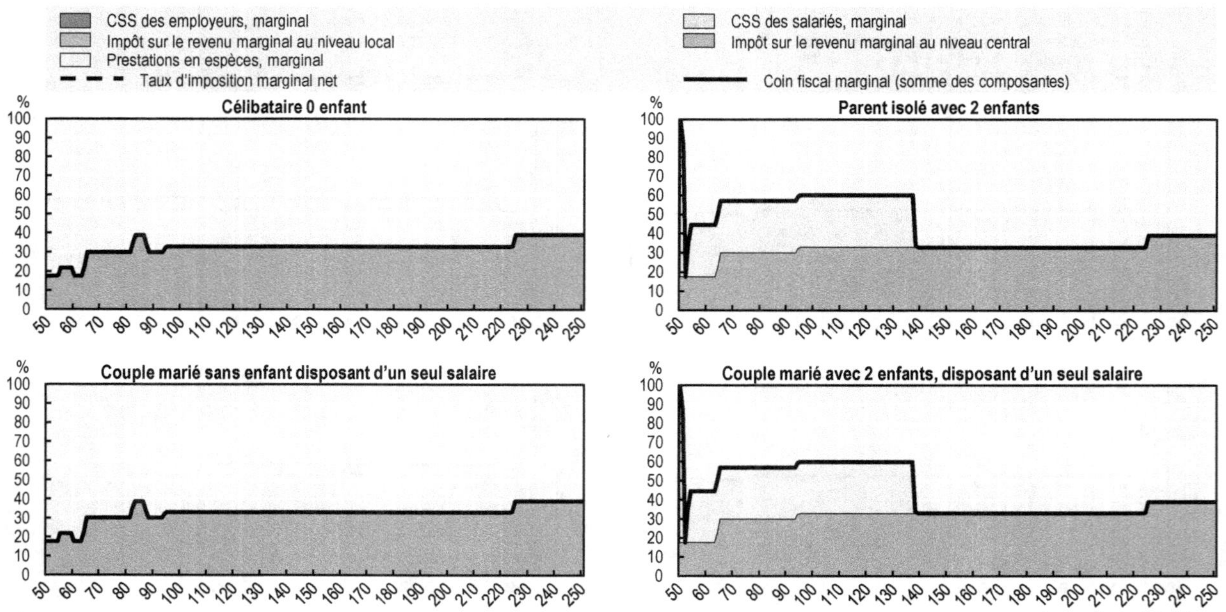

StatLink https://stat.link/bivprq

Norvège 2024 : décomposition du coin fiscal moyen

en fonction du salaire brut exprimé en % du salaire moyen

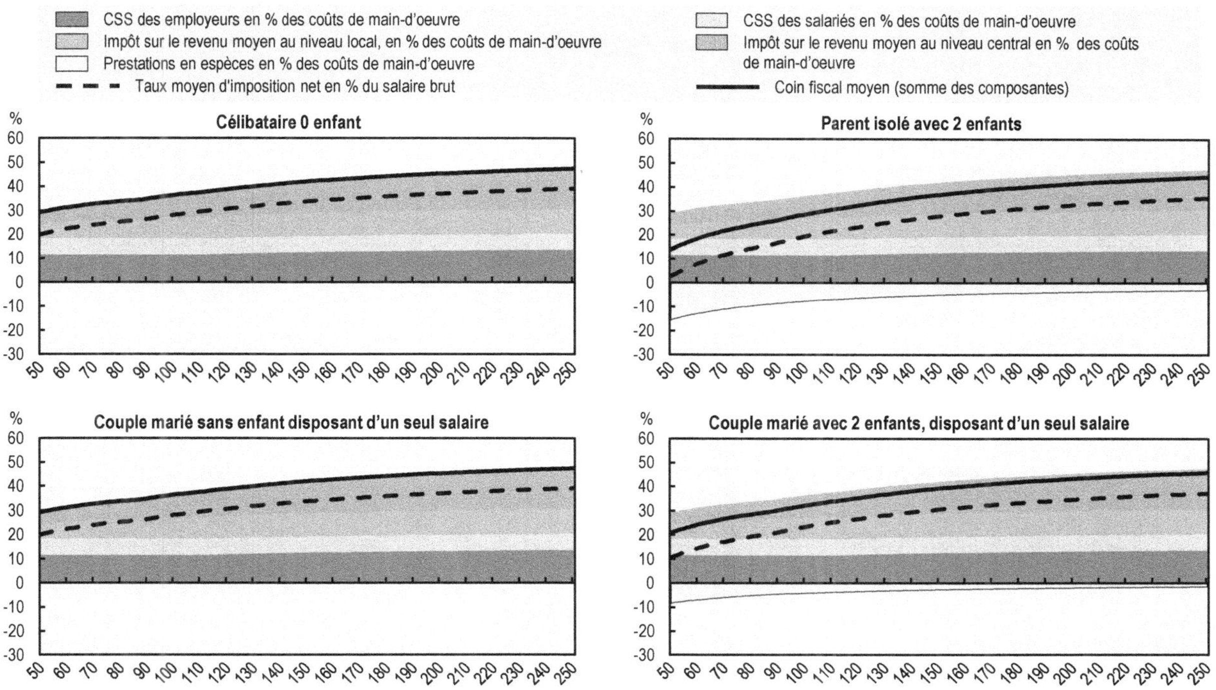

StatLink https://stat.link/zuvity

Norvège 2024 : décomposition du coin fiscal marginal

en fonction du salaire brut exprimé en % du salaire moyen

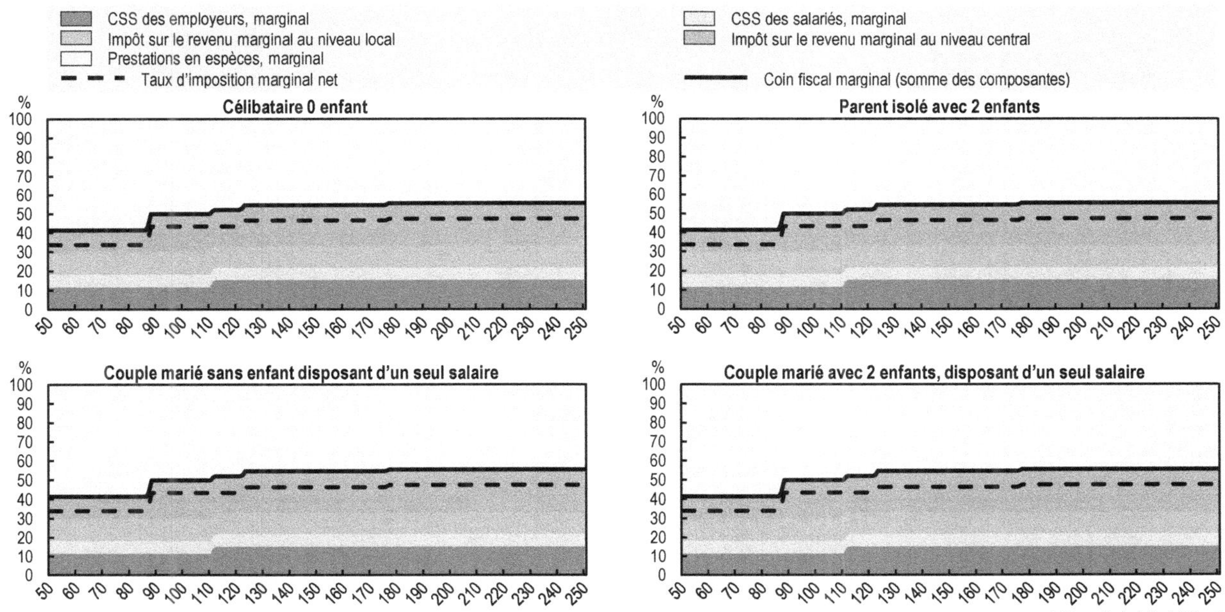

StatLink https://stat.link/l0zviy

Pologne 2024 : décomposition du coin fiscal moyen

en fonction du salaire brut exprimé en % du salaire moyen

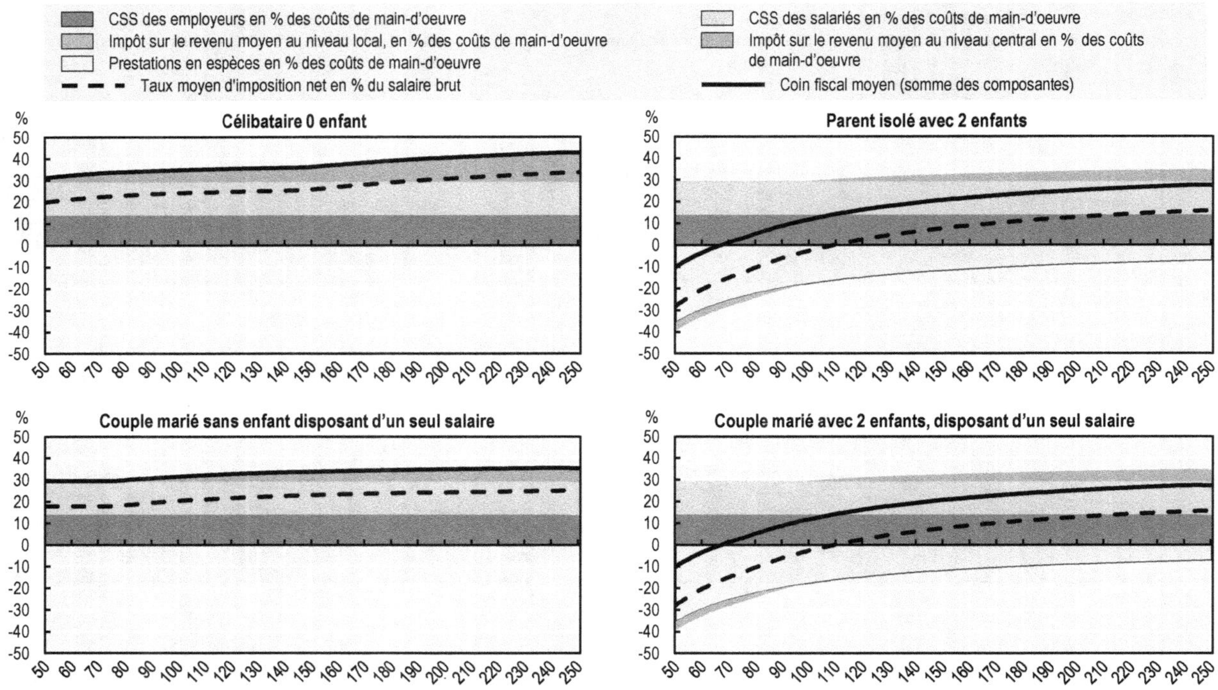

StatLink https://stat.link/amt50n

Pologne 2024 : décomposition du coin fiscal marginal

en fonction du salaire brut exprimé en % du salaire moyen

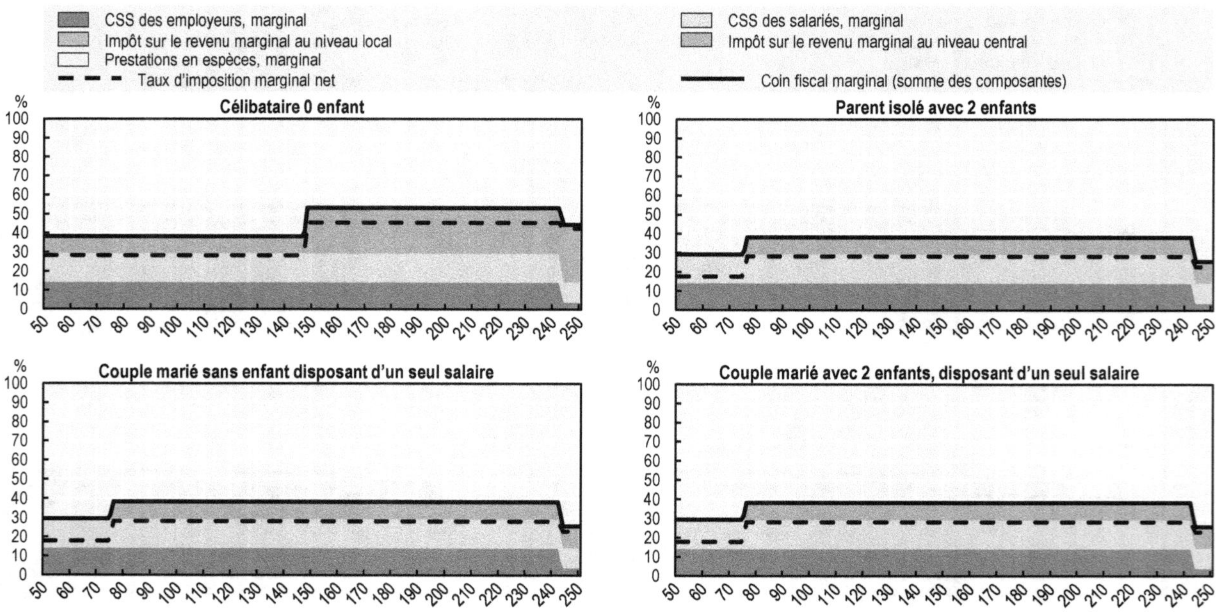

StatLink https://stat.link/9u2d4m

Portugal 2024 : décomposition du coin fiscal moyen

en fonction du salaire brut exprimé en % du salaire moyen

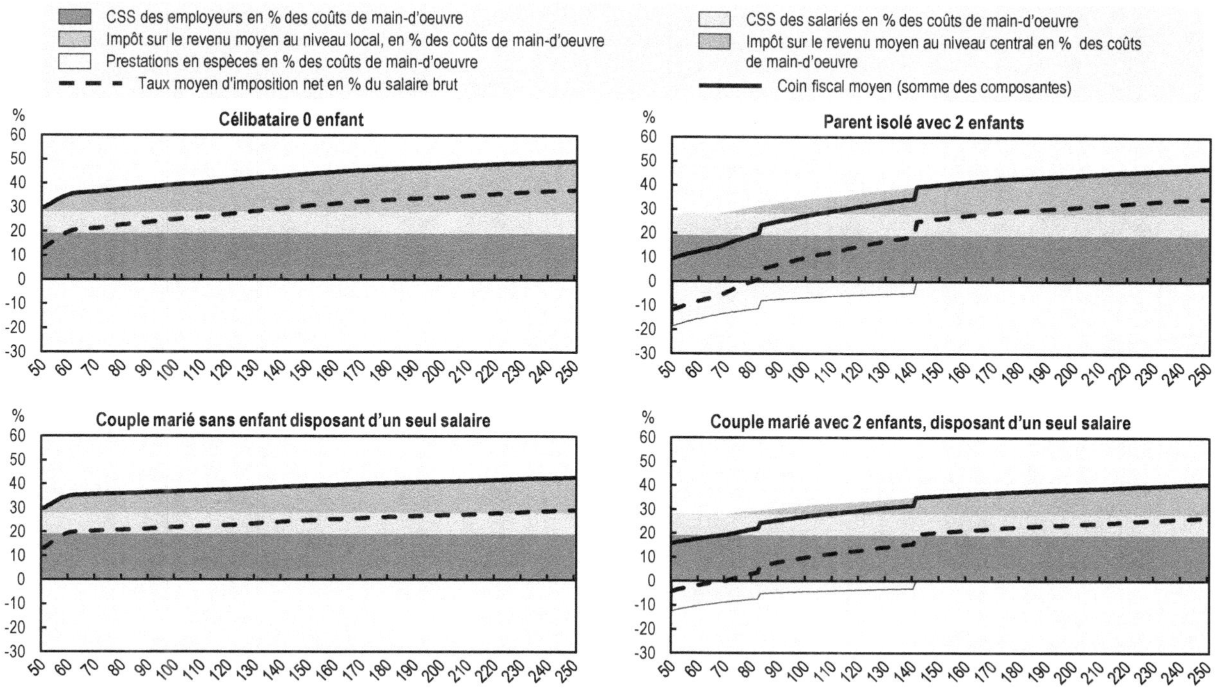

StatLink https://stat.link/x6dg4t

Portugal 2024 : décomposition du coin fiscal marginal

en fonction du salaire brut exprimé en % du salaire moyen

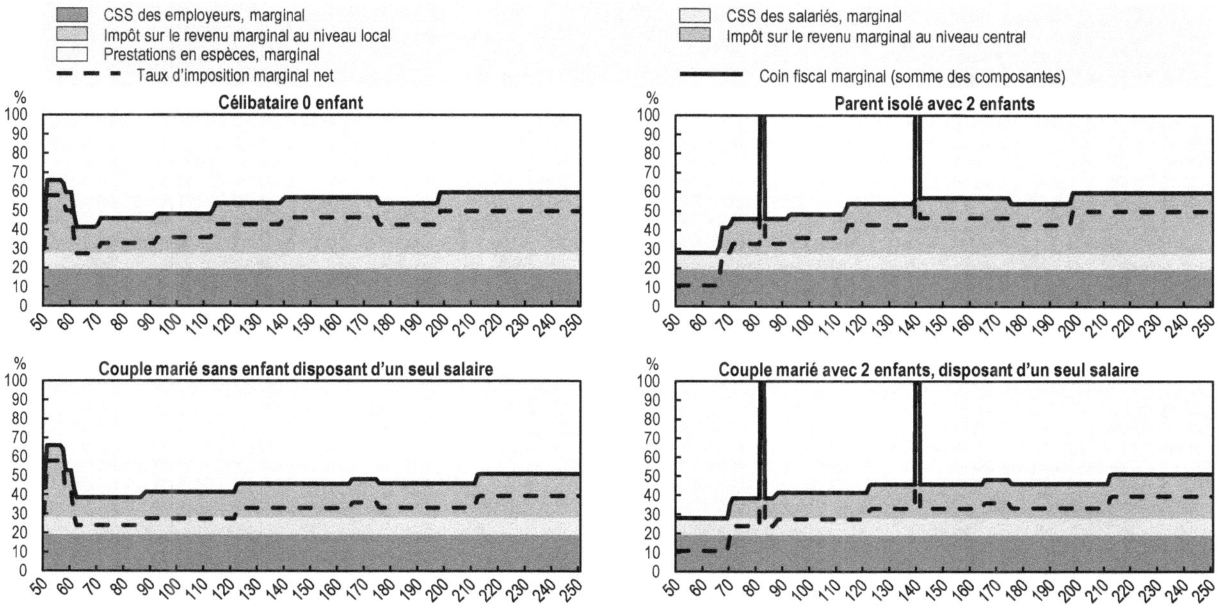

StatLink https://stat.link/tidy5c

République slovaque 2024 : décomposition du coin fiscal moyen

en fonction du salaire brut exprimé en % du salaire moyen

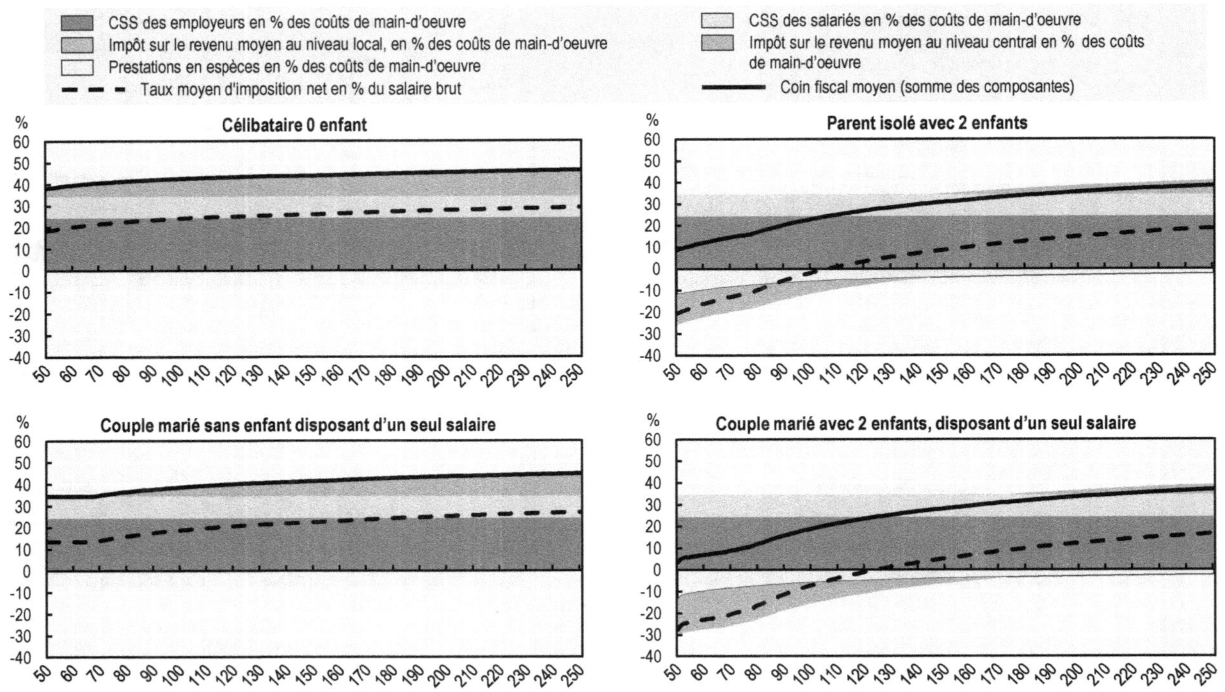

StatLink https://stat.link/fpb3q2

République slovaque 2024 : décomposition du coin fiscal marginal

en fonction du salaire brut exprimé en % du salaire moyen

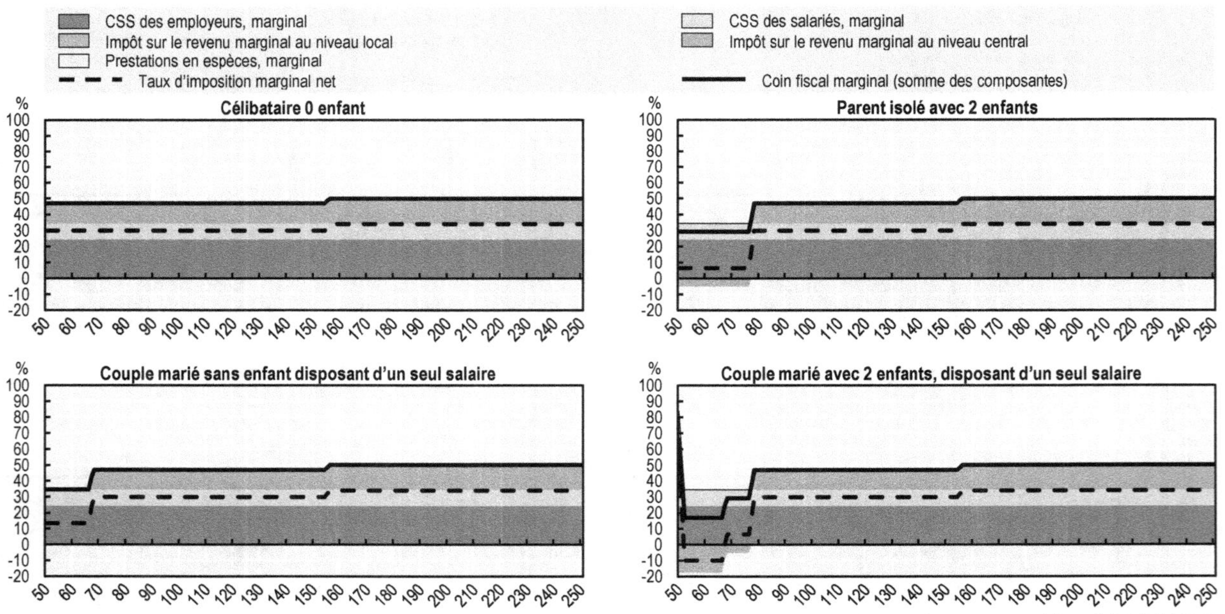

StatLink https://stat.link/r7njkg

Slovénie 2024 : décomposition du coin fiscal moyen

en fonction du salaire brut exprimé en % du salaire moyen

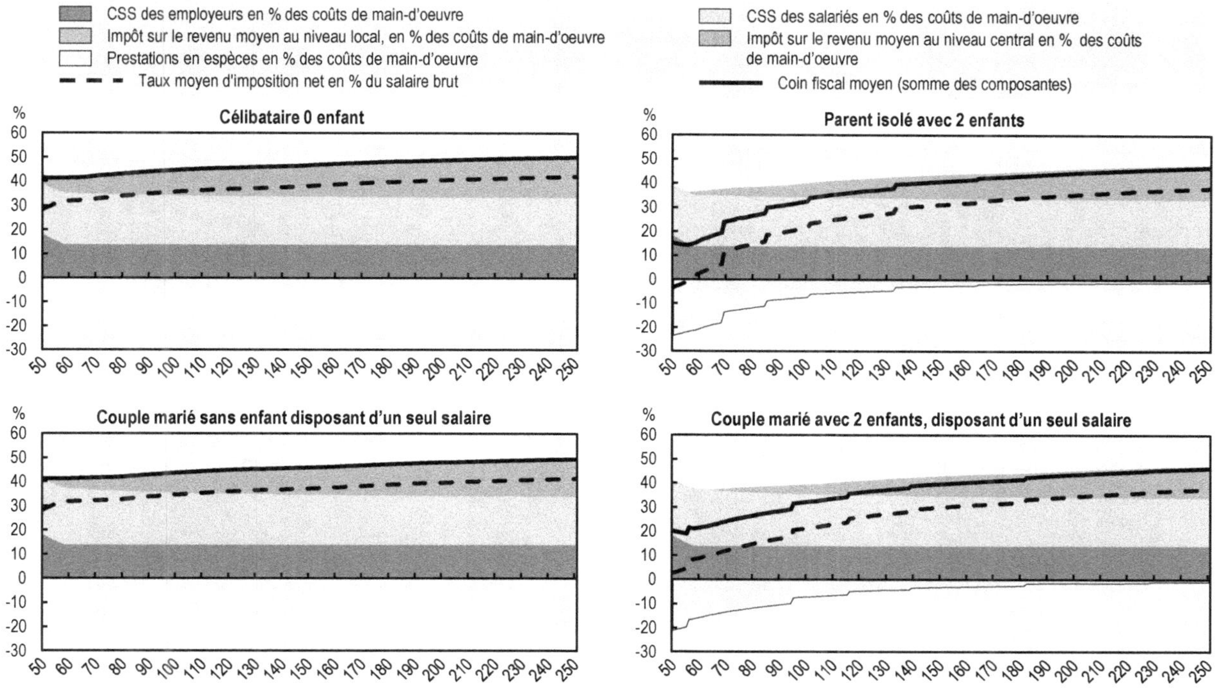

StatLink https://stat.link/n2sz3g

Slovénie 2024 : décomposition du coin fiscal marginal

en fonction du salaire brut exprimé en % du salaire moyen

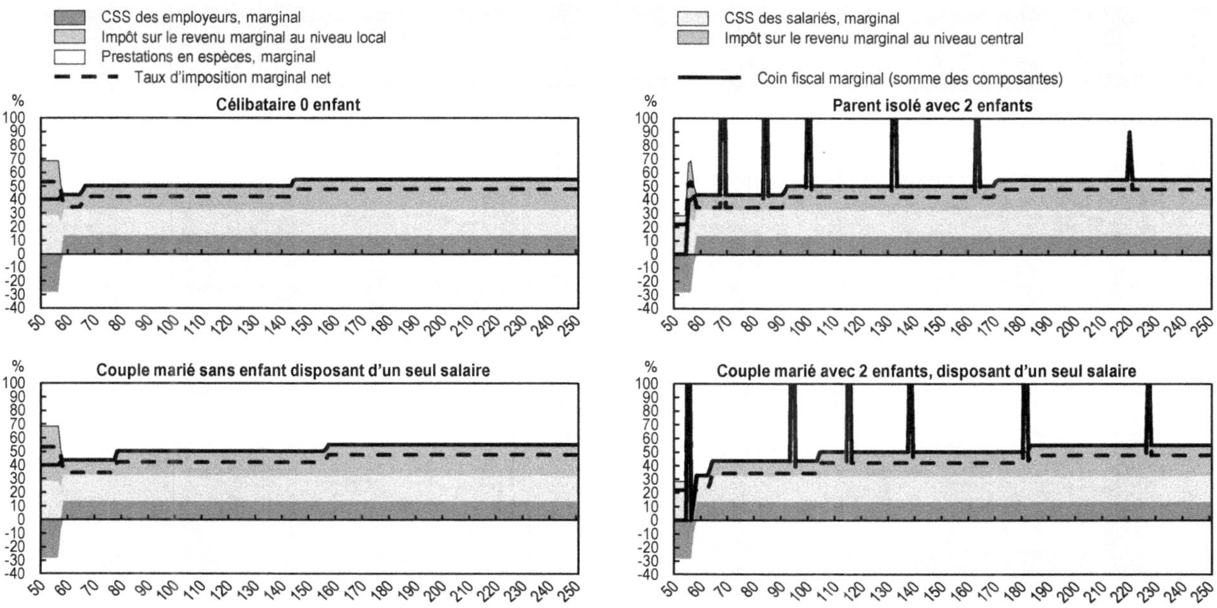

StatLink https://stat.link/u201fc

Espagne 2024 : décomposition du coin fiscal moyen

en fonction du salaire brut exprimé en % du salaire moyen

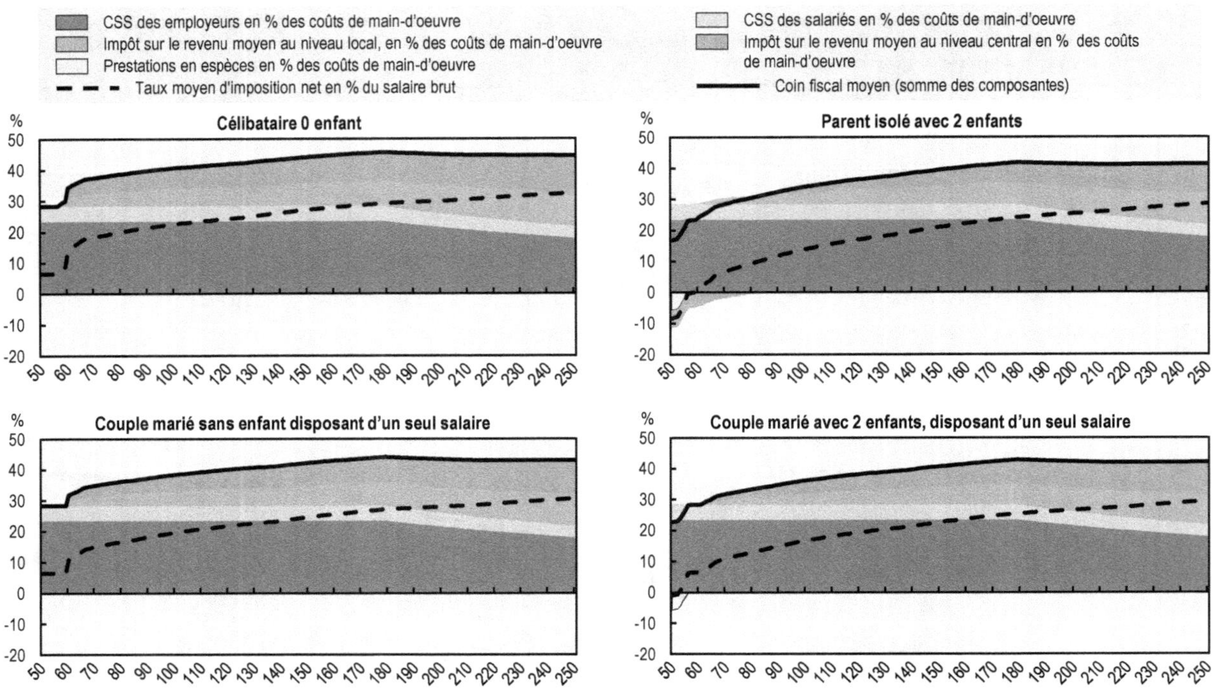

StatLink https://stat.link/iz83dk

Espagne 2024 : décomposition du coin fiscal marginal

en fonction du salaire brut exprimé en % du salaire moyen

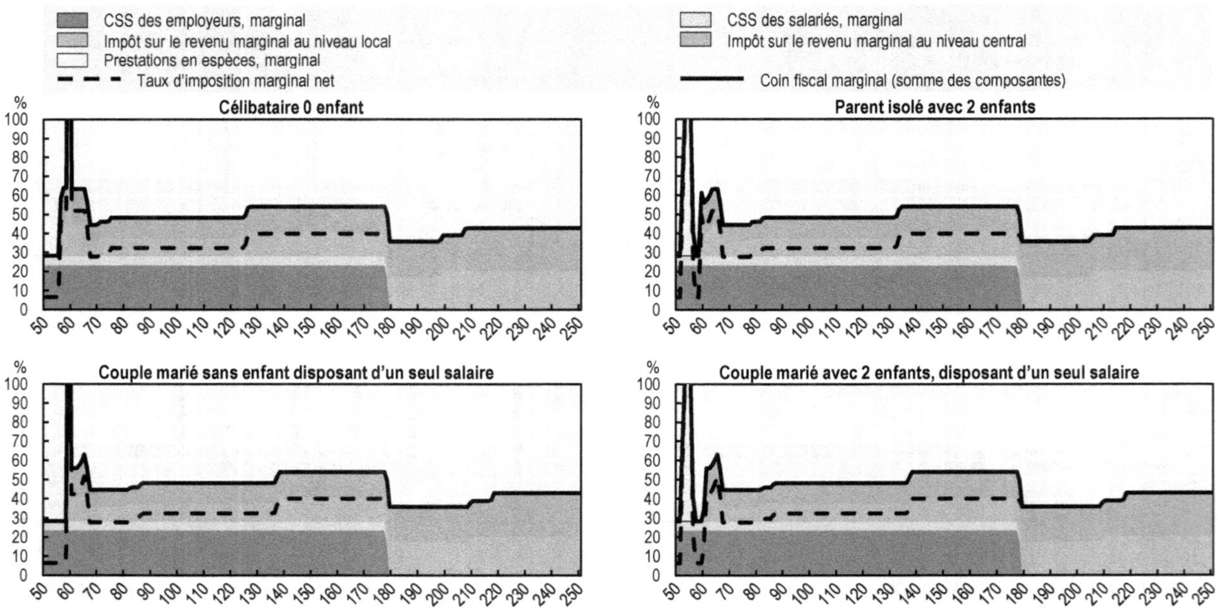

StatLink https://stat.link/vfqyht

Suède 2024 : décomposition du coin fiscal moyen

en fonction du salaire brut exprimé en % du salaire moyen

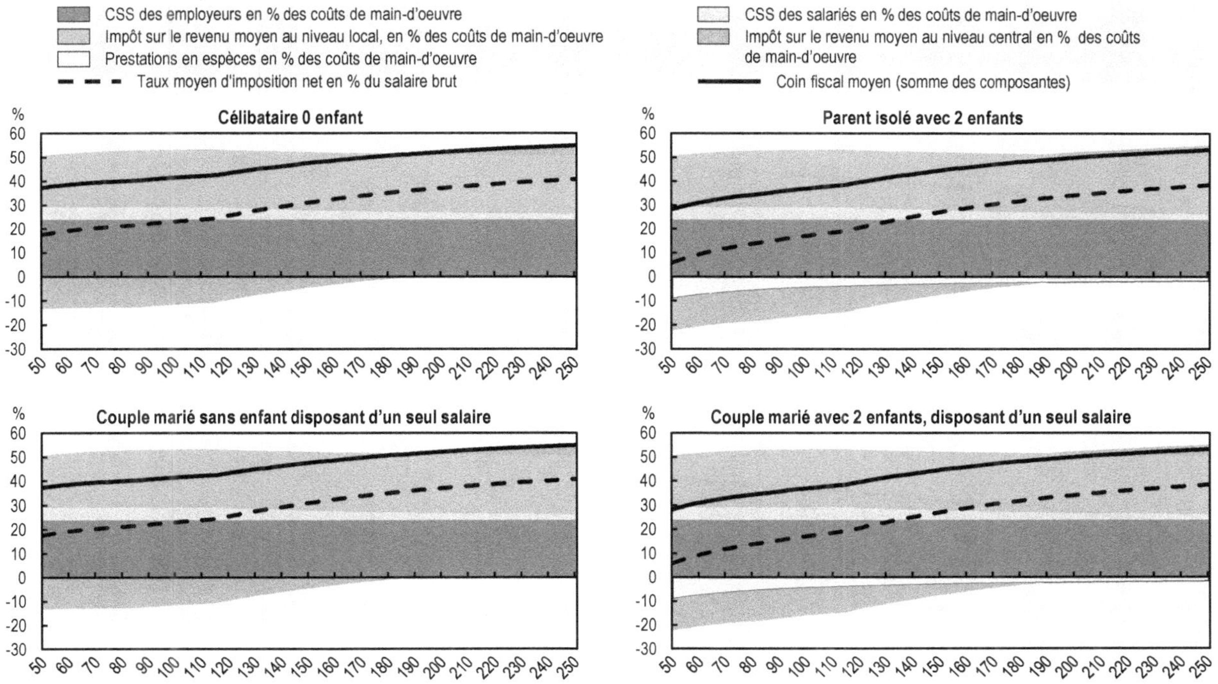

StatLink https://stat.link/7tao6d

Suède 2024 : décomposition du coin fiscal marginal

en fonction du salaire brut exprimé en % du salaire moyen

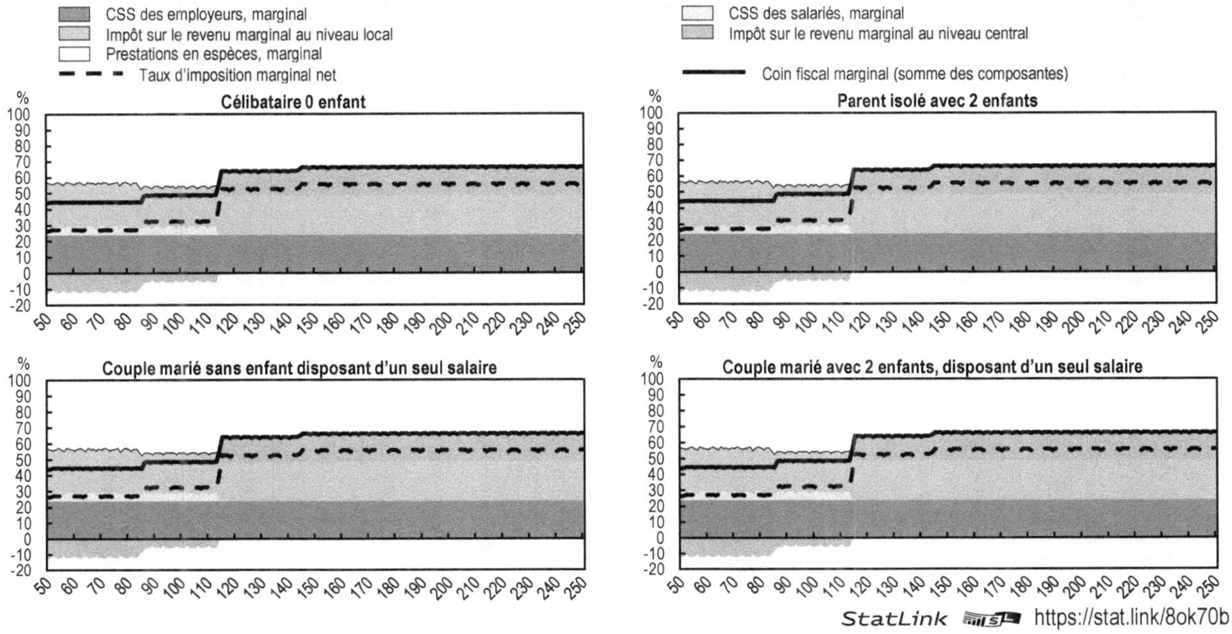

StatLink https://stat.link/8ok70b

Suisse 2024 : décomposition du coin fiscal moyen

en fonction du salaire brut exprimé en % du salaire moyen

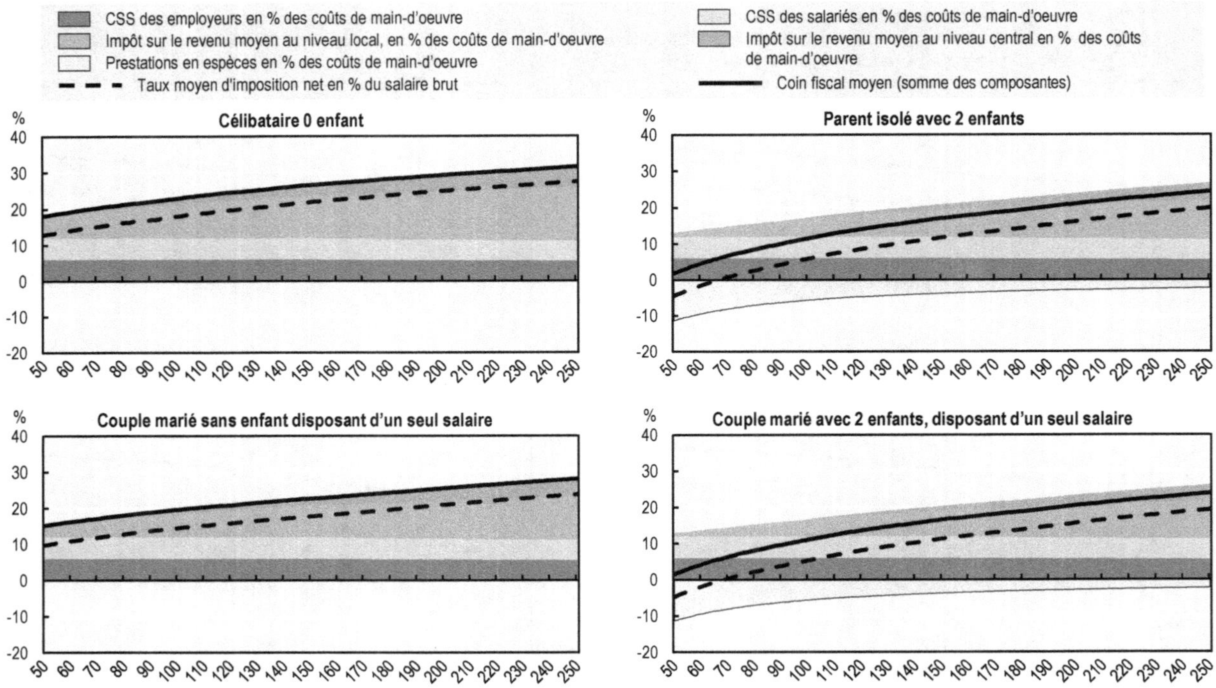

StatLink https://stat.link/p4xatk

Suisse 2024 : décomposition du coin fiscal marginal

en fonction du salaire brut exprimé en % du salaire moyen

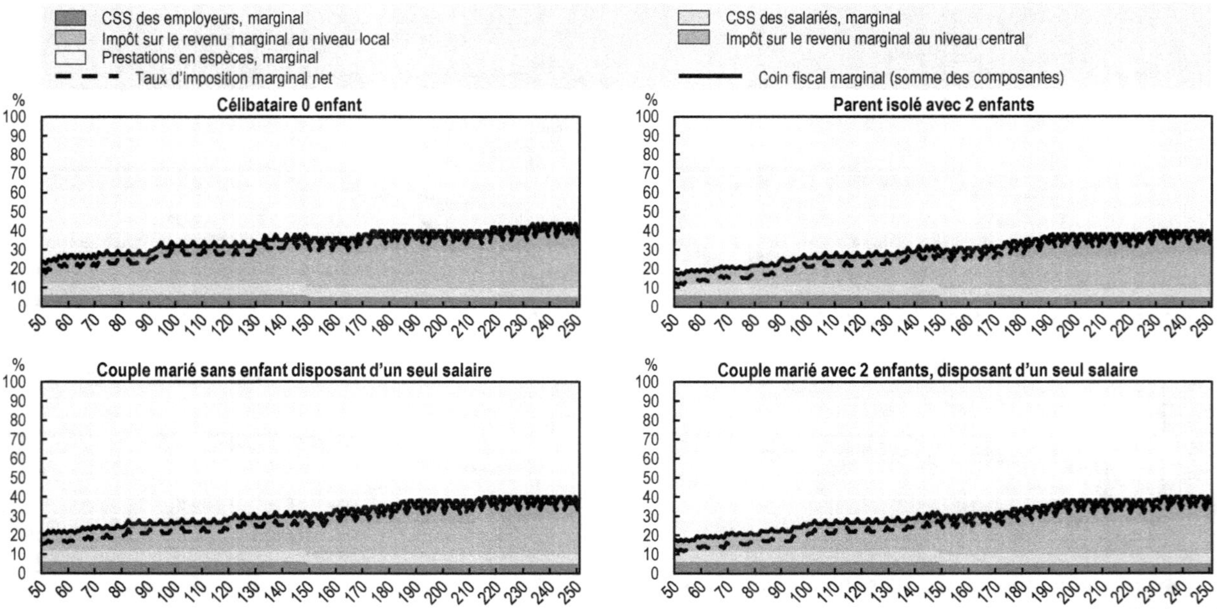

StatLink https://stat.link/zynoqi

Türkiye 2024 : décomposition du coin fiscal moyen

en fonction du salaire brut exprimé en % du salaire moyen

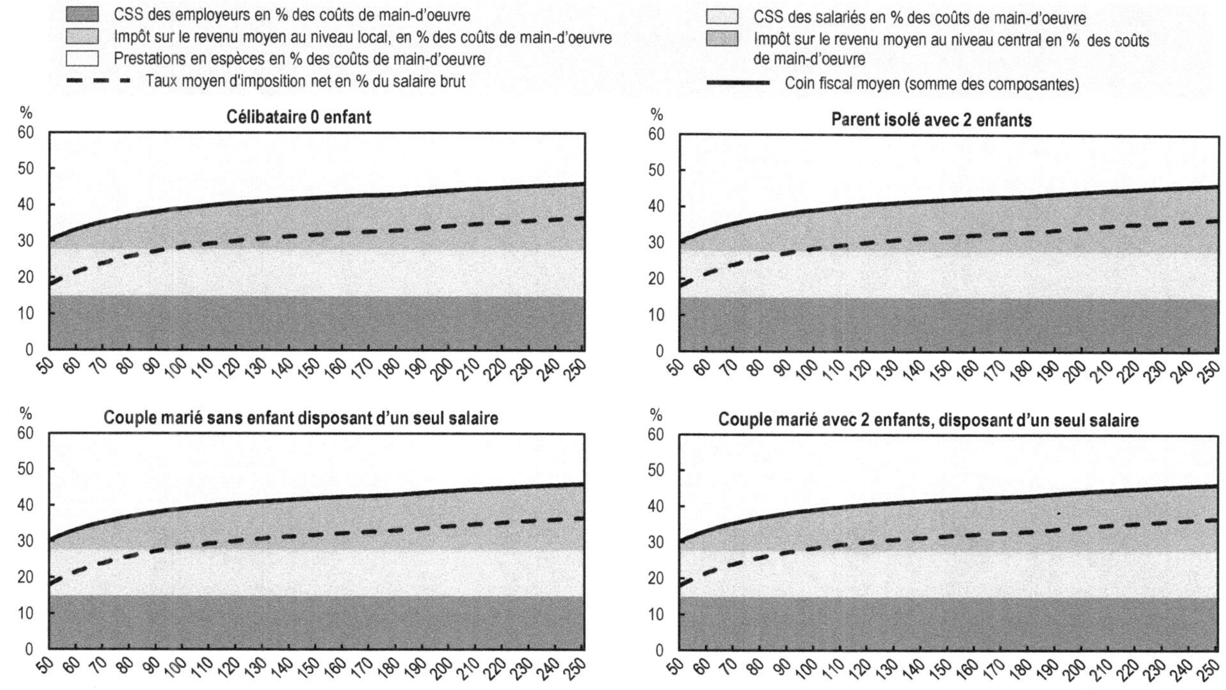

StatLink https://stat.link/9q4d5h

Türkiye 2024 : décomposition du coin fiscal marginal

en fonction du salaire brut exprimé en % du salaire moyen

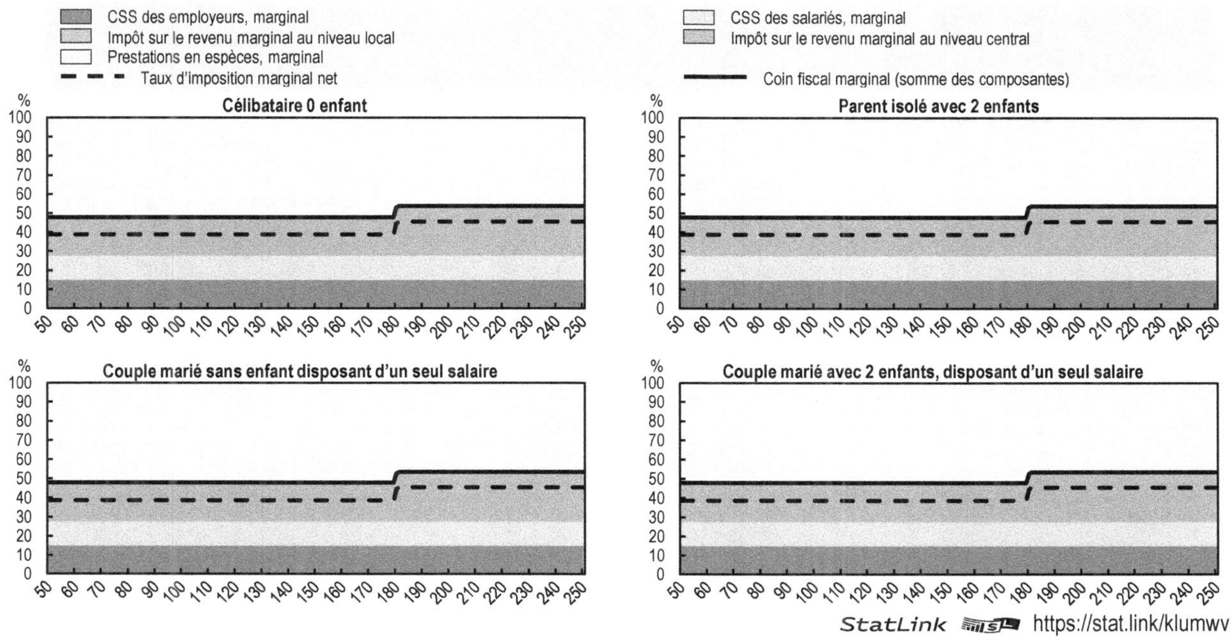

StatLink https://stat.link/klumwv

Royaume-Uni 2024 : décomposition du coin fiscal moyen

en fonction du salaire brut exprimé en % du salaire moyen

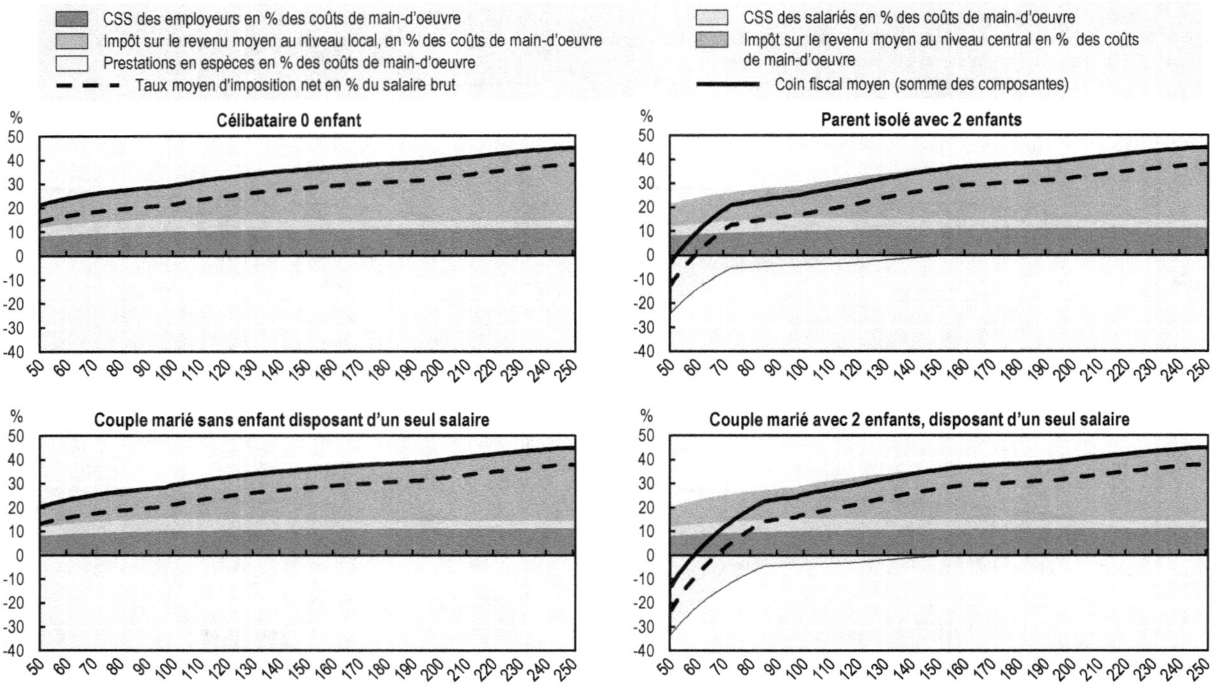

StatLink https://stat.link/4wst2y

Royaume-Uni 2024 : décomposition du coin fiscal marginal

en fonction du salaire brut exprimé en % du salaire moyen

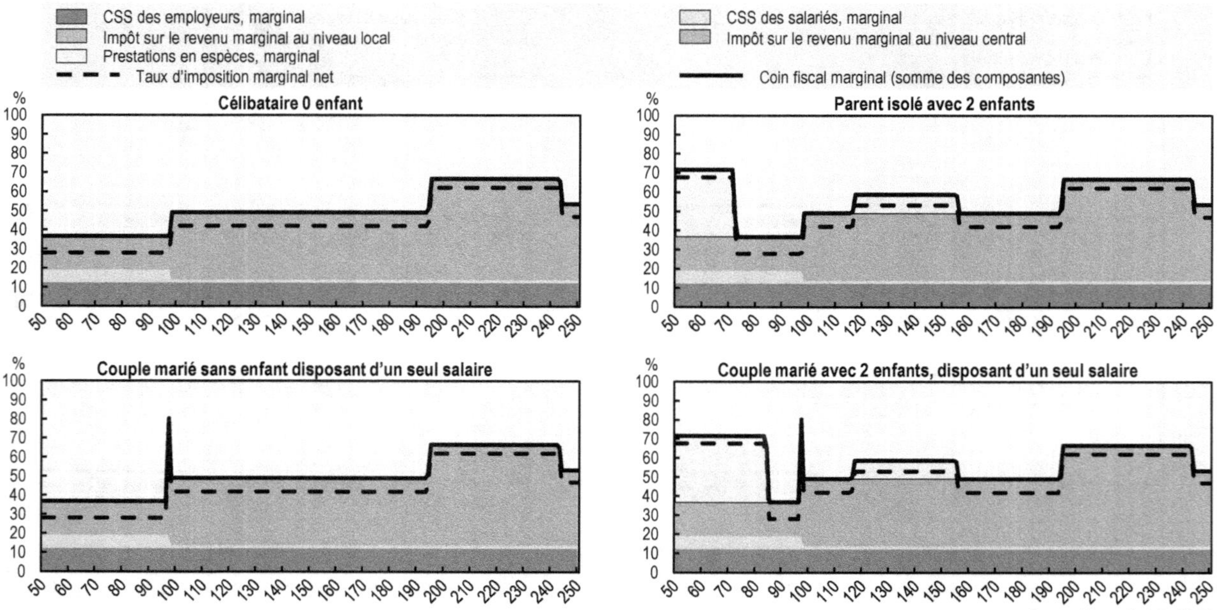

StatLink https://stat.link/w0hl6s

États-Unis 2024 : décomposition du coin fiscal moyen

en fonction du salaire brut exprimé en % du salaire moyen

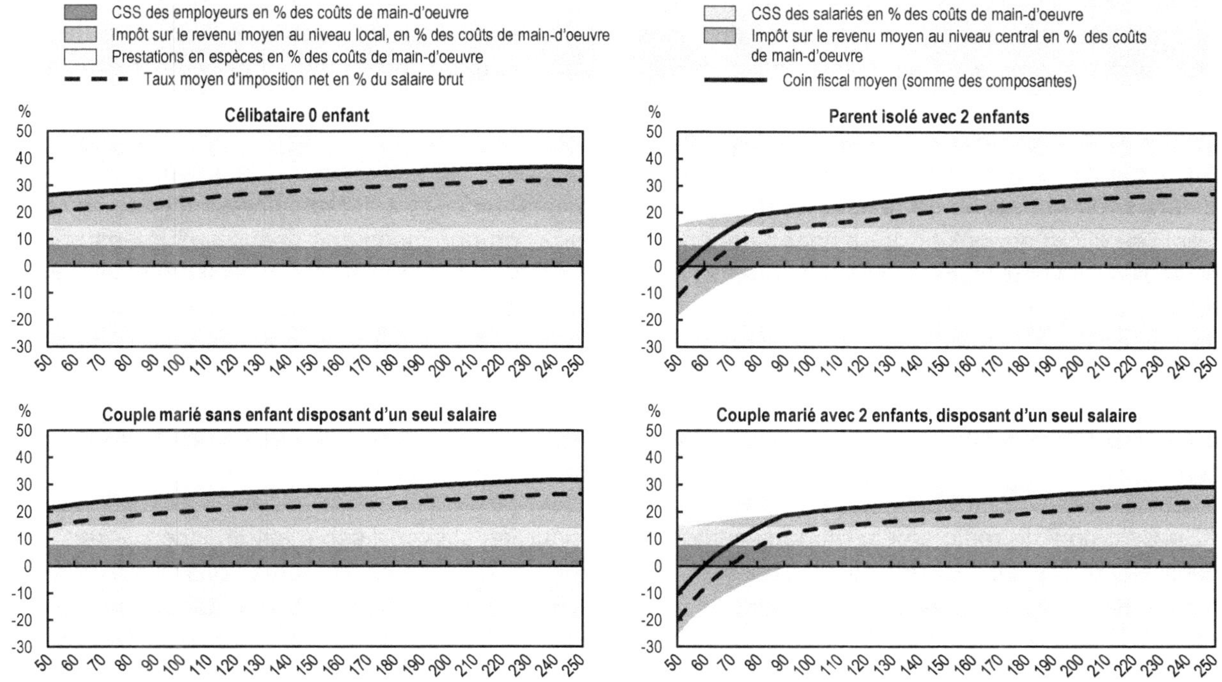

StatLink https://stat.link/n2uwiy

États-Unis 2024 : décomposition du coin fiscal marginal

en fonction du salaire brut exprimé en % du salaire moyen

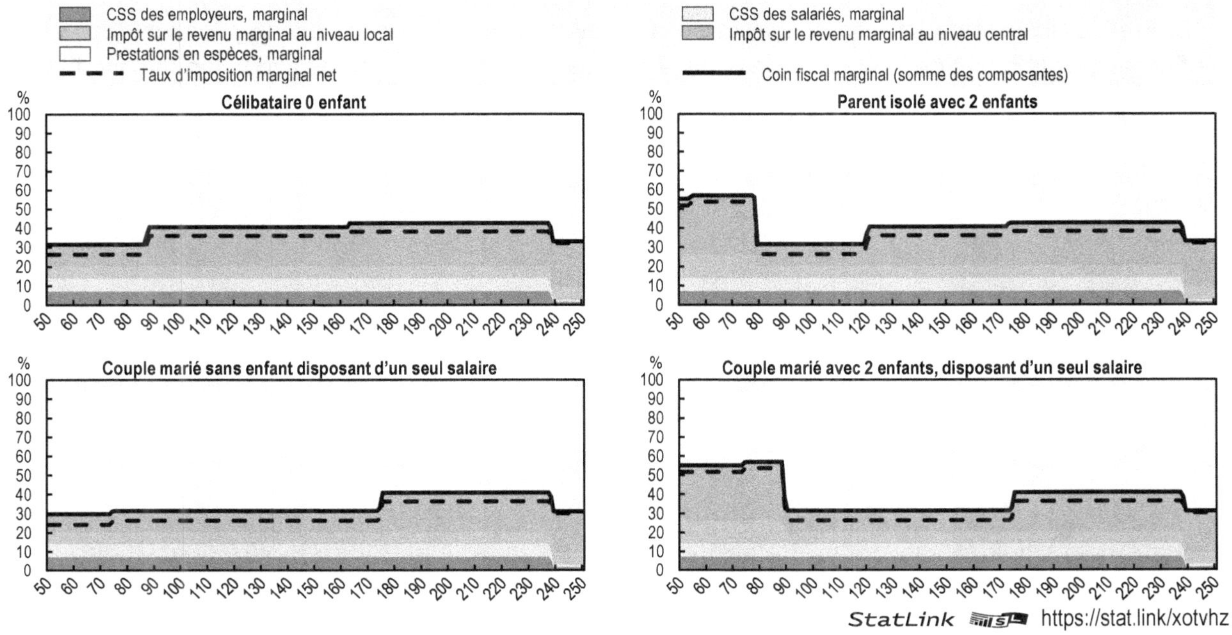

StatLink https://stat.link/xotvhz

Notes

[1] Les coins fiscaux marginaux figurant dans les graphiques sont calculés d'une manière légèrement différente de celle adoptée pour les taux d'imposition marginaux figurant dans le reste de la publication *Les Impôts sur les salaires*. Dans cette publication, les taux marginaux sont généralement calculés en majorant les salaires bruts d'une unité monétaire (excepté pour le conjoint d'un couple marié disposant d'un seul salaire dont les gains augmentent de 67 % du salaire moyen). Cependant la démarche fondée sur l'ajout d'une unité monétaire exige que l'on calcule les taux marginaux pour chaque unité monétaire à l'intérieur de la tranche de revenu représentée dans les graphiques ; à défaut, il ne serait pas correct de relier les différents points de données dans la mesure où on ne disposerait pas des données pour les niveaux de revenu situés entre les différents points. Pour réduire le nombre de calculs à effectuer, les taux marginaux qui sont présentés dans les graphiques sont calculés en majorant les salaires bruts d'un point de pourcentage, au lieu d'une unité monétaire, si bien que chaque ligne du graphique se compose de 200 points de données.

[2] Même si cela n'apparaît pas sur les graphiques, les impôts sur le revenu prélevés par les administrations centrales sont négatifs jusqu'à 47 % du SM pour les parents isolés et les couples avec ou sans enfants.

[3] En Colombie, le régime général de sécurité sociale pour les soins de santé est financé par des fonds publics et privés. Le système de retraite est un hybride de deux systèmes différents : un régime de retraite à cotisations définies et entièrement capitalisé, et un régime par répartition. Chacune de ces contributions est obligatoire et plus de 50 % du total des contributions sont versés à des fonds privés. Elles sont par conséquent considérées comme des paiements obligatoires non fiscaux (PONF) (pour de plus amples informations à ce sujet, se reporter à la Partie II du Rapport). En outre, tous les paiements au titre des risques liés à l'emploi sont versés à des fonds privés, et sont également considérés comme des PONF. Les PONF existent aussi dans d'autres pays (voir https://www.oecd.org/content/dam/oecd/en/topics/policy-issues/tax-policy/non-tax-compulsory-payments.pdf).

[4] En France, le barème de l'impôt applicable aux revenus de 2024 a été ajusté pour tenir compte de l'inflation dans le projet de loi de finances pour 2025. Cependant, en raison de l'adoption tardive du projet de loi de finances pour 2025, l'indexation du barème et des paramètres de l'impôt sur le revenu sur l'inflation (de 1.8 %) n'a pas pu être prise en compte dans les modèles des *Impôts sur les salaires* du présent rapport. Il en résulte que les taux d'imposition estimés sont supérieurs à ceux effectivement en vigueur.

[5] Voir la note 4.

5 Taux effectifs d'imposition des revenus du travail en 2023

Ce chapitre présente les taux effectifs d'imposition des revenus du travail en 2023 pour les huit types de ménage étudiés. Les tableaux 5.1 à 5.13 présentent un certain nombre de mesures de la charge fiscale moyenne (coin fiscal, taux d'imposition des personnes physiques, taux net d'imposition des personnes physique, taux de l'impôt sur le revenu des personnes physiques et taux des cotisations salariales de sécurité sociale) et marginale (coin fiscal et taux net d'imposition des personnes physiques). Les résultats de deux indicateurs de la progressivité de l'impôt sont également examinés : mesures de l'élasticité de l'impôt basée sur le salaire brut et sur les coûts de main-d'œuvre. Les formats des tableaux sont identiques aux tableaux 3.1 à 3.13 examinés dans le chapitre 3 qui illustrent les taux effectifs d'imposition des revenus du travail en 2024.

Les tableaux qui suivent indiquent les taux effectifs d'imposition du revenu du travail concernant les huit types de ménage visés par les modèles des *Impôts sur les salaires* en 2023. La colonne 2 des tableaux se rapporte aux célibataires sans enfant percevant le salaire moyen, et la colonne 5 aux couples mariés ayant deux enfants et disposant d'un seul revenu égal au salaire moyen. Les colonnes 1, 3 à 4 et 6 à 8 des tableaux indiquent les résultats correspondants pour les six autres types de ménage. Les indicateurs présentés dans les tableaux peuvent être comparés avec les indicateurs correspondants figurant dans le chapitre 3, qui indiquent les résultats pour 2024.

- Le Tableau 5.1 indique le coin fiscal total (qui correspond à l'impôt sur le revenu des personnes physiques majoré des cotisations de sécurité sociale [CSS] salariales et patronales et diminué des prestations en espèces) par type de ménage et en pourcentage des coûts de main-d'œuvre (salaire brut plus CSS patronales [y compris les taxes sur les salaires]). Dans la majorité des pays, les variations entre 2023 et 2024 de l'écart entre les coûts totaux de main-d'œuvre et le salaire net disponible correspondant étaient comprises entre plus ou moins un point.
- Le Tableau 5.2 indique la charge cumulée de l'impôt sur le revenu des personnes physiques et des CSS salariales sous la forme de taux moyens d'imposition des personnes physiques en pourcentage du salaire brut.
- Le Tableau 5.3 indique le taux moyen net d'imposition des personnes physique, qui correspond au total de l'impôt sur le revenu des personnes physiques et des CSS salariales diminués du montant des prestations en espèces en pourcentage du salaire brut.
- Le Tableau 5.4 indique le montant de l'impôt sur le revenu des personnes physiques dû en pourcentage du salaire brut.
- Le Tableau 5.5 montre les CSS salariales en pourcentage du salaire brut.
- Le Tableau 5.6 indique le coin fiscal marginal (taux de l'impôt sur le revenu des personnes physiques majoré des CSS salariales et patronales, ainsi que des taxes sur les salaires, le cas échéant, et diminué des prestations en espèces) en pourcentage des coûts de main-d'œuvre lorsque le salaire brut du principal apporteur augmente d'une unité monétaire.
- Le Tableau 5.7 indique le taux marginal de l'impôt sur le revenu des personnes physiques majoré des CSS salariales et diminué des prestations en espèces (le taux marginal net d'imposition des personnes physiques) par type de ménage et niveau de salaire, lorsque le salaire brut du principal apporteur augmente d'une unité monétaire.
- Le Tableau 5.8 indique le pourcentage d'augmentation du revenu net par rapport au pourcentage d'augmentation du revenu brut lorsque celui-ci s'accroît d'une unité monétaire.
- Le Tableau 5.9 indique le pourcentage d'augmentation du revenu net par rapport au pourcentage d'augmentation des coûts de main-d'œuvre (salaire brut majoré des cotisations patronales de sécurité sociale et des taxes sur les salaires) lorsque ceux-ci s'accroissent d'une unité monétaire. Les résultats réunis dans les tableaux 5.8 et 5.9 dépendent des taux d'imposition marginaux et moyens.
- Les Tableau 5.10 à Tableau 5.13 donnent des informations générales sur les niveaux des coûts de main-d'œuvre, les salaires bruts et les salaires nets.

Tableau 5.1. Impôt sur le revenu et cotisations sociales des salariés et employeurs diminués des prestations versées, 2023

En % des coûts de main-d'œuvre, par type de ménage et niveau de salaire

	Célibataire sans enfant 67 (% SM)	Célibataire sans enfant 100 (% SM)	Célibataire sans enfant 167 (% SM)	Célibataire 2 enfants 67 (% SM)	Couple marié 2 enfants 100-0 (% SM)	Couple marié 2 enfants 100-67 (% SM)[1]	Couple marié 2 enfants 100-100 (% SM)[1]	Couple marié sans enfant 100-67 (% SM)[1]
Allemagne	43.5	47.7	49.1	28.2	32.9	40.5	43.2	45.8
Australie	24.7	29.2	34.0	5.0	22.7	27.4	29.2	27.4
Autriche	42.7	47.2	49.9	22.0	32.7	37.4	40.6	45.4
Belgique	45.9	52.7	58.8	28.8	37.1	44.9	48.3	49.9
Canada	30.1	31.9	35.3	5.6	21.3	28.7	30.7	31.2
Chili	7.0	7.1	8.4	2.2	2.2	5.1	5.4	7.1
Colombie	0.0	0.0	0.0	-6.3	-4.2	-5.1	-4.2	0.0
Corée	21.4	24.5	27.5	7.9	15.2	17.9	20.1	23.3
Costa Rica	29.5	29.5	30.8	29.5	29.5	29.5	29.5	29.5
Danemark	33.5	35.9	41.7	17.7	26.8	31.7	33.2	35.0
Espagne	36.0	40.2	44.6	26.1	35.5	37.1	39.0	38.5
Estonie	33.9	39.9	41.2	13.1	30.9	33.0	36.1	37.5
États-Unis	27.5	30.0	34.3	12.3	19.8	24.6	27.0	28.3
Finlande	37.0	43.4	49.9	27.6	39.7	38.6	41.6	40.8
France	40.6	46.9	53.3	17.0	39.1	40.6	44.0	44.1
Grèce	34.7	38.7	44.3	29.0	37.4	37.8	39.5	38.2
Hongrie	41.2	41.2	41.2	26.0	31.5	35.4	36.3	41.2
Irlande	26.7	35.6	43.8	14.2	22.2	28.6	32.7	32.0
Islande	27.7	31.8	36.9	18.1	20.8	29.8	31.8	30.2
Israël	17.3	24.0	34.0	5.7	19.0	15.7	18.4	21.0
Italie	38.8	45.5	54.0	23.7	33.8	36.1	40.5	42.8
Japon	31.5	33.0	35.9	18.3	27.9	30.1	31.1	32.4
Lettonie	37.4	41.0	42.9	21.6	30.4	33.2	35.7	39.6
Lituanie	34.4	39.0	40.6	14.2	25.5	32.1	34.7	37.1
Luxembourg	33.4	41.2	47.3	13.6	21.2	31.2	35.5	36.7
Mexique	19.1	20.5	23.6	19.1	20.5	19.9	20.5	19.9
Norvège	32.4	36.4	43.4	21.9	32.9	32.7	34.6	34.8
Nouvelle-Zélande	16.3	21.1	25.8	-12.1	10.9	19.1	21.1	19.1
Pays-Bas	27.2	35.1	41.0	2.9	28.3	27.4	31.3	31.9
Pologne	32.4	34.3	36.0	7.3	15.9	24.7	26.9	33.5
Portugal	37.3	41.1	46.9	18.4	29.4	35.9	38.2	39.4
République slovaque	39.7	41.7	43.8	12.0	16.4	28.1	31.0	40.9
Royaume-Uni	26.8	31.2	38.3	18.3	26.9	27.1	29.3	29.4
Slovénie	39.7	43.1	46.4	16.3	29.1	35.9	39.1	41.7
Suède	39.8	42.2	49.5	32.8	37.5	38.4	39.8	41.2
Suisse	20.1	23.0	27.5	6.0	11.1	17.2	19.7	22.8
Tchéquie	38.1	40.2	42.0	18.7	23.7	34.6	36.3	39.4
Türkiye	33.3	38.1	42.0	33.3	38.1	36.2	38.1	36.2
OCDE-Moyenne	31.0	34.9	39.1	16.2	25.6	29.4	31.7	33.3
OCDE-UE 22	37.0	41.5	45.8	19.6	29.9	34.7	37.4	39.7

1. Couple disposant de deux revenus.

Tableau 5.2. Impôt sur le revenu et cotisations de sécurité sociale des salariés, 2023

En % du salaire brut, par type de ménage et niveau de salaire

	Célibataire sans enfant 67 (% SM)	Célibataire sans enfant 100 (% SM)	Célibataire sans enfant 167 (% SM)	Célibataire 2 enfants 67 (% SM)	Couple marié 2 enfants 100-0 (% SM)	Couple marié 2 enfants 100-67 (% SM)[1]	Couple marié 2 enfants 100-100 (% SM)[1]	Couple marié sans enfant 100-67 (% SM)[1]
Allemagne	32.4	37.3	41.5	13.9	19.5	28.7	31.8	35.0
Australie	20.2	24.9	30.0	20.2	24.9	23.0	24.9	23.0
Autriche	27.3	32.9	37.6	15.6	24.6	26.4	29.4	30.6
Belgique	31.8	39.8	47.7	26.2	28.1	35.0	38.3	36.5
Canada	22.4	25.5	31.0	16.3	22.3	24.3	25.5	24.3
Chili	7.0	7.1	8.4	7.0	7.0	7.0	7.0	7.1
Colombie	0.0	0.0	0.0	0.0	0.0	0.0	0.0	0.0
Corée	12.7	16.1	20.2	11.1	14.7	14.2	15.7	14.8
Costa Rica	10.7	10.7	12.3	10.7	10.7	10.7	10.7	10.7
Danemark	32.9	35.5	41.5	31.1	31.9	34.5	35.5	34.5
Espagne	16.5	22.0	27.8	3.7	15.8	18.0	20.5	19.8
Estonie	11.6	19.6	21.3	9.1	16.0	15.4	18.8	16.4
États-Unis	21.4	24.3	29.1	5.0	13.3	18.4	21.0	22.4
Finlande	23.6	31.5	39.2	23.6	31.5	28.3	31.5	28.3
France	23.5	27.6	33.5	20.8	20.8	23.2	25.6	25.5
Grèce	20.2	25.1	31.9	19.4	26.0	23.9	26.0	24.4
Hongrie	33.5	33.5	33.5	23.7	26.9	29.6	30.2	33.5
Irlande	18.6	28.4	37.6	14.0	19.8	24.5	28.4	24.5
Islande	23.1	27.5	32.9	23.1	21.1	25.7	27.5	25.7
Israël	13.3	19.7	29.7	6.3	16.7	12.5	14.8	16.7
Italie	19.4	28.3	39.5	19.4	26.2	24.7	28.3	24.7
Japon	20.8	22.6	26.6	20.8	21.2	21.9	22.6	21.9
Lettonie	22.6	27.1	29.4	12.9	20.5	21.4	23.8	25.3
Lituanie	33.2	37.9	39.5	33.2	37.9	36.0	37.9	36.0
Luxembourg	24.2	33.1	40.0	17.4	20.8	27.9	31.8	27.9
Mexique	8.9	11.8	16.3	8.9	11.8	10.6	11.8	10.6
Norvège	23.6	28.1	34.9	23.2	28.1	26.3	28.1	26.3
Nouvelle-Zélande	16.3	21.1	25.8	16.3	21.1	19.1	21.1	19.1
Pays-Bas	18.3	27.3	36.1	11.8	27.3	21.1	25.1	23.7
Pologne	21.3	23.6	25.6	14.0	16.8	21.1	22.3	22.7
Portugal	22.4	27.1	34.3	11.8	16.1	20.7	23.6	25.0
République slovaque	21.8	24.4	27.1	-1.6	0.0	11.7	14.7	23.4
Royaume-Uni	19.5	23.4	30.7	19.5	22.9	21.8	23.4	21.8
Slovénie	30.0	34.0	37.8	24.8	26.3	29.0	31.1	32.4
Suède	20.8	24.0	33.6	20.8	24.0	22.7	24.0	22.7
Suisse	15.0	18.1	22.9	9.2	11.5	15.6	17.6	17.8
Tchéquie	17.1	20.1	22.4	1.3	4.7	12.5	14.8	18.9
Türkiye	21.7	27.3	31.9	21.7	27.3	25.0	27.3	25.0
OCDE-Moyenne	20.5	25.0	30.0	15.4	19.9	21.4	23.5	23.1
OCDE-UE 22	23.8	29.1	34.5	16.7	21.9	24.4	27.0	26.9

1. Couple disposant de deux revenus.

Tableau 5.3. Impôt sur le revenu et cotisations de sécurité sociale des salariés diminués des prestations versées, 2023

En % du salaire brut, par type de ménage et niveau de salaire

	Célibataire sans enfant 67 (% SM)	Célibataire sans enfant 100 (% SM)	Célibataire sans enfant 167 (% SM)	Célibataire 2 enfants 67 (% SM)	Couple marié 2 enfants 100-0 (% SM)	Couple marié 2 enfants 100-67 (% SM)[1]	Couple marié 2 enfants 100-100 (% SM)[1]	Couple marié sans enfant 100-67 (% SM)[1]
Allemagne	32.4	37.3	41.5	13.9	19.5	28.7	31.8	35.0
Australie	20.2	24.9	30.0	-0.7	18.0	23.0	24.9	23.0
Autriche	26.8	32.6	37.5	0.4	14.1	20.1	24.1	30.3
Belgique	31.8	39.8	47.7	10.3	20.1	30.3	34.3	36.5
Canada	22.4	25.5	31.0	-4.9	14.0	21.6	24.2	24.3
Chili	7.0	7.1	8.4	2.2	2.2	5.1	5.4	7.1
Colombie	0.0	0.0	0.0	-6.3	-4.2	-5.1	-4.2	0.0
Corée	12.7	16.1	20.2	-2.3	5.8	8.9	11.2	14.8
Costa Rica	10.7	10.7	12.3	10.7	10.7	10.7	10.7	10.7
Danemark	32.9	35.5	41.5	17.0	26.4	31.2	32.8	34.5
Espagne	16.5	22.0	27.8	3.7	15.8	18.0	20.5	19.8
Estonie	11.6	19.6	21.3	-16.3	7.5	10.3	14.5	16.4
États-Unis	21.4	24.3	29.1	5.0	13.3	18.4	21.0	22.4
Finlande	23.6	31.5	39.2	12.2	26.9	25.6	29.2	28.3
France	23.5	27.6	33.5	-6.8	16.9	20.9	23.6	25.5
Grèce	20.2	25.1	31.9	13.2	23.4	23.9	26.0	24.4
Hongrie	33.5	33.5	33.5	16.4	22.6	26.9	28.0	33.5
Irlande	18.6	28.4	37.6	4.7	13.6	20.7	25.3	24.5
Islande	23.1	27.5	32.9	12.9	15.8	25.3	27.5	25.7
Israël	13.3	19.7	29.7	1.1	14.4	11.1	13.7	16.7
Italie	19.4	28.3	39.5	-0.4	12.9	15.9	21.8	24.7
Japon	20.8	22.6	26.6	5.5	16.7	19.2	20.3	21.9
Lettonie	22.6	27.1	29.4	3.1	14.0	17.5	20.5	25.3
Lituanie	33.2	37.9	39.5	12.7	24.2	30.8	33.6	36.0
Luxembourg	24.2	33.1	40.0	1.7	10.3	21.6	26.6	27.9
Mexique	8.9	11.8	16.3	8.9	11.8	10.6	11.8	10.6
Norvège	23.6	28.1	34.9	11.8	24.2	23.9	26.1	26.3
Nouvelle-Zélande	16.3	21.1	25.8	-12.1	10.9	19.1	21.1	19.1
Pays-Bas	18.3	27.3	36.1	-8.9	19.7	18.6	23.1	23.7
Pologne	21.3	23.6	25.6	-7.9	2.2	12.4	15.0	22.7
Portugal	22.4	27.1	34.3	-1.0	12.7	20.7	23.6	25.0
République slovaque	21.8	24.4	27.1	-14.1	-8.4	6.7	10.5	23.4
Royaume-Uni	19.5	23.4	30.7	10.1	18.7	19.3	21.3	21.8
Slovénie	30.0	34.0	37.8	2.9	17.7	25.6	29.3	32.4
Suède	20.8	24.0	33.6	11.7	17.8	19.0	20.9	22.7
Suisse	15.0	18.1	22.9	0.0	5.4	11.9	14.6	17.8
Tchéquie	17.1	20.1	22.4	-8.8	-2.1	12.5	14.8	18.9
Türkiye	21.7	27.3	31.9	21.7	27.3	25.0	27.3	25.0
OCDE-Moyenne	20.5	24.9	30.0	3.2	14.0	18.6	21.2	23.1
OCDE-UE 22	23.7	29.1	34.5	2.7	14.9	20.8	24.1	26.9

1. Couple disposant de deux revenus.

Tableau 5.4. Impôt sur le revenu, 2023

En % du salaire brut, par type de ménage et niveau de salaire

	Célibataire sans enfant 67 (% SM)	Célibataire sans enfant 100 (% SM)	Célibataire sans enfant 167 (% SM)	Célibataire 2 enfants 67 (% SM)	Couple marié 2 enfants 100-0 (% SM)	Couple marié 2 enfants 100-67 (% SM)[1]	Couple marié 2 enfants 100-100 (% SM)[1]	Couple marié sans enfant 100-67 (% SM)[1]
Allemagne	12.1	16.8	26.3	-5.8	-0.4	8.9	12.0	14.7
Australie	20.2	24.9	30.0	20.2	24.9	23.0	24.9	23.0
Autriche	9.3	14.9	22.1	-2.3	6.7	8.5	11.4	12.7
Belgique	18.2	25.9	33.9	12.5	14.3	21.3	24.6	22.8
Canada	14.1	19.1	27.2	8.1	15.8	17.1	19.1	17.1
Chili	0.0	0.1	1.4	0.0	0.0	0.0	0.0	0.1
Colombie	0.0	0.0	0.0	0.0	0.0	0.0	0.0	0.0
Corée	3.3	6.7	11.9	1.7	5.3	4.8	6.3	5.4
Costa Rica	0.0	0.0	1.6	0.0	0.0	0.0	0.0	0.0
Danemark	32.9	35.5	41.5	31.1	31.9	34.5	35.5	34.5
Espagne	10.1	15.5	21.3	-2.8	9.4	11.5	14.0	13.3
Estonie	10.0	18.0	19.7	7.5	14.4	13.8	17.2	14.8
États-Unis	13.8	16.7	21.5	-2.6	5.6	10.8	13.4	14.7
Finlande	13.1	20.9	28.7	13.1	20.9	17.8	20.9	17.8
France	12.2	16.3	22.5	9.5	9.5	11.9	14.3	14.2
Grèce	6.3	11.2	18.0	5.5	12.1	10.0	12.1	10.6
Hongrie	15.0	15.0	15.0	5.2	8.4	11.1	11.7	15.0
Irlande	14.6	24.4	33.6	10.0	15.8	20.5	24.4	20.5
Islande	22.9	27.4	32.9	22.9	21.0	25.6	27.4	25.6
Israël	7.0	11.5	20.0	0.0	8.5	5.1	6.7	9.2
Italie	14.8	22.6	29.9	14.8	20.5	19.5	22.6	19.5
Japon	6.2	7.9	13.0	6.2	6.6	7.2	7.9	7.2
Lettonie	12.1	16.6	18.9	2.4	10.0	10.9	13.3	14.8
Lituanie	13.7	18.4	20.0	13.7	18.4	16.5	18.4	16.5
Luxembourg	11.9	20.8	27.7	5.1	8.5	15.6	19.5	15.6
Mexique	7.6	10.4	14.8	7.6	10.4	9.2	10.4	9.2
Norvège	15.7	20.2	27.0	15.3	20.2	18.4	20.2	18.4
Nouvelle-Zélande	16.3	21.1	25.8	16.3	21.1	19.1	21.1	19.1
Pays-Bas	6.2	16.3	27.1	4.6	16.3	11.6	15.8	12.2
Pologne	3.5	5.8	7.8	-3.9	-1.0	3.3	4.5	4.8
Portugal	11.4	16.1	23.3	0.8	5.1	9.7	12.6	14.0
République slovaque	8.4	11.0	13.7	-15.0	-13.4	-1.7	1.3	10.0
Royaume-Uni	12.4	14.9	24.7	12.4	14.4	13.9	14.9	13.9
Slovénie	7.9	11.9	15.7	2.7	4.2	6.9	9.0	10.3
Suède	13.8	17.0	28.7	13.8	17.0	15.7	17.0	15.7
Suisse	8.6	11.7	16.6	2.8	5.1	9.2	11.2	11.4
Tchéquie	6.1	9.1	11.4	-9.7	-6.3	1.5	3.8	7.9
Türkiye	6.7	12.3	16.9	6.7	12.3	10.0	12.3	10.0
OCDE-Moyenne	11.0	15.4	20.8	6.1	10.4	11.9	14.0	13.6
OCDE-UE 22	12.0	17.3	23.0	5.1	10.1	12.7	15.3	15.1

1. Couple disposant de deux revenus.

Tableau 5.5. Cotisations de sécurité sociale des salariés, 2023

En % du salaire brut, par type de ménage et niveau de salaire

	Célibataire sans enfant 67 (% SM)	Célibataire sans enfant 100 (% SM)	Célibataire sans enfant 167 (% SM)	Célibataire 2 enfants 67 (% SM)	Couple marié 2 enfants 100-0 (% SM)	Couple marié 2 enfants 100-67 (% SM)[1]	Couple marié 2 enfants 100-100 (% SM)[1]	Couple marié sans enfant 100-67 (% SM)[1]
Allemagne	20.3	20.4	15.2	19.7	19.9	19.8	19.9	20.4
Australie	0.0	0.0	0.0	0.0	0.0	0.0	0.0	0.0
Autriche	18.0	18.0	15.5	18.0	18.0	18.0	18.0	18.0
Belgique	13.6	14.0	13.8	13.6	13.8	13.7	13.7	13.7
Canada	8.3	6.5	3.9	8.3	6.5	7.2	6.5	7.2
Chili	7.0	7.0	7.0	7.0	7.0	7.0	7.0	7.0
Colombie	0.0	0.0	0.0	0.0	0.0	0.0	0.0	0.0
Corée	9.4	9.4	8.3	9.4	9.4	9.4	9.4	9.4
Costa Rica	10.7	10.7	10.7	10.7	10.7	10.7	10.7	10.7
Danemark	0.0	0.0	0.0	0.0	0.0	0.0	0.0	0.0
Espagne	6.5	6.5	6.5	6.5	6.5	6.5	6.5	6.5
Estonie	1.6	1.6	1.6	1.6	1.6	1.6	1.6	1.6
États-Unis	7.7	7.7	7.7	7.7	7.7	7.7	7.7	7.7
Finlande	10.5	10.5	10.5	10.5	10.5	10.5	10.5	10.5
France	11.3	11.3	11.0	11.3	11.3	11.3	11.3	11.3
Grèce	13.9	13.9	13.9	13.9	13.9	13.9	13.9	13.9
Hongrie	18.5	18.5	18.5	18.5	18.5	18.5	18.5	18.5
Irlande	4.0	4.0	4.0	4.0	4.0	4.0	4.0	4.0
Islande	0.2	0.1	0.1	0.2	0.1	0.1	0.1	0.1
Israël	6.3	8.2	9.7	6.3	8.2	7.4	8.2	7.4
Italie	4.6	5.6	9.6	4.6	5.6	5.2	5.6	5.2
Japon	14.7	14.7	13.6	14.7	14.7	14.7	14.7	14.7
Lettonie	10.5	10.5	10.5	10.5	10.5	10.5	10.5	10.5
Lituanie	19.5	19.5	19.5	19.5	19.5	19.5	19.5	19.5
Luxembourg	12.2	12.3	12.4	12.2	12.3	12.3	12.3	12.3
Mexique	1.3	1.4	1.5	1.3	1.4	1.4	1.4	1.4
Norvège	7.9	7.9	7.9	7.9	7.9	7.9	7.9	7.9
Nouvelle-Zélande	0.0	0.0	0.0	0.0	0.0	0.0	0.0	0.0
Pays-Bas	12.1	11.0	9.0	7.3	11.0	9.5	9.4	11.5
Pologne	17.8	17.8	17.8	17.8	17.8	17.8	17.8	17.8
Portugal	11.0	11.0	11.0	11.0	11.0	11.0	11.0	11.0
République slovaque	13.4	13.4	13.4	13.4	13.4	13.4	13.4	13.4
Royaume-Uni	7.1	8.5	6.0	7.1	8.5	8.0	8.5	8.0
Slovénie	22.1	22.1	22.1	22.1	22.1	22.1	22.1	22.1
Suède	7.0	7.0	4.9	7.0	7.0	7.0	7.0	7.0
Suisse	6.4	6.4	6.3	6.4	6.4	6.4	6.4	6.4
Tchéquie	11.0	11.0	11.0	11.0	11.0	11.0	11.0	11.0
Türkiye	15.0	15.0	15.0	15.0	15.0	15.0	15.0	15.0
OCDE-Moyenne	9.5	9.6	9.2	9.4	9.5	9.5	9.5	9.5
OCDE-UE 22	11.8	11.8	11.4	11.5	11.8	11.7	11.7	11.8

1. Couple disposant de deux revenus.

Tableau 5.6. Taux marginal applicable à l'impôt sur le revenu et aux cotisations de sécurité sociale des salariés et des employeurs diminués des prestations versées, 2023

En % des coûts de main-d'œuvre, par type de ménage et niveau de salaire

	Célibataire sans enfant 67 (% SM)	Célibataire sans enfant 100 (% SM)	Célibataire sans enfant 167 (% SM)	Célibataire 2 enfants 67 (% SM)	Couple marié 2 enfants 100-0 (% SM)	Couple marié 2 enfants 100-67 (% SM)[1]	Couple marié 2 enfants 100-100 (% SM)[1]	Couple marié sans enfant 100-67 (% SM)[1]
Allemagne	54.1	58.2	47.0	52.6	51.9	55.9	55.7	56.1
Australie	38.2	38.2	42.5	57.1	38.2	38.2	38.2	38.2
Autriche	52.8	58.8	45.6	36.3	58.8	58.8	58.8	58.8
Belgique	68.5	65.0	67.8	68.5	65.0	64.1	64.1	64.1
Canada	42.2	31.9	44.5	79.4	37.4	37.4	37.4	31.9
Chili	7.0	10.3	10.3	7.0	7.0	7.0	7.0	10.2
Colombie	0.0	0.0	0.0	0.0	0.0	0.0	0.0	0.0
Corée	30.5	31.2	33.1	23.5	31.2	31.2	31.2	31.2
Costa Rica	29.5	29.5	36.7	29.5	29.5	29.5	29.5	29.5
Danemark	38.6	41.7	55.9	36.8	41.7	41.7	41.7	41.7
Espagne	63.1	48.2	54.0	63.1	48.2	48.2	48.2	48.2
Estonie	52.0	52.0	41.2	52.0	52.0	52.0	52.0	52.0
États-Unis	31.4	40.6	42.5	56.8	31.4	31.4	40.6	31.4
Finlande	48.5	57.2	59.5	48.5	57.2	57.2	57.2	57.2
France	64.6	58.2	59.5	74.5	41.9	50.6	58.2	47.9
Grèce	46.5	50.7	56.3	46.5	50.7	50.7	50.7	50.7
Hongrie	41.2	41.2	41.2	41.2	41.2	41.2	41.2	41.2
Irlande	53.6	53.6	56.8	35.6	53.6	53.6	53.6	53.6
Islande	40.2	40.2	47.7	49.3	49.3	45.6	40.2	40.2
Israël	36.8	47.0	50.7	18.2	47.0	47.0	47.0	47.0
Italie	55.3	62.6	64.1	55.3	62.6	66.7	66.7	62.6
Japon	33.4	37.6	38.2	52.7	37.6	37.6	37.6	37.6
Lettonie	48.3	48.3	44.5	48.3	48.3	48.3	48.3	48.3
Lituanie	48.8	44.1	40.6	48.8	44.1	44.1	44.1	44.1
Luxembourg	54.7	57.9	56.5	57.2	45.3	57.9	57.9	57.9
Mexique	18.6	28.4	28.4	18.6	28.4	28.4	28.4	28.4
Norvège	41.5	49.9	54.6	41.5	49.9	49.9	49.9	49.9
Nouvelle-Zélande	30.0	33.0	33.0	57.0	60.0	33.0	33.0	33.0
Pays-Bas	51.3	51.3	51.5	56.8	56.8	51.3	51.3	51.3
Pologne	38.3	38.3	53.1	29.4	38.3	38.3	38.3	38.3
Portugal	45.1	51.1	58.0	45.1	45.1	49.5	51.1	49.5
République slovaque	45.9	45.9	49.1	27.9	45.9	45.9	45.9	45.9
Royaume-Uni	39.8	39.8	49.0	72.9	39.8	39.8	39.8	39.8
Slovénie	43.6	50.3	55.0	43.6	43.6	50.3	50.3	50.3
Suède	46.2	48.4	65.9	46.2	48.4	48.4	48.4	48.4
Suisse	26.4	32.5	35.3	20.8	26.3	30.3	34.3	32.8
Tchéquie	44.7	44.7	44.7	44.7	44.7	44.7	44.7	44.7
Türkiye	47.8	47.8	47.8	47.8	47.8	47.8	47.8	47.8
OCDE-Moyenne	42.1	43.8	46.4	44.5	43.3	43.5	44.0	43.2
OCDE-UE 22	50.3	51.3	53.1	48.1	49.3	50.9	51.3	50.6

Note : on suppose que le salaire brut du principal apporteur de revenu du ménage augmente. Le résultat peut être différent si le salaire du conjoint augmente, surtout si les deux conjoints sont imposés séparément.

1. Couple disposant de deux revenus.

Tableau 5.7. Taux marginal applicable à l'impôt sur le revenu et aux cotisations de sécurité sociale des salariés diminués des prestations versées, 2023

En % du salaire brut, par type de ménage et niveau de salaire

	Célibataire sans enfant 67 (% SM)	Célibataire sans enfant 100 (% SM)	Célibataire sans enfant 167 (% SM)	Célibataire 2 enfants 67 (% SM)	Couple marié 2 enfants 100-0 (% SM)	Couple marié 2 enfants 100-67 (% SM)[1]	Couple marié 2 enfants 100-100 (% SM)[1]	Couple marié sans enfant 100-67 (% SM)[1]
Allemagne	44.7	49.7	47.0	43.0	42.1	46.9	46.7	47.2
Australie	34.5	34.5	39.0	54.5	34.5	34.5	34.5	34.5
Autriche	39.7	47.5	42.0	18.7	47.5	47.5	47.5	47.5
Belgique	55.6	55.6	59.0	55.6	55.6	54.4	54.4	54.4
Canada	35.6	29.6	43.4	77.0	35.3	35.3	35.3	29.6
Chili	7.0	10.3	10.3	7.0	7.0	7.0	7.0	10.2
Colombie	0.0	0.0	0.0	0.0	0.0	0.0	0.0	0.0
Corée	22.8	23.5	28.7	15.0	23.5	23.5	23.5	23.5
Costa Rica	10.7	10.7	19.8	10.7	10.7	10.7	10.7	10.7
Danemark	38.6	41.7	55.9	36.8	41.7	41.7	41.7	41.7
Espagne	51.9	32.5	40.0	51.9	32.5	32.5	32.5	32.5
Estonie	35.8	35.8	21.3	35.8	35.8	35.8	35.8	35.8
États-Unis	26.1	36.1	38.1	53.5	26.1	26.1	36.1	26.1
Finlande	37.5	48.2	50.9	37.5	48.2	48.2	48.2	48.2
France	32.6	43.0	42.2	51.6	20.8	32.6	43.0	29.0
Grèce	34.5	39.7	46.6	34.5	39.7	39.7	39.7	39.7
Hongrie	33.5	33.5	33.5	33.5	33.5	33.5	33.5	33.5
Irlande	48.5	48.5	52.0	28.5	48.5	48.5	48.5	48.5
Islande	36.4	36.4	44.4	46.0	46.0	42.2	36.4	36.4
Israël	32.0	43.0	47.0	12.0	43.0	43.0	43.0	43.0
Italie	41.2	50.9	52.8	41.2	50.9	56.1	56.1	50.9
Japon	23.0	27.9	34.2	45.3	27.9	27.9	27.9	27.9
Lettonie	36.1	36.1	31.4	36.1	36.1	36.1	36.1	36.1
Lituanie	47.9	43.1	39.5	47.9	43.1	43.1	43.1	43.1
Luxembourg	48.4	52.0	50.5	51.3	37.7	52.0	52.0	52.0
Mexique	12.4	23.0	23.0	12.4	23.0	23.0	23.0	23.0
Norvège	33.9	43.4	46.4	33.9	43.4	43.4	43.4	43.4
Nouvelle-Zélande	30.0	33.0	33.0	57.0	60.0	33.0	33.0	33.0
Pays-Bas	45.5	45.5	51.5	51.7	51.7	45.5	45.5	45.5
Pologne	28.2	28.2	45.4	17.8	28.2	28.2	28.2	28.2
Portugal	32.0	39.5	48.0	32.0	32.0	37.5	39.5	37.5
République slovaque	29.9	29.9	34.0	6.5	29.9	29.9	29.9	29.9
Royaume-Uni	31.5	31.5	42.0	69.2	31.5	31.5	31.5	31.5
Slovénie	34.6	42.4	47.8	34.6	34.6	42.4	42.4	42.4
Suède	29.2	32.2	55.2	29.2	32.2	32.2	32.2	32.2
Suisse	21.7	28.1	31.9	15.7	21.5	25.8	30.1	28.5
Tchéquie	26.0	26.0	26.0	26.0	26.0	26.0	26.0	26.0
Türkiye	38.7	38.7	38.7	38.7	38.7	38.7	38.7	38.7
OCDE-Moyenne	32.9	35.6	39.3	35.5	34.7	35.2	35.7	34.8
OCDE-UE 22	38.7	41.0	44.2	36.4	38.6	40.5	41.0	40.1

Note : on suppose que le salaire brut du principal apporteur de revenu du ménage augmente. Le résultat peut être différent si le salaire du conjoint augmente, surtout si les deux conjoints sont imposés séparément.

1. Couple disposant de deux revenus.

Tableau 5.8. Augmentation en pourcentage du revenu net selon l'augmentation en pourcentage du salaire brut, 2023

Après une augmentation d'une unité monétaire du salaire brut, par type de ménage et niveau de salaire

	Célibataire sans enfant 67 (% SM)	Célibataire sans enfant 100 (% SM)	Célibataire sans enfant 167 (% SM)	Célibataire 2 enfants 67 (% SM)	Couple marié 2 enfants 100-0 (% SM)	Couple marié 2 enfants 100-67 (% SM)[1]	Couple marié 2 enfants 100-100 (% SM)[1]	Couple marié sans enfant 100-67 (% SM)[1]
Allemagne	0.82	0.80	0.91	0.66	0.72	0.74	0.78	0.81
Australie	0.82	0.87	0.87	0.45	0.80	0.85	0.87	0.85
Autriche	0.82	0.78	0.93	0.82	0.61	0.66	0.69	0.75
Belgique	0.65	0.74	0.78	0.50	0.56	0.65	0.69	0.72
Canada	0.83	0.94	0.82	0.22	0.75	0.82	0.85	0.93
Chili	1.00	0.97	0.98	0.95	0.95	0.98	0.98	0.97
Colombie	1.00	1.00	1.00	0.94	0.96	0.95	0.96	1.00
Corée	0.89	0.91	0.89	0.83	0.81	0.84	0.86	0.90
Costa Rica	1.00	1.00	0.91	1.00	1.00	1.00	1.00	1.00
Danemark	0.92	0.90	0.75	0.76	0.79	0.85	0.87	0.89
Espagne	0.58	0.87	0.83	0.50	0.80	0.82	0.85	0.84
Estonie	0.73	0.80	1.00	0.55	0.69	0.72	0.75	0.77
États-Unis	0.94	0.84	0.87	0.49	0.85	0.91	0.81	0.95
Finlande	0.82	0.76	0.81	0.71	0.71	0.70	0.73	0.72
France	0.88	0.79	0.87	0.45	0.95	0.85	0.75	0.95
Grèce	0.82	0.80	0.78	0.75	0.79	0.79	0.81	0.80
Hongrie	1.00	1.00	1.00	0.80	0.86	0.91	0.92	1.00
Irlande	0.63	0.72	0.77	0.75	0.60	0.65	0.69	0.68
Islande	0.83	0.88	0.83	0.62	0.64	0.77	0.88	0.86
Israël	0.78	0.71	0.75	0.89	0.67	0.64	0.66	0.68
Italie	0.73	0.69	0.78	0.59	0.56	0.52	0.56	0.65
Japon	0.97	0.93	0.90	0.58	0.87	0.89	0.91	0.92
Lettonie	0.83	0.88	0.97	0.66	0.74	0.77	0.80	0.86
Lituanie	0.78	0.92	1.00	0.60	0.75	0.82	0.86	0.89
Luxembourg	0.68	0.72	0.82	0.50	0.69	0.61	0.65	0.67
Mexique	0.96	0.87	0.92	0.96	0.87	0.86	0.87	0.86
Norvège	0.87	0.79	0.82	0.75	0.75	0.74	0.77	0.77
Nouvelle-Zélande	0.84	0.85	0.90	0.38	0.45	0.83	0.85	0.83
Pays-Bas	0.67	0.75	0.76	0.44	0.60	0.67	0.71	0.71
Pologne	0.91	0.94	0.73	0.76	0.73	0.82	0.84	0.93
Portugal	0.88	0.83	0.79	0.67	0.78	0.79	0.79	0.83
République slovaque	0.90	0.93	0.91	0.82	0.65	0.75	0.78	0.92
Royaume-Uni	0.85	0.89	0.84	0.34	0.84	0.85	0.87	0.88
Slovénie	0.93	0.87	0.84	0.67	0.79	0.77	0.81	0.85
Suède	0.89	0.89	0.67	0.80	0.82	0.84	0.86	0.88
Suisse	0.92	0.88	0.88	0.84	0.83	0.84	0.82	0.87
Tchéquie	0.89	0.93	0.95	0.68	0.72	0.85	0.87	0.91
Türkiye	0.78	0.84	0.90	0.78	0.84	0.82	0.84	0.82
OCDE-Moyenne	0.84	0.85	0.86	0.67	0.76	0.79	0.81	0.85
OCDE-UE 22	0.81	0.83	0.85	0.66	0.72	0.75	0.78	0.82

Note : le revenu net est calculé à partir du salaire brut diminué de l'impôt sur le revenu des personnes physiques et des cotisations sociales des salariés, augmentés des prestations versées aux familles. L'augmentation qui est rapportée dans le tableau représente une sorte d'élasticité. Dans un système fiscal proportionnel, l'élasticité est égale à 1. À ce niveau de revenu, plus le système est progressif, plus l'élasticité est faible. Les élasticités indiquées dans le tableau 5.8 sont calculées de la manière suivante : (100 – METR) / (100 – AETR), où METR désigne le taux marginal de l'impôt sur le revenu, augmenté des cotisations salariales de sécurité sociale et diminué des prestations en espèces, figurant dans le tableau 5.7, et AETR désigne le taux moyen de l'impôt sur le revenu augmenté des cotisations salariales de sécurité sociale et diminué des prestations en espèces, figurant dans le tableau 5.3.

1. Couple disposant de deux revenus. On fait l'hypothèse que les coûts du travail associés au principal apporteur de revenu du ménage augmentent.

Tableau 5.9. Augmentation en pourcentage du revenu net selon l'augmentation en pourcentage des coûts bruts de main d'œuvre, 2023

Après une augmentation d'une unité monétaire des coûts bruts de main-d'œuvre, par type de ménage et niveau de salaire

	Célibataire sans enfant 67 (% SM)	Célibataire sans enfant 100 (% SM)	Célibataire sans enfant 167 (% SM)	Célibataire 2 enfants 67 (% SM)	Couple marié 2 enfants 100-0 (% SM)	Couple marié 2 enfants 100-67 (% SM)[1]	Couple marié 2 enfants 100-100 (% SM)[1]	Couple marié sans enfant 100-67 (% SM)[1]
Allemagne	0.81	0.80	1.04	0.66	0.72	0.74	0.78	0.81
Australie	0.82	0.87	0.87	0.45	0.80	0.85	0.87	0.85
Autriche	0.82	0.78	1.08	0.82	0.61	0.66	0.69	0.75
Belgique	0.58	0.74	0.78	0.44	0.56	0.65	0.69	0.72
Canada	0.83	1.00	0.86	0.22	0.80	0.88	0.90	0.99
Chili	1.00	0.97	0.98	0.95	0.95	0.98	0.98	0.97
Colombie	1.00	1.00	1.00	0.94	0.96	0.95	0.96	1.00
Corée	0.89	0.91	0.92	0.83	0.81	0.84	0.86	0.90
Costa Rica	1.00	1.00	0.91	1.00	1.00	1.00	1.00	1.00
Danemark	0.92	0.91	0.76	0.77	0.80	0.85	0.87	0.90
Espagne	0.58	0.87	0.83	0.50	0.80	0.82	0.85	0.84
Estonie	0.73	0.80	1.00	0.55	0.69	0.72	0.75	0.77
États-Unis	0.95	0.85	0.88	0.49	0.86	0.91	0.81	0.96
Finlande	0.82	0.76	0.81	0.71	0.71	0.70	0.73	0.72
France	0.60	0.79	0.87	0.31	0.95	0.83	0.75	0.93
Grèce	0.82	0.80	0.78	0.75	0.79	0.79	0.81	0.80
Hongrie	1.00	1.00	1.00	0.80	0.86	0.91	0.92	1.00
Irlande	0.63	0.72	0.77	0.75	0.60	0.65	0.69	0.68
Islande	0.83	0.88	0.83	0.62	0.64	0.77	0.88	0.86
Israël	0.76	0.70	0.75	0.87	0.65	0.63	0.65	0.67
Italie	0.73	0.69	0.78	0.59	0.56	0.52	0.56	0.65
Japon	0.97	0.93	0.96	0.58	0.87	0.89	0.91	0.92
Lettonie	0.83	0.88	0.97	0.66	0.74	0.77	0.80	0.86
Lituanie	0.78	0.92	1.00	0.60	0.75	0.82	0.86	0.89
Luxembourg	0.68	0.72	0.82	0.50	0.69	0.61	0.65	0.67
Mexique	1.01	0.90	0.94	1.01	0.90	0.89	0.90	0.89
Norvège	0.87	0.79	0.80	0.75	0.75	0.74	0.77	0.77
Nouvelle-Zélande	0.84	0.85	0.90	0.38	0.45	0.83	0.85	0.83
Pays-Bas	0.67	0.75	0.82	0.44	0.60	0.67	0.71	0.72
Pologne	0.91	0.94	0.73	0.76	0.73	0.82	0.84	0.93
Portugal	0.88	0.83	0.79	0.67	0.78	0.79	0.79	0.83
République slovaque	0.90	0.93	0.91	0.82	0.65	0.75	0.78	0.92
Royaume-Uni	0.82	0.87	0.83	0.33	0.82	0.83	0.85	0.85
Slovénie	0.93	0.87	0.84	0.67	0.79	0.77	0.81	0.85
Suède	0.89	0.89	0.67	0.80	0.82	0.84	0.86	0.88
Suisse	0.92	0.88	0.89	0.84	0.83	0.84	0.82	0.87
Tchéquie	0.89	0.93	0.95	0.68	0.72	0.85	0.87	0.91
Türkiye	0.78	0.84	0.90	0.78	0.84	0.82	0.84	0.82
OCDE-Moyenne	0.83	0.86	0.87	0.67	0.76	0.79	0.81	0.85
OCDE-UE 22	0.79	0.83	0.86	0.65	0.72	0.75	0.78	0.82

Note : le revenu net est calculé à partir du salaire brut diminué de l'impôt sur le revenu des personnes physiques et des cotisations sociales des salariés, augmentés des prestations versées aux familles. L'augmentation qui est rapportée dans le tableau représente une sorte d'élasticité. Dans un système fiscal proportionnel, l'élasticité est égale à 1. À ce niveau de revenu, plus le système est progressif, plus l'élasticité est faible. Les élasticités indiquées dans le tableau 5.9 sont calculées de la manière suivante : (100 – METR) / (100 – AETR), où METR désigne le taux marginal de l'impôt sur le revenu, augmenté des cotisations salariales et patronales de sécurité sociale et diminué des prestations en espèces, figurant dans le tableau 5.6, et AETR désigne le taux moyen de l'impôt sur le revenu augmenté des cotisations salariales et patronales de sécurité sociale et diminué des prestations en espèces, figurant dans le tableau 5.1.
1. Couple disposant de deux revenus. On fait l'hypothèse que les coûts du travail associés au principal apporteur de revenu du ménage augmentent.

Tableau 5.10. Salaire brut annuel et revenu net, célibataire, 2023

En dollars US convertis sur la base des PPA, par type de ménage et niveau de salaire

	Célibataire sans enfant 67 (% SM)		Célibataire sans enfant 100 (% SM)		Célibataire sans enfant 167 (% SM)		Célibataire 2 enfants 67 (% SM)	
	Total des revenus bruts avant impôts	Revenus nets après impôts	Total des revenus bruts avant impôts	Revenus nets après impôts	Total des revenus bruts avant impôts	Revenus nets après impôts	Total des revenus bruts avant impôts	Revenus nets après impôts
Allemagne	57 548	38 927	85 893	53 883	143 441	83 893	57 548	49 538
Australie	47 953	38 262	71 572	53 732	119 525	83 644	47 953	48 276
Autriche	53 828	39 386	80 340	54 159	134 168	83 921	53 828	53 619
Belgique	56 232	38 324	83 928	50 487	140 160	73 307	56 232	50 452
Canada	48 877	37 941	72 951	54 325	121 828	84 032	48 877	51 266
Chili	20 443	19 012	30 512	28 349	50 955	46 697	20 443	19 995
Colombie	12 965	12 965	19 351	19 351	32 317	32 317	12 965	13 783
Corée	44 927	39 208	67 056	56 240	111 983	89 337	44 927	45 957
Costa Rica	18 604	16 619	27 768	24 805	46 372	40 664	18 604	16 619
Danemark	53 721	36 042	80 180	51 685	133 901	78 289	53 721	44 606
Espagne	35 396	29 547	52 830	41 211	88 226	63 714	35 396	34 098
Estonie	26 846	23 737	40 069	32 224	66 915	52 676	26 846	31 214
États-Unis	45 379	35 650	67 729	51 252	113 108	80 171	45 379	43 108
Finlande	46 389	35 441	69 237	47 460	115 626	70 247	46 389	40 723
France	43 447	33 251	64 847	46 960	108 294	71 995	43 447	46 416
Grèce	31 225	24 928	46 605	34 911	77 830	53 023	31 225	27 119
Hongrie	28 750	19 119	42 910	28 535	71 660	47 654	28 750	24 025
Irlande	54 704	44 547	81 647	58 423	136 351	85 086	54 704	52 147
Islande	53 636	41 238	80 054	58 032	133 691	89 654	53 636	46 742
Israël	35 599	30 863	53 133	42 690	88 732	62 338	35 599	35 208
Italie	38 021	30 639	56 748	40 715	94 770	57 372	38 021	38 156
Japon	37 320	29 548	55 702	43 123	93 023	68 260	37 320	35 250
Lettonie	24 431	18 907	36 464	26 597	60 895	42 963	24 431	23 664
Lituanie	33 012	22 056	49 272	30 596	82 283	49 781	33 012	28 822
Luxembourg	59 057	44 771	88 145	58 968	147 203	88 291	59 057	58 059
Mexique	13 270	12 095	19 806	17 471	33 076	27 687	13 270	12 095
Norvège	54 807	41 881	81 802	58 820	136 609	88 868	54 807	48 366
Nouvelle-Zélande	34 867	29 186	52 040	41 084	86 906	64 444	34 867	39 096
Pays-Bas	56 276	45 967	83 994	61 067	140 271	89 661	56 276	61 283
Pologne	30 699	24 155	45 819	35 014	76 518	56 947	30 699	33 115
Portugal	27 196	21 099	40 591	29 576	67 788	44 561	27 196	27 478
République slovaque	22 788	17 830	34 011	25 703	56 799	41 390	22 788	25 999
Royaume-Uni	49 389	39 773	73 715	56 444	123 105	85 259	49 389	44 404
Slovénie	32 072	22 464	47 869	31 613	79 941	49 718	32 072	31 154
Suède	40 669	32 193	60 700	46 144	101 369	67 326	40 669	35 930
Suisse	67 511	57 381	100 762	82 529	168 273	129 662	67 511	67 504
Tchéquie	27 673	22 936	41 304	33 022	68 977	53 500	27 673	30 115
Türkiye	29 842	23 374	44 540	32 383	74 382	50 673	29 842	23 374
OCDE-Moyenne	39 352	30 823	58 734	43 147	98 086	66 553	39 352	37 862
OCDE-UE 22	39 999	30 285	59 700	41 771	99 699	63 878	39 999	38 533

Tableau 5.11. Salaire brut annuel et revenu net, couple marié, 2023

En dollars US convertis sur la base des PPA, par type de ménage et niveau de salaire

	Couple marié 2 enfants 100-0 (% SM)		Couple marié 2 enfants 100-67 (% SM)[1]		Couple marié 2 enfants 100-100 (% SM)[1]		Couple marié sans enfant 100-67 (% SM)[1]	
	Total des revenus bruts avant impôts	Revenus nets après impôts	Total des revenus bruts avant impôts	Revenus nets après impôts	Total des revenus bruts avant impôts	Revenus nets après impôts	Total des revenus bruts avant impôts	Revenus nets après impôts
Allemagne	85 893	69 167	143 441	102 262	171 786	117 127	143 441	93 166
Australie	71 572	58 691	119 525	91 994	143 143	107 464	119 525	91 994
Autriche	80 340	69 007	134 168	107 153	160 680	121 926	134 168	93 544
Belgique	83 928	67 082	140 160	97 742	167 857	110 217	140 160	89 003
Canada	72 951	62 727	121 828	95 550	145 901	110 566	121 828	92 266
Chili	30 512	29 851	50 955	48 371	61 024	57 736	50 955	47 361
Colombie	19 351	20 169	32 317	33 953	38 703	40 339	32 317	32 317
Corée	67 056	63 165	111 983	102 064	134 112	119 096	111 983	95 448
Costa Rica	27 768	24 805	46 372	41 424	55 536	49 610	46 372	41 424
Danemark	80 180	59 035	133 901	92 163	160 360	107 767	133 901	87 727
Espagne	52 830	44 465	88 226	72 361	105 660	84 025	88 226	70 758
Estonie	40 069	37 058	66 915	60 028	80 138	68 515	66 915	55 961
États-Unis	67 729	58 748	113 108	92 283	135 459	106 970	113 108	87 817
Finlande	69 237	50 596	115 626	86 037	138 474	98 056	115 626	82 901
France	64 847	53 857	108 294	85 678	129 693	99 059	108 294	80 629
Grèce	51 265	39 261	85 613	65 169	102 530	75 919	85 613	64 693
Hongrie	42 910	33 230	71 660	52 349	85 820	61 766	71 660	47 654
Irlande	81 647	70 554	136 351	108 080	163 294	121 956	136 351	102 969
Islande	80 054	67 428	133 691	99 846	160 108	116 064	133 691	99 270
Israël	53 133	45 504	88 732	78 856	106 266	91 732	88 732	73 947
Italie	56 748	49 407	94 770	79 686	113 497	88 795	94 770	71 354
Japon	55 702	46 416	93 023	75 206	111 404	88 780	93 023	72 671
Lettonie	36 464	31 354	60 895	50 260	72 928	57 950	60 895	45 503
Lituanie	49 272	37 363	82 283	56 912	98 543	65 452	82 283	52 652
Luxembourg	88 145	79 063	147 203	115 353	176 291	129 466	147 203	106 092
Mexique	19 806	17 471	33 076	29 566	39 611	34 941	33 076	29 566
Norvège	81 802	62 035	136 609	103 915	163 603	120 854	136 609	100 700
Nouvelle-Zélande	52 040	46 357	86 906	70 270	104 079	82 168	86 906	70 270
Pays-Bas	83 994	67 489	140 271	114 158	167 989	129 259	140 271	107 034
Pologne	45 819	44 818	76 518	67 058	91 639	77 917	76 518	59 169
Portugal	40 591	35 443	67 788	53 750	81 183	62 052	67 788	50 850
République slovaque	34 011	36 860	56 799	53 003	68 022	60 876	56 799	43 533
Royaume-Uni	73 715	59 947	123 105	99 343	147 431	116 014	123 105	96 218
Slovénie	47 869	39 406	79 941	59 516	95 738	67 730	79 941	54 078
Suède	60 700	49 882	101 369	82 075	121 399	96 026	101 369	78 338
Suisse	100 762	95 359	168 273	148 288	201 524	172 189	168 273	138 260
Tchéquie	41 304	42 180	68 977	60 326	82 607	70 412	68 977	55 958
Türkiye	44 540	32 383	74 382	55 757	89 081	64 766	74 382	55 757
OCDE-Moyenne	58 857	49 938	98 291	78 626	117 714	90 830	98 291	74 180
OCDE-UE 22	59 912	50 299	100 053	78 233	119 824	89 649	100 053	72 435

1. Couple disposant de deux revenus.

Tableau 5.12. Coûts annuels de main-d'œuvre et revenu net, célibataire, 2023

En dollars US convertis sur la base des PPA, par type de ménage et niveau de salaire

	Célibataire sans enfant 67 (% SM)		Célibataire sans enfant 100 (% SM)		Célibataire sans enfant 167 (% SM)		Célibataire 2 enfants 67 (% SM)	
	Coûts bruts de main d'oeuvre avant impôts	Revenus nets après impôts	Coûts bruts de main d'oeuvre avant impôts	Revenus nets après impôts	Coûts bruts de main d'oeuvre avant impôts	Revenus nets après impôts	Coûts bruts de main d'oeuvre avant impôts	Revenus nets après impôts
Allemagne	68 949	38 927	103 051	53 883	164 902	83 893	68 949	49 538
Australie	50 841	38 262	75 882	53 732	126 723	83 644	50 841	48 276
Autriche	68 716	39 386	102 561	54 159	167 382	83 921	68 716	53 619
Belgique	70 869	38 324	106 629	50 487	178 070	73 307	70 869	50 452
Canada	54 306	37 941	79 723	54 325	129 825	84 032	54 306	51 266
Chili	20 443	19 012	30 512	28 349	50 955	46 697	20 443	19 995
Colombie	12 965	12 965	19 351	19 351	32 317	32 317	12 965	13 783
Corée	49 905	39 208	74 485	56 240	123 207	89 337	49 905	45 957
Costa Rica	23 566	16 619	35 174	24 805	58 740	40 664	23 566	16 619
Danemark	54 212	36 042	80 672	51 685	134 392	78 289	54 212	44 606
Espagne	46 156	29 547	68 890	41 211	115 047	63 714	46 156	34 098
Estonie	35 920	23 737	53 612	32 224	89 533	52 676	35 920	31 214
États-Unis	49 171	35 650	73 232	51 252	122 082	80 171	49 171	43 108
Finlande	56 223	35 441	83 915	47 460	140 139	70 247	56 223	40 723
France	55 940	33 251	88 384	46 960	154 330	71 995	55 940	46 416
Grèce	38 185	24 928	56 993	34 911	95 178	53 023	38 185	27 119
Hongrie	32 487	19 119	48 488	28 535	80 975	47 654	32 487	24 025
Irlande	60 748	44 547	90 669	58 423	151 418	85 086	60 748	52 147
Islande	57 042	41 238	85 138	58 032	142 180	89 654	57 042	46 742
Israël	37 340	30 863	56 206	42 690	94 511	62 338	37 340	35 208
Italie	50 029	30 639	74 669	40 715	124 698	57 372	50 029	38 156
Japon	43 146	29 548	64 397	43 123	106 570	68 260	43 146	35 250
Lettonie	30 203	18 907	45 074	26 597	75 268	42 963	30 203	23 664
Lituanie	33 603	22 056	50 153	30 596	83 756	49 781	33 603	28 822
Luxembourg	67 231	44 771	100 345	58 968	167 576	88 291	67 231	58 059
Mexique	14 945	12 095	21 977	17 471	36 252	27 687	14 945	12 095
Norvège	61 932	41 881	92 436	58 820	156 983	88 868	61 932	48 366
Nouvelle-Zélande	34 867	29 186	52 040	41 084	86 906	64 444	34 867	39 096
Pays-Bas	63 113	45 967	94 089	61 067	151 852	89 661	63 113	61 283
Pologne	35 721	24 155	53 315	35 014	89 037	56 947	35 721	33 115
Portugal	33 655	21 099	50 232	29 576	83 887	44 561	33 655	27 478
République slovaque	29 555	17 830	44 113	25 703	73 668	41 390	29 555	25 999
Royaume-Uni	54 323	39 773	82 007	56 444	138 212	85 259	54 323	44 404
Slovénie	37 236	22 464	55 576	31 613	92 811	49 718	37 236	31 154
Suède	53 447	32 193	79 771	46 144	133 218	67 326	53 447	35 930
Suisse	71 831	57 381	107 211	82 529	178 878	129 662	71 831	67 504
Tchéquie	37 027	22 936	55 264	33 022	92 291	53 500	37 027	30 115
Türkiye	35 064	23 374	52 335	32 383	87 399	50 673	35 064	23 374
OCDE-Moyenne	45 550	30 823	68 120	43 147	113 452	66 553	45 550	37 862
OCDE-UE 22	48 147	30 285	72 112	41 771	119 974	63 878	48 147	38 533

Tableau 5.13. Coûts annuels de main-d'œuvre et revenu net, couple marié, 2023

En dollars US convertis sur la base des PPA, par type de ménage et niveau de salaire

	Couple marié 2 enfants 100-0 (% SM)		Couple marié 2 enfants 100-67 (% SM)[1]		Couple marié 2 enfants 100-100 (% SM)[1]		Couple marié sans enfant 100-67 (% SM)[1]	
	Coûts bruts de main d'oeuvre avant impôts	Revenus nets après impôts	Coûts bruts de main d'oeuvre avant impôts	Revenus nets après impôts	Coûts bruts de main d'oeuvre avant impôts	Revenus nets après impôts	Coûts bruts de main d'oeuvre avant impôts	Revenus nets après impôts
Allemagne	103 051	69 167	172 000	102 262	206 102	117 127	172 000	93 166
Australie	75 882	58 691	126 723	91 994	151 764	107 464	126 723	91 994
Autriche	102 561	69 007	171 277	107 153	205 122	121 926	171 277	93 544
Belgique	106 629	67 082	177 498	97 742	213 258	110 217	177 498	89 003
Canada	79 723	62 727	134 029	95 550	159 446	110 566	134 029	92 266
Chili	30 512	29 851	50 955	48 371	61 024	57 736	50 955	47 361
Colombie	19 351	20 169	32 317	33 953	38 703	40 339	32 317	32 317
Corée	74 485	63 165	124 390	102 064	148 970	119 096	124 390	95 448
Costa Rica	35 174	24 805	58 740	41 424	70 347	49 610	58 740	41 424
Danemark	80 672	59 035	134 884	92 163	161 343	107 767	134 884	87 727
Espagne	68 890	44 465	115 047	72 361	137 780	84 025	115 047	70 758
Estonie	53 612	37 058	89 533	60 028	107 225	68 515	89 533	55 961
États-Unis	73 232	58 748	122 404	92 283	146 464	106 970	122 404	87 817
Finlande	83 915	50 596	140 139	86 037	167 831	98 056	140 139	82 901
France	88 384	53 857	144 323	85 678	176 767	99 059	144 323	80 629
Grèce	62 692	39 261	104 696	65 169	125 384	75 919	104 696	64 693
Hongrie	48 488	33 230	80 975	52 349	96 977	61 766	80 975	47 654
Irlande	90 669	70 554	151 418	108 080	181 338	121 956	151 418	102 969
Islande	85 138	67 428	142 180	99 846	170 275	116 064	142 180	99 270
Israël	56 206	45 504	93 546	78 856	112 413	91 732	93 546	73 947
Italie	74 669	49 407	124 698	79 686	149 339	88 795	124 698	71 354
Japon	64 397	46 416	107 543	75 206	128 794	88 780	107 543	72 671
Lettonie	45 074	31 354	75 277	50 260	90 148	57 950	75 277	45 503
Lituanie	50 153	37 363	83 756	56 912	100 307	65 452	83 756	52 652
Luxembourg	100 345	79 063	167 576	115 353	200 689	129 466	167 576	106 092
Mexique	21 977	17 471	36 922	29 566	43 953	34 941	36 922	29 566
Norvège	92 436	62 035	154 368	103 915	184 872	120 854	154 368	100 700
Nouvelle-Zélande	52 040	46 357	86 906	70 270	104 079	82 168	86 906	70 270
Pays-Bas	94 089	67 489	157 203	114 158	188 179	129 259	157 203	107 034
Pologne	53 315	44 818	89 037	67 058	106 631	77 917	89 037	59 169
Portugal	50 232	35 443	83 887	53 750	100 464	62 052	83 887	50 850
République slovaque	44 113	36 860	73 668	53 003	88 225	60 876	73 668	43 533
Royaume-Uni	82 007	59 947	136 330	99 343	164 013	116 014	136 330	96 218
Slovénie	55 576	39 406	92 811	59 516	111 151	67 730	92 811	54 078
Suède	79 771	49 882	133 218	82 075	159 543	96 026	133 218	78 338
Suisse	107 211	95 359	179 042	148 288	214 422	172 189	179 042	138 260
Tchéquie	55 264	42 180	92 291	60 326	110 528	70 412	92 291	55 958
Türkiye	52 335	32 383	87 399	55 757	104 670	64 766	87 399	55 757
OCDE-Moyenne	68 270	49 938	113 921	78 626	136 541	90 830	113 921	74 180
OCDE-UE 22	72 371	50 299	120 691	78 233	144 742	89 649	120 691	72 435

1. Couple disposant de deux revenus.

6 Évolution des taux effectifs d’imposition des revenus du travail (2000-24)

Ce chapitre présente l’évolution des taux effectifs d’imposition des revenus du travail entre 2000 et 2024 pour les huit catégories de ménage. Les tableaux 6.1 à 6.8 indiquent le coin fiscal (moyen) constitué des impôts sur le revenu majorés des cotisations de sécurité sociale des salariés et des employeurs (y compris les taxes sur les salaires éventuellement applicables) et diminués des prestations en espèces ; les tableaux 6.9 à 6.16 contiennent des données liées à la charge (moyenne) des impôts sur le revenu des personnes physiques ; et les tableaux 6.17 à 6.24 indiquent la charge (moyenne) des impôts sur le revenu majorés des cotisations de sécurité sociale des salariés et diminués des prestations en espèces (taux moyens nets d’imposition des personnes physiques).

Tendances à long terme de l'imposition du travail depuis 2000

Ce chapitre présente l'évolution des taux effectifs d'imposition des revenus du travail pour les huit catégories de ménage décrites par les modèles des *Impôts sur les salaires* au cours de la période comprise entre 2000 et 2024.

Les résultats pour la France au titre de 2024 devraient être interprétés avec prudence compte tenu du fait que l'indexation du barème et des paramètres de l'impôt sur le revenu sur l'inflation (de 1.8 %) n'a pas pu être prise en compte dans les modèles des *Impôts sur les salaires* du présent rapport. Cette omission qui est due à l'adoption tardive du projet de loi de finances pour 2025 a pour conséquence que les taux d'imposition estimés en 2024 sont supérieurs à ceux effectivement en vigueur.

Les tableaux 6.1 à 6.24 intitulés « Tableaux indiquant les impôts sur le revenu les cotisations de sécurité sociale et les prestations en espèces » correspondent à une mesure particulière de la charge fiscale pour une catégorie spécifique de ménage. L'examen est centré sur les principales tendances observables au cours de cette période et met en lumière les variations importantes d'une année sur l'autre[1]. Les taux effectifs d'imposition des revenus du travail indiqués dans ce chapitre ont tous baissé entre 2000 et 2024 pour chacune des catégories de ménage étudiées.

- Sur la période considérée les baisses du coin fiscal moyen constatées dans les pays de la zone OCDE se sont échelonnées entre 1.3 point pour les travailleurs célibataires percevant 167 % du salaire moyen [SM] et 3.0 points pour les parents isolés rémunérés à 67 % du SM.
- La baisse de la charge fiscale moyenne sur le revenu des personnes physiques est comprise entre 0.8 point pour les travailleurs célibataires rémunérés au SM et 1.6 point pour les parents isolés gagnant 67 % du SM.
- La charge fiscale moyenne nette des personnes physiques a également reculé dans les pays de l'OCDE pour toutes les catégories de ménage pendant la période étudiée. Ce repli varie de 0.5 point pour les travailleurs célibataires percevant 167 % du SM et 1.7 point pour les parents isolés gagnant 67 % du SM.

Tableau 6.1. Impôt sur le revenu et cotisations sociales des salariés et employeurs diminués des prestations versées célibataire salaire égal à 67 % du salaire moyen

Charge fiscale en % des coûts de main-d'œuvre célibataire sans enfant

	2000	2010	2015	2018	2019	2020	2021	2022	2023	2024
Allemagne	47.6	44.9	45.3	45.3	45.2	44.7	44.3	44.1	43.5	43.9
Australie	25.9	21.0	23.1	24.1	22.7	23.3	21.5	21.4	24.7	25.3
Autriche	43.2	43.5	45.1	43.3	43.6	42.9	43.2	42.0	42.7	42.5
Belgique	51.4	50.4	49.4	46.1	45.5	45.4	45.7	46.3	45.9	45.8
Canada	29.4	29.0	29.6	28.8	28.2	28.7	29.7	30.0	30.1	30.0
Chili	7.0	7.0	7.0	7.0	7.0	7.0	-6.5	7.0	7.0	7.0
Colombie	0.0	0.0	0.0	0.0	0.0	0.0	0.0	0.0	0.0	0.0
Corée	15.0	17.4	18.4	19.2	19.7	20.2	20.8	21.5	21.4	21.7
Costa Rica	27.8	28.0	28.2	29.0	29.0	29.2	29.2	29.2	29.5	29.5
Danemark	37.4	33.5	33.4	33.0	33.1	33.0	33.0	33.4	33.5	33.5
Espagne	34.9	36.5	35.8	35.9	35.9	34.7	36.0	36.1	36.0	37.2
Estonie	39.8	38.7	38.0	32.7	33.2	33.4	33.9	34.5	33.9	35.0
États-Unis	29.0	28.3	29.2	27.6	27.5	23.5	24.7	27.8	27.5	27.6
Finlande	42.7	36.8	37.9	36.5	35.9	35.4	36.7	36.8	37.0	35.2
France	43.9	46.8	43.6	42.3	41.9	39.5	40.8	40.9	40.6	41.1
Grèce	35.9	35.8	34.6	36.2	36.3	33.8	32.7	33.8	34.7	35.2
Hongrie	51.4	43.8	49.0	45.0	44.6	43.6	43.2	41.2	41.2	41.2
Irlande	27.5	24.2	24.9	24.3	25.5	26.1	27.1	26.8	26.7	26.3
Islande	23.8	28.4	30.2	29.6	29.4	29.0	27.9	28.1	27.7	27.3
Israël	23.2	14.1	14.8	15.0	15.4	15.7	16.9	18.1	17.3	17.2
Italie	43.6	44.0	40.8	40.8	41.0	40.9	40.9	39.9	38.8	38.1
Japon	28.7	28.9	30.9	31.2	31.2	31.1	31.2	31.2	31.5	30.7
Lettonie	41.7	43.2	41.7	39.7	39.6	38.7	37.9	37.0	37.4	38.4
Lituanie	43.0	38.8	39.3	37.2	34.8	33.5	34.3	34.2	34.4	33.9
Luxembourg	29.8	28.8	32.4	30.5	30.7	31.7	31.8	31.7	33.4	32.5
Mexique	7.6	12.9	15.0	16.1	16.8	19.4	19.1	19.3	19.1	19.2
Norvège	35.1	34.1	33.7	32.7	32.6	32.7	32.9	32.7	32.4	32.3
Nouvelle-Zélande	18.6	14.3	13.5	13.8	14.0	14.1	14.2	14.7	16.3	15.3
Pays-Bas	42.3	33.6	32.0	30.8	29.7	28.7	27.3	28.4	27.2	26.9
Pologne	37.0	33.3	35.0	35.2	35.0	34.2	34.3	31.6	32.4	33.0
Portugal	33.4	31.8	35.2	35.5	35.9	36.0	36.5	37.1	37.3	36.1
République slovaque	40.7	35.0	39.1	39.7	39.7	39.0	39.2	39.5	39.7	40.4
Royaume-Uni	29.1	29.4	26.0	26.2	26.1	25.3	26.2	26.8	26.8	25.3
Slovénie	42.6	38.6	38.6	39.8	40.3	40.2	40.4	39.7	39.7	41.7
Suède	48.6	40.7	40.6	41.0	40.4	40.5	39.8	39.5	39.8	39.1
Suisse	20.2	19.3	19.1	19.4	19.5	19.9	20.1	20.1	20.1	20.0
Tchéquie	41.3	39.0	40.0	41.4	41.7	41.9	37.7	37.5	38.1	38.9
Türkiye[1]	39.1	34.4	35.9	34.6	36.2	36.2	36.3	33.4	33.3	34.7
OCDE-Moyenne	33.1	31.3	31.7	31.2	31.2	30.9	30.6	30.9	31.0	31.0
OCDE-UE 22	40.9	38.3	38.7	37.8	37.7	37.2	37.1	36.9	37.0	37.1

1. Les données sur les salaires sont basées sur l'ancienne définition de l'ouvrier moyen (CITI D Rév. 3) pour les années 2000 à 2006.

Tableau 6.2. Impôt sur le revenu et cotisations sociales des salariés et employeurs diminués des prestations versées célibataire salaire égal à 100 % du salaire moyen

Charge fiscale en % des coûts de main-d'œuvre célibataire sans enfant

	2000	2010	2015	2018	2019	2020	2021	2022	2023	2024
Allemagne	52.9	49.0	49.4	49.5	49.3	48.8	48.1	48.3	47.7	47.9
Australie	31.0	26.8	28.3	28.9	27.9	28.4	27.0	27.0	29.2	29.6
Autriche	47.3	48.2	49.6	47.6	47.9	47.5	47.8	46.9	47.2	47.0
Belgique	57.1	55.9	55.3	52.7	52.3	52.2	52.4	53.0	52.7	52.6
Canada	34.1	31.8	32.5	31.4	31.0	31.1	31.5	31.9	31.9	32.0
Chili	7.0	7.0	7.0	7.0	7.0	7.0	7.0	7.0	7.1	7.2
Colombie	0.0	0.0	0.0	0.0	0.0	0.0	0.0	0.0	0.0	0.0
Corée	16.4	20.1	21.4	22.4	22.9	23.4	23.9	24.5	24.5	24.7
Costa Rica	27.8	28.0	28.2	29.0	29.0	29.2	29.2	29.2	29.5	29.5
Danemark	41.5	35.9	35.9	35.7	35.9	35.6	35.7	35.9	35.9	36.1
Espagne	38.6	39.7	39.4	39.4	39.4	39.0	39.5	39.6	40.2	40.6
Estonie	41.3	40.1	39.0	36.2	37.0	37.3	38.2	39.1	39.9	40.6
États-Unis	30.8	30.7	31.4	29.6	29.7	27.2	28.3	30.5	30.0	30.1
Finlande	47.5	42.3	43.5	42.6	42.2	41.8	43.1	43.1	43.4	41.9
France	50.4	49.9	48.5	47.4	47.2	46.5	46.9	47.1	46.9	47.2
Grèce	38.7	40.0	38.8	40.4	40.4	38.8	37.3	38.0	38.7	39.3
Hongrie	54.7	46.6	49.0	45.0	44.6	43.6	43.2	41.2	41.2	41.2
Irlande	35.3	30.9	33.2	32.9	34.8	35.2	35.9	35.6	35.6	35.2
Islande	28.8	33.4	34.3	32.9	32.7	32.5	31.9	32.1	31.8	31.6
Israël	29.6	20.7	21.8	22.0	22.5	22.7	23.6	24.7	24.0	23.9
Italie	47.1	47.2	47.8	47.7	47.9	46.9	46.0	45.6	45.5	47.1
Japon	29.8	30.2	32.3	32.7	32.7	32.6	32.6	32.7	33.0	32.6
Lettonie	43.2	44.0	42.5	42.6	42.5	42.3	40.5	40.4	41.0	41.7
Lituanie	45.7	40.6	41.2	40.7	37.7	37.1	37.6	38.4	39.0	39.3
Luxembourg	35.8	35.3	39.5	38.2	38.5	39.5	39.8	39.9	41.2	40.3
Mexique	12.7	16.0	19.8	19.7	20.2	20.4	20.2	21.0	20.5	20.9
Norvège	38.6	37.3	36.8	35.8	35.7	35.8	35.9	36.2	36.4	36.4
Nouvelle-Zélande	19.4	17.0	17.6	18.6	19.0	19.3	19.4	20.1	21.1	20.8
Pays-Bas	40.0	38.1	37.0	37.8	36.9	36.1	35.0	35.8	35.1	35.1
Pologne	38.2	34.2	35.7	35.8	35.6	34.9	34.9	33.8	34.3	34.7
Portugal	37.6	36.4	40.9	39.6	40.1	40.2	40.7	40.9	41.1	39.4
République slovaque	42.1	38.1	41.5	41.9	41.9	41.3	41.5	41.6	41.7	42.6
Royaume-Uni	32.6	32.6	30.8	31.0	30.9	30.4	30.9	31.7	31.2	29.4
Slovénie	46.3	42.5	42.6	43.2	43.5	43.1	43.5	42.9	43.1	44.6
Suède	50.1	42.8	42.6	43.0	42.6	42.7	42.5	42.4	42.2	41.5
Suisse	22.9	22.1	21.8	22.2	22.3	22.7	23.1	23.0	23.0	22.9
Tchéquie	42.6	42.1	42.8	43.7	44.0	44.1	40.0	39.9	40.2	40.9
Türkiye[1]	40.4	37.0	38.2	39.2	39.6	39.5	39.9	38.2	38.1	39.0
OCDE-Moyenne	36.2	34.5	35.2	34.9	34.9	34.7	34.6	34.7	34.9	34.9
OCDE-UE 22	44.3	41.8	42.5	42.0	41.9	41.6	41.4	41.3	41.5	41.7

1. Les données sur les salaires sont basées sur l'ancienne définition de l'ouvrier moyen (CITI D Rév. 3) pour les années 2000 à 2006.

Tableau 6.3. Impôt sur le revenu et cotisations sociales des salariés et employeurs diminués des prestations versées célibataire salaire égal à 167 % du salaire moyen

Charge fiscale en % des coûts de main-d'œuvre célibataire sans enfant

	2000	2010	2015	2018	2019	2020	2021	2022	2023	2024
Allemagne	56.2	51.5	51.3	51.3	51.0	51.3	50.7	49.9	49.1	49.1
Australie	38.8	32.4	34.0	34.3	34.4	34.7	32.9	33.2	34.0	34.4
Autriche	50.4	51.4	52.1	51.0	51.0	50.9	51.1	50.5	49.9	49.0
Belgique	62.6	61.0	60.7	59.0	58.7	58.6	58.7	59.1	58.8	58.7
Canada	37.0	35.0	35.5	34.5	34.0	34.7	35.2	35.5	35.3	35.2
Chili	8.3	8.0	8.2	8.3	8.3	8.3	8.3	8.2	8.4	8.4
Colombie	0.0	0.0	0.0	0.0	0.0	0.0	0.0	0.0	0.0	0.0
Corée	20.5	21.7	23.3	25.0	25.6	26.2	26.9	27.5	27.5	27.9
Costa Rica	27.8	28.5	29.2	30.6	30.7	30.8	31.0	31.0	30.8	30.9
Danemark	49.3	42.9	42.1	41.5	41.6	41.2	41.3	41.6	41.7	41.9
Espagne	41.0	42.4	43.8	43.8	43.9	43.4	44.0	44.1	44.6	45.1
Estonie	42.5	41.2	39.9	41.2	41.2	41.2	41.2	41.2	41.2	41.2
États-Unis	37.1	35.9	36.3	34.1	34.1	33.8	34.6	34.7	34.3	34.4
Finlande	53.2	48.2	49.4	48.8	48.4	48.3	49.4	49.4	49.9	48.5
France	52.5	53.6	54.3	54.0	54.1	53.2	54.0	54.0	53.3	54.2
Grèce	44.7	45.5	45.1	45.9	46.0	44.7	42.4	43.4	44.3	44.8
Hongrie	59.2	53.1	49.0	45.0	44.6	43.6	43.2	41.2	41.2	41.2
Irlande	42.2	40.7	42.3	41.6	43.0	43.3	43.8	43.7	43.8	43.6
Islande	39.6	37.8	38.6	37.5	37.4	37.4	37.1	37.3	36.9	36.6
Israël	38.1	29.5	30.8	31.2	32.0	32.4	33.5	34.4	34.0	34.0
Italie	51.1	52.5	54.2	53.9	54.0	54.2	54.5	53.7	54.0	54.0
Japon	31.6	33.3	34.9	35.1	35.1	35.2	35.6	35.6	35.9	35.7
Lettonie	44.4	44.7	43.2	42.6	42.8	42.9	42.6	42.7	42.9	43.1
Lituanie	47.9	42.0	42.1	42.1	40.0	40.0	40.2	40.6	40.6	40.6
Luxembourg	44.1	42.5	46.2	45.5	45.6	46.2	46.4	46.8	47.3	46.6
Mexique	19.5	21.4	22.8	22.8	23.2	23.4	23.3	23.9	23.6	23.9
Norvège	45.2	43.0	42.4	41.5	41.5	41.5	41.7	42.1	43.4	43.3
Nouvelle-Zélande	24.2	23.3	23.4	24.1	24.4	24.6	24.8	25.3	25.8	25.7
Pays-Bas	44.9	41.8	42.2	42.3	42.1	41.2	40.6	41.0	41.0	41.2
Pologne	39.1	35.0	36.3	36.3	36.1	36.4	36.5	35.6	36.0	37.9
Portugal	42.7	42.2	46.7	44.9	45.3	45.4	46.1	46.6	46.9	45.2
République slovaque	45.5	40.3	43.5	43.7	43.6	43.2	43.4	43.7	43.8	44.5
Royaume-Uni	35.8	37.2	37.3	37.4	37.1	36.7	37.3	38.6	38.3	37.4
Slovénie	51.0	47.6	46.5	46.7	47.0	46.0	46.4	46.0	46.4	47.5
Suède	55.7	51.0	50.7	51.6	50.7	50.3	50.3	50.3	49.5	49.4
Suisse	27.4	26.6	26.4	26.9	27.0	27.3	27.7	27.5	27.5	27.4
Tchéquie	44.8	44.7	45.1	45.7	45.8	45.9	41.9	41.8	42.0	42.6
Türkiye[1]	35.0	39.8	41.8	42.7	42.9	42.8	43.1	42.0	42.0	42.6
OCDE-Moyenne	40.3	38.7	39.3	39.1	39.1	39.0	39.0	39.0	39.1	39.1
OCDE-UE 22	48.4	46.2	46.7	46.3	46.2	46.0	45.8	45.8	45.8	45.9

1. Les données sur les salaires sont basées sur l'ancienne définition de l'ouvrier moyen (CITI D Rév. 3) pour les années 2000 à 2006.

Tableau 6.4. Impôt sur le revenu et cotisations sociales des salariés et employeurs diminués des prestations versées parent isolé salaire égal à 67 % du salaire moyen

Charge fiscale en % des coûts de main-d'œuvre parent isolé ayant deux enfants

	2000	2010	2015	2018	2019	2020	2021	2022	2023	2024
Allemagne	31.8	29.8	30.9	31.5	31.4	27.6	28.1	29.4	28.2	29.1
Australie	4.0	-6.5	-1.4	1.9	1.1	1.2	-1.3	1.4	5.0	1.8
Autriche	25.2	26.1	29.6	28.1	22.3	20.2	22.8	19.4	22.0	21.6
Belgique	36.4	36.8	35.6	32.3	31.4	27.9	28.0	29.3	28.8	28.7
Canada	10.4	11.1	2.4	1.3	-0.4	3.0	7.4	6.2	5.6	6.1
Chili	5.9	6.1	6.2	6.2	6.2	6.1	-24.3	4.8	2.2	0.5
Colombie	-6.9	-5.6	-6.6	-6.4	-6.5	-7.2	-7.5	-6.4	-6.3	-6.5
Corée	14.4	16.7	12.9	13.6	13.5	10.6	12.5	7.5	7.9	4.2
Costa Rica	27.8	28.0	28.2	29.0	29.0	29.2	29.2	29.2	29.5	29.5
Danemark	11.5	8.0	6.3	18.0	18.3	16.4	16.7	17.5	17.7	17.5
Espagne	28.6	29.2	24.2	24.5	24.8	23.3	25.0	25.7	26.1	27.8
Estonie	18.5	24.1	21.7	17.4	18.1	18.7	20.2	22.0	13.1	17.1
États-Unis	10.7	8.9	11.7	9.7	10.1	2.3	-0.8	13.7	12.3	12.4
Finlande	28.3	25.5	27.2	26.5	26.1	25.2	26.9	26.5	27.6	25.5
France	34.5	38.8	36.0	23.9	20.2	16.1	19.7	20.8	17.0	16.8
Grèce	35.2	34.4	30.8	29.6	29.8	22.2	25.9	27.6	29.0	28.7
Hongrie	34.0	27.4	27.2	21.8	22.0	22.7	23.5	23.6	26.0	27.8
Irlande	16.6	-4.5	0.1	3.8	10.0	10.6	11.5	10.0	14.2	13.0
Islande	5.9	16.7	20.5	17.9	18.1	17.0	15.6	16.5	18.1	16.1
Israël	3.3	1.6	2.9	1.5	2.8	2.7	4.7	6.4	5.7	5.5
Italie	29.5	28.1	25.3	25.3	25.8	24.8	25.4	25.6	23.7	22.9
Japon	15.9	9.5	17.0	17.3	16.9	16.7	16.7	17.2	18.3	16.8
Lettonie	24.0	29.5	25.0	24.9	24.3	23.6	24.3	19.5	21.6	24.0
Lituanie	38.4	30.0	31.7	26.1	18.7	9.1	13.2	13.7	14.2	13.0
Luxembourg	4.4	2.0	9.0	7.6	8.3	10.9	11.6	12.7	13.6	12.4
Mexique	7.6	12.9	15.0	16.1	16.8	19.4	19.1	19.3	19.1	19.2
Norvège	16.4	20.9	22.3	22.2	22.0	22.4	23.0	23.2	21.9	20.8
Nouvelle-Zélande	-3.0	-17.7	-14.1	-19.9	-18.8	-17.3	-16.4	-16.1	-12.1	-12.6
Pays-Bas	26.4	12.2	10.2	7.2	6.0	5.6	4.7	7.2	2.9	0.6
Pologne	29.8	28.4	23.9	-10.7	-4.7	4.7	4.9	4.4	7.3	0.1
Portugal	26.9	19.5	23.9	20.9	21.1	21.2	22.1	22.5	18.4	14.3
République slovaque	26.1	22.6	27.9	29.7	30.0	29.2	28.3	25.1	12.0	13.9
Royaume-Uni	15.3	9.3	5.3	11.0	12.6	6.0	18.1	18.7	18.3	16.7
Slovénie	13.4	12.4	10.1	13.4	14.8	15.2	16.7	16.4	16.3	19.0
Suède	39.9	32.3	33.2	33.1	32.5	32.7	32.2	32.2	32.8	32.4
Suisse	6.5	4.7	4.1	4.7	4.9	5.4	6.0	5.8	6.0	6.1
Tchéquie	12.7	15.9	24.7	21.4	22.8	23.2	16.9	17.9	18.7	24.1
Türkiye[1]	39.1	33.0	34.6	33.1	34.8	34.9	34.9	33.4	33.3	34.7
OCDE-Moyenne	19.6	17.3	17.8	16.2	16.2	15.4	15.4	16.6	16.2	15.8
OCDE-UE 22	26.0	23.1	23.4	20.7	20.6	19.6	20.4	20.4	19.6	19.6

1. Les données sur les salaires sont basées sur l'ancienne définition de l'ouvrier moyen (CITI D Rév. 3) pour les années 2000 à 2006.

Tableau 6.5. Impôt sur le revenu et cotisations sociales des salariés et employeurs diminués des prestations versées couple marié salaire égal à 100 % du salaire moyen

Charge fiscale en % des coûts de main-d'œuvre couple marié ayant deux enfants et un seul salaire

	2000	2010	2015	2018	2019	2020	2021	2022	2023	2024
Allemagne	35.3	32.6	34.0	34.3	34.2	32.5	32.8	33.7	32.9	33.3
Australie	23.4	14.6	17.8	21.5	20.8	20.8	19.0	20.4	22.7	22.8
Autriche	35.2	36.4	39.2	37.3	33.7	32.2	34.1	30.5	32.7	32.7
Belgique	42.6	41.2	40.3	37.4	36.6	36.4	36.5	37.6	37.1	36.9
Canada	27.1	24.7	19.2	20.1	19.4	20.0	21.4	21.5	21.3	21.5
Chili	6.3	7.0	7.0	7.0	7.0	7.0	-18.5	5.7	2.2	2.7
Colombie	-4.6	-3.8	-4.4	-4.3	-4.3	-4.8	-5.0	-4.3	-4.2	-4.4
Corée	15.7	17.8	16.3	17.9	18.1	16.2	17.9	14.9	15.2	13.5
Costa Rica	27.8	28.0	28.2	29.0	29.0	29.2	29.2	29.2	29.5	29.5
Danemark	28.2	24.9	25.3	22.6	23.0	25.6	25.9	26.6	26.8	26.8
Espagne	32.3	34.0	33.7	33.9	34.0	33.4	34.2	34.6	35.5	36.1
Estonie	32.8	31.0	28.6	26.1	27.1	27.6	29.1	30.8	30.9	34.6
États-Unis	21.2	18.5	20.4	18.5	18.6	10.1	8.2	19.8	19.8	20.1
Finlande	40.3	37.0	38.9	38.2	37.9	37.6	39.1	38.9	39.7	38.1
France	41.3	42.9	40.5	39.3	38.6	37.5	39.0	39.2	39.1	39.1
Grèce	40.3	40.3	37.3	37.1	37.2	35.4	34.0	36.4	37.4	37.3
Hongrie	43.9	36.7	35.3	30.2	30.1	30.2	30.6	29.9	31.5	32.6
Irlande	20.4	14.7	17.7	17.6	20.6	21.1	22.4	21.9	22.2	22.8
Islande	13.1	19.2	23.2	20.2	19.9	19.4	19.3	19.8	20.8	19.3
Israël	25.5	17.5	19.2	19.4	20.0	20.3	21.3	19.7	19.0	18.9
Italie	39.3	37.8	38.6	38.6	39.0	37.3	36.9	34.4	33.8	35.4
Japon	26.4	22.1	27.0	27.5	27.5	27.3	27.3	27.4	27.9	25.7
Lettonie	31.4	34.8	31.4	32.6	32.2	32.1	31.4	28.7	30.4	32.0
Lituanie	45.7	34.7	36.1	33.3	26.9	20.7	23.4	24.7	25.5	25.3
Luxembourg	11.7	12.9	17.5	17.1	17.4	18.6	19.0	19.5	21.2	20.6
Mexique	12.7	16.0	19.8	19.7	20.2	20.4	20.2	21.0	20.5	20.9
Norvège	28.4	30.7	32.0	32.3	32.0	32.2	32.5	32.9	32.9	32.2
Nouvelle-Zélande	13.6	-0.9	5.2	2.7	4.3	5.7	6.4	7.9	10.9	10.5
Pays-Bas	29.9	30.8	31.4	32.7	31.9	29.7	28.9	30.2	28.3	27.2
Pologne	33.3	28.4	30.6	15.1	17.4	15.1	15.3	13.0	15.9	11.9
Portugal	30.5	25.4	29.8	27.5	28.0	28.1	28.7	29.3	29.4	27.1
République slovaque	31.3	23.5	29.0	30.7	31.0	30.4	30.0	27.0	16.4	19.0
Royaume-Uni	27.8	26.5	25.8	26.3	26.4	25.7	26.5	27.5	26.9	25.6
Slovénie	25.0	22.9	23.6	25.1	25.8	28.5	29.3	29.1	29.1	32.2
Suède	44.3	37.2	37.7	37.7	37.3	37.4	37.4	37.5	37.5	37.0
Suisse	11.7	10.3	9.2	9.8	10.0	10.5	11.1	10.9	11.1	11.0
Tchéquie	22.0	21.2	26.8	25.5	26.7	27.2	22.1	22.9	23.7	31.1
Türkiye[1]	40.4	35.4	36.7	37.7	38.0	37.9	38.3	38.2	38.1	39.0
OCDE-Moyenne	27.7	25.4	26.5	25.7	25.6	25.1	24.6	25.5	25.6	25.7
OCDE-UE 22	33.5	31.0	32.0	30.5	30.3	29.8	30.0	29.8	29.9	30.4

1. Les données sur les salaires sont basées sur l'ancienne définition de l'ouvrier moyen (CITI D Rév. 3) pour les années 2000 à 2006.

Tableau 6.6. Impôt sur le revenu et cotisations sociales des salariés et employeurs diminués des prestations versées couple marié deux enfants deux salaires égaux à 100 % et 67 % du salaire moyen

Charge fiscale en % des coûts de main-d'œuvre couple marié ayant deux enfants et deux salaires

	2000	2010	2015	2018	2019	2020	2021	2022	2023	2024
Allemagne	45.4	41.4	42.3	42.6	42.4	41.2	41.0	41.5	40.5	40.9
Australie	26.7	23.8	26.2	27.0	25.8	26.3	24.8	24.8	27.4	27.9
Autriche	39.0	40.1	42.2	40.3	38.3	37.1	38.4	36.3	37.4	37.4
Belgique	50.9	48.9	48.1	45.1	44.6	44.5	44.8	45.3	44.9	44.8
Canada	31.9	29.7	28.4	27.5	26.9	27.6	28.6	28.8	28.7	28.8
Chili	6.6	6.6	6.7	6.7	6.7	6.6	-8.6	6.1	5.1	4.4
Colombie	-5.5	-4.5	-5.3	-5.2	-5.2	-5.8	-6.0	-5.2	-5.1	-5.2
Corée	15.5	17.9	17.4	18.7	19.0	18.1	19.3	17.8	17.9	18.3
Costa Rica	27.8	28.0	28.2	29.0	29.0	29.2	29.2	29.2	29.5	29.5
Danemark	35.8	31.0	31.1	31.0	31.2	31.0	31.1	31.5	31.7	31.6
Espagne	35.4	36.7	36.3	36.3	36.4	35.6	36.5	36.7	37.1	37.9
Estonie	37.4	35.8	33.7	30.0	30.7	31.0	32.1	33.3	33.0	34.7
États-Unis	26.9	25.3	26.3	24.0	24.0	18.9	17.8	24.7	24.6	24.8
Finlande	41.3	37.0	38.4	37.5	37.1	36.7	38.1	38.1	38.6	36.9
France	43.3	45.3	43.2	41.9	41.6	39.9	40.7	40.9	40.6	41.0
Grèce	39.1	39.2	37.3	37.7	37.8	35.8	34.4	36.9	37.8	37.5
Hongrie	47.0	39.6	40.8	36.2	35.9	35.6	35.6	34.4	35.4	36.0
Irlande	29.3	22.1	24.8	24.9	27.6	28.2	29.1	28.7	28.6	28.8
Islande	25.4	30.4	32.7	31.2	31.1	30.4	29.5	29.4	29.8	28.2
Israël	21.6	14.4	15.5	15.7	16.1	16.3	17.3	16.4	15.7	15.6
Italie	44.2	42.5	41.5	41.5	41.7	40.6	40.2	37.0	36.1	36.6
Japon	28.2	25.4	29.3	29.7	29.7	29.6	29.6	29.7	30.1	28.8
Lettonie	35.5	38.2	35.5	35.5	35.2	34.7	34.0	32.0	33.2	34.6
Lituanie	44.6	38.8	39.3	36.3	31.9	29.8	30.9	31.5	32.1	31.9
Luxembourg	21.4	22.5	27.5	26.4	26.8	28.3	28.7	29.2	31.2	30.2
Mexique	10.6	14.7	17.9	18.3	18.8	20.0	19.8	20.3	19.9	20.2
Norvège	33.0	33.4	33.3	32.4	32.2	32.4	32.7	32.8	32.7	32.2
Nouvelle-Zélande	19.0	13.9	16.0	16.7	16.9	17.2	17.3	18.0	19.1	18.6
Pays-Bas	38.1	31.9	30.6	30.0	29.0	28.3	27.2	28.5	27.4	26.9
Pologne	35.8	30.7	33.0	27.2	24.9	23.2	23.3	22.9	24.7	22.3
Portugal	33.4	30.9	32.2	34.1	34.7	34.8	35.5	35.8	35.9	34.7
République slovaque	37.2	31.9	36.0	37.0	37.1	36.5	36.2	34.3	28.1	30.0
Royaume-Uni	28.4	28.4	26.2	26.6	26.6	25.9	26.7	27.5	27.1	25.5
Slovénie	37.1	34.0	34.6	35.3	35.7	35.8	36.3	35.7	35.9	37.8
Suède	46.0	38.6	38.8	39.0	38.5	38.7	38.3	38.3	38.4	37.8
Suisse	17.7	16.4	15.4	16.0	16.2	16.7	17.2	17.1	17.2	17.1
Tchéquie	36.3	34.4	35.6	34.8	35.5	35.7	33.8	33.9	34.6	37.1
Türkiye[1]	39.9	35.4	36.7	36.8	37.6	37.6	37.9	36.2	36.2	37.3
OCDE-Moyenne	31.8	29.7	30.4	29.8	29.6	29.2	28.9	29.4	29.4	29.5
OCDE-UE 22	38.8	36.0	36.5	35.5	35.2	34.7	34.8	34.7	34.7	34.9

1. Les données sur les salaires sont basées sur l'ancienne définition de l'ouvrier moyen (CITI D Rév. 3) pour les années 2000 à 2006.

Tableau 6.7. Impôt sur le revenu et cotisations sociales des salariés et employeurs diminués des prestations versées couple marié deux salaires égaux à 100 % du salaire moyen chacun

Charge fiscale en % des coûts de main-d'œuvre couple marié ayant deux enfants et deux salaires

	2000	2010	2015	2018	2019	2020	2021	2022	2023	2024
Allemagne	48.3	44.1	44.7	44.9	44.7	43.9	43.5	43.7	43.2	43.2
Australie	29.6	26.8	28.3	28.9	27.9	28.4	27.0	27.0	29.2	29.6
Autriche	41.7	42.9	45.0	42.9	41.3	40.4	41.5	39.7	40.6	40.5
Belgique	53.7	51.8	51.1	48.4	48.0	48.0	48.1	48.7	48.3	48.2
Canada	34.1	31.4	30.9	29.8	29.3	29.6	30.5	30.7	30.7	30.8
Chili	6.6	7.0	7.0	7.0	7.0	7.0	-5.7	6.6	5.4	5.6
Colombie	-4.6	-1.9	-4.4	-4.3	-4.3	-4.8	-5.0	-4.3	-4.2	-4.4
Corée	16.1	19.1	19.1	20.4	20.7	20.0	21.1	19.9	20.1	20.4
Costa Rica	27.8	28.0	28.2	29.0	29.0	29.2	29.2	29.2	29.5	29.5
Danemark	38.1	32.7	32.7	32.7	32.9	32.7	32.8	33.1	33.2	33.2
Espagne	37.2	38.3	38.0	38.0	38.1	37.6	38.2	38.4	39.0	39.5
Estonie	38.6	36.9	34.9	32.2	33.0	33.4	34.5	35.8	36.1	37.6
États-Unis	28.8	26.8	27.6	25.9	26.1	22.1	21.4	27.3	27.0	27.1
Finlande	43.9	39.7	41.2	40.4	40.0	39.7	41.1	41.0	41.6	40.0
France	46.5	47.1	45.6	44.4	44.2	43.4	44.0	44.2	44.0	44.4
Grèce	40.8	41.0	39.5	40.8	40.8	39.4	37.7	38.6	39.5	39.3
Hongrie	49.3	41.7	42.2	37.6	37.3	36.9	36.9	35.5	36.3	36.9
Irlande	33.7	27.0	29.9	29.7	31.9	32.4	33.2	32.8	32.7	32.8
Islande	28.8	33.3	34.3	32.9	32.7	32.2	31.9	32.1	31.8	30.8
Israël	25.0	16.7	18.2	18.6	19.2	19.6	20.6	19.1	18.4	18.3
Italie	45.9	44.7	45.3	45.2	45.5	44.1	43.3	41.0	40.5	41.9
Japon	28.9	26.6	30.2	30.7	30.7	30.5	30.5	30.6	31.1	30.1
Lettonie	37.3	39.4	36.9	37.6	37.3	37.2	36.0	34.6	35.7	36.8
Lituanie	45.7	39.7	40.3	38.2	33.8	32.2	33.1	34.1	34.7	34.9
Luxembourg	25.9	27.0	32.1	31.3	31.6	33.0	33.4	33.9	35.5	34.7
Mexique	12.7	16.0	19.8	19.7	20.2	20.4	20.2	21.0	20.5	20.9
Norvège	35.1	35.1	34.9	34.0	33.8	34.0	34.2	34.6	34.6	34.3
Nouvelle-Zélande	19.4	17.0	17.6	18.6	19.0	19.3	19.4	20.1	21.1	20.8
Pays-Bas	37.6	34.3	33.3	33.6	32.7	32.0	31.1	32.2	31.3	31.2
Pologne	36.6	31.6	33.7	28.9	26.9	25.4	25.4	25.4	26.9	24.9
Portugal	35.9	34.1	36.9	36.7	37.3	37.4	38.1	38.1	38.2	36.7
République slovaque	41.3	33.9	37.8	38.5	38.6	38.0	37.8	36.3	31.0	32.8
Royaume-Uni	30.2	30.3	28.6	28.9	28.9	28.3	29.0	29.8	29.3	27.5
Slovénie	41.1	37.8	37.2	38.7	39.0	38.9	39.4	38.8	39.1	40.7
Suède	47.2	40.0	40.1	40.4	39.9	40.0	39.9	39.9	39.8	39.2
Suisse	20.1	18.9	17.9	18.5	18.8	19.2	19.8	19.6	19.7	19.6
Tchéquie	39.4	37.2	37.7	37.1	39.6	37.8	35.6	35.7	36.3	38.4
Türkiye[1]	40.4	36.5	37.7	38.8	39.1	39.0	39.4	38.2	38.1	39.0
OCDE-Moyenne	33.8	31.9	32.4	32.0	31.9	31.5	31.3	31.7	31.7	31.8
OCDE-UE 22	41.2	38.3	38.9	38.1	37.9	37.4	37.5	37.3	37.4	37.6

1. Les données sur les salaires sont basées sur l'ancienne définition de l'ouvrier moyen (CITI D Rév. 3) pour les années 2000 à 2006.

Tableau 6.8. Impôt sur le revenu et cotisations sociales des salariés et employeurs diminués des prestations versées couple marié deux salaires égaux à 100 % et 67 % du salaire moyen

Charge fiscale en % des coûts de main-d'œuvre couple marié sans enfant avec deux salaires

	2000	2010	2015	2018	2019	2020	2021	2022	2023	2024
Allemagne	50.5	47.2	47.6	47.6	47.4	47.0	46.4	46.4	45.8	46.1
Australie	29.0	24.5	26.2	27.0	25.8	26.3	24.8	24.8	27.4	27.9
Autriche	45.7	46.3	47.8	45.9	46.2	45.6	46.0	45.1	45.4	45.2
Belgique	56.2	53.8	53.0	50.1	49.6	49.5	49.7	50.3	49.9	49.7
Canada	32.5	30.7	31.3	30.3	29.9	30.3	30.8	31.1	31.2	31.2
Chili	7.0	7.0	7.0	7.0	7.0	7.0	-1.8	7.0	7.1	7.1
Colombie	0.0	0.0	0.0	0.0	0.0	0.0	0.0	0.0	0.0	0.0
Corée	15.7	19.0	20.2	21.1	21.7	22.1	22.7	23.3	23.3	23.5
Costa Rica	27.8	28.0	28.2	29.0	29.0	29.2	29.2	29.2	29.5	29.5
Danemark	39.8	35.0	34.9	34.6	34.8	34.5	34.6	34.9	35.0	35.0
Espagne	37.1	38.5	38.0	38.0	38.0	37.3	38.1	38.2	38.5	39.2
Estonie	40.7	39.5	38.6	34.8	35.5	35.7	36.5	37.3	37.5	38.3
États-Unis	30.5	29.5	30.2	28.3	28.3	25.1	26.0	28.5	28.3	28.4
Finlande	45.6	40.1	41.3	40.2	39.7	39.3	40.5	40.6	40.8	39.2
France	47.7	48.7	46.7	45.8	45.4	43.7	44.2	44.4	44.1	44.4
Grèce	38.7	39.2	38.0	39.6	39.6	37.9	36.5	37.4	38.2	38.7
Hongrie	53.4	45.5	49.0	45.0	44.6	43.6	43.2	41.2	41.2	41.2
Irlande	31.3	26.7	28.8	28.8	31.0	31.5	32.4	32.1	32.0	31.6
Islande	26.8	31.4	32.7	31.6	31.4	31.1	30.3	30.5	30.2	29.8
Israël	26.4	17.5	18.5	18.7	19.2	19.5	20.5	21.6	21.0	20.8
Italie	45.7	45.9	45.0	44.9	45.1	44.5	44.0	43.3	42.8	43.5
Japon	29.3	29.7	31.7	32.1	32.1	32.0	32.0	32.1	32.4	31.9
Lettonie	42.6	43.7	42.2	41.4	41.3	40.8	39.5	39.1	39.6	40.3
Lituanie	44.6	39.9	40.4	39.3	36.5	35.7	36.3	36.7	37.1	37.1
Luxembourg	30.7	30.6	34.5	33.1	33.3	34.5	34.8	35.1	36.7	35.7
Mexique	10.6	14.7	17.9	18.3	18.8	20.0	19.8	20.3	19.9	20.2
Norvège	37.2	36.0	35.5	34.5	34.4	34.5	34.7	34.8	34.8	34.7
Nouvelle-Zélande	19.0	15.9	16.0	16.7	16.9	17.2	17.3	18.0	19.1	18.6
Pays-Bas	41.0	36.3	35.0	35.0	34.0	33.2	31.9	32.9	31.9	31.8
Pologne	37.7	33.8	35.4	35.5	35.3	34.6	34.7	32.9	33.5	34.0
Portugal	35.9	34.2	38.4	37.6	38.0	38.1	38.7	39.2	39.4	37.9
République slovaque	41.6	36.8	40.5	41.0	41.0	40.4	40.5	40.8	40.9	41.7
Royaume-Uni	31.2	31.3	28.9	29.1	29.0	28.4	29.0	29.8	29.4	27.8
Slovénie	44.8	41.0	41.0	41.9	42.2	42.0	42.3	41.6	41.7	43.4
Suède	49.5	41.9	41.8	42.2	41.7	41.8	41.4	41.2	41.2	40.5
Suisse	22.9	21.8	21.6	22.0	22.1	22.5	22.9	22.7	22.8	22.6
Tchéquie	42.1	40.9	41.7	42.8	43.1	43.2	39.1	38.9	39.4	40.1
Türkiye[1]	39.9	35.9	37.3	37.4	38.2	38.2	38.5	36.2	36.2	37.3
OCDE-Moyenne	35.0	33.1	33.8	33.4	33.4	33.1	32.8	33.1	33.3	33.3
OCDE-UE 22	42.9	40.2	40.9	40.2	40.2	39.7	39.6	39.5	39.7	39.8

1. Les données sur les salaires sont basées sur l'ancienne définition de l'ouvrier moyen (CITI D Rév. 3) pour les années 2000 à 2006.

Tableau 6.9. Impôt sur le revenu célibataire salaire égal à 67 % du salaire moyen

Charge fiscale en % du salaire brut célibataire sans enfant

	2000	2010	2015	2018	2019	2020	2021	2022	2023	2024
Allemagne	16.3	13.8	14.2	14.1	14.2	13.6	12.9	13.4	12.1	12.0
Australie	21.1	16.0	18.5	19.6	18.1	18.7	17.3	17.2	20.2	20.8
Autriche	7.6	9.0	11.1	9.3	9.7	8.8	9.3	9.7	9.3	9.2
Belgique	22.8	22.5	21.5	18.3	17.5	17.4	17.7	18.7	18.2	18.0
Canada	16.2	13.5	13.7	13.7	13.5	14.2	14.5	14.5	14.1	14.0
Chili	0.0	0.0	0.0	0.0	0.0	0.0	0.0	0.0	0.0	0.0
Colombie	0.0	0.0	0.0	0.0	0.0	0.0	0.0	0.0	0.0	0.0
Corée	0.8	1.4	1.5	2.3	2.5	2.6	3.1	3.6	3.3	3.6
Costa Rica	0.0	0.0	0.0	0.0	0.0	0.0	0.0	0.0	0.0	0.0
Danemark	28.4	34.0	33.8	33.2	33.3	32.5	32.6	32.8	32.9	32.9
Espagne	8.6	11.2	10.3	10.4	10.4	8.8	10.5	10.7	10.1	11.5
Estonie	19.9	14.8	15.5	8.3	9.0	9.3	10.0	10.8	10.0	11.4
États-Unis	15.0	13.8	15.2	13.7	13.7	13.9	14.0	14.1	13.8	13.9
Finlande	20.9	15.7	15.8	13.1	13.0	13.3	13.3	13.3	13.1	12.9
France	12.5	12.2	11.8	12.7	12.8	11.9	12.2	12.2	12.2	12.4
Grèce	2.1	1.7	3.0	4.2	4.5	2.0	3.4	5.1	6.3	6.9
Hongrie	17.6	10.8	16.0	15.0	15.0	15.0	15.0	15.0	15.0	15.0
Irlande	15.8	13.0	12.8	12.1	13.3	13.9	15.1	14.7	14.6	14.1
Islande	20.0	22.0	24.8	24.7	24.6	24.3	23.4	23.3	22.9	22.5
Israël	12.1	4.4	5.0	5.1	5.5	5.7	6.5	7.2	7.0	7.0
Italie	15.2	16.6	12.3	12.6	12.8	12.7	12.7	12.2	14.8	15.5
Japon	5.1	6.1	6.2	6.2	6.2	6.1	6.1	6.2	6.2	5.1
Lettonie	17.0	20.5	17.4	14.2	14.0	12.9	12.8	11.7	12.1	13.3
Lituanie	22.2	10.7	11.4	8.5	14.1	12.8	13.6	13.5	13.7	13.2
Luxembourg	10.3	7.3	10.0	8.5	8.9	10.0	10.1	10.1	11.9	11.0
Mexique	-5.7	-0.4	2.1	3.3	4.3	7.3	7.4	7.7	7.6	7.7
Norvège	19.0	17.8	16.9	15.7	15.6	15.9	16.0	16.0	15.7	15.7
Nouvelle-Zélande	18.6	14.3	13.5	13.8	14.0	14.1	14.2	15.4	16.3	15.3
Pays-Bas	5.3	5.3	7.2	6.8	5.6	5.4	5.5	6.5	6.2	6.9
Pologne	5.3	5.6	6.3	6.7	6.4	5.7	5.7	2.6	3.5	4.2
Portugal	6.6	4.5	8.9	9.1	9.7	9.8	10.4	11.1	11.4	10.0
République slovaque	6.2	4.6	6.6	7.7	8.0	7.1	7.6	8.2	8.4	7.8
Royaume-Uni	15.1	14.4	11.2	11.1	10.9	10.7	11.2	11.7	12.4	12.7
Slovénie	10.2	6.6	6.6	8.1	8.6	8.5	8.7	7.9	7.9	8.0
Suède	24.7	15.0	15.0	15.4	14.8	14.8	13.8	13.5	13.8	13.0
Suisse	8.4	8.3	7.8	8.2	8.3	8.4	8.6	8.5	8.6	8.5
Tchéquie	8.3	7.2	8.5	10.4	11.0	11.3	5.7	5.4	6.1	6.6
Türkiye[1]	13.2	8.6	9.7	9.9	10.0	10.1	10.2	6.7	6.7	8.3
OCDE-Moyenne	12.2	10.6	11.1	10.7	10.9	10.8	10.8	10.8	11.0	11.1
OCDE-UE 22	13.8	11.9	12.5	11.8	12.1	11.7	11.8	11.8	12.0	12.1

1. Les données sur les salaires sont basées sur l'ancienne définition de l'ouvrier moyen (CITI D Rév. 3) pour les années 2000 à 2006.

Tableau 6.10. Impôt sur le revenu célibataire salaire égal à 100 % du salaire moyen

Charge fiscale en % du salaire brut célibataire sans enfant

	2000	2010	2015	2018	2019	2020	2021	2022	2023	2024
Allemagne	22.7	18.7	19.2	19.1	19.1	18.5	17.6	18.2	16.8	16.7
Australie	26.6	22.3	24.1	24.6	23.6	24.1	23.2	23.2	24.9	25.3
Autriche	12.9	15.0	17.0	14.8	15.2	14.7	15.2	15.3	14.9	14.8
Belgique	29.0	28.7	28.0	25.9	25.4	25.3	25.5	26.3	25.9	25.7
Canada	21.7	19.0	19.2	18.7	18.5	19.2	19.3	19.3	19.1	18.9
Chili	0.0	0.0	0.0	0.0	0.0	0.0	0.0	0.0	0.1	0.2
Colombie	0.0	0.0	0.0	0.0	0.0	0.0	0.0	0.0	0.0	0.0
Corée	2.2	4.5	4.9	5.9	6.1	6.1	6.5	6.9	6.7	6.9
Costa Rica	0.0	0.0	0.0	0.0	0.0	0.0	0.0	0.0	0.0	0.0
Danemark	32.5	36.3	36.1	35.9	36.0	35.3	35.4	35.5	35.5	35.7
Espagne	13.5	15.4	14.9	14.9	14.9	14.4	15.1	15.2	15.5	16.0
Estonie	21.9	16.7	16.8	13.0	14.1	14.5	15.6	16.9	18.0	18.9
États-Unis	17.3	17.0	18.0	16.1	16.2	16.6	17.0	17.1	16.7	16.7
Finlande	26.9	22.3	22.6	20.6	20.5	20.8	20.8	20.9	20.9	20.9
France	15.7	14.2	14.8	16.5	16.7	15.8	16.3	16.3	16.3	16.7
Grèce	5.7	7.1	8.2	9.5	9.7	8.3	9.1	10.2	11.2	11.9
Hongrie	23.2	14.4	16.0	15.0	15.0	15.0	15.0	15.0	15.0	15.0
Irlande	24.1	20.1	22.0	21.6	23.6	24.0	24.8	24.5	24.4	24.0
Islande	25.3	27.4	29.2	28.2	28.2	28.1	27.7	27.7	27.4	27.1
Israël	18.0	9.0	9.6	9.7	10.1	10.4	10.9	11.7	11.5	11.5
Italie	19.9	20.7	21.6	21.7	22.0	20.6	19.5	19.8	22.6	20.9
Japon	6.4	7.6	7.8	7.9	7.9	7.8	7.8	7.9	7.9	7.3
Lettonie	18.9	21.5	18.4	17.7	17.6	17.3	16.0	15.9	16.6	17.4
Lituanie	25.8	13.1	13.9	13.1	17.0	16.5	16.9	17.8	18.4	18.7
Luxembourg	17.0	14.6	18.0	17.3	17.7	18.8	19.1	19.3	20.8	19.8
Mexique	1.0	4.8	9.1	9.0	9.6	9.9	9.9	10.8	10.4	10.8
Norvège	22.9	21.5	20.3	19.2	19.1	19.3	19.4	19.9	20.2	20.3
Nouvelle-Zélande	19.4	17.0	17.6	18.6	19.0	19.3	19.4	20.1	21.1	20.8
Pays-Bas	9.6	16.2	17.1	17.5	16.3	16.0	15.9	16.6	16.3	16.9
Pologne	6.6	6.7	7.1	7.4	7.2	6.4	6.4	5.1	5.8	6.2
Portugal	11.8	10.3	15.9	14.3	14.8	15.0	15.7	15.9	16.1	14.0
République slovaque	8.2	8.5	9.9	10.6	10.8	10.2	10.5	10.9	11.0	10.7
Royaume-Uni	17.4	16.2	14.1	14.0	13.9	13.7	14.1	14.4	14.9	15.5
Slovénie	13.5	11.2	11.2	12.0	12.3	11.9	12.4	11.6	11.9	12.0
Suède	26.7	17.8	17.6	18.1	17.6	17.6	17.4	17.2	17.0	16.1
Suisse	11.3	11.3	10.7	11.2	11.3	11.4	11.8	11.6	11.7	11.6
Tchéquie	10.0	11.5	12.4	13.6	14.0	14.2	8.8	8.6	9.1	9.4
Türkiye[1]	14.7	11.6	12.4	13.6	14.0	13.9	14.4	12.3	12.3	13.4
OCDE-Moyenne	15.8	14.5	15.2	14.9	15.1	15.0	15.0	15.2	15.4	15.4
OCDE-UE 22	18.0	16.4	17.2	16.8	17.2	16.9	16.8	17.0	17.3	17.2

1. Les données sur les salaires sont basées sur l'ancienne définition de l'ouvrier moyen (CITI D Rév. 3) pour les années 2000 à 2006.

Tableau 6.11. Impôt sur le revenu célibataire salaire égal à 167 % du salaire moyen

Charge fiscale en % du salaire brut célibataire sans enfant

	2000	2010	2015	2018	2019	2020	2021	2022	2023	2024
Allemagne	31.7	27.1	27.8	27.6	27.6	26.7	26.1	27.4	26.3	26.3
Australie	34.9	28.2	30.1	30.4	30.5	30.8	29.4	29.7	30.0	30.4
Autriche	20.4	22.2	23.4	21.6	21.9	21.5	21.8	22.2	22.1	22.3
Belgique	36.0	35.5	35.1	33.9	33.5	33.5	33.6	34.2	33.9	33.8
Canada	28.9	26.5	26.8	26.1	25.8	27.1	27.5	27.6	27.2	26.9
Chili	1.3	1.0	1.2	1.3	1.3	1.3	1.3	1.2	1.4	1.4
Colombie	0.0	0.0	0.0	0.0	0.0	0.0	0.0	0.0	0.0	0.0
Corée	6.7	8.6	8.9	10.8	11.1	11.1	11.7	12.3	11.9	12.1
Costa Rica	0.0	0.6	1.3	1.9	2.1	1.9	2.3	2.2	1.6	1.8
Danemark	40.3	42.9	42.1	41.5	41.6	41.0	41.0	41.4	41.5	41.7
Espagne	18.5	20.6	21.1	20.7	20.8	20.1	20.9	21.1	21.3	21.9
Estonie	23.6	18.2	18.0	19.7	19.7	19.7	19.7	19.7	19.7	19.7
États-Unis	24.3	22.9	23.5	21.2	21.2	21.5	21.8	21.9	21.5	21.6
Finlande	34.0	29.5	29.7	28.1	28.1	28.4	28.4	28.5	28.7	28.9
France	21.2	20.3	21.0	22.7	22.8	22.2	22.6	22.6	22.5	22.8
Grèce	13.3	14.2	16.1	16.4	16.7	15.7	15.3	16.7	18.0	18.7
Hongrie	30.3	22.8	16.0	15.0	15.0	15.0	15.0	15.0	15.0	15.0
Irlande	32.9	30.9	32.1	31.3	32.7	33.0	33.6	33.5	33.6	33.4
Islande	36.6	32.3	33.9	33.2	33.2	33.4	33.2	33.2	32.9	32.5
Israël	26.3	16.4	17.0	17.3	18.0	18.4	19.4	20.2	20.0	20.0
Italie	25.3	27.7	29.9	29.7	29.9	30.2	30.4	29.5	29.9	29.9
Japon	10.6	12.0	12.6	12.9	13.0	12.6	12.5	12.7	13.0	13.0
Lettonie	20.4	22.4	19.3	17.8	18.0	18.2	18.5	18.7	18.9	19.1
Lituanie	28.7	15.0	15.0	15.0	19.4	19.4	19.6	20.0	20.0	20.0
Luxembourg	26.2	22.6	25.7	25.5	25.7	26.4	26.6	27.0	27.7	26.9
Mexique	8.0	11.9	13.6	13.5	14.0	14.3	14.3	15.0	14.8	15.1
Norvège	30.4	27.9	26.8	25.7	25.7	25.7	26.0	26.6	27.0	27.2
Nouvelle-Zélande	24.2	23.3	23.4	24.1	24.4	24.6	24.8	25.3	25.8	25.7
Pays-Bas	25.4	28.4	28.9	28.3	27.2	26.6	26.7	27.3	27.1	27.6
Pologne	7.7	7.5	7.8	8.0	7.8	8.2	8.2	7.2	7.8	9.9
Portugal	18.1	17.4	23.1	20.8	21.3	21.5	22.2	22.9	23.3	21.2
République slovaque	12.8	11.7	12.5	13.0	13.0	12.7	13.1	13.6	13.7	13.3
Royaume-Uni	23.1	22.4	22.4	22.4	21.7	21.3	22.3	23.3	24.7	25.3
Slovénie	19.1	17.0	15.8	16.0	16.3	15.2	15.6	15.2	15.7	16.1
Suède	36.3	30.9	30.4	31.6	30.4	29.9	29.8	29.8	28.7	28.7
Suisse	16.2	16.3	15.6	16.1	16.3	16.4	16.7	16.6	16.6	16.6
Tchéquie	13.0	14.9	15.5	16.2	16.4	16.6	11.3	11.1	11.4	11.6
Türkiye[1]	18.0	14.9	16.6	17.7	17.9	17.8	18.1	16.9	16.9	17.5
OCDE-Moyenne	21.7	20.1	20.5	20.4	20.6	20.5	20.6	20.8	20.8	20.9
OCDE-UE 22	24.3	22.7	23.0	22.7	23.0	22.8	22.7	22.9	23.0	23.1

1. Les données sur les salaires sont basées sur l'ancienne définition de l'ouvrier moyen (CITI D Rév. 3) pour les années 2000 à 2006.

Tableau 6.12. Impôt sur le revenu parent isolé salaire égal à 67 % du salaire moyen

Charge fiscale en % du salaire brut parent isolé ayant deux enfants

	2000	2010	2015	2018	2019	2020	2021	2022	2023	2024
Allemagne	-2.6	-4.0	-2.7	-2.2	-2.0	-6.7	-6.2	-3.9	-5.8	-5.0
Australie	15.5	14.3	18.5	19.6	18.1	18.7	17.3	17.2	20.2	20.8
Autriche	5.8	5.8	8.3	6.2	-1.6	-2.3	-1.5	-2.4	-2.3	-2.3
Belgique	16.7	17.2	16.0	12.9	11.6	11.5	11.9	13.2	12.5	12.3
Canada	8.9	4.9	6.9	6.8	6.4	8.0	8.7	8.8	8.1	7.8
Chili	0.0	0.0	0.0	0.0	0.0	0.0	0.0	0.0	0.0	0.0
Colombie	0.0	0.0	0.0	0.0	0.0	0.0	0.0	0.0	0.0	0.0
Corée	0.1	0.7	0.0	0.2	0.8	0.9	1.1	1.8	1.7	-2.8
Costa Rica	0.0	0.0	0.0	0.0	0.0	0.0	0.0	0.0	0.0	0.0
Danemark	28.4	34.0	32.2	31.5	31.6	30.7	30.8	31.0	31.1	31.1
Espagne	0.4	1.7	-4.8	-4.4	-4.1	-6.0	-3.8	-2.8	-2.8	-0.7
Estonie	19.9	9.3	11.2	4.8	5.7	6.1	7.0	8.1	7.5	11.4
États-Unis	-5.0	-7.4	-3.8	-5.7	-5.2	-3.6	-6.8	-1.2	-2.6	-2.5
Finlande	20.9	15.7	15.2	13.1	13.0	13.3	13.3	13.3	13.1	12.9
France	7.1	7.5	7.9	9.5	9.5	9.5	9.5	9.5	9.5	9.5
Grèce	1.2	0.0	3.0	3.5	3.8	1.0	2.5	4.2	5.5	4.9
Hongrie	10.3	10.8	4.7	0.0	0.0	0.8	1.8	3.6	5.2	6.3
Irlande	9.0	6.5	7.2	6.9	8.6	8.9	9.5	9.5	10.0	9.6
Islande	20.0	22.0	24.8	24.7	24.6	24.3	23.4	23.3	22.9	22.5
Israël	1.1	0.0	0.0	-2.8	-1.9	-2.2	-0.9	0.0	0.0	0.0
Italie	10.0	9.3	4.6	5.0	5.3	5.5	5.7	12.2	14.8	15.5
Japon	2.4	2.7	6.2	6.2	6.2	6.1	6.1	6.2	6.2	3.3
Lettonie	5.4	9.0	3.2	2.1	1.2	0.0	1.1	0.8	2.4	4.4
Lituanie	16.2	7.3	7.6	8.5	14.1	12.8	13.6	13.5	13.7	13.2
Luxembourg	0.0	-0.3	3.3	1.5	2.1	4.0	4.4	5.0	5.1	3.7
Mexique	-5.7	-0.4	2.1	3.3	4.3	7.3	7.4	7.7	7.6	7.7
Norvège	13.3	14.1	13.4	12.7	12.8	13.2	13.4	13.5	15.3	15.7
Nouvelle-Zélande	18.6	15.9	14.9	15.1	15.2	15.2	15.3	15.4	16.3	16.0
Pays-Bas	3.0	3.5	5.7	4.7	3.6	3.4	3.6	4.8	4.6	5.2
Pologne	2.5	0.0	-2.7	-0.9	5.0	-0.5	-0.4	-4.4	-3.9	-3.4
Portugal	3.7	0.0	2.7	0.0	0.0	0.0	0.7	0.7	0.8	0.1
République slovaque	3.6	-2.9	-0.3	1.5	1.9	1.1	-0.2	-2.7	-15.0	-15.6
Royaume-Uni	8.6	0.0	-3.9	1.1	2.6	-3.6	11.2	11.7	12.4	12.7
Slovénie	3.4	0.0	0.0	1.9	2.6	2.7	3.3	2.6	2.7	3.0
Suède	24.7	15.0	15.0	15.4	14.8	14.8	13.8	13.5	13.8	13.0
Suisse	4.0	3.4	2.2	2.4	2.5	2.6	2.8	2.7	2.8	2.7
Tchéquie	2.3	-4.8	-5.0	-7.8	-6.4	-6.0	-11.9	-11.3	-9.7	-3.6
Türkiye[1]	13.2	7.0	8.2	8.3	8.4	8.5	8.5	6.7	6.7	8.3
OCDE-Moyenne	7.5	5.7	5.8	5.4	5.7	5.3	5.7	6.1	6.1	6.3
OCDE-UE 22	8.7	6.4	6.0	5.2	5.5	4.8	4.9	5.4	5.1	5.7

1. Les données sur les salaires sont basées sur l'ancienne définition de l'ouvrier moyen (CITI D Rév. 3) pour les années 2000 à 2006.

Tableau 6.13. Impôt sur le revenu couple marié salaire égal à 100 % du salaire moyen

Charge fiscale en % du salaire brut couple marié ayant deux enfants et un seul salaire

	2000	2010	2015	2018	2019	2020	2021	2022	2023	2024
Allemagne	1.5	-0.6	1.0	1.2	1.3	-0.8	-0.6	1.0	-0.4	-0.1
Australie	25.6	21.1	24.1	24.6	23.6	24.1	23.2	23.2	24.9	25.3
Autriche	11.7	12.8	15.0	12.6	7.7	7.3	7.9	6.6	6.7	7.0
Belgique	18.9	17.7	16.7	14.6	13.4	13.3	13.7	14.9	14.3	14.1
Canada	18.4	14.6	13.7	15.5	15.2	15.9	16.1	16.1	15.8	15.7
Chili	0.0	0.0	0.0	0.0	0.0	0.0	0.0	0.0	0.0	0.0
Colombie	0.0	0.0	0.0	0.0	0.0	0.0	0.0	0.0	0.0	0.0
Corée	1.5	1.9	2.2	3.5	4.1	4.2	4.7	5.5	5.3	3.2
Costa Rica	0.0	0.0	0.0	0.0	0.0	0.0	0.0	0.0	0.0	0.0
Danemark	25.9	32.1	32.2	29.2	29.4	31.4	31.6	31.8	31.9	32.0
Espagne	5.2	7.9	7.6	7.8	8.0	7.2	8.1	8.7	9.4	10.1
Estonie	17.9	9.2	11.2	7.9	9.4	9.9	11.3	13.0	14.4	18.9
États-Unis	6.8	3.6	6.1	4.1	4.3	4.8	2.1	5.7	5.6	5.9
Finlande	26.9	22.3	22.5	20.6	20.5	20.8	20.8	20.9	20.9	20.9
France	7.3	8.3	7.9	9.5	9.5	9.5	9.5	9.5	9.5	9.5
Grèce	7.7	7.6	9.2	10.0	10.2	9.0	9.6	10.9	12.1	11.9
Hongrie	18.4	14.4	8.4	4.8	4.6	5.5	6.2	7.4	8.4	9.2
Irlande	11.1	10.8	12.3	11.8	14.2	14.7	15.8	15.7	15.8	15.4
Islande	16.1	17.3	21.3	20.8	20.7	21.2	21.5	21.5	21.0	20.5
Israël	18.0	9.0	9.6	9.7	10.1	10.4	10.9	8.8	8.5	8.5
Italie	15.6	13.9	14.7	14.9	15.3	14.1	13.2	17.6	20.5	18.9
Japon	2.5	3.9	6.4	6.5	6.5	6.4	6.4	6.5	6.6	3.7
Lettonie	11.1	13.9	8.9	9.7	9.0	8.5	8.1	8.6	10.0	11.4
Lituanie	25.8	10.8	11.4	13.1	17.0	16.5	16.9	17.8	18.4	18.7
Luxembourg	2.3	4.5	6.4	5.9	6.2	7.0	7.2	7.2	8.5	7.8
Mexique	1.0	4.8	9.1	9.0	9.6	9.9	9.9	10.8	10.4	10.8
Norvège	18.1	19.0	19.2	19.2	19.1	19.3	19.4	19.9	20.2	20.3
Nouvelle-Zélande	19.4	17.0	17.6	18.6	19.0	19.3	19.4	20.1	21.1	20.8
Pays-Bas	4.8	15.9	16.5	17.2	15.9	15.7	15.8	16.5	16.3	16.9
Pologne	4.8	0.0	1.1	6.4	2.4	2.3	2.3	-2.5	-1.0	0.2
Portugal	6.4	2.6	6.6	3.7	4.1	4.2	4.8	5.0	5.1	4.3
République slovaque	5.0	-4.5	-1.4	0.6	1.0	0.4	-0.1	-2.9	-13.4	-12.8
Royaume-Uni	17.4	14.6	13.5	13.4	13.3	13.1	13.5	13.9	14.4	15.5
Slovénie	4.8	2.9	2.9	3.6	3.9	4.1	4.5	4.2	4.2	4.5
Suède	26.7	17.8	17.6	18.1	17.6	17.6	17.4	17.2	17.0	16.1
Suisse	6.2	5.9	4.3	4.6	4.7	4.8	5.2	5.0	5.1	4.9
Tchéquie	4.0	-5.2	-4.5	-5.1	-3.7	-3.3	-8.4	-7.8	-6.3	2.6
Türkiye[1]	14.7	9.8	10.6	11.7	12.1	12.1	12.5	12.3	12.3	13.4
OCDE-Moyenne	11.3	9.4	10.0	10.0	10.0	10.0	10.0	10.3	10.4	10.7
OCDE-UE 22	12.0	9.8	10.2	9.9	9.9	9.8	9.8	10.0	10.1	10.8

1. Les données sur les salaires sont basées sur l'ancienne définition de l'ouvrier moyen (CITI D Rév. 3) pour les années 2000 à 2006.

Tableau 6.14. Impôt sur le revenu couple marié deux enfants deux salaires égaux à 100 % et 67 % du salaire moyen

Charge fiscale en % du salaire brut couple marié ayant deux enfants et deux salaires

	2000	2010	2015	2018	2019	2020	2021	2022	2023	2024
Allemagne	13.8	9.9	11.0	11.1	11.1	9.6	9.2	10.4	8.9	9.2
Australie	23.8	19.1	21.8	22.6	21.4	21.9	20.8	20.8	23.0	23.5
Autriche	10.8	12.3	14.3	12.0	9.3	8.7	9.3	8.6	8.5	8.7
Belgique	26.4	24.8	23.9	21.4	20.7	20.6	20.8	21.8	21.3	21.1
Canada	19.5	16.2	16.9	16.7	16.5	17.2	17.4	17.4	17.1	16.9
Chili	0.0	0.0	0.0	0.0	0.0	0.0	0.0	0.0	0.0	0.0
Colombie	0.0	0.0	0.0	0.0	0.0	0.0	0.0	0.0	0.0	0.0
Corée	1.3	2.0	2.3	3.3	3.8	3.9	4.3	5.0	4.8	5.0
Costa Rica	0.0	0.0	0.0	0.0	0.0	0.0	0.0	0.0	0.0	0.0
Danemark	30.8	35.4	35.2	34.8	34.9	34.2	34.3	34.4	34.5	34.6
Espagne	9.3	11.5	10.9	10.9	11.0	10.0	11.2	11.5	11.5	12.5
Estonie	21.1	13.7	14.6	9.7	10.8	11.1	12.2	13.4	13.8	15.9
États-Unis	12.8	10.9	12.3	9.9	10.1	10.4	8.7	10.9	10.8	11.0
Finlande	24.5	19.7	19.7	17.6	17.5	17.8	17.8	17.8	17.8	17.7
France	10.8	11.1	11.4	12.7	12.9	11.6	11.9	12.0	11.9	12.2
Grèce	6.1	6.2	7.3	8.0	8.2	6.4	7.4	8.8	10.0	9.7
Hongrie	18.0	13.0	11.5	8.9	8.7	9.3	9.7	10.4	11.1	11.5
Irlande	19.7	15.6	17.1	17.1	19.5	20.0	20.9	20.6	20.5	20.0
Islande	23.2	25.3	27.5	26.8	26.7	26.6	25.9	25.9	25.6	25.2
Israël	12.5	5.4	5.7	5.8	6.0	6.2	6.9	5.3	5.1	5.1
Italie	16.8	16.3	14.9	15.2	15.5	14.7	14.1	16.7	19.5	18.7
Japon	4.5	5.5	7.1	7.2	7.2	7.1	7.1	7.2	7.2	5.5
Lettonie	13.5	16.5	12.3	11.5	11.0	10.3	10.0	9.8	10.9	12.2
Lituanie	24.3	10.8	11.4	11.3	15.9	15.0	15.6	16.0	16.5	16.5
Luxembourg	8.2	9.3	12.4	11.4	11.9	13.2	13.5	13.8	15.6	14.5
Mexique	-1.7	2.7	6.3	6.7	7.5	8.9	8.9	9.6	9.2	9.6
Norvège	20.6	20.0	19.0	17.8	17.7	17.9	18.0	18.3	18.4	18.4
Nouvelle-Zélande	19.0	16.5	16.0	16.7	16.9	17.2	17.3	18.2	19.1	18.6
Pays-Bas	7.9	11.7	12.5	12.4	11.2	10.9	11.0	11.9	11.6	12.2
Pologne	6.1	2.6	3.9	4.7	4.6	4.1	4.2	2.4	3.3	4.1
Portugal	8.6	6.1	7.5	7.5	8.1	8.3	9.2	9.6	9.7	8.1
République slovaque	6.0	3.9	5.8	7.0	7.2	6.5	6.2	4.6	-1.7	-1.3
Royaume-Uni	16.5	15.4	12.9	12.8	12.7	12.5	12.9	13.3	13.9	14.4
Slovénie	8.1	5.7	5.7	6.6	6.9	7.0	7.3	6.7	6.9	7.2
Suède	25.9	16.7	16.5	17.0	16.4	16.5	16.0	15.7	15.7	14.9
Suisse	9.8	9.5	8.0	8.6	8.7	8.9	9.2	9.1	9.2	9.0
Tchéquie	6.8	4.9	5.4	5.0	5.8	6.1	0.5	0.6	1.5	4.2
Türkiye[1]	14.1	9.7	10.7	11.5	11.7	11.7	12.0	10.1	10.0	11.3
OCDE-Moyenne	13.2	11.5	11.9	11.6	11.7	11.6	11.6	11.8	11.9	12.1
OCDE-UE 22	14.7	12.6	13.0	12.4	12.7	12.4	12.4	12.6	12.7	12.9

1. Les données sur les salaires sont basées sur l'ancienne définition de l'ouvrier moyen (CITI D Rév. 3) pour les années 2000 à 2006.

Tableau 6.15. Impôt sur le revenu couple marié deux salaires égaux à 100% du salaire moyen chacun

Charge fiscale en % du salaire brut couple marié ayant deux enfants et deux salaires

	2000	2010	2015	2018	2019	2020	2021	2022	2023	2024
Allemagne	17.2	13.1	13.8	13.8	13.9	12.9	12.3	13.0	12.0	11.9
Australie	26.6	22.3	24.1	24.6	23.6	24.1	23.2	23.2	24.9	25.3
Autriche	12.9	14.7	16.7	14.3	12.1	11.7	12.2	11.6	11.4	11.5
Belgique	29.0	27.5	26.8	24.7	24.1	24.0	24.2	25.0	24.6	24.5
Canada	21.7	18.5	19.2	18.7	18.5	19.2	19.3	19.3	19.1	18.9
Chili	0.0	0.0	0.0	0.0	0.0	0.0	0.0	0.0	0.0	0.0
Colombie	0.0	0.0	0.0	0.0	0.0	0.0	0.0	0.0	0.0	0.0
Corée	2.0	3.4	3.9	5.0	5.4	5.4	5.8	6.4	6.3	6.5
Costa Rica	0.0	0.0	0.0	0.0	0.0	0.0	0.0	0.0	0.0	0.0
Danemark	32.5	36.3	36.1	35.9	36.0	35.3	35.4	35.5	35.5	35.7
Espagne	11.6	13.5	13.1	13.1	13.2	12.6	13.3	13.6	14.0	14.6
Estonie	21.9	14.8	15.4	11.8	13.0	13.5	14.6	16.0	17.2	18.9
États-Unis	15.1	12.6	13.9	12.2	12.3	12.9	11.8	13.7	13.4	13.6
Finlande	26.9	22.3	22.5	20.6	20.5	20.8	20.8	20.9	20.9	20.9
France	12.5	12.2	12.8	14.5	14.7	13.7	14.3	14.3	14.3	14.8
Grèce	8.3	8.5	9.2	10.0	10.2	9.0	9.6	10.9	12.1	11.9
Hongrie	20.8	14.4	12.2	9.9	9.8	10.2	10.6	11.2	11.7	12.1
Irlande	24.1	20.1	22.0	21.6	23.6	24.0	24.8	24.5	24.4	24.0
Islande	25.3	27.4	29.2	28.2	28.2	28.1	27.7	27.7	27.4	27.1
Israël	15.4	6.5	7.2	7.5	8.0	8.3	9.0	7.0	6.7	6.7
Italie	18.9	18.6	19.3	19.4	19.7	18.5	17.4	19.8	22.6	20.9
Japon	5.3	6.3	7.8	7.9	7.9	7.8	7.8	7.9	7.9	6.5
Lettonie	15.0	17.7	13.7	13.7	13.3	12.9	12.1	12.2	13.3	14.4
Lituanie	25.8	12.0	12.6	13.1	17.0	16.5	16.9	17.8	18.4	18.7
Luxembourg	12.0	12.8	16.4	15.7	16.1	17.4	17.7	18.0	19.5	18.6
Mexique	1.0	4.8	9.1	9.0	9.6	9.9	9.9	10.8	10.4	10.8
Norvège	22.3	21.5	20.3	19.2	19.1	19.3	19.4	19.9	20.2	20.3
Nouvelle-Zélande	19.4	17.0	17.6	18.6	19.0	19.3	19.4	20.1	21.1	20.8
Pays-Bas	9.6	16.1	16.6	16.9	15.6	15.3	15.3	16.0	15.8	16.3
Pologne	6.6	3.6	4.7	5.4	5.3	4.8	4.8	3.7	4.5	5.1
Portugal	11.3	9.1	11.0	10.7	11.4	11.5	12.4	12.4	12.6	10.7
République slovaque	7.0	6.0	7.5	8.5	8.7	8.2	7.9	6.5	1.3	1.6
Royaume-Uni	17.4	16.2	14.1	14.0	13.9	13.7	14.1	14.4	14.9	15.5
Slovénie	10.0	8.1	8.1	8.8	9.1	8.9	9.4	8.7	9.0	9.4
Suède	26.7	17.8	17.6	18.1	17.6	17.6	17.4	17.2	17.0	16.1
Suisse	11.7	11.5	10.0	10.6	10.7	10.9	11.4	11.2	11.2	11.1
Tchéquie	7.9	7.4	7.8	7.5	8.2	8.4	2.9	3.0	3.8	6.0
Türkiye[1]	14.7	11.0	11.8	13.1	13.4	13.3	13.8	12.3	12.3	13.4
OCDE-Moyenne	14.9	13.3	13.8	13.6	13.8	13.7	13.7	13.8	14.0	14.1
OCDE-UE 22	16.8	14.8	15.3	14.9	15.1	14.9	14.8	15.1	15.3	15.4

1. Les données sur les salaires sont basées sur l'ancienne définition de l'ouvrier moyen (CITI D Rév. 3) pour les années 2000 à 2006.

Tableau 6.16. Impôt sur le revenu couple marié deux salaires égaux à 100 % et 67 % du salaire moyen

Charge fiscale en % du salaire brut couple marié sans enfant avec deux salaires

	2000	2010	2015	2018	2019	2020	2021	2022	2023	2024
Allemagne	19.8	16.5	16.9	16.8	16.9	16.3	15.4	16.0	14.7	14.6
Australie	24.4	19.8	21.8	22.6	21.4	21.9	20.8	20.8	23.0	23.5
Autriche	10.8	12.6	14.6	12.6	13.0	12.4	12.8	13.1	12.7	12.6
Belgique	28.0	26.2	25.4	22.9	22.2	22.1	22.4	23.2	22.8	22.6
Canada	19.5	16.8	17.0	16.7	16.5	17.2	17.4	17.4	17.1	16.9
Chili	0.0	0.0	0.0	0.0	0.0	0.0	0.0	0.0	0.1	0.1
Colombie	0.0	0.0	0.0	0.0	0.0	0.0	0.0	0.0	0.0	0.0
Corée	1.6	3.2	3.5	4.4	4.7	4.7	5.1	5.6	5.4	5.6
Costa Rica	0.0	0.0	0.0	0.0	0.0	0.0	0.0	0.0	0.0	0.0
Danemark	30.8	35.4	35.2	34.8	34.9	34.2	34.3	34.4	34.5	34.6
Espagne	11.5	13.7	13.1	13.1	13.1	12.2	13.2	13.4	13.3	14.2
Estonie	21.1	15.9	16.3	11.1	12.1	12.4	13.4	14.5	14.8	15.9
États-Unis	16.8	15.4	16.5	14.7	14.7	14.8	14.9	15.0	14.7	14.9
Finlande	24.5	19.7	19.9	17.6	17.5	17.8	17.8	17.8	17.8	17.7
France	14.1	13.4	13.8	15.5	15.5	14.1	14.2	14.3	14.2	14.3
Grèce	5.6	6.2	7.3	8.5	8.8	7.2	8.0	9.4	10.6	11.2
Hongrie	21.0	13.0	16.0	15.0	15.0	15.0	15.0	15.0	15.0	15.0
Irlande	19.7	15.6	17.1	17.1	19.5	20.0	20.9	20.6	20.5	20.0
Islande	23.2	25.3	27.5	26.8	26.7	26.6	25.9	25.9	25.6	25.2
Israël	15.0	6.6	7.2	7.4	7.7	8.0	8.7	9.5	9.2	9.2
Italie	18.0	19.1	17.9	18.1	18.3	17.5	16.8	16.7	19.5	18.7
Japon	5.8	7.0	7.1	7.2	7.2	7.1	7.1	7.2	7.2	6.4
Lettonie	18.1	21.1	18.0	16.3	16.2	15.5	14.7	14.2	14.8	15.7
Lituanie	24.3	12.2	12.9	11.3	15.9	15.0	15.6	16.0	16.5	16.5
Luxembourg	11.3	9.3	12.4	11.4	11.9	13.2	13.5	13.8	15.6	14.5
Mexique	-1.7	2.7	6.3	6.7	7.5	8.9	8.9	9.6	9.2	9.6
Norvège	21.3	20.0	19.0	17.8	17.7	17.9	18.0	18.3	18.4	18.4
Nouvelle-Zélande	19.0	15.9	16.0	16.7	16.9	17.2	17.3	18.2	19.1	18.6
Pays-Bas	7.9	11.8	13.1	13.2	12.0	11.8	11.8	12.5	12.2	12.9
Pologne	6.1	6.2	6.8	7.1	6.9	6.1	6.1	4.1	4.8	5.4
Portugal	9.7	7.6	12.7	11.8	12.3	12.4	13.1	13.8	14.0	12.1
République slovaque	7.4	6.9	8.6	9.5	9.6	9.0	9.3	9.8	10.0	9.5
Royaume-Uni	16.5	15.5	12.9	12.8	12.7	12.5	12.9	13.3	13.9	14.4
Slovénie	12.2	9.4	9.4	10.4	10.8	10.5	10.9	10.1	10.3	10.4
Suède	25.9	16.7	16.5	17.0	16.4	16.5	16.0	15.7	15.7	14.9
Suisse	11.3	11.0	10.5	10.9	11.0	11.1	11.5	11.4	11.4	11.3
Tchéquie	9.3	9.8	10.8	12.3	12.8	13.0	7.5	7.3	7.9	8.3
Türkiye[1]	14.1	10.4	11.3	12.1	12.4	12.4	12.7	10.1	10.0	11.3
OCDE-Moyenne	14.3	12.8	13.5	13.2	13.4	13.3	13.3	13.4	13.6	13.6
OCDE-UE 22	16.2	14.5	15.2	14.7	15.1	14.7	14.7	14.8	15.1	15.1

1. Les données sur les salaires sont basées sur l'ancienne définition de l'ouvrier moyen (CITI D Rév. 3) pour les années 2000 à 2006.

Tableau 6.17. Impôt sur le revenu et cotisations sociales des salariés diminués des prestations versées célibataire salaire égal à 67 % du salaire moyen

Charge fiscale en % du salaire brut célibataire sans enfant

	2000	2010	2015	2018	2019	2020	2021	2022	2023	2024
Allemagne	36.8	34.3	34.7	34.7	34.3	33.7	33.1	33.0	32.4	32.7
Australie	21.1	16.0	18.5	19.6	18.1	18.7	17.3	17.2	20.2	20.8
Autriche	25.6	27.0	29.2	27.2	27.7	26.8	27.3	25.8	26.8	26.6
Belgique	35.8	36.4	35.4	32.1	31.4	31.3	31.6	32.4	31.8	31.7
Canada	21.3	20.8	21.1	20.8	20.6	21.2	22.3	22.5	22.4	22.2
Chili	7.0	7.0	7.0	7.0	7.0	7.0	-6.5	7.0	7.0	7.0
Colombie	0.0	0.0	0.0	0.0	0.0	0.0	0.0	0.0	0.0	0.0
Corée	7.5	9.2	9.9	10.8	11.2	11.6	12.2	12.9	12.7	13.0
Costa Rica	9.0	9.2	9.3	10.3	10.3	10.5	10.5	10.5	10.7	10.7
Danemark	37.4	33.5	33.4	33.0	33.1	32.3	32.4	32.7	32.9	32.9
Espagne	15.0	17.5	16.7	16.8	16.7	15.2	16.8	17.0	16.5	18.0
Estonie	19.9	17.6	17.1	9.9	10.6	10.9	11.6	12.4	11.6	13.0
États-Unis	22.6	21.5	22.9	21.4	21.4	17.0	18.3	21.7	21.4	21.6
Finlande	27.8	22.7	24.0	22.9	22.8	23.3	23.6	23.4	23.6	22.3
France	25.9	25.9	26.0	24.6	24.2	23.2	23.5	23.5	23.5	23.7
Grèce	18.0	17.7	18.5	20.2	20.4	17.5	17.6	19.0	20.2	20.8
Hongrie	30.1	27.8	34.5	33.5	33.5	33.5	33.5	33.5	33.5	33.5
Irlande	18.8	16.0	16.8	16.1	17.3	17.9	19.1	18.7	18.6	18.1
Islande	20.2	22.2	25.0	24.9	24.8	24.5	23.5	23.5	23.1	22.7
Israël	19.4	10.4	11.0	11.0	11.4	11.7	12.8	13.9	13.3	13.2
Italie	24.4	26.1	21.8	22.1	22.3	22.2	22.2	20.9	19.4	18.6
Japon	18.4	19.1	20.4	20.6	20.6	20.6	20.6	20.6	20.8	19.8
Lettonie	26.0	29.5	27.9	25.2	25.0	23.9	23.3	22.2	22.6	23.8
Lituanie	25.2	19.7	20.4	17.5	33.6	32.3	33.1	33.0	33.2	32.7
Luxembourg	21.8	19.4	22.7	20.8	21.1	22.3	22.4	22.3	24.2	23.2
Mexique	-4.4	0.8	3.4	4.6	5.5	8.6	8.6	9.0	8.9	9.0
Norvège	26.8	25.6	25.1	23.9	23.8	24.1	24.2	24.0	23.6	23.5
Nouvelle-Zélande	18.6	14.3	13.5	13.8	14.0	14.1	14.2	14.7	16.3	15.3
Pays-Bas	32.9	27.1	24.7	22.8	21.2	20.1	19.1	19.8	18.3	17.9
Pologne	26.5	23.4	24.1	24.5	24.3	23.5	23.5	20.4	21.3	22.1
Portugal	17.6	15.5	19.9	20.1	20.7	20.8	21.4	22.1	22.4	21.0
République slovaque	18.2	18.0	20.0	21.1	21.4	20.5	21.0	21.6	21.8	21.2
Royaume-Uni	22.8	22.6	19.2	19.3	19.1	18.4	19.1	19.4	19.5	17.8
Slovénie	32.3	28.7	28.7	30.2	30.7	30.6	30.8	30.0	30.0	32.3
Suède	31.7	22.0	22.0	22.4	21.7	21.8	20.8	20.5	20.8	20.0
Suisse	14.9	14.4	14.1	14.4	14.5	14.8	15.0	14.9	15.0	14.9
Tchéquie	20.8	18.2	19.5	21.4	22.0	22.3	16.7	16.4	17.1	18.2
Türkiye[1]	27.2	23.6	24.7	24.9	25.0	25.1	25.2	21.7	21.7	23.3
OCDE-Moyenne	21.6	20.0	20.6	20.2	20.6	20.4	20.0	20.4	20.5	20.5
OCDE-UE 22	25.8	23.8	24.4	23.6	24.4	23.9	23.8	23.7	23.7	23.8

1. Les données sur les salaires sont basées sur l'ancienne définition de l'ouvrier moyen (CITI D Rév. 3) pour les années 2000 à 2006.

Tableau 6.18. Impôt sur le revenu et cotisations sociales des salariés diminués des prestations versées célibataire salaire égal à 100 % du salaire moyen

Charge fiscale en % du salaire brut célibataire sans enfant

	2000	2010	2015	2018	2019	2020	2021	2022	2023	2024
Allemagne	43.2	39.2	39.7	39.7	39.2	38.6	37.8	38.0	37.3	37.4
Australie	26.6	22.3	24.1	24.6	23.6	24.1	23.2	23.2	24.9	25.3
Autriche	31.0	33.1	35.0	32.8	33.2	32.7	33.2	32.1	32.6	32.3
Belgique	43.0	42.7	42.0	39.9	39.4	39.3	39.5	40.2	39.8	39.7
Canada	26.9	25.0	25.3	24.6	24.6	25.1	25.4	25.6	25.5	25.5
Chili	7.0	7.0	7.0	7.0	7.0	7.0	7.0	7.0	7.1	7.2
Colombie	0.0	0.0	0.0	0.0	0.0	0.0	0.0	0.0	0.0	0.0
Corée	8.9	12.3	13.3	14.4	14.8	15.1	15.6	16.2	16.1	16.3
Costa Rica	9.0	9.2	9.3	10.3	10.3	10.5	10.5	10.5	10.7	10.7
Danemark	41.5	35.9	35.9	35.7	35.9	35.2	35.3	35.5	35.5	35.7
Espagne	19.8	21.7	21.3	21.3	21.3	20.7	21.4	21.6	22.0	22.5
Estonie	21.9	19.5	18.4	14.6	15.7	16.1	17.2	18.5	19.6	20.5
États-Unis	24.9	24.6	25.6	23.8	23.9	21.3	22.4	24.8	24.3	24.4
Finlande	33.9	29.4	30.9	30.3	30.3	31.0	31.3	31.1	31.5	30.3
France	29.2	27.8	29.0	28.4	28.0	27.1	27.6	27.8	27.6	28.1
Grèce	21.6	23.1	23.7	25.5	25.6	23.8	23.2	24.2	25.1	25.8
Hongrie	35.7	31.4	34.5	33.5	33.5	33.5	33.5	33.5	33.5	33.5
Irlande	27.5	23.4	26.0	25.6	27.6	28.0	28.8	28.5	28.4	28.0
Islande	25.4	27.6	29.4	28.4	28.3	28.2	27.8	27.8	27.5	27.2
Israël	26.1	17.0	17.5	17.6	18.1	18.3	19.1	20.2	19.7	19.6
Italie	29.0	30.2	31.1	31.2	31.5	30.1	29.0	28.4	28.3	30.4
Japon	19.7	20.6	22.1	22.4	22.4	22.2	22.2	22.3	22.6	22.0
Lettonie	27.9	30.5	28.9	28.7	28.6	28.3	26.5	26.4	27.1	27.9
Lituanie	28.8	22.1	22.9	22.1	36.5	36.0	36.4	37.3	37.9	38.2
Luxembourg	28.7	26.8	30.8	29.6	30.0	31.1	31.4	31.6	33.1	32.1
Mexique	2.5	6.1	10.4	10.4	10.9	11.2	11.3	12.2	11.8	12.2
Norvège	30.7	29.3	28.5	27.4	27.3	27.5	27.6	27.9	28.1	28.1
Nouvelle-Zélande	19.4	17.0	17.6	18.6	19.0	19.3	19.4	20.1	21.1	20.8
Pays-Bas	33.6	31.7	30.3	30.5	29.4	28.5	27.8	28.2	27.3	27.2
Pologne	27.8	24.5	24.9	25.2	25.0	24.3	24.3	23.0	23.6	24.1
Portugal	22.8	21.3	26.9	25.3	25.8	26.0	26.7	26.9	27.1	25.0
République slovaque	20.2	21.9	23.3	24.0	24.2	23.6	23.9	24.3	24.4	24.1
Royaume-Uni	25.8	25.4	23.4	23.5	23.4	22.9	23.4	23.8	23.4	21.4
Slovénie	35.6	33.3	33.3	34.1	34.4	34.0	34.5	33.7	34.0	35.6
Suède	33.7	24.8	24.6	25.1	24.5	24.6	24.4	24.2	24.0	23.1
Suisse	17.8	17.4	17.0	17.4	17.5	17.8	18.2	18.0	18.1	18.0
Tchéquie	22.5	22.5	23.4	24.6	25.0	25.2	19.8	19.6	20.1	21.0
Türkiye[1]	28.7	26.6	27.4	28.6	29.0	28.9	29.4	27.3	27.3	28.4
OCDE-Moyenne	25.2	23.8	24.6	24.4	24.9	24.7	24.6	24.8	24.9	25.0
OCDE-UE 22	29.9	28.0	28.9	28.5	29.3	29.0	28.8	28.8	29.1	29.2

1. Les données sur les salaires sont basées sur l'ancienne définition de l'ouvrier moyen (CITI D Rév. 3) pour les années 2000 à 2006.

Tableau 6.19. Impôt sur le revenu et cotisations sociales des salariés diminués des prestations versées célibataire salaire égal à 167 % du salaire moyen

Charge fiscale en % du salaire brut célibataire sans enfant

	2000	2010	2015	2018	2019	2020	2021	2022	2023	2024
Allemagne	48.8	43.8	43.8	43.8	43.4	43.3	42.7	42.3	41.5	41.5
Australie	34.9	28.2	30.1	30.4	30.5	30.8	29.4	29.7	30.0	30.4
Autriche	36.3	38.3	39.4	38.0	38.1	38.0	38.2	37.8	37.5	36.8
Belgique	50.1	49.5	49.1	47.9	47.5	47.4	47.5	48.0	47.7	47.6
Canada	32.1	30.3	30.6	29.8	29.6	30.6	31.1	31.3	31.0	30.9
Chili	8.3	8.0	8.2	8.3	8.3	8.3	8.3	8.2	8.4	8.4
Colombie	0.0	0.0	0.0	0.0	0.0	0.0	0.0	0.0	0.0	0.0
Corée	13.4	15.0	16.2	18.1	18.6	19.0	19.7	20.4	20.2	20.6
Costa Rica	9.0	9.8	10.6	12.3	12.4	12.4	12.8	12.7	12.3	12.5
Danemark	49.3	42.9	42.1	41.5	41.6	41.0	41.0	41.4	41.5	41.7
Espagne	24.4	26.5	27.3	27.0	27.1	26.5	27.3	27.4	27.8	28.4
Estonie	23.6	21.0	19.6	21.3	21.3	21.3	21.3	21.3	21.3	21.3
États-Unis	31.9	30.6	31.1	28.8	28.9	28.5	29.4	29.5	29.1	29.2
Finlande	41.1	36.6	38.1	37.9	37.9	38.6	38.9	38.8	39.2	38.3
France	33.1	33.4	34.5	33.9	33.8	33.3	33.6	33.6	33.5	33.8
Grèce	29.2	30.2	31.6	32.4	32.6	31.2	29.4	30.7	31.9	32.5
Hongrie	42.8	39.8	34.5	33.5	33.5	33.5	33.5	33.5	33.5	33.5
Irlande	35.6	34.4	36.1	35.3	36.7	37.0	37.6	37.5	37.6	37.4
Islande	36.7	32.4	34.0	33.3	33.3	33.4	33.3	33.3	32.9	32.6
Israël	35.0	26.0	26.5	26.9	27.6	28.0	29.2	30.1	29.7	29.7
Italie	34.5	37.3	39.5	39.3	39.5	39.8	40.1	39.1	39.5	39.5
Japon	22.6	24.5	25.9	26.1	26.1	25.9	26.2	26.3	26.6	26.4
Lettonie	29.4	31.4	29.8	28.8	29.0	29.2	29.0	29.2	29.4	29.6
Lituanie	31.7	24.0	24.0	24.0	38.9	38.9	39.1	39.5	39.5	39.5
Luxembourg	37.9	34.9	38.6	37.9	38.1	38.7	38.9	39.4	40.0	39.2
Mexique	10.1	13.4	15.1	15.0	15.5	15.8	15.8	16.5	16.3	16.6
Norvège	38.2	35.7	35.0	33.9	33.9	33.9	34.2	34.6	34.9	35.0
Nouvelle-Zélande	24.2	23.3	23.4	24.1	24.4	24.6	24.8	25.3	25.8	25.7
Pays-Bas	40.6	37.7	38.2	37.9	37.5	36.5	36.2	36.5	36.1	36.2
Pologne	28.9	25.4	25.6	25.8	25.6	26.0	26.1	25.1	25.6	27.7
Portugal	29.1	28.4	34.1	31.8	32.3	32.5	33.2	33.9	34.3	32.2
République slovaque	24.8	24.9	25.9	26.4	26.4	26.1	26.5	27.0	27.1	26.7
Royaume-Uni	28.8	30.0	29.8	29.9	29.5	29.1	29.7	30.7	30.7	29.7
Slovénie	41.2	39.1	37.9	38.1	38.4	37.3	37.7	37.3	37.8	39.1
Suède	41.1	35.6	35.2	36.4	35.2	34.7	34.7	34.6	33.6	33.5
Suisse	22.7	22.2	21.8	22.3	22.5	22.7	23.1	22.9	22.9	22.8
Tchéquie	25.5	25.9	26.5	27.2	27.4	27.6	22.3	22.1	22.4	23.2
Türkiye[1]	26.9	29.9	31.6	32.7	32.9	32.8	33.1	31.9	31.9	32.5
OCDE-Moyenne	30.4	28.9	29.5	29.4	29.9	29.8	29.9	30.0	30.0	30.1
OCDE-UE 22	35.4	33.7	34.1	33.9	34.6	34.5	34.3	34.4	34.5	34.5

1. Les données sur les salaires sont basées sur l'ancienne définition de l'ouvrier moyen (CITI D Rév. 3) pour les années 2000 à 2006.

Tableau 6.20. Impôt sur le revenu et cotisations sociales des salariés diminués des prestations versées parent isolé salaire égal à 67 % du salaire moyen

Charge fiscale en % du salaire brut parent isolé ayant deux enfants

	2000	2010	2015	2018	2019	2020	2021	2022	2023	2024
Allemagne	17.9	16.2	17.5	18.2	17.8	13.2	13.8	15.3	13.9	14.9
Australie	-2.1	-13.2	-7.5	-3.9	-4.8	-4.7	-6.6	-3.8	-0.7	-4.2
Autriche	2.0	4.6	9.3	7.7	0.4	-2.2	1.2	-3.2	0.4	0.0
Belgique	16.1	18.9	17.8	14.7	13.6	9.3	9.3	10.9	10.3	10.1
Canada	0.0	0.8	-9.4	-9.7	-10.9	-7.1	-2.4	-3.9	-4.9	-4.4
Chili	5.9	6.1	6.2	6.2	6.2	6.1	-24.3	4.8	2.2	0.5
Colombie	-6.9	-5.6	-6.6	-6.4	-6.5	-7.2	-7.5	-6.4	-6.3	-6.5
Corée	6.8	8.5	3.9	4.7	4.4	0.9	3.0	-2.7	-2.3	-6.4
Costa Rica	9.0	9.2	9.3	10.3	10.3	10.5	10.5	10.5	10.7	10.7
Danemark	11.5	8.0	6.3	18.0	18.3	15.6	15.9	16.6	17.0	16.8
Espagne	6.8	8.1	1.5	2.0	2.3	0.3	2.5	3.5	3.7	5.7
Estonie	-8.5	-2.1	-4.8	-10.5	-9.5	-8.8	-6.7	-4.3	-16.3	-11.0
États-Unis	2.6	0.2	3.9	2.0	2.4	-5.9	-9.2	6.4	5.0	5.1
Finlande	9.7	8.9	10.9	10.8	10.9	11.2	11.7	11.0	12.2	10.6
France	13.5	14.8	16.0	0.4	-4.2	-6.5	-3.7	-2.5	-6.8	-7.7
Grèce	17.1	16.0	13.8	11.9	12.3	3.1	9.1	11.4	13.2	12.8
Hongrie	5.0	6.7	6.5	5.4	6.4	8.8	10.6	13.6	16.4	18.4
Irlande	6.6	-15.8	-10.7	-6.6	0.2	0.7	1.8	0.1	4.7	3.4
Islande	1.4	9.5	14.5	12.4	12.7	11.7	10.5	11.2	12.9	10.8
Israël	-1.5	-2.6	-1.5	-3.0	-1.8	-1.9	0.1	1.6	1.1	1.0
Italie	5.5	5.1	1.3	1.7	2.3	1.0	1.8	2.1	-0.4	-1.5
Japon	3.8	-3.0	4.6	4.7	4.1	3.9	3.9	4.5	5.5	3.7
Lettonie	3.5	12.4	7.3	6.7	6.0	5.2	6.4	0.5	3.1	6.0
Lituanie	19.2	8.2	10.3	3.0	17.3	7.5	11.7	12.2	12.7	11.4
Luxembourg	-6.4	-10.9	-4.1	-5.3	-4.3	-1.4	-0.7	0.6	1.7	0.4
Mexique	-4.4	0.8	3.4	4.6	5.5	8.6	8.6	9.0	8.9	9.0
Norvège	5.7	10.8	12.2	12.1	11.9	12.4	13.0	13.2	11.8	10.5
Nouvelle-Zélande	-3.0	-17.7	-14.1	-19.9	-18.8	-17.3	-16.4	-16.1	-12.1	-12.6
Pays-Bas	14.5	3.6	0.6	-3.6	-5.3	-5.8	-6.1	-4.1	-8.9	-11.6
Pologne	18.0	17.8	11.2	-28.9	-21.9	-10.8	-10.6	-11.3	-7.9	-16.3
Portugal	9.6	0.4	5.8	2.1	2.4	2.4	3.6	4.0	-1.0	-6.1
République slovaque	-2.0	2.3	5.4	8.1	8.7	7.8	6.9	2.9	-14.1	-13.8
Royaume-Uni	7.7	0.6	-3.4	2.6	4.3	-2.7	10.3	10.4	10.1	8.2
Slovénie	-2.0	-1.7	-4.4	-0.5	1.0	1.5	3.3	2.9	2.9	6.0
Suède	20.1	11.1	12.2	12.1	11.3	11.6	10.9	10.9	11.7	11.2
Suisse	0.3	-1.1	-1.9	-1.2	-1.0	-0.6	0.0	-0.2	0.0	0.1
Tchéquie	-17.9	-12.7	-0.8	-5.3	-3.3	-2.7	-11.1	-9.8	-8.8	-1.5
Türkiye[1]	27.2	22.0	23.2	23.3	23.4	23.5	23.5	21.7	21.7	23.3
OCDE-Moyenne	5.6	3.8	4.4	2.6	3.3	2.4	2.6	3.8	3.2	2.8
OCDE-UE 22	7.3	5.5	5.9	2.8	3.7	2.8	3.7	3.8	2.7	2.6

1. Les données sur les salaires sont basées sur l'ancienne définition de l'ouvrier moyen (CITI D Rév. 3) pour les années 2000 à 2006.

Tableau 6.21. Impôt sur le revenu et cotisations sociales des salariés diminués des prestations versées couple marié salaire égal à 100 % du salaire moyen

Charge fiscale en % du salaire brut couple marié ayant deux enfants et un seul salaire

	2000	2010	2015	2018	2019	2020	2021	2022	2023	2024
Allemagne	22.0	19.6	21.2	21.6	21.2	19.1	19.4	20.4	19.5	19.8
Australie	18.4	9.3	12.9	16.9	16.0	16.1	14.7	16.2	18.0	18.2
Autriche	15.1	17.9	21.6	19.6	15.0	13.2	15.7	11.0	14.1	14.1
Belgique	23.7	23.6	22.6	20.4	19.4	19.2	19.2	20.7	20.1	19.9
Canada	19.3	17.1	10.6	12.3	12.0	13.0	14.4	14.3	14.0	14.1
Chili	6.3	7.0	7.0	7.0	7.0	7.0	-18.5	5.7	2.2	2.7
Colombie	-4.6	-3.8	-4.4	-4.3	-4.3	-4.8	-5.0	-4.3	-4.2	-4.4
Corée	8.2	9.7	7.6	9.3	9.4	7.2	8.9	5.5	5.8	3.9
Costa Rica	9.0	9.2	9.3	10.3	10.3	10.5	10.5	10.5	10.7	10.7
Danemark	28.2	24.9	25.3	22.6	23.0	25.1	25.4	26.1	26.4	26.3
Espagne	11.5	14.2	13.9	14.1	14.3	13.5	14.5	15.1	15.8	16.6
Estonie	10.6	7.3	4.5	1.1	2.4	3.1	5.1	7.5	7.5	12.5
États-Unis	14.4	11.2	13.7	11.8	11.9	2.7	0.7	13.3	13.3	13.6
Finlande	24.8	23.0	25.2	25.0	25.1	26.0	26.4	26.0	26.9	25.7
France	16.1	17.7	18.0	17.4	16.3	14.8	16.8	17.0	16.9	16.9
Grèce	23.6	23.6	21.9	21.4	21.6	19.6	19.1	22.1	23.4	23.4
Hongrie	20.5	18.7	16.9	15.5	16.1	17.7	18.8	20.8	22.6	23.8
Irlande	10.9	5.6	8.9	8.7	11.9	12.4	13.8	13.3	13.6	14.2
Islande	8.9	12.2	17.5	14.8	14.6	14.3	14.4	14.7	15.8	14.2
Israël	21.8	13.6	14.8	14.9	15.4	15.8	16.7	15.0	14.4	14.3
Italie	18.6	17.8	19.0	19.2	19.7	17.5	17.0	13.7	12.9	14.9
Japon	15.8	11.3	16.0	16.4	16.4	16.1	16.1	16.3	16.7	14.1
Lettonie	12.8	19.1	15.2	16.4	15.8	15.7	15.2	11.8	14.0	16.0
Lituanie	28.8	14.4	16.1	12.4	25.6	19.3	22.1	23.3	24.2	24.0
Luxembourg	1.9	1.5	5.7	5.5	6.0	7.4	7.8	8.4	10.3	9.7
Mexique	2.5	6.1	10.4	10.4	10.9	11.2	11.3	12.2	11.8	12.2
Norvège	19.3	21.8	23.2	23.5	23.2	23.5	23.8	24.2	24.2	23.3
Nouvelle-Zélande	13.6	-0.9	5.2	2.7	4.3	5.7	6.4	7.9	10.9	10.5
Pays-Bas	22.4	23.6	24.1	24.9	23.8	21.2	21.0	21.8	19.7	18.3
Pologne	22.1	17.8	18.9	1.2	3.9	1.3	1.4	-1.2	2.2	-2.5
Portugal	14.0	7.7	13.2	10.2	10.9	11.0	11.8	12.5	12.7	9.8
République slovaque	5.2	3.4	6.9	9.5	10.0	9.4	9.0	5.3	-8.4	-7.1
Royaume-Uni	20.6	18.7	17.8	18.3	18.4	17.7	18.5	19.0	18.7	17.1
Slovénie	10.1	10.4	11.3	13.1	13.8	17.0	17.9	17.7	17.7	21.2
Suède	26.0	17.4	18.1	18.2	17.6	17.8	17.7	17.8	17.8	17.2
Suisse	5.9	4.9	3.6	4.2	4.4	4.8	5.4	5.2	5.4	5.3
Tchéquie	-5.3	-5.6	2.0	0.2	2.0	2.6	-4.2	-3.2	-2.1	7.7
Türkiye[1]	28.7	24.8	25.6	26.7	27.1	27.1	27.5	27.3	27.3	28.4
OCDE-Moyenne	15.0	13.1	14.2	13.5	14.0	13.5	13.1	14.0	14.0	14.2
OCDE-UE 22	16.5	14.7	15.9	14.5	15.2	14.7	15.0	14.9	14.9	15.6

1. Les données sur les salaires sont basées sur l'ancienne définition de l'ouvrier moyen (CITI D Rév. 3) pour les années 2000 à 2006.

Tableau 6.22. Impôt sur le revenu et cotisations sociales des salariés diminués des prestations versées couple marié deux enfants deux salaires égaux à 100 % et 67 % du salaire moyen

Charge fiscale en % du salaire brut couple marié ayant deux enfants et deux salaires

	2000	2010	2015	2018	2019	2020	2021	2022	2023	2024
Allemagne	34.3	30.1	31.2	31.4	31.0	29.5	29.2	29.8	28.7	29.0
Australie	22.0	19.0	21.8	22.6	21.4	21.9	20.8	20.8	23.0	23.5
Autriche	20.1	22.6	25.5	23.4	20.9	19.5	21.1	18.4	20.1	20.1
Belgique	35.0	33.9	33.1	30.5	29.8	29.8	30.0	30.8	30.3	30.1
Canada	24.4	22.2	20.3	20.0	19.8	20.8	21.8	21.8	21.6	21.6
Chili	6.6	6.6	6.7	6.7	6.7	6.6	-8.6	6.1	5.1	4.4
Colombie	-5.5	-4.5	-5.3	-5.2	-5.2	-5.8	-6.0	-5.2	-5.1	-5.2
Corée	8.0	9.8	8.9	10.2	10.4	9.3	10.5	8.8	8.9	9.2
Costa Rica	9.0	9.2	9.3	10.3	10.3	10.5	10.5	10.5	10.7	10.7
Danemark	35.8	31.0	31.1	31.0	31.2	30.5	30.6	31.0	31.2	31.1
Espagne	15.6	17.8	17.2	17.3	17.4	16.3	17.5	17.8	18.0	19.0
Estonie	16.8	13.7	11.2	6.3	7.2	7.7	9.1	10.7	10.3	12.7
États-Unis	20.5	18.5	20.0	17.6	17.7	12.2	11.0	18.5	18.4	18.7
Finlande	26.0	22.9	24.6	24.2	24.2	24.9	25.3	25.0	25.6	24.4
France	21.4	22.2	23.2	22.1	21.8	20.4	20.8	21.0	20.9	21.2
Grèce	22.0	22.2	21.9	22.1	22.3	20.0	19.7	22.8	23.9	23.6
Hongrie	24.3	22.3	23.9	22.8	23.1	24.0	24.7	25.9	26.9	27.7
Irlande	20.8	13.7	16.7	16.8	19.7	20.2	21.3	20.8	20.7	20.9
Islande	21.9	24.4	27.6	26.5	26.5	26.0	25.2	25.0	25.3	23.7
Israël	17.7	10.5	11.2	11.3	11.6	11.8	12.9	11.7	11.1	11.0
Italie	25.1	24.0	22.8	23.0	23.3	21.9	21.4	17.1	15.9	16.6
Japon	17.9	15.1	18.6	18.9	18.9	18.7	18.7	18.8	19.2	17.6
Lettonie	18.1	23.3	20.3	19.9	19.5	19.0	18.4	16.0	17.5	19.1
Lituanie	27.3	19.8	20.4	16.4	30.7	28.5	29.7	30.3	30.8	30.6
Luxembourg	12.6	12.3	17.1	16.1	16.7	18.4	18.8	19.4	21.6	20.6
Mexique	-0.3	4.0	7.6	8.0	8.8	10.2	10.2	10.9	10.6	10.9
Norvège	24.4	24.8	24.7	23.6	23.4	23.7	23.9	24.1	23.9	23.4
Nouvelle-Zélande	19.0	13.9	16.0	16.7	16.9	17.2	17.3	18.0	19.1	18.6
Pays-Bas	30.1	24.9	23.2	21.9	20.5	19.6	19.0	19.9	18.6	18.0
Pologne	25.0	20.4	21.7	15.3	12.6	10.6	10.7	10.3	12.4	9.6
Portugal	17.6	14.5	16.1	18.5	19.1	19.3	20.2	20.6	20.7	19.1
République slovaque	13.3	14.0	16.1	17.6	18.0	17.3	17.1	14.8	6.7	7.4
Royaume-Uni	21.5	21.1	18.7	19.1	19.0	18.4	19.1	19.5	19.3	17.4
Slovénie	25.1	23.4	24.1	24.9	25.3	25.4	26.0	25.4	25.6	27.8
Suède	28.3	19.3	19.6	19.9	19.2	19.4	19.0	18.9	19.0	18.3
Suisse	12.3	11.3	10.1	10.8	11.0	11.4	12.0	11.8	11.9	11.8
Tchéquie	14.0	12.1	13.7	12.6	13.6	14.0	11.5	11.6	12.5	15.8
Türkiye[1]	28.1	24.7	25.7	26.5	26.7	26.7	27.0	25.1	25.0	26.3
OCDE-Moyenne	19.9	18.2	18.9	18.4	18.7	18.3	18.1	18.5	18.6	18.6
OCDE-UE 22	23.1	20.9	21.6	20.6	21.2	20.7	21.0	20.8	20.8	21.0

1. Les données sur les salaires sont basées sur l'ancienne définition de l'ouvrier moyen (CITI D Rév. 3) pour les années 2000 à 2006.

Tableau 6.23. Impôt sur le revenu et cotisations sociales des salariés diminués des prestations versées couple marié deux salaires égaux à 100 % du salaire moyen chacun

Charge fiscale en % du salaire brut couple marié ayant deux enfants et deux salaires

	2000	2010	2015	2018	2019	2020	2021	2022	2023	2024
Allemagne	37.7	33.3	34.1	34.2	33.7	32.8	32.2	32.5	31.8	31.8
Australie	25.1	22.3	24.1	24.6	23.6	24.1	23.2	23.2	24.9	25.3
Autriche	23.7	26.3	29.1	26.8	24.8	23.7	25.1	22.8	24.1	24.0
Belgique	38.4	37.4	36.6	34.4	33.9	33.9	34.0	34.8	34.3	34.2
Canada	26.9	24.4	23.5	22.9	22.8	23.5	24.3	24.4	24.2	24.3
Chili	6.6	7.0	7.0	7.0	7.0	7.0	-5.7	6.6	5.4	5.6
Colombie	-4.6	-1.9	-4.4	-4.3	-4.3	-4.8	-5.0	-4.3	-4.2	-4.4
Corée	8.7	11.2	10.8	12.1	12.3	11.4	12.5	11.1	11.2	11.5
Costa Rica	9.0	9.2	9.3	10.3	10.3	10.5	10.5	10.5	10.7	10.7
Danemark	38.1	32.7	32.7	32.7	32.9	32.2	32.4	32.6	32.8	32.8
Espagne	18.0	19.9	19.4	19.5	19.6	18.9	19.7	20.0	20.5	21.0
Estonie	18.3	15.2	12.9	9.2	10.4	10.9	12.4	14.1	14.5	16.5
États-Unis	22.7	20.3	21.5	19.8	20.0	15.7	15.0	21.4	21.0	21.2
Finlande	29.3	26.2	28.0	27.7	27.7	28.5	28.8	28.6	29.2	28.0
France	23.5	23.8	25.0	24.4	24.0	22.9	23.6	23.8	23.6	24.1
Grèce	24.2	24.5	24.7	26.0	26.1	24.5	23.7	24.9	26.0	25.8
Hongrie	28.1	25.0	25.7	24.5	24.8	25.6	26.1	27.1	28.0	28.7
Irlande	25.7	19.2	22.3	22.1	24.4	24.9	25.8	25.4	25.3	25.4
Islande	25.4	27.5	29.4	28.4	28.3	27.9	27.8	27.8	27.5	26.4
Israël	21.3	12.8	13.8	14.1	14.7	15.0	16.0	14.3	13.7	13.6
Italie	27.4	27.0	27.8	27.9	28.2	26.4	25.4	22.3	21.8	23.5
Japon	18.6	16.5	19.7	20.1	20.1	19.9	19.9	20.0	20.3	19.1
Lettonie	20.4	24.8	22.0	22.6	22.2	22.0	20.8	19.1	20.5	21.9
Lituanie	28.8	21.0	21.6	18.9	32.6	31.0	31.9	32.9	33.6	33.8
Luxembourg	17.6	17.4	22.4	21.6	22.2	23.8	24.2	24.7	26.6	25.7
Mexique	2.5	6.1	10.4	10.4	10.9	11.2	11.3	12.2	11.8	12.2
Norvège	26.8	26.8	26.4	25.4	25.2	25.5	25.7	26.1	26.1	25.7
Nouvelle-Zélande	19.4	17.0	17.6	18.6	19.0	19.3	19.4	20.1	21.1	20.8
Pays-Bas	30.9	27.5	26.2	25.9	24.7	23.9	23.4	24.1	23.1	22.9
Pologne	25.9	21.4	22.5	17.2	14.9	13.1	13.2	13.2	15.0	12.7
Portugal	20.6	18.5	22.0	21.7	22.4	22.5	23.4	23.4	23.6	21.7
République slovaque	19.0	16.6	18.4	19.7	19.9	19.3	19.2	17.3	10.5	11.1
Royaume-Uni	23.2	22.8	20.9	21.2	21.2	20.6	21.2	21.7	21.3	19.3
Slovénie	29.4	27.8	27.1	28.8	29.1	29.0	29.6	29.0	29.3	31.2
Suède	29.9	21.1	21.3	21.6	21.1	21.2	21.1	21.0	20.9	20.1
Suisse	14.8	14.0	12.8	13.5	13.7	14.1	14.7	14.5	14.6	14.5
Tchéquie	18.2	15.9	16.5	15.7	19.2	16.8	13.9	14.0	14.8	17.6
Türkiye[1]	28.7	26.0	26.8	28.1	28.4	28.3	28.8	27.3	27.3	28.4
OCDE-Moyenne	22.3	20.6	21.3	20.9	21.4	21.0	20.8	21.2	21.2	21.3
OCDE-UE 22	26.0	23.7	24.5	23.8	24.5	24.0	24.1	24.0	24.1	24.3

1. Les données sur les salaires sont basées sur l'ancienne définition de l'ouvrier moyen (CITI D Rév. 3) pour les années 2000 à 2006.

Tableau 6.24. Impôt sur le revenu et cotisations sociales des salariés diminués des prestations versées couple marié deux salaires égaux à 100 % et 67 % du salaire moyen

Charge fiscale en % du salaire brut couple marié sans enfant avec deux salaires

	2000	2010	2015	2018	2019	2020	2021	2022	2023	2024
Allemagne	40.3	37.0	37.4	37.4	37.0	36.4	35.7	35.7	35.0	35.3
Australie	24.4	19.8	21.8	22.6	21.4	21.9	20.8	20.8	23.0	23.5
Autriche	28.8	30.7	32.7	30.6	31.0	30.3	30.8	29.7	30.3	30.0
Belgique	42.0	40.2	39.4	36.8	36.2	36.1	36.3	37.0	36.5	36.4
Canada	25.0	23.4	23.6	23.1	23.1	23.8	24.1	24.4	24.3	24.2
Chili	7.0	7.0	7.0	7.0	7.0	7.0	-1.8	7.0	7.1	7.1
Colombie	0.0	0.0	0.0	0.0	0.0	0.0	0.0	0.0	0.0	0.0
Corée	8.3	11.0	11.9	12.9	13.4	13.7	14.3	14.9	14.8	15.0
Costa Rica	9.0	9.2	9.3	10.3	10.3	10.5	10.5	10.5	10.7	10.7
Danemark	39.8	35.0	34.9	34.6	34.8	34.1	34.1	34.4	34.5	34.6
Espagne	17.9	20.1	19.4	19.5	19.5	18.5	19.6	19.7	19.8	20.7
Estonie	21.1	18.7	17.9	12.7	13.7	14.0	15.0	16.1	16.4	17.5
États-Unis	24.4	23.1	24.2	22.3	22.4	18.9	19.9	22.6	22.4	22.5
Finlande	31.5	26.7	28.1	27.4	27.3	27.9	28.2	28.0	28.3	27.1
France	27.5	27.1	28.0	27.4	26.9	25.4	25.6	25.6	25.5	25.7
Grèce	21.5	22.2	22.8	24.5	24.6	22.7	22.2	23.4	24.4	25.0
Hongrie	33.5	30.0	34.5	33.5	33.5	33.5	33.5	33.5	33.5	33.5
Irlande	23.0	18.8	21.1	21.1	23.5	24.0	24.9	24.6	24.5	24.0
Islande	23.3	25.4	27.6	27.0	26.9	26.7	26.1	26.1	25.7	25.4
Israël	22.8	13.7	14.3	14.5	14.9	15.2	16.1	17.2	16.7	16.6
Italie	27.2	28.6	27.4	27.5	27.8	27.0	26.3	25.4	24.7	25.6
Japon	19.2	20.0	21.4	21.7	21.7	21.6	21.6	21.6	21.9	21.2
Lettonie	27.1	30.1	28.5	27.3	27.2	26.5	25.2	24.7	25.3	26.2
Lituanie	27.3	21.2	21.9	20.3	35.4	34.5	35.1	35.5	36.0	36.0
Luxembourg	22.9	21.4	25.2	23.7	24.1	25.5	25.8	26.1	27.9	26.8
Mexique	-0.3	4.0	7.6	8.0	8.8	10.2	10.2	10.9	10.6	10.9
Norvège	29.1	27.8	27.2	26.0	25.9	26.1	26.2	26.3	26.3	26.2
Nouvelle-Zélande	19.0	15.9	16.0	16.7	16.9	17.2	17.3	18.0	19.1	18.6
Pays-Bas	33.3	29.8	28.0	27.4	26.1	25.1	24.3	24.8	23.7	23.5
Pologne	27.3	24.1	24.6	24.9	24.7	24.0	24.0	21.9	22.7	23.3
Portugal	20.7	18.6	23.7	22.8	23.3	23.4	24.1	24.8	25.0	23.1
République slovaque	19.4	20.3	22.0	22.9	23.0	22.4	22.7	23.2	23.4	22.9
Royaume-Uni	24.6	24.3	21.7	21.8	21.7	21.1	21.7	22.0	21.8	20.0
Slovénie	34.3	31.5	31.5	32.5	32.9	32.6	33.0	32.2	32.4	34.3
Suède	32.9	23.7	23.5	24.0	23.4	23.5	23.0	22.7	22.7	21.9
Suisse	17.8	17.1	16.7	17.1	17.2	17.5	17.9	17.8	17.8	17.7
Tchéquie	21.8	20.8	21.8	23.3	23.8	24.0	18.5	18.3	18.9	19.9
Türkiye[1]	28.1	25.4	26.3	27.1	27.4	27.4	27.7	25.1	25.0	26.3
OCDE-Moyenne	23.8	22.2	22.9	22.6	23.1	22.9	22.6	23.0	23.1	23.1
OCDE-UE 22	28.2	26.2	27.0	26.5	27.3	26.9	26.7	26.7	26.9	27.0

1. Les données sur les salaires sont basées sur l'ancienne définition de l'ouvrier moyen (CITI D Rév. 3) pour les années 2000 à 2006.

Tableau 6.25. Salaire brut et net annuel moyen célibataire sans enfant 2000-24

Dollars US convertis sur la base des PPA

	2000		2010		2015		2020		2023		2024	
	Brut	Net	Brut	Net	Brut	Net	Brut	Net	Brut	Net	Brut	Net
Allemagne	36 476	20 718	51 834	31 514	60 530	36 512	72 153	44 272	85 893	53 883	89 203	55 807
Australie	31 493	23 117	44 375	34 487	54 774	41 591	63 503	48 209	71 572	53 732	74 067	55 316
Autriche	32 762	22 618	45 711	30 594	54 970	35 708	67 353	45 324	80 340	54 159	86 895	58 796
Belgique	35 160	20 039	51 897	29 727	58 099	33 692	70 252	42 644	83 928	50 487	86 437	52 101
Canada	35 272	25 773	48 125	36 104	52 562	39 273	63 328	47 450	72 951	54 325	74 768	55 670
Chili	12 708	11 818	17 179	15 977	21 682	20 164	25 088	23 324	30 512	28 349	31 900	29 599
Colombie	7 109	7 109	10 937	10 937	11 718	11 718	14 080	14 080	19 351	19 351	20 848	20 848
Corée	26 546	24 171	43 848	38 465	46 293	40 124	56 373	47 857	67 056	56 240	67 470	56 464
Costa Rica	11 067	10 071	15 885	14 428	20 355	18 454	25 285	22 630	27 768	24 805	28 761	25 692
Danemark	32 491	19 022	49 534	31 732	55 247	35 418	69 127	44 790	80 180	51 685	82 988	53 393
Espagne	23 411	18 765	34 091	26 683	39 828	31 358	42 931	34 032	52 830	41 211	55 517	43 034
Estonie	8 383	6 544	18 962	15 268	24 266	19 789	33 431	28 037	40 069	32 224	42 352	33 666
États-Unis	33 129	24 877	45 665	34 429	50 963	37 900	59 517	46 867	67 729	51 252	70 627	53 401
Finlande	26 791	17 714	43 742	30 871	47 665	32 959	59 945	41 381	69 237	47 460	69 681	48 581
France	28 715	20 342	40 587	29 285	46 958	33 336	54 353	39 640	64 847	46 960	67 347	48 455
Grèce	23 084	18 099	33 452	25 713	33 584	25 616	35 283	26 869	46 605	34 911	48 368	35 913
Hongrie	9 868	6 343	19 868	13 632	23 935	15 677	35 561	23 648	42 910	28 535	46 174	30 706
Irlande	30 645	22 203	49 409	37 826	54 012	39 947	69 588	50 091	81 647	58 423	85 514	61 567
Islande	32 010	23 867	39 547	28 633	54 010	38 155	66 428	47 683	80 054	58 032	82 351	59 936
Israël	27 869	20 594	30 466	25 285	35 609	29 374	42 876	35 013	53 133	42 690	53 773	43 259
Italie	26 762	18 989	36 524	25 483	41 357	28 498	50 951	35 597	56 748	40 715	59 517	41 438
Japon	32 239	25 874	42 728	33 913	49 134	38 272	50 453	39 240	55 702	43 123	57 197	44 587
Lettonie	6 419	4 629	14 979	10 406	19 270	13 696	29 076	20 838	36 464	26 597	40 237	29 018
Lituanie	7 055	5 027	14 952	11 644	19 341	14 919	38 861	24 888	49 272	30 596	52 604	32 491
Luxembourg	37 537	26 776	53 345	39 066	63 384	43 836	76 863	52 942	88 145	58 968	88 650	60 149
Mexique	7 997	7 798	11 346	10 651	12 915	11 566	14 096	12 510	19 806	17 471	20 297	17 813
Norvège	32 842	22 760	51 536	36 454	56 045	40 053	65 587	47 568	81 802	58 820	85 893	61 772
Nouvelle-Zélande	24 171	19 490	32 062	26 614	38 184	31 451	45 676	36 878	52 040	41 084	54 623	43 271
Pays-Bas	35 826	23 782	52 933	36 176	61 162	42 657	73 159	52 342	83 994	61 067	86 642	63 080
Pologne	12 581	9 083	20 210	15 261	26 138	19 618	39 296	29 764	45 819	35 014	51 628	39 199
Portugal	17 011	13 126	24 862	19 559	26 978	19 721	32 187	23 829	40 591	29 576	43 184	32 399
République slovaque	10 179	8 127	19 102	14 923	22 344	17 143	27 435	20 959	34 011	25 703	36 026	27 357
Royaume-Uni	35 357	26 232	48 831	36 432	51 950	39 784	61 180	47 173	73 715	56 444	76 819	60 361
Slovénie	16 892	10 886	26 512	17 686	30 392	20 263	39 556	26 109	47 869	31 613	51 729	33 295
Suède	28 766	19 064	40 793	30 689	46 768	35 272	55 027	41 472	60 700	46 144	62 715	48 236
Suisse	40 762	33 499	58 015	47 929	70 023	58 154	84 920	69 802	100 762	82 529	103 276	84 728
Tchéquie	11 229	8 704	21 068	16 332	24 808	19 012	34 858	26 072	41 304	33 022	43 241	34 165
Türkiye[1]	19 692	14 033	19 584	14 378	26 832	19 489	34 574	24 591	44 540	32 383	54 585	39 098
OCDE moyenne	23 903	17 413	34 855	25 926	40 371	29 741	49 479	36 485	58 734	43 147	61 419	45 123

1. Les données sur les salaires sont basées sur l'ancienne définition de l'ouvrier moyen (CITI D Rév. 3) pour les années 2000 à 2006.

Tableau 6.26. Salaire brut et net annuel moyen célibataire sans enfant 2000-24 (en monnaie nationale)

		2000		2010		2015		2020		2023		2024	
		Brut	Net	Brut	Net	Brut	Net	Brut	Net	Brut	Net	Brut	Net
Allemagne	EUR	34 400	19 539	41 736	25 374	47 100	28 411	51 000	31 293	60 428	37 908	63 288	39 594
Australie	AUD	41 322	30 332	66 724	51 856	80 720	61 292	90 883	68 995	99 565	74 748	103 794	77 518
Autriche	EUR	29 732	20 526	38 504	25 770	43 911	28 524	49 087	33 032	56 928	38 376	61 699	41 747
Belgique	EUR	31 644	18 035	43 423	24 873	46 479	26 954	50 312	30 540	58 913	35 439	60 841	36 672
Canada	CAD	43 300	31 639	58 800	44 113	65 600	49 015	76 100	57 020	85 347	63 557	88 360	65 789
Chili	CLP	3 690 623	3 432 280	6 181 738	5 749 016	8 481 551	7 887 842	10 282 188	9 559 014	13 163 425	12 230 294	14 074 320	13 059 168
Colombie	COP	5 283 845	5 283 845	12 382 986	12 382 986	15 107 886	15 107 886	17 892 648	17 892 648	27 115 878	27 115 878	30 236 442	30 236 442
Corée	KRW	19 849 729	18 073 190	36 876 204	32 348 478	39 695 196	34 405 928	46 753 752	39 690 849	53 667 996	45 011 783	55 002 302	46 029 937
Costa Rica	CRC	1 604 324	1 459 935	5 191 869	4 715 774	7 205 069	6 532 116	8 294 100	7 423 220	8 969 097	8 012 094	9 109 145	8 137 199
Danemark	DKK	281 700	164 922	376 073	240 914	403 600	258 738	440 000	285 088	489 600	315 604	509 093	327 541
Espagne	EUR	17 319	13 882	24 786	19 400	26 475	20 845	26 028	20 633	30 250	23 597	31 698	24 571
Estonie	EUR	3 931	3 068	9 712	7 820	13 045	10 638	17 224	14 445	22 559	18 142	23 930	19 023
États-Unis	USD	33 129	24 877	45 665	34 429	50 963	37 900	59 517	46 867	67 729	51 252	70 627	53 401
Finlande	EUR	26 362	17 431	39 395	27 804	43 268	29 918	48 083	33 192	52 907	36 266	52 893	36 877
France	EUR	26 712	18 923	34 693	25 032	37 975	26 959	37 669	27 472	43 600	31 574	44 968	32 354
Grèce	EUR	15 459	12 120	24 156	18 567	20 455	15 602	18 709	14 247	24 059	18 022	25 198	18 709
Hongrie	HUF	1 086 240	698 166	2 512 020	1 723 560	3 172 680	2 078 105	5 043 851	3 354 161	7 303 812	4 857 035	8 252 579	5 487 965
Irlande	EUR	28 924	20 956	41 981	32 139	43 733	32 345	53 962	38 843	61 347	43 897	64 158	46 192
Islande	ISK	2 712 000	2 022 102	5 256 000	3 805 407	7 668 000	5 417 104	9 516 000	6 830 688	11 220 000	8 133 451	11 811 028	8 596 238
Israël	ILS	95 664	70 691	121 581	100 905	139 728	115 260	160 644	131 185	190 584	153 126	196 756	158 284
Italie	EUR	21 550	15 291	28 243	19 705	30 550	21 052	32 216	22 508	34 277	24 593	35 616	24 797
Japon	JPY	4 987 116	4 002 481	4 773 076	3 788 423	5 083 906	3 960 010	5 082 722	3 953 069	5 273 732	4 082 730	5 426 969	4 230 491
Lettonie	EUR	2 316	1 670	7 296	5 069	9 588	6 815	13 656	9 787	18 396	13 418	20 176	14 550
Lituanie	EUR	3 187	2 270	6 735	5 245	8 623	6 652	16 844	10 788	23 807	14 783	25 757	15 909
Luxembourg	EUR	35 875	25 591	49 387	36 167	55 858	38 631	64 424	44 374	72 943	48 797	74 296	50 410
Mexique	MXN	48 607	47 400	87 672	82 301	107 551	96 320	138 349	122 787	191 322	168 766	199 946	175 473
Norvège	NOK	298 385	206 788	471 696	333 655	556 670	397 823	628 871	456 093	727 626	523 200	763 733	549 259
Nouvelle-Zélande	NZD	34 923	28 159	48 007	39 850	56 436	46 485	64 994	52 476	76 001	60 001	80 019	63 390
Pays-Bas	EUR	31 901	21 176	45 215	30 901	49 540	34 552	54 710	39 143	62 110	45 156	65 782	47 892
Pologne	PLN	23 061	16 649	36 482	27 548	46 136	34 628	66 732	50 545	86 106	65 801	96 421	73 209
Portugal	EUR	11 245	8 677	15 495	12 190	15 781	11 536	17 472	12 935	21 000	15 301	22 588	16 947
République slovaque	EUR	5 256	4 197	9 593	7 494	10 983	8 427	13 418	10 251	17 239	13 028	18 529	14 070
Royaume-Uni	GBP	24 910	18 481	34 297	25 589	35 978	27 552	39 978	30 825	49 199	37 672	51 310	40 317
Slovénie	EUR	8 894	5 732	16 915	11 284	18 092	12 062	21 054	13 897	25 914	17 114	27 756	17 865
Suède	EUR	263 581	174 686	368 208	277 001	414 105	312 312	464 186	349 843	516 511	392 656	537 302	413 251
Suisse	CHF	72 910	59 918	85 068	70 280	86 533	71 866	93 816	77 114	97 364	79 746	99 430	81 572
Tchéquie	CZK	160 922	124 729	288 088	223 333	320 960	245 981	423 535	316 783	518 383	414 443	549 741	434 350
Türkiye[1]	TRY	5 545	3 952	18 026	13 235	31 191	22 654	72 988	51 914	310 667	225 869	568 151	406 953

1. Les données sur les salaires sont basées sur l'ancienne définition de l'ouvrier moyen (CITI D Rév. 3) pour les années 2000 à 2006.

Note

[1] Les tableaux 6.1 à 6.24 présentent des chiffres arrondis à la première décimale. Du fait des opérations d'arrondi les variations en points présentées dans le texte peuvent différer d'un dixième de point.

Annexe A. Méthodologie et limites

Méthodologie

Introduction

La situation personnelle des contribuables est très variable. Le présent rapport fait appel à une méthodologie spécifique pour la production de statistiques comparatives englobant les impôts, les prestations sociales et les coûts de main-d'œuvre à l'échelle des pays membres de l'OCDE[1]. Cette méthodologie repose sur le cadre suivant :

- L'accent est mis sur huit catégories de foyer, qui se différencient par leur composition et le montant des revenus d'activité.
- Chaque foyer comprend un adulte travaillant à temps plein dans l'un des divers secteurs d'activité de chaque économie de l'OCDE. Certains foyers comptent également un conjoint travaillant à temps partiel.
- Par hypothèse, le revenu d'activité annuel est égal à une fraction donnée du salaire brut moyen de ces travailleurs.
- Des hypothèses supplémentaires sont formulées concernant d'autres éléments significatifs de la situation personnelle de ces travailleurs salariés, afin de permettre la détermination de leur situation au regard de l'impôt et des prestations sociales.

Les principes exposés dans les paragraphes qui suivent forment la base de calcul des données figurant dans les parties I et II du rapport. Le Tableau A A.1 indique la terminologie utilisée. Lorsqu'un pays a dû s'écarter de ces principes, cela est précisé dans le texte et/ou dans les chapitres par pays qui constituent la partie II du rapport. La proportion de contribuables qui présentent les caractéristiques définies ci-dessous et le salaire moyen diffèrent selon les économies de l'OCDE.

Caractéristiques des contribuables

Les huit catégories de foyer retenues dans le rapport sont décrites dans le Tableau A A.2. On admet que tout enfant du foyer a entre 6 et 11 ans inclus.

On suppose que les seules sources de revenu du foyer sont ses salaires et les prestations en espèces dont il bénéficie.

Éventail des secteurs couverts

Le calcul des salaires moyens repose normalement sur l'hypothèse selon laquelle les travailleurs relèvent des secteurs B à N de la Classification internationale type, par industrie, de toutes les branches d'activité économique (CITI, Révision 4, ONU)[2] (voir le Tableau A A.3. Classification internationale type, par industrie, de toutes les branches d'activité économique). De nombreux pays optent désormais pour cette méthode (pour plus de détails sur les pays, voir le tableau 1.8).

Tableau A A.1. Termes utilisés

Termes d'utilisation générale	
Salarié moyen	Salarié adulte employé à plein temps dans l'un des secteurs couverts et dont les gains sont égaux au salaire moyen dans ces secteurs.
Célibataire	Hommes et femmes non mariés
Couple avec deux enfants	Couple marié avec deux enfants à charge âgés de six ans à onze ans inclus.
Coûts bruts de main-d'œuvre	La somme du salaire brut plus les cotisations patronales de sécurité sociale plus les taxes sur les salaires.
Rémunération nette	Rémunération brute après impôt et cotisations obligatoires de sécurité sociale des salariés et augmentée des prestations sociales reçues des administrations publiques.
Taux moyen de l'impôt (charges fiscales)	La somme de l'impôt sur le revenu plus les cotisations de sécurité sociale à la charge des salariés, en pourcentage du salaire brut.
Coin fiscal	La somme de l'impôt sur le revenu plus les cotisations de sécurité sociale à la charge des salariés et des employeurs plus les taxes sur les salaires moins le montant des prestations sociales, en pourcentage des coûts de main-d'œuvre.
Élasticité du revenu après impôt	Le pourcentage de variation d'un revenu donné après impôt à la suite d'une augmentation d'une unité monétaire du revenu avant impôt (selon une définition plus précise, ce terme correspond à un moins un taux marginal d'imposition divisé par un moins le taux moyen d'imposition correspondant).
Termes utilisés en matière d'impôt sur le revenu	
Allégements fiscaux	Terme générique qui couvre l'ensemble des moyens par lesquels est donné un traitement favorable du point de vue de l'impôt sur le revenu aux contribuables potentiels.
Abattements fiscaux	Montants déduits du salaire brut pour obtenir le revenu imposable.
Crédits d'impôt	Montant de la déduction que le contribuable peut opérer sur son imposition. Un crédit d'impôt est considéré comme payable s'il peut excéder l'impôt dû ; (les termes « remboursable » et « récupérable » sont parfois utilisés).
Allégements forfaitaires	Les allégements non liés à des dépenses effectivement supportées par les contribuables et accordés automatiquement à tous ceux qui remplissent les conditions requises en vertu de la loi sont également comptés comme allégements forfaitaires, y compris les déductions des cotisations obligatoires de sécurité sociale.
Abattement à la base	Tout abattement forfaitaire qui peut être accordé quelle que soit la situation de famille.
Abattement en raison du mariage	Abattement fiscal complémentaire attribué aux couples mariés (dans certains pays, il ne se distingue pas de l'abattement à la base qui peut être doublé en cas de mariage).
Allégements non forfaitaires	Allégements entièrement déterminés par référence à des dépenses réellement effectuées.
Taux moyen de l'impôt sur le revenu	Montant de l'impôt sur le revenu à verser, après avoir tenu compte de tout allégement, calculé sur la base des dispositions fiscales envisagées dans cette étude, divisé par le salaire brut.
Taux du barème	Taux qui figure dans les barèmes de l'impôt sur le revenu et des cotisations de sécurité sociale.
Termes utilisés en matière de prestations en espèces	
Prestations sociales	Versements en espèces effectués par les administrations publiques (agences) au profit des familles ayant en général des enfants à charge.

Tableau A A.2. Caractéristiques des contribuables étudiés

Situation maritale	Enfants	Salaire principal	Deuxième salaire
Célibataire	Pas d'enfant	67 % du salaire moyen	
Célibataire	Pas d'enfant	100 % du salaire moyen	
Célibataire	Pas d'enfant	167 % du salaire moyen	
Célibataire	2 enfants	67 % du salaire moyen	
Couple marié	2 enfants	100 % du salaire moyen	
Couple marié	2 enfants	100 % du salaire moyen	67 % du salaire moyen
Couple marié	2 enfants	100 % du salaire moyen	100 % du salaire moyen
Couple marié	Pas d'enfant	100 % du salaire moyen	67 % du salaire moyen

Tableau A A.3. Classification internationale type, par industrie, de toutes les branches d'activité économique

	Révision 3.1 (CITI Rév. 3.1)
A	Agriculture, chasse et sylviculture
B	Pêche
C	Activités extractives
D	Activités de fabrication
E	Production et distribution d'électricité, de gaz et d'eau
F	Construction
G	Commerce de gros et de détail ; réparation de véhicules automobiles, de biens personnels et domestiques
H	Hôtels et restaurants
I	Transports, entreposage et communications
J	Intermédiation financière
K	Immobilier, location et activités de services aux entreprises
L	Administration publique et défense ; sécurité sociale obligatoire
M	Éducation
N	Santé et action sociale
O	Autres activités de services collectifs, sociaux et personnels
P	Ménages privés employant du personnel domestique
Q	Organisations et organismes extraterritoriaux
	Révision 4 (CITI Rév. 4)
A	Agriculture, sylviculture et pêche
B	Activités extractives
C	Activités de fabrication
D	Production et distribution d'électricité, de gaz, de vapeur et climatisation
E	Distribution d'eau ; réseau d'assainissement ; gestion des déchets et remise en état
F	Construction
G	Commerce de gros et de détail, réparation de véhicules automobiles et de motocycles
H	Transport et entreposage
I	Activités d'hébergement et de restauration
J	Information et communication
K	Activités financières et d'assurances
L	Activités immobilières
M	Activités professionnelles, scientifiques et techniques
N	Activités de services administratifs et d'appui
O	Administration publique et défense ; sécurité sociale obligatoire
P	Éducation
Q	Santé et activités d'action sociale
R	Arts, spectacles et loisirs
S	Autres activités de services
T	Activités des ménages privés employant du personnel domestique ; activités non différenciées de production de biens et de services des ménages privés pour usage propre
U	Activités des organisations et organismes extra-territoriaux

Cette méthode correspond d'une manière générale au précédent mode de calcul, fondé sur les secteurs C à K inclus de la Révision 3.1 de la CITI, qui a été adopté dans l'édition 2005 des *Impôts sur les salaires*. Les motifs de ce passage à une définition élargie du salaire moyen avaient été exposés dans l'étude spéciale de l'édition 2003-2004.

Définition du salaire brut

Dans cette section sont présentées les hypothèses sur lesquelles repose le calcul de la rémunération moyenne du « travailleur moyen ». Les niveaux de salaire brut ont été établis à partir de données statistiques, et les méthodes de calcul des données sur les rémunérations utilisées dans chaque pays sont indiquées dans le Tableau A A.4. On trouvera des informations complémentaires sur le calcul de ces données dans les chapitres par pays de la partie II. Les sources des données statistiques pour chaque pays sont indiquées dans le Tableau A A.5.

Les principales hypothèses sont les suivantes :

- Les données se rapportent à la rémunération moyenne dans le secteur d'activité pour l'ensemble du pays.
- Les calculs se fondent sur la rémunération d'un adulte exerçant une activité (manuelle ou non) à temps plein. Ils renvoient à la rémunération moyenne de l'ensemble des travailleurs du secteur considéré. Il n'est pas tenu compte des écarts de rémunération entre hommes et femmes ou entre travailleurs d'âges différents ou de régions distinctes.
- Le travailleur est considéré comme employé à temps plein pendant toute l'année sans interruption pour cause de maladie ou de chômage. Néanmoins, plusieurs pays ne sont pas en mesure d'isoler et d'exclure les travailleurs à temps partiel des données sur les rémunérations (voir le Tableau A A.4). La plupart d'entre eux déclarent dans ce cas des montants en équivalent temps plein. Dans quatre pays (le Chili, l'Irlande, la République slovaque et la Türkiye), les rémunérations des travailleurs à temps partiel ne peuvent être ni exclues ni converties en équivalent temps plein en raison de la manière dont les échantillons de rémunérations sont constitués. De ce fait, les salaires moyens déclarés pour ces pays seront inférieurs à la moyenne des salaires à temps plein (par exemple, l'analyse effectuée par le Secrétariat des données disponibles d'Eurostat concernant les rémunérations pour certains pays européens a montré que l'inclusion des travailleurs à temps partiel réduisait la rémunération moyenne d'environ 10 %). En outre, dans la plupart des pays de l'OCDE où les indemnités de maladie sont versées par l'employeur, soit pour le compte de l'État, soit pour le compte de régimes privés d'assurance maladie, ces montants sont pris en compte dans les calculs concernant les salaires. Il y a peu de chances que ces différences aient une incidence notable sur les résultats obtenus, dans la mesure où les employeurs effectuent généralement ces versements pendant une courte période et où les montants versés sont d'ordinaire très proches des salaires horaires normaux.
- Le calcul du revenu d'activité tient compte de tous les éléments de rémunération en espèces versés aux travailleurs des secteurs considérés, y compris les montants moyens généralement versés au titre des heures supplémentaires, des compléments de salaire (prime de fin d'année, treizième mois, par exemple) et des congés payés. Néanmoins, tous les pays ne sont pas en mesure de prendre en compte la rémunération des heures supplémentaires, les congés payés et les primes en espèces conformément à la définition qui est donnée.
- Les travailleurs exerçant des fonctions d'encadrement et/ou de direction apparaissent dans les données sur les rémunérations, bien que certains pays ne soient pas en mesure de les y faire figurer. Dans ces pays, les moyennes communiquées sont inférieures à la normale (par exemple, l'analyse faite par le Secrétariat de l'OCDE des données disponibles d'Eurostat concernant certains pays européens a montré que l'exclusion de cette catégorie de travailleurs pouvait réduire la rémunération moyenne de 10 %-18 %).
- Les avantages hors salaire, qui consistent, par exemple, dans la fourniture par l'employeur de produits alimentaires, d'un logement ou de vêtements gratuitement ou à des prix inférieurs à ceux du marché sont, lorsque cela est possible, exclus du calcul des rémunérations moyennes, ce qui pourrait affecter la comparabilité des coins fiscaux, dans la mesure où le recours aux avantages

hors salaire peut varier selon les pays et selon les périodes. Toutefois, le manque de comparabilité est limité par le fait que ces avantages représentent rarement plus de 1 % à 2 % des coûts de main-d'œuvre et sont normalement plus fréquents pour les salaires élevés que pour les travailleurs qui se situent dans la fourchette de revenus couverte par *Les impôts sur les salaires* (50 % à 250 % des rémunérations moyennes). Le Tableau A A.4 indique que certains pays membres ne sont pas en mesure d'isoler les avantages hors salaire des chiffres sur les rémunérations déclarés et utilisés dans *Les impôts sur les salaires*. La décision concernant cette exclusion des avantages hors salaire a été prise pour les raisons suivantes :

  - les avantages de ce type sont difficiles à évaluer de manière cohérente (ils peuvent être évalués en fonction soit de leur coût réel pour l'employeur, soit de leur valeur imposable du point de vue du salarié, soit de leur juste valeur marchande) ;
  - dans la plupart des pays, ces avantages ont une importance minime pour les travailleurs qui perçoivent le salaire moyen ;
  - le calcul des impôts serait sensiblement plus compliqué s'il fallait prendre en compte le régime fiscal des avantages hors salaire ;

- Les cotisations versées par les employeurs pour le compte de leurs salariés à des caisses de retraite complémentaire ou à des systèmes privés d'allocations familiales, d'assurance maladie ou d'assurance vie ne sont pas intégrées dans les calculs, bien que les montants en jeu puissent être non négligeables. Aux États-Unis, par exemple, il n'est pas rare que ces cotisations représentent plus de 5 % de la rémunération des salariés. Les chapitres par pays de la partie II donnent des indications sur l'existence de systèmes susceptibles de s'appliquer au travailleur gagnant le salaire moyen.

Tableau A A.4. Mode de calcul des salaires moyens

Pays	Éléments compris ou non compris dans la base de calcul					Types de travailleurs inclus ou exclus dans la base de calcul			Méthode de base utilisée pour le calcul	Fin de l'exercice budgétaire	Période à laquelle se réfère le calcul des salaires
	Maladie[1]	Vacances	Heures supplémentaires	Paiements en espèces réguliers	Prime	Superviseur	Manager	Travailleurs à temps partiel			
Allemagne	NC	C	C	C	NC	C	C	NC	Gains annuels	31 décembre	Année civile
Australie	C	C	C	C	NC	C	C	NC	Gains hebdomadaires moyens x 52	30 juin	Année fiscale
Autriche	NC	C	C	C	C Valeur imposable	C	C	NC	Gains annuels moyens	31 décembre	Année civile
Belgique	NC	C	C	C	NC	C	C	NC	Gains annuels moyens	31 décembre	Année civile
Canada	NC	C	C	C	NC	C	C	NC	Gains annuels, salaires et commissions de la taxe administrative	31 décembre	Année civile
Chili	NC	C	C	C	NC	C	C	C	Gains horaires x nombre d'heures travaillées	31 décembre	Année civile
Colombie	NC	C	C	C	NC	C	C	NC	Gains horaires x nombre d'heures travaillées	31 décembre	Année civile
Corée	NC	C	C	C	NC	C	C	NC	Gains mensuels moyens x 12	31 décembre	Année civile
Costa Rica	C	C	C	C	NC	C	C	C	Gains annuels moyens	31 décembre	Année civile
Danemark	NC	C	NC	C	NC	C	C	C[6]	Gains horaires x nombre d'heures travaillées	31 décembre	Année civile
Espagne	NC	C	C	C	NC	C	C	NC	Gains mensuels pondérés x 12	31 décembre	Année civile
Estonie	C	C	C	C	NC	C	C	C	Gains moyens	31 décembre	Année civile
États-Unis	NC	C	C	sC[2]	NC	C	C	C[6]	Gains hebdomadaires moyens x 52	31 décembre	Année civile
Finlande	NC	C	C	C	NC	C	C[5]	NC	Salaire horaire x nombre d'heures usuelles travaillées (ou gains mensuels x mois)+ indemnités de congés payés + primes périodiques	31 décembre	Année civile
France	NC	C	C	C	NC	C	C	NC	Gains annuels	31 décembre	Année civile
Grèce	NC	C	C	C[2]	C	C	C	NC	Gains horaires x nombre d'heures travaillées	31 décembre	Année civile
Hongrie	NC	C	C	C	NC	C	C[5]	NC	Gains mensuels moyens x 12	31 décembre	Année civile
Irlande	NC	C	C	C	NC	C	C	NC	Gains annuels moyens	31 décembre	Année civile
Islande	NC	C	C	C	NC	C	C	NC	Gains horaires x nombre d'heures travaillées x 12	31 décembre	Année civile
Israël	NC	C	C	C	NC	C	C	NC	Gains moyens	31 décembre	Année civile
Italie	NC[3]	C	C	C	NC[4]	C	C	C[6]	Gains mensuels moyens x 12	31 décembre	Année civile
Japon	NC	C	C	C	NC	C	C	NC	Gains mensuels en juin x 12	31 décembre	Année civile

Lettonie	C	C	C	C	NC	C	C	NC	Gains mensuels moyens x 12	31 décembre	Année civile
Lituanie	NC	C	C	C	NC	C	C	NC	Gains mensuels moyens x 12	31 décembre	Année civile
Luxembourg	NC	C	C	C	NC	C	C	NC	Gains annuels totaux divisés par le nombre moyen annuel de salariés à plein temps. Toute partie des gains qui excède la limite supérieure de cotisation sociale (7 fois le salaire minimum) n'est pas incluse dans le calcul.	31 décembre	Année civile
Mexique	NC	C	NC	C	NC	C	C	NC	Gains mensuels moyens x 12	31 décembre	Année civile
Norvège	NC	NC	C	C	NC	C	C	C[6]	Salaire annuel + heures supplémentaires estimées	31 décembre	Année civile
Nouvelle-Zélande	NC	C	C	C	NC	C	C[5]	C[6]	Gains hebdomadaires moyens de chaque trimestre x 13	31 mars	Année fiscale
Pays-Bas	NC	C	NC	C	NC	C	C	NC	Gains bruts annuels	31 décembre	Année civile
Pologne	C	C	C	C	NC	C	C	C[6]	Gains mensuels moyens x 12	31 décembre	Année civile
Portugal	NC	C	C	C	C	C	C	C[6]	Gains annuels totaux divisés par le nombre moyen annuel de salariés à plein temps.	31 décembre	Année civile
République slovaque	NC	C	C	C	NC	C	C[5]	C[6]	Gains mensuels moyens x 12	31 décembre	Année civile
Royaume-Uni	NC	C	C	C	NC	C	C	NC	Gains bruts annuels moyens	5 avril	Année fiscale
Slovénie	C	C	C	C	NC	C	C	C	Gains mensuels moyens x 12	31 décembre	Année civile
Suède	NC	C	C	C	C Valeur actuelle	C	C	C[6]	Gains horaires moyens en septembre x heures travaillées ; et gains mensuels en septembre x 12	31 décembre	Année civile
Suisse	NC	C	C	C	NC	C	C	C[6]	Gains mensuels x 12	31 décembre	Année civile
Tchéquie	NC	C	C	C	NC	C	C	C[6]	Gains mensuels moyens x 12	31 décembre	Année civile
Türkiye	NC	C	C	C	C Valeur actuelle	NC	NC	C	Gains annuels moyens	31 décembre	Année civile

Note : NC = non compris, C = compris, « - » = information non disponible.

1. Inclut généralement les indemnités versées par l'employeur pour le compte du régime général ou d'un régime privé d'assurance maladie.
2. Exclut les primes de participation aux bénéfices en Grèce et aux États-Unis, et aussi les primes de fin d'année aux États-Unis.
3. Les paiements des indemnités de maladie sont inclus seulement dans la partie payée par les employeurs. Pour les travailleurs manuels, c'est seulement le cas pendant les trois premiers jours de congés de maladie et à partir du 4e jour, les paiements sont faits par l'INPS.
4. Partiellement : la (petite) part imposable des avantages en nature est incluse.
5. Sauf pour les hauts dirigeants (Finlande) ; sauf si le revenu issu des bénéfices excède 50 % du total de revenu (Hongrie) ; sauf pour les entrepreneurs individuels (Nouvelle-Zélande) ; seulement les revenus provenant d'un contrat de travail standard sont inclus (République slovaque).
6. Les salaires des personnes travaillant à temps partiel sont convertis en équivalent temps plein avant de calculer le salaire moyen. Pour la République slovaque, les travailleurs à temps partiel munis d'un contrat de travail temporaire non standard sont exclus.

Tableau A A.5. Source des données concernant les gains, 2023

Pays	Type d'échantillon	Source
Allemagne	Enquête du Bureau fédéral de statistiques.	Bureau national des statistiques
Australie	Échantillon représentatif des salariés dans chaque industrie. Enquête trimestrielle.	Bureau australien de statistiques, « Average Weekly Earnings, Australia » et « Labour Force, Australia »
Autriche	Statistiques annuelles sur l'imposition des salaires.	Statistiques de l'impôt sur les salaires, « Lohnsteuerstatistik »
Belgique	Données collectées ou estimées sur la base d'une enquête annuelle et des registres de sécurité sociale des salariés.	Division statistiques du ministère de l'Économie (service public fédéral, économie, PME, travailleurs indépendants et énergie). Même source que les données sur « gains bruts annuels » de l'Eurostat.
Canada	Enquête annuelle auprès des ménages	Statistique Canada, « Enquête sur la dynamique du travail et du revenu » et « Enquête canadienne sur le revenu »
Chili	Échantillon d'entreprises de plus de 10 employés. Enquête mensuelle.	Institut National des Statistiques du Chili (INE)
Colombie[1]	La Grande enquête intégrée auprès des ménages	Département administratif national des statistiques (DANE)
Corée	Enquête sur les forces de travail auprès des entreprises.	Ministère de l'Emploi et du Travail
Costa Rica	Salaires et nombre total d'employés par barème de salaire et secteur institutionnel	Gestion actuarielle et économique. Statistiques. « Caja Costarricense del Seguro Social » (CCSS)
Danemark	Enquête sur les salaires effectués par la Confédération danoise du patronat.	Rapport annuel de la Confédération danoise du patronat (« Dansk Arbejds Giverforening »)
Espagne	Enquête trimestrielle auprès des entreprises.	Office statistique national, Enquête sur le coût du travail (« Encuesta Trimestral de Coste Laboral »)
Estonie	-	Statistiques Estonie/ministère des Finances
États-Unis	Enquête mensuelle du ministère du Travail par voie de questionnaire couvrant plus de 40 millions de travailleurs et de salariés non agricoles.	Emploi, heures travaillées et salaires de l'étude sur les statistiques de l'emploi
Finlande	(1) Enquête de la Fédération finlandaise du patronat sur les salaires horaires en mensuels ; (2) Enquête « non officielle » du patronat « Structure des statistiques sur les salaires » publiée par l'Office central des statistiques.	Office central des statistiques, « Statistiques sur les salaires »
France	Registres d'assurance sociale des employeurs.	INSEE, « Déclarations Sociales Nominatives » (DSN)
Grèce	Enquête effectuée par l'Institut de la Statistique et les établissements de la sécurité sociale.	Service national de statistiques : statistiques sur le travail. Même source que les données sur « gains bruts annuels » de l'Eurostat.
Hongrie	Enquêtes mensuelles auprès des entreprises ayant plus de cinq salariés.	Bureau central de statistique
Irlande	Enquête trimestrielle sur l'emploi, les gains et la durée du travail dans l'industrie.	Office central de statistique
Islande	Enquête mensuelle sur les salaires du secteur privé.	Statistiques, Islande
Israël	-	Bureau central des statistiques
Italie	Indicateurs trimestriels de salaires dans les secteurs industries et services (OROS).	Institut national de statistique
Japon	Enquête de base sur la structure des salaires de l'ensemble des établissements employant plus de 10 salariés.	Ministère de la Santé, du Travail et du Bien-être, Rapport annuel
Lettonie	Salaires mensuels moyens (DSG01).	Bureau central des Statistiques de la Lettonie
Lituanie	-	Statistiques, Lituanie.
Luxembourg	Fichiers mensuels agrégés des services de sécurité sociale.	Office national des statistiques et Services de sécurité sociale.
Mexique	Données administratives de l'Institut de	Commission nationale sur le salaire minimum (*Comisión Nacional de Salarios*

	sécurité sociale (*Instituto Mexicano del Seguro Social*, IMSS).	*Mínimos*, CONASAMI).
Norvège	Échantillon d'entreprises (excluant l'agriculture, la pêche et les foyers privés). Les données sont basées sur les statistiques publiées du 3e trimestre.	Statistiques sur les salaires
Nouvelle-Zélande	L'enquête trimestrielle sur l'emploi est un sondage auprès des entreprises.	Statistiques de Nouvelle-Zélande, INFOS
Pays-Bas	Enquête sur l'emploi et le salaire.	Bureau central de statistiques, Statline
Pologne	Estimations des différents secteurs.	Bulletin mensuel des statistiques
Portugal	Comptes nationaux (Contas Nacionais).	Institut national des statistiques (INE).
République slovaque	Enquête trimestrielle auprès des employeurs.	Bureau national des statistiques
Royaume-Uni	1 % de l'échantillon du système de retenue à la source de l'impôt sur les salaires.	Office des statistiques nationales, Enquête annuelle sur les heures travaillées et le salaire (ASHE)
Slovénie	Enquête mensuelle auprès des employés.	Office statistique national
Suède	Enquête menée en septembre auprès du patronat.	Office statistique national
Suisse	Office fédéral de la statistique. Personnes actives occupées selon la branche économique.	La vie économique, SECO (Secrétariat d'État à l'économie) tableau B.8.1, http://www.bfs.admin.ch/bfs/portal/fr/index/themen/03/04.html.
Tchéquie	Données provenant d'enquête auprès des employeurs.	Bureau national de statistique
Türkiye	Enquête annuelle de l'industrie manufacturière.	Institut national de statistique

Note : 1. En Colombie, la Grande enquête intégrée auprès des ménages a été ajustée à partir de 2021 pour intégrer la base de sondage du recensement national de la population et des logements de 2018, ce qui a modifié la base de sondage du recensement de 2005. Par conséquent, les chiffres du salaire moyen en 2022 et en 2023 ne sont pas comparables avec ceux communiqués jusqu'en 2021. Le chiffre de 2021 a été calculé au moyen d'un raccordement fondé sur le revenu par habitant de l'unité de dépense, et non sur le revenu du travail.

Calcul du salaire brut moyen

Le Tableau A A.4 indique la méthode de calcul de base utilisée dans chaque pays, méthode dont une description plus détaillée figure, le cas échéant, dans les chapitres par pays de la partie II. En principe, il est recommandé aux pays de calculer la rémunération annuelle en prenant la moyenne hebdomadaire, mensuelle ou trimestrielle de la rémunération horaire, pondérée par le nombre d'heures travaillées au cours de la période retenue, et en la multipliant par le nombre moyen d'heures travaillées au cours de l'année, y compris les périodes de congés payés, considérant que le travailleur n'a été ni malade ni au chômage. Le recours à une méthode analogue a été préconisé pour le calcul des heures supplémentaires. Pour les pays qui ne sont pas en mesure d'isoler les données concernant les travailleurs à temps partiel, il est recommandé de convertir ces données en équivalent temps plein, dans la mesure du possible.

Les données statistiques concernant les salaires bruts moyens en 2024 ne sont pas disponibles lors de la rédaction du présent rapport. C'est pourquoi, pour la majorité des pays, le Secrétariat a établi des estimations du salaire brut des travailleurs moyens en 2024 en adoptant une approche uniforme : l'ensemble des revenus d'activité enregistrés en 2023 sont multipliés par la variation nationale annuelle des salaires en pourcentage indiquée pour l'économie dans son ensemble dans l'édition la plus récente des *Perspectives économiques de l'OCDE* (*Perspectives économiques de l'OCDE*, Volume 2024, n° 2) . Cette procédure transparente vise à éviter tout résultat biaisé. Pour certains pays, diverses approches ont été adoptées :

- Les chiffres définitifs sur le salaire brut moyen en 2024 ont été utilisés dans le cas de l'Australie.
- On a eu recours à des estimations nationales en ce qui concerne le Chili, la Colombie, le Costa Rica, la Nouvelle-Zélande et la Türkiye, étant donné qu'aucune variation des salaires en

pourcentage n'est indiquée pour ces pays dans les *Perspectives économiques de l'OCDE*, Volume 2024, n° 2.

- Dans certains pays, les salaires moyens au titre d'années antérieures ont également été estimés pour le Canada (2023), l'Irlande (2023), le Portugal (2022 et 2023) et la Suisse (2007, 2009, 2011, 2013, 2015, 2017, 2019, 2021 et 2023) dans la mesure où aucune donnée nationale sur les rémunérations moyennes n'était disponible pour les années mentionnées.

Dix-huit pays de l'OCDE ont choisi de fournir des estimations nationales du niveau de salaire brut des travailleurs moyens en 2024. Ces estimations n'ont pas été utilisées dans les calculs des Impôts sur les salaires (sauf pour les pays énumérés ci-dessus) car elles risquaient d'être incohérentes avec les estimations établies par le Secrétariat pour d'autres pays. Elles figurent néanmoins dans le Tableau A A.6 pour qu'il soit possible d'effectuer des comparaisons entre les estimations du Secrétariat et celles de sources nationales. Dans bien des cas, les premières et les secondes sont relativement proches.

Tableau A A.6. Salaire brut estimé, 2023-2024 (en monnaie nationale)

	Salaire moyen 2023	Salaire moyen 20234(Estimation Secrétariat)	Salaire moyen 2024(Estimation pays)	Perspectives économiques 2024 (n° 2), taux prévus pour 2024[1]
Allemagne	60 428	63 288		4.7
Australie[1]	99 565		103 794	3.5
Autriche	56 928	61 699	61 368	8.4
Belgique	58 913	60 841		3.3
Canada	85 347	88 360		3.5
Chili[1]	13 163 425		14 074 320	
Colombie[1]	27 115 878		30 236 442	
Corée	53 667 996	55 002 302		2.5
Costa Rica[1]	8 969 097		9 109 145	
Danemark	489 600	509 093		4.0
Espagne	30 250	31 698		4.8
Estonie	22 559	23 930		6.1
États-Unis	67 729	70 627		4.3
Finlande	52 907	52 893		0.0
France	43 600	44 968	44 951	3.1
Grèce	24 059	25 198		4.7
Hongrie	7 303 812	8 252 579	8 151 054	13.0
Irlande	61 347	64 158		4.6
Islande	11 220 000	11 811 028	11 949 000	5.3
Israël	190 584	196 756	198 780	3.2
Italie	34 277	35 616		3.9
Japon	5 273 732	5 426 969		2.9
Lettonie	18 396	20 176	19 644	9.7
Lituanie	23 807	25 757	26 079	8.2
Luxembourg	72 943	74 296		1.9
Mexique[2]	191 322	199 946	208 049	4.5
Norvège	727 626	763 733	765 462	5.0
Nouvelle-Zélande[1]	76 001		80 019	
Pays-Bas	62 110	65 782		5.9
Pologne	86 106	96 421		12.0
Portugal	21 000	22 588		7.6
République slovaque	17 239	18 529	18 428	7.5
Royaume-Uni	49 199	51 310		4.3
Slovénie	25 914	27 756	27 235	7.1
Suède	516 511	537 302		4.0
Suisse	97 364	99 430		2.1
Tchéquie	518 383	549 741	551 560	6.0
Türkiye[1]	310 667		568 151	

Note :

1. Dans les calculs des *Impôts sur les salaires*, l'estimation du salaire moyen faite par le pays est utilisée au lieu de l'estimation du Secrétariat de l'OCDE.

2. Les estimations nationales du salaire moyen diffèrent des estimations de l'OCDE car ces dernières ne tiennent pas compte de l'effet de la réforme de l'externalisation de la main-d'œuvre de 2021, qui a entraîné une augmentation du salaire de base entre 2020 et 2022.

Tableau A A.7. Parités de pouvoir d'achat et taux de change en 2024

	Unité monétaire	Taux de change[1]	Parités de pouvoir d'achat
Allemagne	EUR	0.92	0.7
Australie	AUD	1.5	1.4
Autriche	EUR	0.92	0.7
Belgique	EUR	0.92	0.7
Canada	CAD	1.4	1.2
Chili	CLP	943.8	441.2
Colombie	COP	4090.8	1450.4
Corée	KRW	1361.9	815.2
Costa Rica	CRC		316.7
Danemark	DKK	6.9	6.1
Espagne	EUR	0.92	0.6
Estonie	EUR	0.92	0.6
États-Unis	USD	1.0	1.0
Finlande	EUR	0.92	0.8
France	EUR	0.92	0.7
Grèce	EUR	0.92	0.5
Hongrie	HUF	365.5	178.7
Irlande	EUR	0.92	0.8
Islande	ISK	138.1	143.4
Israël	ILS	3.7	3.7
Italie	EUR	0.92	0.6
Japon	JPY	151.8	94.9
Lettonie	EUR	0.92	0.5
Lituanie	EUR	0.92	0.5
Luxembourg	EUR	0.92	0.8
Mexique	MXN	18.3	9.9
Norvège	NOK	10.8	8.9
Nouvelle-Zélande	NZD	1.7	1.5
Pays-Bas	EUR	0.92	0.8
Pologne	PLN	4.0	1.9
Portugal	EUR	0.92	0.5
République slovaque	EUR	0.92	0.5
Royaume-Uni	GBP	0.8	0.7
Slovénie	EUR	0.92	0.5
Suède	SEK	10.6	8.6
Suisse	CHF	0.88	1.0
Tchéquie	CZK	23.2	12.7
Türkiye	TRL	32.8	10.4

Note : 1. Moyenne sur 12 mois de taux journaliers.
Source : *Perspectives économiques de l'OCDE*, volume 2023, n° 2.

Impôts et prestations sociales pris en compte

Le rapport traite de l'impôt sur le revenu des personnes physiques et des cotisations sociales à la charge des salariés et des employeurs dues sur les salaires. De plus, les taxes sur les salaires (voir la section Taxes sur les salaires) sont prises en compte dans le calcul du coin fiscal total entre les coûts de main-d'œuvre pour l'employeur et le revenu net disponible du salarié.

Le calcul du revenu après impôt intègre les prestations familiales versées par l'État sous forme de prestations en espèces (voir la section Prestations familiales en espèces versées par l'État). L'impôt sur les revenus du capital et du travail non salarié, plusieurs impôts directs (impôt sur l'actif net, impôt sur les bénéfices des sociétés), ainsi que l'ensemble des impôts indirects ne sont pas pris en compte dans ce rapport. En revanche, les données tiennent compte de tous les impôts sur le revenu prélevés par les administrations centrales et locales.

Dans ce rapport, les cotisations sociales versées à l'État sont traitées comme des recettes fiscales. Dans la mesure où elles constituent des paiements obligatoires à l'administration publique, elles s'apparentent clairement à des impôts. Elles peuvent s'en distinguer, cependant, du fait que l'obtention de prestations sociales est subordonnée au versement préalable des cotisations applicables, même si le montant des prestations n'est pas nécessairement lié au montant des cotisations. Les pays financent à des degrés divers leurs programmes de sécurité sociale obligatoire à l'aide des recettes fiscales et non fiscales du budget général, d'une part, et de cotisations spécifiques, d'autre part. Si l'on obtient une meilleure comparabilité entre les pays en traitant comme des impôts les cotisations sociales, celles-ci sont néanmoins énumérées sous une rubrique distincte de sorte que leurs montants puissent être isolés dans le cadre d'une éventuelle analyse.

Ce rapport se fonde sur les dispositions réglementaires relatives à l'impôt sur le revenu des personnes physiques, aux cotisations salariales et patronales de sécurité sociale et des employeurs et aux prestations en espèces qui sont appliquées pendant tout l'exercice fiscal. Tout changement survenant au cours de l'exercice fiscal est pris en compte dans les calculs des *Impôts sur les salaires*.

Calcul de l'impôt sur le revenu des personnes physiques

Les chapitres pays de la partie II décrivent la méthode utilisée pour le calcul de l'impôt sur le revenu. On détermine d'abord les déductions fiscales applicables au salaire brut annuel d'un contribuable présentant les caractéristiques et se situant au niveau de revenu du travailleur moyen. En second lieu, on applique le barème d'imposition au revenu imposable, et l'impôt exigible ainsi calculé est minoré des crédits d'impôt éventuels. Une difficulté importante que soulève le calcul de l'impôt sur le revenu des personnes physiques réside dans la détermination des allégements fiscaux à retenir. On peut distinguer deux grandes catégories d'allégements fiscaux :

- les allégements à caractère forfaitaire : il s'agit de mesures d'allégement fiscal qui sont sans lien avec les dépenses réellement engagées par le contribuable et qui sont automatiquement consenties à tous les contribuables remplissant les conditions prévues par la législation. Ils prennent généralement la forme de montants forfaitaires ou de pourcentages fixes du revenu et constituent la principale catégorie d'allégements prise en compte pour déterminer l'impôt sur le revenu versé par les travailleurs. Les allégements forfaitaires sont pris en compte pour le calcul. Ils comprennent :
    - l'abattement à la base qui est fixe et dont bénéficient tous les contribuables ou tous les apporteurs de revenu quelle que soit leur situation matrimoniale ou de famille ;
    - l'abattement forfaitaire accordé aux contribuables en fonction de leur situation matrimoniale ;
    - l'abattement forfaitaire pour enfants à charge accordé aux foyers avec deux enfants d'un âge compris entre 6 et 11 ans inclus ;
    - l'abattement forfaitaire pour frais professionnels, qui est généralement fixe ou déterminé en pourcentage du salaire (brut) ;
    - les allégements fiscaux consentis au titre des cotisations sociales et des autres impôts sur le revenu (versés aux administrations infranationales) sont également considérés comme des allégements forfaitaires dès lors qu'ils s'appliquent à l'ensemble des apporteurs de revenu et qu'ils concernent des versements obligatoires à l'État ;

- les allégements non forfaitaires : il s'agit d'allégements qui sont entièrement déterminés par référence à des charges effectivement supportées. Leur montant n'est ni forfaitaire ni calculé par application de pourcentages fixes du revenu. On peut en donner comme exemples les déductions au titre des intérêts des emprunts remplissant certaines conditions (emprunts destinés à l'acquisition d'un logement, par exemple), des primes d'assurance, des cotisations à des régimes de retraite complémentaire et des dons à des organismes de bienfaisance. Ces déductions n'entrent pas en ligne de compte pour la détermination de la situation fiscale des salariés.

Les allégements forfaitaires sont appréhendés de manière distincte et leur incidence sur le taux moyen de l'impôt sur le revenu fait l'objet d'un calcul séparé dans les tableaux de résultats des chapitres par pays. Dans la plupart des cas, ces derniers offrent une brève description des principaux allégements non forfaitaires.

Impôts sur le revenu perçus par les administrations infranationales

Les impôts sur le revenu des personnes physiques prélevés par les administrations infranationales (États, provinces, cantons ou collectivités locales) entrent dans le champ de la présente étude. Des impôts sur le revenu sont perçus à l'échelon des États fédérés au Canada, aux États-Unis et en Suisse. En 1997, l'Espagne a introduit un impôt sur le revenu pour les régions autonomes. Des impôts sur le revenu sont perçus à l'échelon local en Belgique, en Corée, au Danemark, aux États-Unis, en Finlande, en France, en Islande, en Italie, au Japon, en Norvège, en Suède et en Suisse. En Belgique, au Canada (hors Québec), en Corée, au Danemark, en Espagne, en Islande, en Italie et en Norvège, ces impôts sont calculés en pourcentage du revenu imposable ou de l'impôt perçu par l'administration centrale. En Finlande, au Japon, en Suède et en Suisse, les administrations infranationales appliquent des allégements fiscaux différents de ceux qui sont applicables dans le cadre du système de l'impôt sur le revenu de l'administration centrale. Aux États-Unis, les administrations infranationales appliquent un système d'imposition du revenu distinct en vertu duquel elles disposent d'un pouvoir discrétionnaire à l'égard de l'assiette et du taux d'imposition. Sauf au Canada, aux États-Unis et en Suisse, ces impôts de niveau infranational sont perçus sur la base d'un taux unique.

En raison des différences pouvant exister à l'intérieur d'un même pays en matière de taux et/ou d'assiette de l'impôt sur le revenu collecté par les administrations infranationales, il est parfois fait l'hypothèse que le travailleur moyen assujetti à l'impôt a son domicile dans une zone type et que ce sont les impôts sur le revenu (et les prestations sociales) applicables dans cette zone qui sont indiqués. C'est la formule qui a été adoptée par le Canada, l'Espagne, les États-Unis, l'Italie et la Suisse, où l'assiette et les taux d'imposition sont très variables sur l'étendue du territoire. La Belgique, le Danemark, la Finlande, l'Islande et la Suède ont préféré, pour leur part, retenir le taux moyen d'imposition du revenu appliqué par les administrations infranationales pour l'ensemble du pays. Dans le cas de la France, les taux des impôts locaux qui varient grandement d'une municipalité à l'autre, ne sont ni estimés ni inclus dans les calculs figurant dans *Les impôts sur les salaires*. En Corée et en Norvège, ce problème ne se pose pas, les taux d'imposition locaux n'étant, dans les faits, pas différents les uns des autres. Le Japon a retenu le barème général le plus largement appliqué.

Cotisations de sécurité sociale

Le présent rapport prend en compte les cotisations sociales obligatoires versées par les salariés et les employeurs à l'État ou à des caisses de sécurité sociale effectivement contrôlées par l'État. Dans la plupart des pays, ces cotisations sont prélevées sur les salaires bruts et affectées au financement de prestations sociales. En Finlande, en Islande et aux Pays-Bas, certaines de ces cotisations dépendent du revenu imposable (c'est-à-dire du salaire brut déduction faite de la plupart/l'ensemble des allégements fiscaux). L'Australie, le Danemark et la Nouvelle-Zélande ne prélèvent pas de cotisations sociales.

Les cotisations à des régimes de sécurité sociale ne relevant pas de l'administration publique ne sont pas prises en compte dans les calculs. Néanmoins, des informations sur les prélèvements obligatoires non fiscaux ainsi que des indicateurs de prélèvements obligatoires figurent dans la Base de données fiscales de l'OCDE, qui est accessible à l'adresse suivante : https://www.oecd.org/fr/fiscalite/politiques-fiscales/base-de-donnes-fiscales/.

Taxes sur les salaires

Les taxes sur les salaires ont une base d'imposition qui est soit un pourcentage des salaires, soit un montant fixe par salarié. Les taxes sur les salaires sont indiquées à la rubrique 3000 des Statistiques des recettes publiques de l'OCDE. Seize pays de l'OCDE déclarent des recettes provenant de taxes sur les salaires : l'Australie, l'Autriche, le Canada, la Corée, le Danemark, la France, la Hongrie, l'Irlande, l'Islande, Israël, la Lettonie, le Mexique, la Pologne, la Slovénie et la Suède.

Les taxes sur les salaires sont comprises dans les coins fiscaux totaux indiqués dans cette publication, dans la mesure où elles ont pour effet d'accroître l'écart entre les coûts bruts de main-d'œuvre et la rémunération nette disponible de la même manière que l'impôt sur le revenu et les cotisations sociales. La principale différence avec ces dernières est le fait que le paiement des taxes sur les salaires ne donne pas droit à des prestations sociales. Par ailleurs, la base des taxes sur les salaires peut être différente de la base des cotisations sociales patronales. Par exemple, certains avantages hors salaire peuvent n'être assujettis qu'à la taxe sur les salaires. Comme ce rapport porte sur le cas général, la base de la taxe sur les salaires peut correspondre, selon la législation en vigueur, au salaire brut (à l'exclusion des avantages hors salaire et autres éléments de rémunération, qui varient d'un salarié à l'autre), au salaire brut majoré des cotisations sociales patronales, ou à un montant forfaitaire par salarié.

Six des pays de l'OCDE tiennent compte des taxes sur les salaires dans les calculs figurant dans *Les impôts sur les salaires* : l'Australie, l'Autriche, la Lettonie, la Lituanie, la Pologne et la Suède. Pour diverses raisons, les autres pays qui font état dans les Statistiques des recettes publiques de recettes tirées de taxes sur les salaires n'ont pas intégré ces taxes dans les calculs effectués en vue de la présente étude.

Prestations familiales en espèces versées par l'État

Les déductions fiscales et les prestations familiales en espèces de caractère général accordées au titre des enfants à charge de 6 à 11 ans inclus en cours de scolarité s'inscrivent dans le champ de l'étude. Si les déductions fiscales ou les transferts en espèces varient à l'intérieur de cette tranche d'âge, ce sont les dispositions les plus avantageuses qui sont retenues, le cas des jumeaux étant explicitement laissé de côté. Leurs implications sont illustrées ci-dessous, reposant sur l'hypothèse que le programme d'allocations pour enfant à charge d'un pays présente la structure suivante :

Tranche d'âge	Prestation par enfant à charge
Enfants de 6 à 8 ans	100 unités
Enfants de 9 à 10 ans	120 unités
Enfants de 11 à 14 ans	150 unités

Le résultat le plus favorable est obtenu pour des jumeaux de 11 ans : 300 unités. Toutefois, comme on exclut le cas des jumeaux, le meilleur résultat (tenant compte que les enfants ont entre 6 et 11 ans) est ramené à 270 unités (un enfant de 11 ans et un enfant de 9 ou 10 ans). Ce montant serait inclus dans le tableau par pays. Souvent, le montant des prestations s'accroît lorsque l'âge des enfants augmente. En supposant que les enfants sont nés le 1er janvier, le montant annuel des allocations perçues pour enfant à charge peut être calculé à partir du barème de prestations en vigueur au début de l'année en question, toute révision de ce montant intervenue au cours de l'année étant prise en compte.

Les prestations sociales pertinentes sont celles qui émanent de l'État. Dans certains cas, les allocations en espèces englobent les montants payés indépendamment du nombre d'enfants.

Crédits d'impôt remboursables

Les crédits d'impôt remboursables (ou récupérables) sont des crédits d'impôt pouvant excéder le montant des impôts à verser, l'excédent éventuel étant reversé au contribuable sous forme de transfert d'espèces. En principe, on peut traiter ces crédits d'impôt de différentes manières selon qu'on les considère comme des dispositions fiscales, des transferts en espèces, ou une combinaison des deux. L'étude spéciale figurant dans l'édition 2016 des *Statistiques des recettes publiques* aborde ces différentes options, ainsi que les problèmes d'ordre conceptuel et pratique qui se posent pour choisir la méthode la mieux adaptée à la présentation de statistiques des recettes fiscales internationalement comparables. Elle présente également des chiffres qui montrent l'impact des différentes façons d'interpréter les ratios de l'impôt sur le PIB (OCDE, 2018[1]).

Sur la base de cette étude, le guide d'interprétation des *Statistiques des recettes publiques* impose :

- que seule la fraction du crédit d'impôt remboursable qui a pour effet de réduire ou d'effacer la dette fiscale du contribuable (composante « dépense fiscale »)[1] soit déduite dans la présentation des recettes ;
- que la fraction du crédit d'impôt qui est supérieure à la somme à payer par le contribuable et qui lui est remboursée (composante « transfert en espèces ») soit traitée comme une dépense et ne soit pas déduite des chiffres de recettes fiscales.

Toutefois, les *Statistiques des recettes publiques* donnent des informations complémentaires sur les montants totaux réclamés par le fisc et l'élément « transferts totaux » des crédits d'impôt remboursables pour montrer les résultats de différents traitements statistiques.

Dans *Les impôts sur les salaires*, la situation est différente comme le montant total du crédit d'impôt remboursable est pris en compte dans le calcul de l'impôt sur le revenu.

Si l'on s'en tenait strictement au guide d'interprétation des *Statistiques des recettes publiques*, il faudrait que seule la composante « dépense fiscale » soit déduite de l'impôt sur le revenu, tout dépassement éventuel étant traité comme un transfert en espèces. Cependant, cette méthode aurait pour effet d'affaiblir et non de renforcer la valeur informative des résultats présentés dans *Les impôts sur les salaires*. En particulier, limiter les créances de crédit d'impôt à la dépense fiscale se traduirait par un impôt nul et un taux moyen d'imposition du revenu également nul lorsque des remboursements en espèces sont effectués. Si l'on ne limite pas de la sorte les créances de crédit d'impôt, on fera apparaître, en cas de transferts en espèces, un impôt sur le revenu négatif et des taux moyens d'imposition du revenu également négatifs. On peut soutenir que ces montants négatifs donnent une idée plus claire de la situation du contribuable (plutôt que de considérer une situation de non-imposition). En outre, le fait de ne pas inclure la fraction des crédits d'impôts remboursables correspondant à des transferts en espèces à la rubrique « Prestations en espèces versées par les administrations » des tableaux par pays permet une plus grande transparence de cette rubrique, consacrée aux seuls transferts en espèces « véritables ».

Pour étoffer les informations données dans les tableaux par pays sur les crédits d'impôt remboursables, la rubrique pour mémoire qui se trouve au bas des tableaux des pays concernés indique, sur une première ligne, les montants de dépenses fiscales et, sur une deuxième ligne, les montants des transferts en espèces. Là où il existe plusieurs dispositifs de crédits d'impôt remboursables, les données présentées correspondent à des montants totaux couvrant l'ensemble de ces dispositifs. Pour chaque catégorie de foyer considérée, on peut, en faisant la somme des dépenses fiscales et des transferts en espèces, obtenir le coût global des dispositifs.

Calcul des taux marginaux d'imposition

Dans tous les cas excepté un, les taux marginaux d'imposition sont calculés en prenant en compte l'incidence d'une faible augmentation des salaires bruts sur l'impôt sur le revenu des personnes physiques, les cotisations sociales et les prestations en espèces. L'exception est le cas d'un conjoint inactif, où le passage d'un revenu nul à un revenu faiblement positif n'est pas représentatif des variations de revenu et présente donc peu d'intérêt. Dans ce cas particulier, on calcule les taux marginaux applicables au conjoint en prenant en compte l'incidence d'une augmentation de revenu de 0 à 67 % du salaire moyen.

Limites de l'étude

Limites de caractère général

L'utilisation de la méthode simple consistant à comparer la situation au regard de l'impôt et des avantages sociaux des huit catégories de foyers modélisées permet d'échapper aux nombreux problèmes conceptuels et de définition que soulèvent des comparaisons internationales plus complexes des charges fiscales et des programmes de transferts sociaux. Toutefois, l'une des faiblesses de cette méthode est liée au fait que la place de la rémunération du salarié moyen sur l'éventail des salaires varie d'une économie à l'autre, bien que les salaires en question concernent des ouvriers accomplissant des tâches de même nature dans les différents pays membres de l'OCDE.

En raison des limites qui affectent les impôts et les prestations sociales couvertes par le rapport, les données réunies ne peuvent être considérées comme représentatives de l'impact global des administrations sur le niveau de vie des contribuables et de leurs familles. Il faudrait pour cela étudier l'incidence des impôts indirects, le régime applicable en matière d'imposition des revenus du travail non salariaux ainsi que des autres revenus et l'incidence des autres mesures d'allégement fiscal et prestations en espèces. Il faudrait aussi tenir compte de l'incidence sur le niveau de vie des services fournis par l'État soit gratuitement soit en dessous de leur coût et de l'incidence sur les salaires et les prix des impôts sur les sociétés et des autres impôts directs. Il est impossible de couvrir un champ d'étude aussi étendu dans le cadre d'une comparaison internationale concernant l'ensemble des pays de l'OCDE. L'importance des écarts entre les résultats présentés ici et ceux auxquels aboutirait une étude complète de l'impact global des interventions publiques sur la situation des salariés serait variable d'un pays à l'autre, notamment en fonction de la part relative des différents impôts dans les recettes publiques et de l'étendue et de la nature des dépenses sociales des administrations.

Le rapport indique l'incidence formelle de l'impôt sur les salariés et les employeurs. L'incidence économique finale de la charge fiscale peut être répercutée des employeurs aux salariés et vice versa à la suite d'ajustements des salaires bruts opérés sur le marché.

Le revenu restant à la disposition du contribuable peut correspondre à des niveaux de vie différents selon les pays, parce que l'éventail des biens et services auxquels le revenu est affecté ainsi que leurs prix relatifs diffèrent d'un pays à l'autre. Dans les pays où les administrations fournissent une gamme importante de biens et services (régimes de retraite de base généreux, services de santé gratuits, logements sociaux, éducation tertiaire, etc.) le contribuable peut disposer d'un revenu en espèces plus faible tout en ayant un niveau de vie identique à celui d'un contribuable percevant un revenu en espèces plus élevé mais vivant dans un pays où les biens et services publics sont plus limités.

Exemples de limites spécifiques affectant le calcul de l'impôt sur le revenu

Étant donné le nombre limité des allégements fiscaux considérés ainsi que l'exclusion des revenus non salariaux, les taux moyens d'impôt sur le revenu calculés dans les tableaux de cette publication ne rendent pas nécessairement compte des taux effectifs des impôts versés par les contribuables se situant aux niveaux de salaires indiqués. L'exclusion des abattements de caractère non forfaitaire liés à des frais réels peut conduire à surestimer les taux réels d'imposition dans le calcul. D'autre part, l'exclusion des revenus autres que ceux du travail peut tendre à les sous-estimer.

La décision de ne pas procéder à un calcul séparé de l'impôt sur le revenu après prise en compte de l'effet des allégements fiscaux non forfaitaires a été prise pour les raisons suivantes :

- dans de nombreux cas, les allégements liés à des dépenses effectives représentent des substituts d'aides financières directes. Prendre en considération ces allégements sans prendre en compte par ailleurs les éventuelles aides directes correspondantes conduirait à fausser les comparaisons des rémunérations nettes plus transferts en espèces ;
- le régime fiscal particulier de certaines dépenses peut s'accompagner d'un régime spécial des revenus associés à ces dépenses (par exemple, le régime fiscal des cotisations de sécurité sociale et des pensions de retraite) qui se situe en dehors du champ de la présente étude ;
- quelques pays n'ont pas été en mesure d'estimer la valeur de ces allégements et même les pays qui ont pu effectuer une telle estimation n'ont pas été en mesure de la limiter aux contribuables présentant les caractéristiques prises par hypothèse dans la partie qui précède sur la méthodologie ;
- tous les pays n'ont pas été en mesure de calculer séparément les allégements applicables aux différents types de foyer. Lorsqu'on calcule séparément les allégements applicables aux célibataires et aux familles avec enfants, on observe des écarts importants entre les montants des allégements dont bénéficient normalement ces deux catégories de foyer.

Limites relatives aux comparaisons de séries chronologiques

Les calculs de la charge fiscale des revenus du travail dans les pays de l'OCDE qui sont indiqués dans l'édition de 2004 et les précédentes des *Impôts sur les salaires*, sont fondés sur un indicateur du salaire moyen pour les travailleurs manuels à temps complet du secteur manufacturier (« l'ouvrier moyen »).

Toute analyse longitudinale des résultats doit prendre en compte le fait que les données concernant les salaires ne portent pas nécessairement sur le même contribuable pendant toute la période. Les rémunérations moyennes sont calculées pour chaque année. En tant que tels, les résultats ne font pas apparaître les variations de salaire et la situation fiscale des différentes personnes concernées au fil du temps, mais plutôt la situation de salariés dont le salaire équivaut à (une proportion de) la rémunération moyenne dans les secteurs industriels concernés pour chaque année considérée. Cela pourrait également signifier que les niveaux de salaires mentionnés pourraient se situer à des points différents de la distribution des revenus sur la période couverte et que les variations des taux d'imposition pourraient subir l'influence de cette évolution.

La définition du salarié moyen a évolué au fil du temps. À partir de l'édition de 2005, *Les impôts sur les salaires* ont communiqué des calculs des impôts effectués à partir d'une définition élargie du salarié moyen qui inclut tous les salariés à temps plein appartenant aux secteurs d'activité C à K (CITI Rév. 3.1). Les conséquences de l'adoption de cette définition pour les comparaisons de séries chronologiques sont examinées dans l'édition de 2005 des *Impôts sur les salaires*. Depuis l'édition de 2010, nombre de pays ont commencé à communiquer les salaires moyens des employés à temps plein appartenant aux secteurs B à N de la CITI Rév. 4 (ce qui correspond globalement aux secteurs C-K de la CITI Rév. 3.1).

Note sur les équations fiscales

Chaque chapitre par pays contient une section qui décrit les équations présentées sous une forme normalisée indiquant les calculs nécessaires pour obtenir le montant de l'impôt sur le revenu, des cotisations de sécurité sociale et des transferts en espèces. Ces algorithmes représentent sous une forme algébrique les dispositions légales décrites dans le chapitre et correspondent aux chiffres indiqués dans les tableaux par pays et les tableaux comparatifs. Cette section décrit les conventions utilisées dans la définition des équations et indique la manière dont elles pourraient être appliquées à d'autres recherches.

Les sections précédentes des chapitres par pays décrivent le mode de fonctionnement des systèmes fiscaux et des autres systèmes ainsi que les valeurs des paramètres de ces systèmes, tels que le montant des abattements et des crédits d'impôt et les barèmes d'imposition.

La première partie de la section concernant les équations est un tableau qui décrit brièvement chaque paramètre (tel que le « Crédit d'impôt de base »), indique le nom du paramètre tel qu'il est utilisé dans l'équation algébrique (« Basic_cred ») et la valeur actuelle pour l'année considérée (telle que « 1098 »). Lorsqu'il existe un tableau de valeurs – par exemple un barème des taux d'imposition et des seuils de revenu imposable correspondants –, un nom est donné à l'ensemble du tableau (par exemple « tax_sch »). Ces noms de variables sont ceux qui sont utilisés dans les équations.

À la suite du tableau des paramètres se trouve le tableau d'équations. Les quatre colonnes contiennent les informations suivantes :

- Les deux premières colonnes contiennent une description et indiquent le nom de la variable correspondant au résultat de l'équation mentionnée sur la même ligne. Elles incluent toujours les treize principales rubriques financières des tableaux par pays. Des lignes supplémentaires définissent des valeurs intermédiaires qui sont calculées soit pour faire apparaître de manière plus détaillée les données figurant dans les tableaux (telles que la ventilation des abattements fiscaux totaux entre les différentes catégories) ou des montants qui facilitent les calculs.
- La troisième colonne indique l'intervalle de calcul dans cette ligne. Cette indication est nécessaire pour tenir compte des différents modes de calcul possibles de l'impôt dû par les couples mariés. Les différentes options sont les suivantes :
  - **B** Le calcul est effectué séparément aussi bien en ce qui concerne le revenu principal que celui du conjoint et en utilisant les niveaux de rémunération de chacun d'entre eux. Cela vaut pour les cas où il y a imposition séparée et aussi en général pour les cotisations de sécurité sociale.
  - **P** Le calcul s'applique uniquement au revenu principal. On peut citer comme exemple le cas où le titulaire du revenu principal peut utiliser tous les abattements à la base de son conjoint qui ne peuvent être déduits des revenus de celui-ci.
  - **S** Le calcul s'applique seulement au conjoint (le deuxième apporteur de revenu) dont le salaire est égal ou plus faible que celui du principal apporteur de revenu.
  - **J** Le calcul est effectué une seule fois sur la base du revenu cumulé. Cela vaut pour les systèmes d'imposition conjointe ou par foyer et cette méthode est également courante pour le calcul des prestations en espèces au titre des enfants à charge.
- La dernière colonne contient l'équation elle-même. Celle-ci peut se référer aux variables figurant dans le tableau des paramètres et aux variables qui résultent de l'une des lignes du tableau d'équations lui-même. On utilise également deux variables standards, « marié », qui prend la valeur 1 si le foyer est constitué par un couple marié et 0 dans le cas d'un célibataire, et « enfants », qui indique le nombre d'enfants. Parfois, il est fait référence à une variable à laquelle s'ajoute l'affixe « total » qui indique la somme des valeurs des variables à prendre en compte pour le titulaire du revenu principal et son conjoint. De même les affixes « _princ » et « _conjoint » indiquent respectivement les valeurs concernant le titulaire du revenu principal et son conjoint.

Dans les équations, un certain nombre de fonctions sont utilisées. Certaines d'entre elles sont utilisées de la même manière que dans un certain nombre de programmes informatiques d'utilisation courante. Par exemple, MAX(X, Y) et MIN(X, Y) permettent de trouver respectivement la valeur maximum et la valeur minimum. IF (condition, X, Y) choisit l'expression X si la condition est vérifiée et l'expression Y si elle ne l'est pas. Des expressions booléennes sont également utilisées et l'on admet qu'elles ont la valeur 1 si l'expression est vérifiée et 0 si elle ne l'est pas. Par exemple (enfants=2*CB_2 est équivalent à IF (enfant=2, CB_2,0).

Il y a aussi trois fonctions spéciales généralement utilisées qui font apparaître les calculs souvent nécessaires dans le cadre des systèmes d'impôt et de sécurité sociale. Ces fonctions sont les suivantes :

- Tax (taxinc, tax_sch) : cette fonction calcule le résultat obtenu en appliquant le barème d'imposition et les différents seuils dans « tax_sch » à la valeur du revenu imposable représenté par « taxinc ». Cette fonction peut être utilisée dans toutes les parties des équations et non pas seulement dans le calcul de l'impôt sur le revenu. Pour certains pays, elle est utilisée en ce qui concerne les cotisations de sécurité sociale ou même pour les niveaux de prestations qui pourraient dépendre des revenus.
- Positive (X) : cette fonction donne le résultat X lorsque cette valeur est positive et 0 dans les autres cas. Elle est donc équivalente à MAX(0,X).
- Taper (valeur, revenu, seuil, taux) : cette fonction indique le montant représenté par « valeur » si le « revenu » est inférieur au « seuil ». Sinon elle indique la « valeur » réduite par le « taux » multiplié par (revenu-seuil) à moins que cela ne donne un résultat négatif auquel cas on revient à zéro. Cette fonction indique le calcul qui est parfois nécessaire lorsque, par exemple, un crédit d'impôt peut être accordé en totalité sous réserve que le revenu total soit inférieur à un certain seuil mais se trouve ensuite retiré à un taux donné pour chaque unité monétaire à partir de ce seuil jusqu'à son retrait complet.

Dans certains cas, il existe des fonctions VBA spécifiques à chaque pays. Ces fonctions VBA font intervenir un programme conçu pour simplifier les calculs fiscaux. Ce programme repose sur la mesure fiscale décrite dans le chapitre par pays à la partie II. Par exemple, le crédit d'impôt pour les revenus du travail en vigueur aux États-Unis est calculé à l'aide de la fonction VBA appelée EIC.

Quiconque souhaite utiliser ces équations à d'autres fins devra établir des fonctions VBA correspondant à ces fonctions spéciales ou apporter les modifications appropriées aux équations qui les utilisent.

Référence

OCDE (2018), *Statistiques des recettes publiques 2018*, Éditions OCDE, Paris, https://doi.org/10.1787/rev_stats-2018-fr. [1]

Notes

[1] Les données statistiques concernant Israël sont fournies par et sous la responsabilité des autorités israéliennes compétentes. L'utilisation de ces données par l'OCDE est sans préjudice du statut des hauteurs du Golan, de Jérusalem-Est et des colonies de peuplement israéliennes en Cisjordanie aux termes du droit international.

[2] Les organismes nationaux de statistique n'utilisent pas tous la Révision 3.1 ou 4 de la CITI pour classer les secteurs d'activité. Néanmoins, la Nomenclature statistique des activités économiques dans la Communauté européenne (NACE), le Système de classification des industries de l'Amérique du Nord (SCIAN) et l'*Australian and New Zealand Standard Industrial Classification* (ANZSIC) coïncident à peu près avec les Révisions 3.1 et 4 de la CITI au niveau des secteurs C à K et B à N, respectivement.

[1] Dans ce cas, le montant de l'allégement fiscal est fonction des cotisations de sécurité sociale effectivement versées par le/la salarié(e) ou retenues sur son salaire ; cette forme d'allégement forfaitaire s'écarte donc à ce titre de la définition générale selon laquelle il n'existe pas de lien entre l'allégement forfaitaire et les dépenses réellement engagées.

www.ingramcontent.com/pod-product-compliance
Lightning Source LLC
LaVergne TN
LVHW082035051026
849532LV00011B/3364